© Guiziou Franck/hemis.fr

1 → 12 avril 2018

Népal

Cofondateurs : Philippe GLOAGUEN et Michel DUVAL

Directeur de collection et auteur
Philippe GLOAGUEN

Rédacteurs en chef adjoints
Amanda KERAVEL
et Benoît LUCCHINI

Directrice de la coordination
Florence CHARMETANT

Directrice administrative
Bénédicte GLOAGUEN

Directeur du développement
Gavin's CLEMENTE-RUÏZ

Direction éditoriale
Catherine JULHE

Rédaction
Isabelle AL SUBAIHI
Mathilde de BOISGROLLIER
Thierry BROUARD
Marie BURIN des ROZIERS
Véronique de CHARDON
Fiona DEBRABANDER
Anne-Caroline DUMAS
Géraldine LEMAUF-BEAUVOIS
Olivier PAGE
Alain PALLIER
Anne POINSOT
André PONCELET

Conseiller à la rédaction
Pierre JOSSE

Administration
Carole BORDES
Éléonore FRIESS

2016/17

hachette

TABLE DES MATIÈRES

Un rhinocéros unicorne

PRÉAMBULE

- La rédaction du *Routard* 6
- Introduction 11
- Nos coups de cœur 12
- Lu sur routard.com 27
- Itinéraires conseillés 28
- Les questions qu'on se pose avant le départ 33

LA VALLÉE DE KATHMANDU 36

- Kathmandu 36

LA VALLÉE 69

- Swayambunath (Swayambu) 70
- Pashupatinath 71
- Bodhnath (Bauda) 76
- Buddha Nilkantha 80
- Patan (Lalitpur) 81
- Kirtipur 90
- Pharping 92
- Dakshin Kali 92
- Bhaktapur (Bhadgaon) 93
- Changu Narayan 106
- Nagarkot 108
- Panauti 111
- Dhulikhel 113

À L'OUEST DE KATHMANDU 115

- Gorkha 115
- Bandipur 117
- Pokhara 119

LE TÉRAÏ 141

LE TÉRAÏ DU CENTRE 142

- Le parc national de Chitwan 142

LE TÉRAÏ DE L'OUEST 153

- Lumbini 153
- Le parc national de Bardia 159

ARRIVER – QUITTER 164

- Les lignes régulières 164
- Les organismes de voyages 166
- Unitaid 174
- Quitter le Népal 174

HOMMES, CULTURE, ENVIRONNEMENT 178

- Achats 179
- Actions humanitaires 180
- Boissons 183
- Cuisine 183
- Droits de l'homme 184
- Économie 185
- Environnement 187
- Faune et flore 188
- Géographie 189
- Histoire 192
- Médias 199
- Population 201
- Religions et croyances 204
- Savoir-vivre et coutumes 212
- Sites inscrits au Patrimoine mondial de l'Unesco 213

NÉPAL UTILE 214

- Avant le départ 214
- Argent, banques, change 217
- Budget 218
- Calendrier 219
- Climat 220
- Dangers et enquiquinements 220
- Décalage horaire 223
- Drogue 223
- Fêtes et jours fériés 223
- Langues 225
- Lexique 227
- Livres de route 227
- Poste 229
- Pourboire et taxes 229
- Rafting et canyoning 230
- Santé 231
- Sites internet 234
- Téléphone et télécoms 235
- Transports intérieurs 237
- Trekking 238

Index général 267

Liste des cartes et des plans 269

Important : dernière minute

Sauf rare exception, le *Routard* bénéficie d'une parution annuelle à date fixe. Entre deux dates, des événements fortuits (formalités, taux de change, catastrophes naturelles, conditions d'accès aux sites, fermetures inopinées, etc.) peuvent modifier vos projets de voyage. Pour éviter les déconvenues, nous vous recommandons de consulter la rubrique « Guide » par pays de notre site • *routard.com* • et plus particulièrement les dernières ***Actus voyageurs.***

Lumbini, lieu de naissance de Bouddha

© Alexandra Lande/shutterstock.com

Le Krishna Mandir, Patan

LA RÉDACTION DU ROUTARD

(sans oublier nos 50 enquêteurs, aussi sur le terrain)

© R. Delalande et E. Dessons

Thierry, Anne-Caroline, Éléonore, Olivier, Pierre, Benoît, Alain, Fiona, Gavin's, André, Véronique, Bénédicte, Jean-Sébastien, Mathilde, Amanda, Isabelle, Géraldine, Marie, Carole, Philippe, Florence, Anne.

La saga du *Routard* : en 1971, deux étudiants, Philippe et Michel, avaient une furieuse envie de découvrir le monde. De retour du Népal germe l'idée d'un guide différent qui regrouperait tuyaux malins et itinéraires sympas, destiné aux jeunes fauchés en quête de liberté. 1973. Après 19 refus d'éditeurs et la faillite de leur première maison d'édition, l'aventure commence vraiment avec Hachette. Aujourd'hui, le *Routard*, c'est plus d'une cinquantaine d'enquêteurs impliqués et sincères. Ils parcourent le monde toute l'année dans l'anonymat et s'acharnent à restituer leurs coups de cœur avec passion.

Merci à tous les Routards qui partagent nos convictions : liberté et indépendance d'esprit ; découverte et partage ; sincérité, tolérance et respect des autres.

NOS SPÉCIALISTES NÉPAL

Isabelle Al Subaihi : une émigration outre-Manche à l'âge de 4 mois, forcément, ça laisse des traces : un goût prononcé pour l'exotisme ! Depuis, Isabelle cherche à transmettre sa passion du voyage. Ce qu'elle aime partager : un bon plat, des éclats de rire, l'émotion d'un paysage qui bouleverse. Et surtout une vision décalée grâce à des rencontres surprenantes.

Fabrice de Lestang : il s'est longtemps levé bien tard puis a subitement réalisé, à 22 ans, que la vie c'est le mouvement. Régisseur sur les plateaux de tournage 7 jours sur 7, il est passé avec bonheur des décors de studio aux paysages réels. Au *Routard* depuis plus de 20 ans, il se lève désormais très tôt et affiche plus de 100 voyages au compteur.

André Poncelet : bruxellois, biberonné aux aventures de *Tintin* et de *Bob Morane,* il trace la route dès ses 17 ans. Après une carrière dans le livre, il participe au premier *Routard* consacré à son pays. Ciseleur de mots et arpenteur de méridiens, il n'a de cesse de communiquer ses coups de cœur tant pour les cités au riche patrimoine que pour les grands espaces.

UN GRAND MERCI À NOS AMI(E)S SUR PLACE ET EN FRANCE

Pour cette nouvelle édition, nous remercions particulièrement :

- **Catherine Joriot, Raphaëlle et Amita,** de Glacier Safari Treks.
- **Olivier et Guillaume,** de Celtic Trekking Adventure.
- **Anil,** à Bhaktapur.
- **Pankaj,** à Patan.
- **Krishna et Kali,** à Pokhara.

Pictogrammes du Routard

Établissements

- Hôtel, auberge, chambre d'hôtes
- Camping
- Restaurant
- Boulangerie, sandwicherie
- Glacier
- Café, salon de thé
- Café, bar
- Bar musical
- Club, boîte de nuit
- Salle de spectacle
- Office de tourisme
- Poste
- Boutique, magasin, marché
- Accès Internet
- Hôpital, urgences

Sites

- Plage
- Site de plongée
- Piste cyclable, parcours à vélo

Transports

- Aéroport
- Gare ferroviaire
- Gare routière, arrêt de bus
- Station de métro
- Station de tramway
- Parking
- Taxi
- Taxi collectif
- Bateau
- Bateau fluvial

Attraits et équipements

- Présente un intérêt touristique
- Recommandé pour les enfants
- Adapté aux personnes handicapées
- Ordinateur à disposition
- Connexion wifi
- Inscrit au Patrimoine mondial de l'Unesco

Tout au long de ce guide, découvrez toutes les photos de la destination sur • *routard.com* • Attention au coût de connexion à l'étranger, assurez-vous d'être en wifi !

Le *Routard* est imprimé sur un papier issu de forêts gérées.

I.S.B.N. 978-2-01-1912409-0

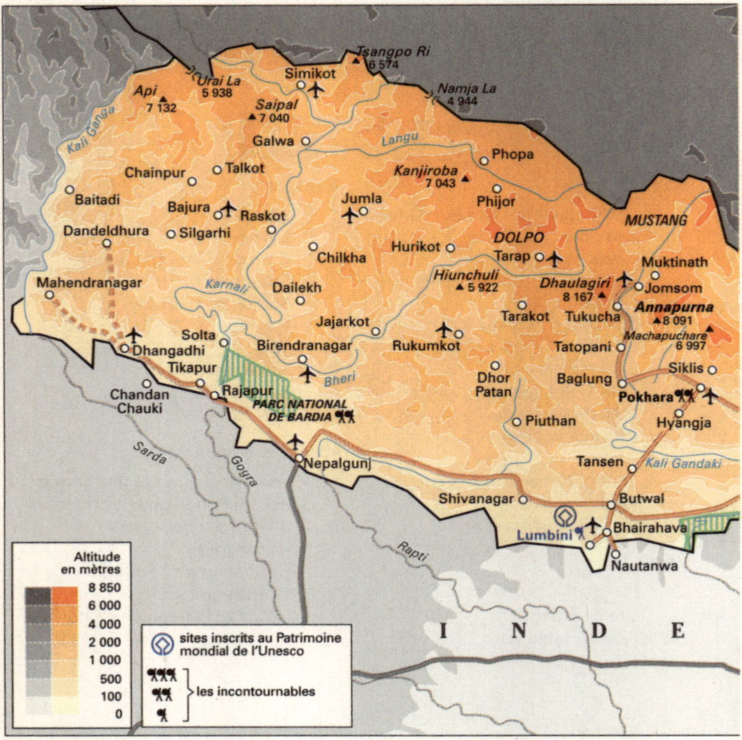
Tsangpo Ri
6 574
Urai La
5 938
Simikot
Api
7 132
Saipal
7 040
Namja La
4 944
Kali Ganga
Galwa
Langu
Phopa
Chainpur
Talkot
Kanjiroba
7 043
Baitadi
Jumla
Phijor
Bajura
Raskot
MUSTANG
Dandeldhura
Silgarhi
DOLPO
Hurikot
Chilkha
Tarap
Muktinath
Mahendranagar
Karnali
Dailekh
Hiunchuli
5 922
Dhaulagiri
8 167
Jomsom
Annapurna
8 091
Tarakot
Tukucha
Jajarkot
Solta
Machapuchare
6 997
Dhangadhi
Birendranagar
Rukumkot
Tatopani
Tikapur
Siklis
Bheri
Dhor
Patan
Baglung
Chandan
Chauki
Rajapur
Pokhara
PARC NATIONAL
DE BARDIA
Piuthan
Hyangja
Sarda
Gogra
Nepalgunj
Tansen
Kali Gandaki
Shivanagar
Butwal
Lumbini
Bhairahava
Rapti
Nautanwa
Altitude
en mètres
8 850
6 000
4 000
2 000
1 000
500
100
0
sites inscrits au Patrimoine
mondial de l'Unesco
les incontournables
I N D E

0
50
100 km
NORD
CHINE
TIBET
Phung Chu
Gya La
5 601
Larkya La
5 216
Manaslu
8 163
Himalchuli
7 864
Ganesh
Himal
7 406
Langtang
Cho
Oyu
8 201
MONT EVEREST
Makalu
8 463
Gauri
Sankar
7 145
Kangchenjunga
8 586
Gorkha
Arughat
Helmu
Kodari
Bidur
Barabhise
Namche
Bazar
Lukla
Nagarkot
Bandipur
Dhading
Bhaktapur
Jiri
Patan
Bharatpur
Bhimphedi
Dhulikhel
Phaphlu
Arun
Tamur
Taplejung
Tumlingtar
Chainpur
Darjeeling
TÉRAÏ
Sauraha
KATHMANDU
PARC NATIONAL
DE CHITWAN
Hetauda
Bhojpur
Hill
Sun Kosi
Pashupatinagar
Khotang
Dhankuta
Ilam
Bhikna
Thori
Amlekhgani
Simra
Sindhulimadi
Udaipur
Garhi
Dharan
Birganj
RÉSERVE DE
KOSHI TAPPU
Kakarbhitta
Great Gandaki
Kalaiya
Raxaul
Janakpur
Hanumannagar
Rajbiraj
Bhadrapur
Jaleswar
Biratnagar
Jogbani
Sapt Kosi

LE NÉPAL

Le temple de Swayambunath, Katmandhu

Pendant des siècles, le Népal est resté comme un livre fermé. C'est pourtant dans ce petit pays de légendes, enclavé entre deux géants (la Chine et l'Inde), carrefour mythique sur la route du sel et de la soie, que naquit le Bouddha et que résident encore les dernières déesses vivantes de la planète, les kumari.

Royaume jusqu'à récemment, où le quotidien est encore fait d'histoires de rois, de reines et de princesses, de divinités qui se transforment en animaux, de serpents qui se changent en dieux, de géants, démons et sorcières. Le Népal, c'est aussi le métissage de deux religions, la violente beauté de l'hindouisme tempérée par la sagesse du bouddhisme. Et puis, ne l'oublions pas, si l'on vient essentiellement au Népal pour les fantastiques possibilités de trekking dans la mythique chaîne de l'Himalaya, qui culmine à 8 850 m avec le mont Everest, la partie sud du pays permet de côtoyer les éléphants et d'observer les crocodiles, les rhinocéros, voire, si Sa Majesté le permet, le tigre du Bengale.

Même si le pays a été durement touché par les séismes de 2015, le patrimoine de la vallée de Kathmandu n'a pas été « rasé » comme on l'a entendu ici et là. Et d'ailleurs, comment serait-ce possible dans un pays où, dit-on, « il y a plus de temples que de rues et plus de fêtes que de jours dans l'année » ?

Bref, le Népal reste un endroit béni des dieux, et l'on connaît peu de voyageurs qui en soient revenus déçus.

Haut Mustang

NOS COUPS DE CŒUR

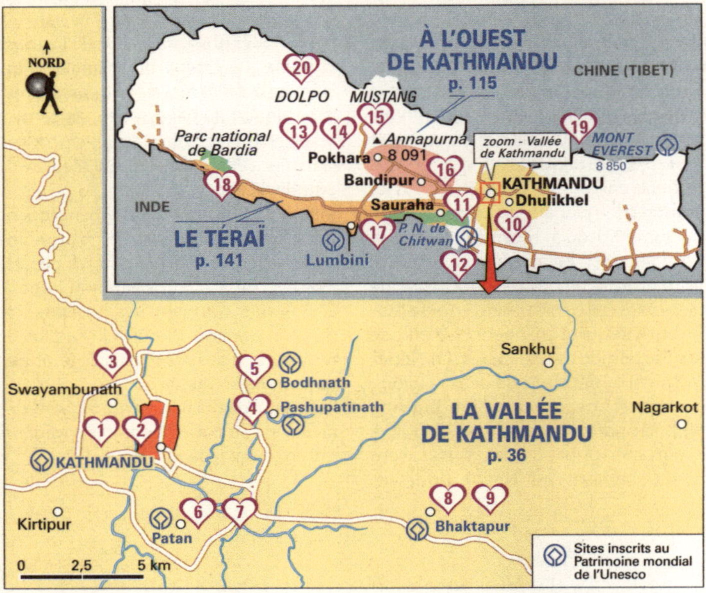

1 À Kathmandu, relier à pied Thamel à Durbar Square, via Asan Tole. Un quartier hyper populaire et étonnant, avec ses bouchers, ses dentistes, ses vendeurs de fruits et légumes, de petit électronique, de casseroles et ustensiles, le tout ponctué par de petits et grands temples où la ferveur est quotidienne, quand ils ne sont pas logés au cœur même d'un pâté de maisons ! Après ce bain de foule lessivant, on débouche sur la fameuse place Durbar Square. Certes, elle a bien souffert des séismes de 2015, mais c'est la place mythique de la ville et, même abîmée, elle conserve toute sa dignité et sa majesté avec son palais, ses pagodes et ses statues. *p. 62*

2 Goûter aux cuisines traditionnelles népalaise, newar et tibétaine.

Le plat national népalais est le dal bhat, une base de riz blanc sur laquelle on verse un bouillon de lentilles, accompagné d'un curry de légumes et d'achards, plus de la viande pour les non-végétariens, le tout servi à volonté (sauf la viande !) et, en principe… mangé avec la main droite. Le dal bhat newar est à base de pétales de riz séchés et aplatis, et de haricots secs qui craquent sous la dent. Enfin, la cuisine tibétaine décline à loisir les momos, raviolis à la vapeur ou frits, et les soupes de nouilles (thukpa, tanthuk), sans oublier le festin total, le gyacok. *p. 54*

© Dumoulin Christophe/Photononstop

3 Faire un pèlerinage jusqu'au temple bouddhique de Swayambunath, surnommé Monkey Temple à cause des singes qui l'habitent.

C'est le plus ancien stûpa de la vallée et sans doute l'un des premiers de la planète : de là-haut, 15 siècles vous contemplent… Sa masse imposante abrite des reliques et des documents sacrés ; et, tout autour, une flopée de niches, moulins à prières, de sikhara et pagodons dans un joyeux désordre… sans oublier les maisons d'habitation ! Panorama imprenable sur Kathmandu et la vallée, de quoi méditer pendant des heures… *p. 70*

***Bon à savoir :** compter 45 mn à pied depuis Thamel. L'occasion de traverser des quartiers populaires le long de la rivière Vishnumati.*

© Charton Franck/hemis.fr

4 Se recueillir sur les ghâts de Pashupatinath, centre de pèlerinage et de crémation le plus sacré du pays, au bord de la rivière Bagmati.

Chaque jour, les ghâts accueillent les familles venues assister à la crémation de l'un des leurs, les pauvres d'un côté, les riches de l'autre, le tout au milieu des sadhus, hommes (ou femmes) vivant en ascètes. Si vous venez en février ou en mars, ne manquez pas leur réunion annuelle, le Shivaratri. En septembre, c'est le Teej, un rassemblement de milliers de femmes brahmanes toutes de rouge vêtues. *p. 74*

Bon à savoir : *il est intéressant de prendre un guide pour mieux comprendre les différentes étapes de la crémation, ainsi que les symboles et rituels hindous.*

© Mario Alessio/hemis.fr

5 Au coucher du soleil, tourner dans le sens des aiguilles d'une montre autour du stûpa de Bodhnath.

Centre spirituel réputé, où se sont réfugiés de nombreux Tibétains ayant fui la colonisation chinoise. Ressentir toute la spiritualité du lieu, surtout pendant une fête de la pleine lune et observer les bouddhistes qui déambulent inlassablement en faisant tourner la multitude de moulins à prières. Visiter aussi le monastère de Shechen, où séjourne régulièrement Matthieu Ricard, ou randonner vers l'un des 50 monastères des environs. Et pourquoi ne pas y faire une retraite ? *p. 79*

Bon à savoir : *l'idéal est de passer la nuit à Bodhnath pour mieux profiter de l'ambiance à l'aube ou le soir.*

© Jon Arnold Images/hemis.fr

6 **À Patan, visiter le superbe patrimoine royal et religieux.** D'abord, l'adorable Durbar Square, qui a bien résisté aux séismes, avec son superbe temple de Vishnu et son Krishna Mandir. Mais surtout, l'ancien palais royal qui abrite de belles cours intérieures et le plus beau musée du pays, rempli de statues hindoues et bouddhistes (en bois, en bronze, en cuivre doré ou en pierre !), toutes plus belles les unes que les autres. À deux pas, le Golden Temple, temple bouddhique où se recueillent aussi les hindous, et le Maha Buddha, le temple aux 9 999 bouddhas… *p. 86*

7 **À Patan, dormir dans une authentique maison neware, du nom de la communauté la plus ancienne de la vallée de Kathmandu, mais également la plus créative et la plus florissante du pays.**

L'architecture neware, ce sont avant tout ces magnifiques fenêtres sculptées, délicatement ciselées dans le bois sombre, qui ornent les façades des édifices en brique. Le revers de la médaille, étant donnée la différence de gabarit entre Népalais et Européens, c'est que ces maisons sont généralement très basses de plafond… Alors, apprenez à baisser la tête et à vous asseoir en tailleur ! *p. 82*

8 **Séjourner dans l'ancienne capitale royale de Bhaktapur, la plus belle ville de la vallée de Kathmandu.**

Bhaktapur est une merveilleuse petite ville de paysans et d'artisans parsemée de palais, de temples, de superbes demeures, d'échoppes pittoresques. Il ne faut pas hésiter à loger sur place car, après le départ des visiteurs, c'est un ravissement de voir le soleil se coucher sur la ville et de profiter du calme de ses rues pavées de brique. *p. 93*

Bon à savoir : *l'accès à la ville est payant ; si le ticket d'entrée est plutôt salé, cela vaut vraiment le « coût ».*

9 **Vivre les extraordinaires fêtes du Nouvel An népalais à Bhaktapur.** En avril, pendant la semaine que dure Bisket Jatra (son nom népalais), les rues sont envahies par la foule des femmes newares en tenue traditionnelle rouge et noire et par les fanfares locales qui passent de temple en temple… Mais le point d'orgue, c'est la rivalité entre les quartiers pour ramener sur leur territoire, en tirant sur des cordes, deux grands chariots tout brinquebalants. On érige ensuite un mât de 25 m de haut, sur lequel grimpent les jeunes hommes, avant de le mettre à terre. La nouvelle année peut commencer et la fête continuer ! *p. 93*

10 **Rejoindre le Namo Buddha, un stûpa perché en pleine nature, au cœur de la vallée de Kathmandu.**

Une superbe balade d'une journée, sans difficulté majeure, qui relie Panauti à Dhulikhel. On traverse une rivière par un pont suspendu, on surplombe les rizières, découvre un somptueux panorama sur la vallée depuis un hameau jusqu'à l'apparition du Namo Buddha, un beau stûpa dans les dégradés de jaune avec son collier de moulins à prières. De là, on peut rejoindre Dhulikhel via le temple de Kali, parfait pour une pause. p. 112

Bon à savoir : logement possible sur place, une façon d'appréhender le lieu dans toute sa sérénité.

11 **Descendre la rivière Rapti en pirogue, dans le parc national de Chitwan, pour tutoyer les discrets crocos et admirer les majestueux volatiles, réfugiés ici le temps d'une saison.**

Les pirogues sont creusées d'un seul tenant dans des fromagers, ces arbres aux racines larges et impressionnantes. Proche de l'eau, on observe les oiseaux et surtout les crocodiles des marais, ainsi que les gavials, qu'on croirait empaillés. Une balade d'une grande sérénité, sans doute l'une des plus sympas à faire dans le parc. *p. 150*

***Bon à savoir :** tour de 1h obligatoirement accompagné d'un guide ou d'une demi-journée avec retour à pied pour découvrir le parc d'une autre manière.*

12 Explorer à l'aube et à dos d'éléphant le parc national de Chitwan, dans le Téraï, en tentant de dénicher la riche faune locale.

Au cœur du Teraï, cette étroite plaine fertile qui borde le sud du Népal, le fameux parc de Chitwan est très couru des touristes. Ses 932 km² de forêt tropicale, savanes et plaines marécageuses abritent rhinocéros unicornes, tigres du Bengale, éléphants d'Asie, singes, ours lippus, oiseaux en multitude. On l'explore en jeep, à pied, en pirogue ou… à dos d'éléphant, l'activité emblématique du parc. *p. 150*

Bon à savoir : *• chitwannationalpark.gov.np • Mars, avril et mai sont les mois les plus propices à l'observation de la faune.*

13 À Pokhara, se lever dès potron-minet pour se rendre à Sarangkot et assister au lever du soleil face aux sommets majestueux.

Partir tôt car le ciel est alors clair, mais il s'assombrit ensuite rapidement. Depuis la terrasse d'observation, formidable panorama sur le Machhapuchhare et le lac Phewa qui borde Pokhara. Inoubliable ! Redescendre ensuite à pied et à son rythme vers la ville en 2-3h. *p. 138*

***Bon à savoir :** commander dès la veille un taxi pour 5h du mat' environ (5h30 en hiver). En cas d'embouteillage, le taxi vous dépose au début de chemin ; il reste alors 30-45 mn de montée. Sinon, il atteint le parking, à 5 mn de marche de la terrasse.*

© Günter Gräfenhain/Sime/Photononstop

14 S'initier au rafting ou au canyoning ; le Népal possède un très grand nombre de gorges et rivières permettant la pratique de ces deux sports à tous les niveaux.

Les rivières les plus fréquentées sont la Trisuli (entre Kathmandu et Pokhara), la Sun Kosi (à l'est de la vallée de Kathmandu) et la Kaligandaki (à l'ouest de Pokhara), mais il y en a bien d'autres. Les expéditions peuvent durer d'une demi-journée à plusieurs jours. Une façon originale de découvrir le pays ! *p. 230*

***Bon à savoir :** octobre-novembre est la saison idéale ; il fait chaud et, après la mousson, le débit des rivières est important.*

© Robert Harding/hemis.fr

15 Tenter le célèbre trek des Annapurnas, merveilleux pour la variété de ses paysages et jalonné de villages pittoresques.

Le tour des Annapurnas est le trek le plus populaire du Népal. Il est réputé être l'un des plus beaux du pays en raison de la variété qui le caractérise : on passe de vallées tropicales à un paysage désertique, tout en profitant de magnifiques cascades et de vues splendides sur les montagnes. La balade est aussi intéressante culturellement puisqu'on traverse de nombreux villages d'ethnies différentes. *p. 246*

Bon à savoir : *c'est un trek sans grandes difficultés techniques, mais il exige une bonne acclimatation à l'altitude (passage d'un col à 5 416 m).*

© Image Source/hemis.fr

16 À Bandipur, embrasser un panorama grandiose sur les sommets himalayens au coucher ou au lever du soleil.

Ce vieux village typiquement newar est perché à plus de 1 000 m d'altitude sur une montagne enrobée de végétation luxuriante. Il abrite la superbe architecture des temples-pagodes et des maisons traditionnelles aux fines boiseries sculptées. À l'écart de l'axe principal, il règne encore dans ses rues un réel parfum d'authenticité. *p.117*

Bon à savoir : *le village se trouve à 8 km de l'arrêt de bus sur la route Pokhara-Kathmandu. Il faut 2h pour grimper à pied au village, accessible aussi en minibus et en jeep.*

Leroy Francis/hemis.fr

17 Imaginer la vie de Bouddha il y a près de 2 500 ans à Lumbini, et s'imprégner de la ferveur religieuse du site de monastère en monastère.

Capitale universelle du bouddhisme tel que l'a voulu l'Unesco à la fin des années 1960, Lumbini, ville natale de Bouddha, abrite désormais un vaste complexe religieux. Chaque année, un million de bouddhistes viennent en pèlerinage se promener autour du bassin sacré, se recueillir dans le temple de Mayadevi (IIIe s av. J.-C.) et assister aux prières des moines dans l'un des nombreux monastères édifiés ici depuis les années 1990. *p. 157*

Bon à savoir : *pour assister aux prières des moines, venir très tôt (5h30-6h30) ou en soirée vers 18h30-19h.*

18 Apercevoir un tigre du Bengale dans le parc national de Bardia, après l'avoir pisté pendant des heures.

Cette ancienne réserve royale de chasse se visite à pied, à dos d'éléphant, ou en jeep. C'est un des rares endroits du sous-continent indien où l'on a de vraies chances de croiser un tigre du Bengale ; mais aussi des rhinocéros unicornes, des dauphins d'eau douce, des léopards, des hyènes, des ours paresseux, des éléphants, des gavials, des singes, des cerfs, des sangliers, des cobras et une importante avifaune. *p. 159*

***Bon à savoir :** on visite le parc accompagné d'un guide. La meilleure saison s'étend de septembre à mai, avec une période optimale à partir de mars.*

© Daniel Riffet/Photononstop

19 **S'aventurer à pied jusqu'au camp de base de l'Everest et, de là, titiller du regard le plus haut sommet de la terre.**

Sur les 14 sommets de notre planète dépassant les 8 000 m, 9 sont situés au Népal ou sur ses confins. Culminant à 8 850 m d'altitude, l'Everest, ou Sagarmatha en népali, est le plus haut et le plus célèbre. Faire un trek jusqu'au camp de base est un must pour ceux qui veulent se retrouver au cœur des géants himalayens et, bien sûr, admirer de près le mythique mont. *p. 238*

Bon à savoir : *le trek le plus courant démarre de Lukla ; de là, on atteint le camp de base en 7 jours de marche.*

20 **Faire l'un des treks peu fréquentés dans l'ouest du Népal. L'occasion de découvrir le pays tel qu'il est, ou presque, depuis des siècles !**

Il existe de nombreux circuits, moins fréquentés que les treks classiques (dans l'Annapurna et l'Everest) car dans des zones retirées, mais tout aussi beaux : dans le Mustang, le Dolpo, le parc national de Kangchenjunga… Ils nécessitent souvent des permis spéciaux et une logistique importante qui impose de passer par une agence. Cela revient donc assez cher. Pour ceux qui ont du temps, de l'argent et de bonnes gambettes ! *p. 238*

***Bon à savoir :** octobre, novembre, mars et avril sont les meilleurs mois pour faire un trek : le ciel est dégagé et les températures sont douces.*

© Zzvet/shutterstock.com

Lu sur routard.com

Fêter le prochain Nouvel An... en avril 2073
(tiré du carnet de voyage de Fabrice de Lestang)

S'il y a une ville où séjourner dans la vallée de Kathmandu, c'est Bhaktapur. Et s'il y a une période de l'année à privilégier, c'est le **Nouvel An népalais qui a lieu en avril**. Avant de vous donner les clés de la fête, sachez qu'en 2016, le Népal entrera dans sa 2 073e année, avec 57 ans d'avance sur nous...

Contrairement à notre calendrier solaire, le ***calendrier népalais est lunaire.*** Divisé en 12 mois lui-aussi, il est cependant plus court d'une dizaine de jours. Il faut donc ajouter un mois lunaire intermédiaire tous les 3 ans. Chaque mois lunaire est divisé en deux quinzaines, la quinzaine sombre (défavorable) et la quinzaine claire (favorable), le mois népalais commençant au début de la quinzaine sombre. Histoire de compliquer un peu, chez les Newars, le mois commence au début de la quinzaine claire, le premier de l'An tombe en octobre ou en novembre et, en 2016, ils entreront dans l'année 1136 ! Bref, pour connaître les dates des fêtes du pays, il faut consulter les almanachs *(patro)* établis par les érudits hindous, astrologues et pandits. Sachez tout de même que la date du Nouvel An népalais en 2016 (pardon, en 2073) est le 13 avril.

Bisket Jatra (le nom népalais du nouvel An) dure ***une semaine entière.*** Dans les rues, les cortèges se succèdent les uns aux autres, composés de fanfares locales et de groupes de femmes newares qui revêtent leurs plus beaux costumes traditionnels en rouge et noir, pour ne pas dire en rouge et newar...

Mais la grande attraction, c'est le ***concours de chariots.*** Deux chariots, l'un énorme, l'autre plus modeste, mais tous deux bringuebalants, transportent chacun un mini-temple où se trouve Bhairava, avatar terrifiant de Shiva, et Ajima, un ensemble de divinités représentant les ancêtres féminins. Montés sur de grosses roues en bois dotées de plusieurs yeux, ils font l'objet d'un concours entre l'est et l'ouest de la ville. Des deux côtés du chariot, seuls les hommes, joyeux mais souvent éméchés, tirent ensemble sur des cordes en poussant un cri de ralliement (quelque chose comme « à hisser ! ») pour ramener le chariot sur leur territoire. Le soir, il n'est pas rare que ce dernier rase les murs des maisons et emporte quelques volets ou un poteau électrique ! Un peu de prudence s'impose car, si l'ambiance est globalement bon enfant, il y a parfois des batailles de briques…

Finalement, la foule envahit la vaste esplanade près de la rivière, où un ***mât de 25 m,*** objet phallique s'il en est, est érigé dans une pierre yoni, symbole du sexe féminin. Durant la soirée, les jeunes hommes montrent leur courage en grimpant aux cordes accrochées au mât. Le lendemain, on l'abat. L'année nouvelle peut donc commencer et la fête continue...

ITINÉRAIRES CONSEILLÉS

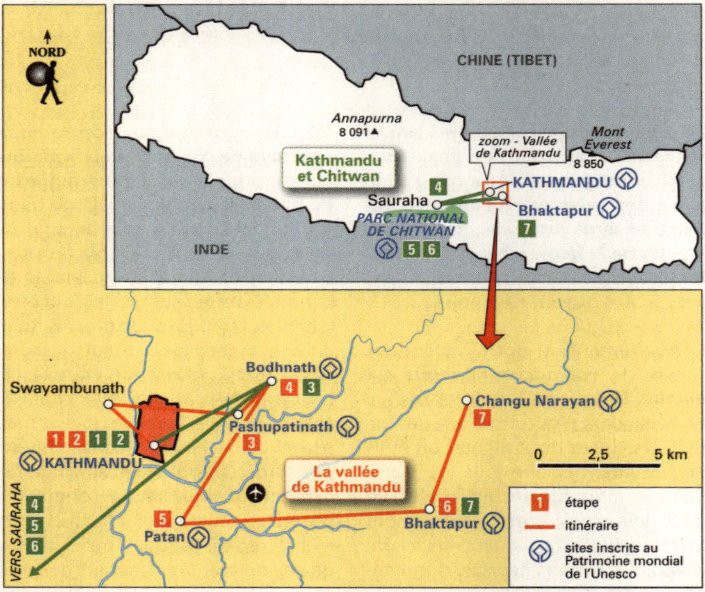

La plupart des voyageurs viennent au Népal pour effectuer un trek, mais il est tout à fait possible de prévoir un périple sans marche, le pays offre suffisamment de centres d'intérêts pour satisfaire les plus curieux. On peut aussi alterner, au cours de son voyage, balades de quelques heures dans la vallée au sein d'un environnement déjà très beau et visites culturelles, un bon compromis en somme.

Pour les trekkeurs : compter au moins 10 jours pour le tour des Annapurnas, au départ de Pokhara, et au moins 14 jours pour celui du camp de base de l'Everest, depuis Kathmandu. Mais il y en a bien d'autres, plus ou moins longs (voir la rubrique « Trekking », dans la partie « Népal utile »). Ensuite, selon le temps dont vous disposez, voici ce que nous vous suggérons.

1 semaine

La vallée de Kathmandu

Après un trek, on peut facilement consacrer une semaine à Kathmandu et sa vallée. ***Kathmandu (j. 1-2) :*** balade à pied jusqu'à Durbar Square, via les quartiers populaires d'Asan Tole, Indra Chowk et Makhan Tole. Shopping à Thamel. Bus ensuite jusqu'au stûpa de Swayambunath avant de se rendre à ***Pashupatinath (j. 3)*** et ses incroyables bûchers de crémation. Voir aussi le Golden Temple. En fin de journée, se rendre à ***Bodhnath (j. 4),*** de préférence un peu avant le coucher du soleil, pour profiter de l'atmosphère qui règne autour du stûpa le soir, mais aussi au petit matin après avoir passé la nuit sur place (nombreux hébergements). Le lendemain, visiter aussi le monastère de Shechen. En taxi ou en bus via Kathmandu, on relie ***Patan (j. 5),*** ancienne ville royale, à ne pas manquer pour son Durbar Square et son magnifique musée, mais aussi les autres temples de la vieille ville, les anciennes maisons newares et les artisans. Même transport jusqu'à ***Bhaktapur (j. 6),*** la plus belle ville de la vallée avec, là encore, son vaste Durbar Square et ses temples, le palais royal, le musée national (peintures et thangkas), Dattatraya Square, les autres temples et places de la ville, le tout empreint d'une atmosphère exceptionnelle. Y loger et faire une excursion le lendemain jusqu'à ***Changu Narayan (j. 7)*** et son temple classé par l'Unesco. Nuit à Changu Narayan ou retour vers Bhaktapur.

Kathmandu et le parc de Chitwan

Cet itinéraire, après un trek, permet déjà d'avoir un bel aperçu du pays : ***Kathmandu (j. 1-2)*** et ses environs proches, comme ***Pashupatinath*** et ***Bodhnath (j. 3),*** par exemple, où l'on peut loger, puis rejoindre le ***parc national de Chitwan (j. 4)*** en bus (environ 6h de route) ou (plus rapidement) en avion. Séjourner 2 jours pleins sur place pour découvrir la faune du parc à dos d'éléphant ou descendre la rivière à bord d'une pirogue ***(j. 5-6)*** avant de remonter vers la vallée, jusqu'à ***Bhaktapur (j. 7),*** pour parcourir les ruelles de la plus belle ville de la vallée, puis reprendre l'avion, l'aéroport étant plus facilement accessible depuis Bhaktapur que de Kathmandu

Durbar Square, Patan

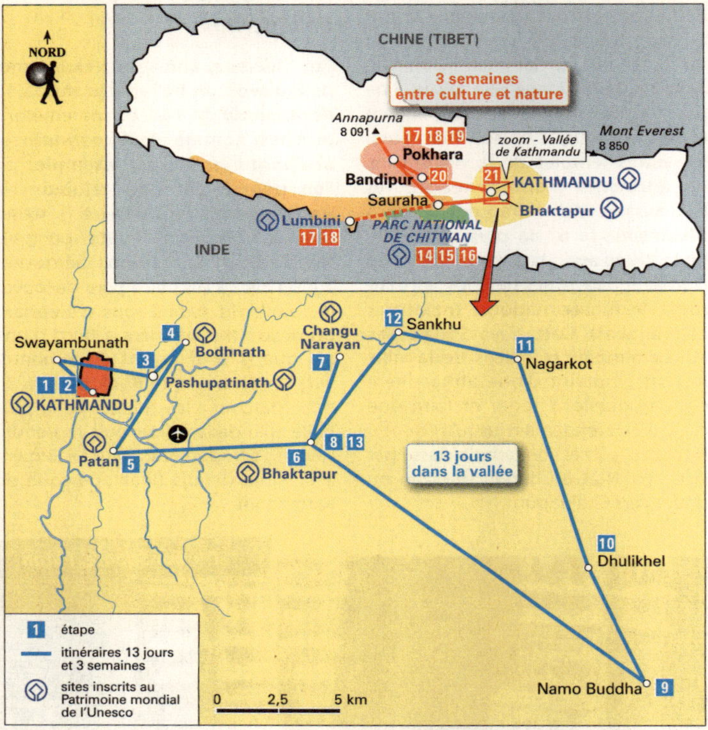

Voici 2 itinéraires avec de petits treks pour ceux qui ne prévoiraient pas de grandes marches dans l'Himalaya, mais qui souhaiteraient tout de même randonner dans la région.

13 jours dans la vallée

Reprendre l'itinéraire d'une semaine dans la *vallée de Kathmandu* en prolongeant d'une journée la visite de *Bhaktapur* pour mieux en profiter *(j. 8),* puis pousser au sud-est jusqu'à l'ensemble religieux de *Panauti* avant d'effectuer *la balade du Namo Buddha (j. 9).* Compter 6h de marche aller-retour, ou continuer vers *Dhulikhel (j. 10),* même durée. Pause bien méritée dans cette ville connue pour ses panoramas sur la chaîne de l'Everest. Départs ensuite pour *Nagarkot (j. 11)* soit à pied en 5-6h, soit en bus via Bhaktapur. C'est un des rares endroits où l'on a une chance d'admirer la chaîne de l'Everest en période de mousson. De là, randonnée possible vers *Sankhu (j. 12)* ou *Changu Narayan.* Retour vers la capitale ou depuis Changu Narayan à pied vers *Bhaktapur (j. 13),* moins polluée que Kathmandu et plus proche de l'aéroport.

3 semaines entre culture et nature

Reprendre l'itinéraire de 13 jours, puis retourner à Kathmandu et descendre en bus (ou en avion) vers **Chitwan (j. 14).** Séjourner 2 jours pleins sur place pour découvrir la faune du parc à dos d'éléphant ou descendre la rivière à bord d'une pirogue **(j. 15-16).** De là, deux options : soit un bus vers **Lumbini** (compter 4h30 de trajet), berceau du bouddhisme, où naquit Siddharta Gautama (futur Bouddha), et y passer 2 nuits **(j. 17-18),** le temps d'explorer le complexe religieux qui accueille chaque année un million de bouddhistes en pèlerinage ; soit un bus vers **Pokhara** (5-6h de route), pour pratiquer du rafting, parapente, VTT, ou pourquoi pas de l'ULM. Sans oublier les nombreuses possibilités de balades de quelques heures ou à la journée dans les environs ou en 3 à 5 jours vers les Annapurnas **(j. 17-18-19).** Retour ensuite vers la capitale en bus via **Bandipur (j. 20),** un joli village newar accessible en minibus, jeep ou à pied depuis l'arrêt de bus et y passer la nuit avant de rejoindre la capitale **(j. 21).**

La rivière Narayani, parc national de Chitwan

SI VOUS ÊTES PLUTÔT…

Culture : à Kathmandu, Patan et Bhaktapur, ne manquez pas les temples et musées des places principales (Durbar Square), classés au Patrimoine mondial de l'Unesco, même si certains ont beaucoup souffert du séisme de 2015 : Pashupatinath, pour se familiariser avec les rituels hindous ; Bodnath, pour la ferveur bouddhiste ; le temple hindou de Changu Narayan, également classé par l'Unesco. Plus à l'ouest, le vieux village de Bandipur ; et Lumbini, lieu de naissance de Bouddha.

Sport : treks accessibles dans la vallée de Kathmandu, comme la balade du Namo Bouddha, fréquentés (le sanctuaire des Annapurnas) ou éloignés, tout dépend de vos disponibilité et niveau d'entraînement. Pokhara offre aussi pléthore d'activités (parapente, canyoning, VTT, rafting ou kayak).

Animaux sauvages : le parc national de Chitwan à dos d'éléphant, pour surprendre rhinos unicornes, daims et singes, ou en pirogue pour apercevoir les discrets crocos. Le parc national de Bardia, pour avoir une chance de croiser un tigre du Bengale dans une jungle encore peu fréquentée.

Femmes puisant de l'eau à Bakthapur

LES QUESTIONS QU'ON SE POSE AVANT LE DÉPART

ABC DU NÉPAL

- ***Nom officiel :*** République démocratique fédérale du Népal.
- ***Capitale :*** Kathmandu.
- ***Superficie :*** 147 180 km².
- ***Point culminant :*** le mont Everest (8 850 m).
- ***Population :*** 30 430 000 hab. (estimation 2013).
- ***Densité :*** 203 hab./km².
- ***Espérance de vie :*** 68 ans.
- ***Indice de développement humain*** (espérance de vie, éducation, niveau de vie) : 0,54. Rang mondial : 145 sur 187.
- ***Monnaie :*** roupie népalaise (Rp).
- ***Langues :*** népali (officielle), maithili, bhojpuri (dialectes hindis), newari, etc.
- ***Chef de l'État :*** Bidhya Bhandari (depuis octobre 2015).
- ***Revenu mensuel moyen :*** 10 000 Rps (90 €).

➢ Quelles sont les coordonnées du consulat du Népal en France ?

– À Paris : 45 bis, rue des Acacias, 75017. ☎ 01-77-16-52-57 ou 01-46-22-48-67. • fr.nepalembassy.gov.np • Ⓜ Charles-de-Gaulle-Étoile ou Argentine. Service des visas lun-ven 10h-13h.

– À Rouen : Consulat honoraire du Népal, BP 40257, 76004 Rouen Cedex 2. ☎ 02-35-07-18-12. • consulat.nepal@wanadoo.fr • consulat-nepal.org • Mar 18h-20h. Contact par e-mail préalable pour les personnes ne résidant pas en France.

➢ Quelles sont les coordonnées du consulat du Népal dans les pays francophones et au Canada ?

– À Bruxelles : av. Brugmann, 210, 1050. ☎ 02-346-26-58. • nepalembassybrussels.be • Service consulaire lun-ven 9h30-12h30.

– À Genève : 81, rue de la Servette, 1202. ☎ 022-733-26-00 ou 21. • nepalmissiongeneva.org • Service consulaire lun-ven 9h-13h, 14h-17h.

– À Ottawa (Ontario) : 408 Queen St, K1R 5A7. ☎ 613-680-5513. • nepalembassy.ca • Lun-ven 10h-16h.

➢ Quels sont les papiers nécessaires pour aller au Népal ?

Le ***passeport*** doit être valable encore au moins 6 mois après le retour. Un ***visa*** est nécessaire. Il s'obtient soit avant le départ, dans son pays d'origine, soit à chaque poste-frontière et à l'aéroport de Kathmandu (prévoir une photo d'identité et un peu d'attente). Plus d'informations dans la partie « Népal utile », « Avant le départ » en fin de guide.
Le visa vous autorise à circuler partout où il y a des routes ou des pistes. Néanmoins, un ***droit d'accès*** dans certaines zones (Mustang, Dolpo, Manaslu...) est nécessaire, et un ***permis de trek*** toujours demandé (voir la rubrique « Trekking » en fin de guide). La réglementation de ce permis est souvent modifiée.

Elle peut encore changer, on aura donc intérêt à se renseigner sur place.

➢ Y a-t-il un office de tourisme du Népal ?

Pas de bureau, que ce soit en France ou dans les pays francophones. Le site officiel • *nepalnow.org* • met plutôt en ligne des interviews et des articles sur des événements culturels, sportifs. Peu d'infos pratiques pour l'instant, mais le site est récent.

➢ Pour souscrire une assurance voyages, qui contacter ?

■ ***Routard Assurance :*** *c/o AVI International, 40-44, rue Washington, 75008 Paris* ☎ *01-44-63-51-00.* • *avi-international.com* • Ⓜ *George-V.* Depuis 20 ans, *Routard Assurance* en collaboration avec *AVI International,* spécialiste de l'assurance voyage, propose aux voyageurs un contrat d'assurance complet à la semaine qui inclut le rapatriement, l'hospitalisation, les frais médicaux, le retour anticipé et les bagages. Ce contrat se décline en différentes formules : individuel, senior, famille, light et annulation. Pour les séjours longs (2 mois à 1 an), consulter le site. L'inscription se fait en ligne et vous recevrez dès la souscription tous vos documents d'assurance par e-mail.

■ ***AVA :*** *25, rue de Maubeuge, 75009 Paris.* ☎ *01-53-20-44-20.* • *ava.fr* • Ⓜ *Cadet.* Un autre courtier fiable pour ceux qui souhaitent s'assurer en cas de décès-invalidité-accident lors d'un voyage à l'étranger, mais surtout pour bénéficier d'une assistance rapatriement, perte de bagages et annulation. Attention, franchises pour leurs contrats d'assurance voyage.

■ ***Pixel Assur :*** *18, rue des Plantes, BP 35, 78601 Maisons-Laffitte.* ☎ *01-39-62-28-63.* • *pixel-assur.com* • *RER A : Maisons-Laffitte.* Assurance de matériel photo et vidéo tous risques (casse, vol, immersion) dans le monde entier. Devis en ligne basé sur le prix d'achat de votre matériel. Avantage : garantie à l'année.

– ***Pour les treks :*** vérifiez avant de partir que votre assurance couvre bien le risque « montagne », avec, absolument, une assurance évacuation par hélicoptère (et pas seulement limitée à la haute montagne, sinon ça risque de vous coûter un bras !). Les assurances, en effet, sauf clause spéciale, ne couvrent pas les évacuations de ce type. N'oubliez pas non plus de souscrire l'option « secours et recherche ».

➢ Quel est le temps de vol et combien y a-t-il de décalage horaire ?

Compter minimum 12h de vol avec au moins une escale (pas de vol direct). Quand il est midi à Paris, il est 16h45 au Népal en hiver et 15h45 en été.

➢ Le séisme de 2015 a-t-il tout détruit ?

Bien sûr que non ! Malgré les destructions de certains temples, et en attendant leur reconstruction, il en reste énormément à découvrir à chaque coin de rue, y compris sur les places royales de Kathmandu, Bhaktapur et Patan, inscrites au Patrimoine mondial de l'Unesco.

➢ Qu'y a-t-il d'autre à voir au Népal ?

Les plus hautes montagnes du monde, rien que ça ! On vient au Népal pour faire un trek dans des vallées superbes, au pied de pics enneigés. Côté faune, les enfants adoreront grimper à dos d'éléphant à Chitwan et les grands pister à pied le tigre à Bardia.

➢ Quelle est la meilleure saison pour y aller ?

D'octobre à avril, la saison sèche. Pour les trekkeurs, il vaut mieux éviter de grimper en haute altitude entre décembre et février, à cause de l'enneigement.

➢ Quel est le taux de change ?

Début 2016, pour 1 €, on obtenait environ 110 Rps (roupies), et 100 Rps pour 1 US$.

➢ Quel budget prévoir ?

Tout est assez bon marché (sauf certains droits de visite et permis de trek plus, bien sûr, les hôtels chic et les déplacements en avion). À deux, en se contentant d'un confort simple, on peut se débrouiller avec 15-20 € par personne et par jour, pour les repas et l'hébergement. Attention, certains accès aux villes sont payants : Bhaktapur détient le record avec 1 500 Rps (soit près de 14 €).

➢ Comment recharger son téléphone ?

Le courant est en 220 volts. Si vous utilisez des appareils électriques personnels, un adaptateur de voyage peut s'avérer nécessaire car l'écartement des bornes est parfois différent (mais ce n'est pas systématique). Le gros problème reste les coupures de courant, qui peuvent atteindre 16h par jour ! Rechargez votre téléphone dès que possible et prévoyez une lampe de poche.

➢ Quel est le meilleur moyen pour se déplacer dans le pays ?

Les bus touristiques, du moins entre Kathmandu, Pokhara, Sauraha (parc de Chitwan) et Lumbini. Ailleurs (où les bus touristiques ne vont pas), les bus locaux (souvent bondés), ou encore (là où les bus locaux ne vont pas) l'avion. Le taxi (pas toujours bon marché, mais valable à plusieurs) permet de rallier des sites pas trop éloignés.

➢ Peut-on y aller avec des enfants ?

Le Népal n'est pas un pays dangereux. Côté santé, il suffit de respecter les règles d'hygiène élémentaires, mais attention à la pollution de Kathmandu et au paludisme selon la région et la saison.

➢ Faut-il être entraîné pour faire un trek ?

Pour les treks de niveau facile-moyen, on peut se contenter d'une bonne condition physique. Seuls les treks plus difficiles (au-delà de 4 000 m d'altitude et de plus de 2 semaines) exigent d'être physiquement et moralement bien préparé.

➢ Peut-on pratiquer d'autres activités que le trekking ?

Certainement ! Le Népal constitue aussi un terrain idéal pour le rafting, le canyoning, le VTT, le parapente...

➢ Et le yeti finalement, il existe ou non ?

Oui... et non ! Il s'agirait bel et bien d'un animal, une sorte de singe anthropoïde à tête pointue, en partie bipède. Mais sa taille a été largement exagérée puisque, selon les témoignages et indices matériels dont on dispose, il ne dépasserait pas (en station debout) le mètre quarante... On est loin de l'abominable homme des neiges représenté dans *Tintin au Tibet* !

LA VALLÉE DE KATHMANDU

- **Kathmandu** 36
  - Découvrir les montagnes par la voie des airs (Mountain Flight)

LA VALLÉE 69
- **Swayambunath (Swayambu)** 70
- **Pashupatinath** 71
- **Bodhnath (Bauda)** 76
- **Buddha Nilkantha** 80
- **Patan (Lalitpur)** 81
  - Bungamati • Khokhana • Godawari
- **Kirtipur** 90
- **Pharping** 92
- **Dakshin Kali** 92
- **Bhaktapur (Bhadgaon)** .. 93
  - Thimi
- **Changu Narayan** 106
- **Nagarkot** 108
  - Jarsingpawa
- **Panauti** 111
  - La balade du Namo Buddha
- **Dhulikhel** 113
  - Le temple de Chandeswori à Banepa

Cette vallée, de forme circulaire, adossée aux contreforts de l'Himalaya, n'est pas très étendue puisque son rayon fait une quinzaine de kilomètres. Pourtant, la population y est dense : de 3 à 4 millions d'âmes, pour l'essentiel concentrées dans l'agglomération de Kathmandu. C'est aussi dans ce cirque naturel que se trouve la plus grande partie du patrimoine culturel. Si la place historique de Kathmandu a été particulièrement frappée par les séismes de 2015, celles de Patan et de Bhaktapur ont résisté fièrement.
Pour visiter l'ensemble de la vallée, il n'est pas exagéré de prévoir une semaine. On peut loger à Kathmandu, bien sûr, mais pour ceux que la forte pollution et le ghetto touristique de Thamel rebuteraient, il est plus judicieux de dormir à Bhaktapur, à Patan ou encore à Bodhnath.

KATHMANDU

1,2 million d'hab. IND. TÉL. : 01

• Plan d'ensemble *p. 38-39* • Thamel (zoom I) *p. 41*
• Durbar Square (zoom II) *p. 63*

Fondée au Xe s à 1 350 m d'altitude, au confluent de deux rivières, la Bagmati et la Vishnumati, Kathmandu devient mondialement célèbre dans les années 1960, quand les voyageurs hippies en font leur paradis terrestre. Elle demeure aujourd'hui la capitale politique et religieuse du Népal, en même temps que la ville la plus peuplée du pays.
Certes, son Durbar Square, classé au Patrimoine mondial de l'Unesco, est sans doute celui qui a le plus souffert des séismes de 2015. Mais Kathmandu ne s'est jamais laissé enfermer dans un statut de ville-musée. Passée d'un bon gros

village à l'état de grande ville, c'est une cité bien vivante et toujours fervente ! Elle assume ses contradictions, un développement anarchique, à l'image de son quartier touristique, Thamel, quitte à dérouter parfois le visiteur, d'abord frappé par l'agitation et la forte pollution de l'air qui y règnent, sans parler du bruit.
Mais Kathmandu est LA ville mythique, qui recèle beaucoup de trésors cachés. Pour les découvrir, il faut être curieux, un rien fouineur, et prendre le temps de se perdre dans les vieilles ruelles du centre-ville, vagabonder sans but... De petits temples se cachent dans les moindres recoins. Et puis on débusque une foule d'odeurs à humer, de tranches de vie colorées à observer dans l'effervescence des petits marchés traditionnels.

CAT...MANDU ?

Une légende affirme que Cat Stevens a écrit sa superbe chanson Kathmandu *dans une* tea house *(enfumée, de préférence !) du quartier d'Asan Tole. Pourquoi pas, même s'il n'en existe aucune preuve... Cette histoire, vraie ou non, est véridique pour des tas de musiciens ayant décrit la ville comme l'ultime refuge sur cette planète avant d'atteindre le nirvana, tels Janis Joplin (« Cry Baby »), John Lennon (« Nobody Told Me ») ou encore Bob Seger (« Kathmandu »). Elle rappelle surtout à quel point Kathmandu fut une sacrée source d'inspiration dans les années 1960-1970 !*

Arrivée à l'aéroport

✈ ***Tribhuvan International Airport*** *(hors plan d'ensemble par E3)* **:** *à env 6 km au sud-est du centre-ville.* ☎ *411-31-63 (vols internationaux) et 411-32-99 (vols intérieurs).* • *tiairport.com.np* • L'unique piste d'atterrissage accueille les avions des compagnies internationales et domestiques.
– Le ***visa*** peut s'acheter à l'arrivée, en même temps que le passage de l'immigration. Il se paie en devises (dollars, euros, dollars canadiens ou francs suisses) : 25 $ (ou 25 €) pour 15 jours, 40 $ (ou 40 €) pour 30 jours et 100 $ (ou 100 €) pour 90 jours. Gratuit pour les enfants de moins de 10 ans. Venir avec une photo. En principe, on peut faire sur place des photos d'identité et payer le visa par carte de paiement, mais les machines sont parfois en panne, alors n'y comptez pas trop...
– On y trouve quelques ***distributeurs automatiques d'argent*** et des ***bureaux de change*** (taux de change juste honorable ; changer seulement une petite somme pour l'arrivée). Également un petit ***bureau de police et d'infos touristiques*** (pas toujours ouvert) juste après la douane.
– Pour ***téléphoner,*** guichets *Ncell* et *Nepal Telecom* qui vendent des carte SIM locales. Également un comptoir proposant des appels locaux et internationaux.
➢ Les meilleurs moyens ***pour se rendre en centre-ville*** sont les bus verts (confortables) ou les taxis. Il existe des billets *prepaid taxi* à prix fixe, que l'on paie à un comptoir à la sortie de l'aéroport, sur la droite. Compter environ 700 Rps pour rejoindre le quartier touristique de Thamel en 20 à 40 mn selon le trafic. On trouve des taxis un peu moins chers à l'extérieur de l'aérogare, mais rien ne dit qu'ils soient fiables. Dans l'autre sens, de Kathmandu vers l'aéroport, compter environ 500 Rps. Après 21h, petite majoration.

Adresses utiles

Infos touristiques

i ***Nepal Tourism Board*** *(plan d'ensemble, C-D4)* **:** *Bhrikutimandap Marg.* ☎ *425-69-09 ou 425-62-29.* • *welcomenepal.com* • *À l'angle de Durbar Marg. Tlj 10h-17h.* 💻 📶 Excentré du quartier touristique de Thamel, mais sympa et plutôt

■ Adresses utiles

- **i** Nepal Tourism Board, Bureau des parcs nationaux, police touristique
- **1** Immigration Office
- **2** Ambassade de France
- **3** Ambassade de l'Inde
- **4** Ambassade de Chine
- **7** Consulat du Canada
- **8** Ncell
- **10** Ciwec Clinic
- **11** Kailash Medical & Astro Society
- **16** Alliance française
- **18** Glacier Safari Treks
- **22** Base Camp Trek
- **27** Mandala Trekking
- **34** Sherpa, Red Fox et Black Yak
- **38** Shanti Travel
- **76** Piscine du Shanker Hotel
- **77** Piscine de l'Hotel du Shangri-La

Où dormir ?

- **48** Pauline's 3 Rooms
- **53** Hotel Ganesh Himal
- **65** Tings Tea Lounge Hotel
- **67** Century Lodge
- **69** Razz Matazz Guesthouse
- **71** Hotel Yak and Yeti
- **73** Le Rhododendron
- **75** Hotel Tibet
- **76** The Shanker Hotel
- **77** Hotel Shangri-La
- **78** Hotel Vajra
- **79** Dwarika's Hotel

Où manger ?

- **71** Restos de l'Hotel Yak and Yeti
- **79** Krishnarpan
- **109** Tukche Thakali Kitchen
- **110** Falcha
- **111** Koto
- **112** Ghàr e Kebàb
- **113** Vishram Café
- **114** Bhumi
- **118** Kotetsu
- **120** Angan

Où prendre le petit déj ?

- **71** Pâtisserie de l'Hotel Yak and Yeti
- **77** Pâtisserie de l'Hotel Shangri-La
- **112** Pâtisserie de l'Hotel Annapurna
- **116** Chez Caroline
- **122** Radisson SAS

Où boire un verre en journée ?

- **113** Vishram Café et Kasthamandap Roof Top View
- **117** De Taleju View
- **118** Vootoo Coffee & Food

Où boire un verre en soirée ? Où sortir ?

- **123** Trisara Lounge
- **144** Jazz Upstairs

Achats

- **190** Folk Nepal
- **193** Everest Pashmina Arts

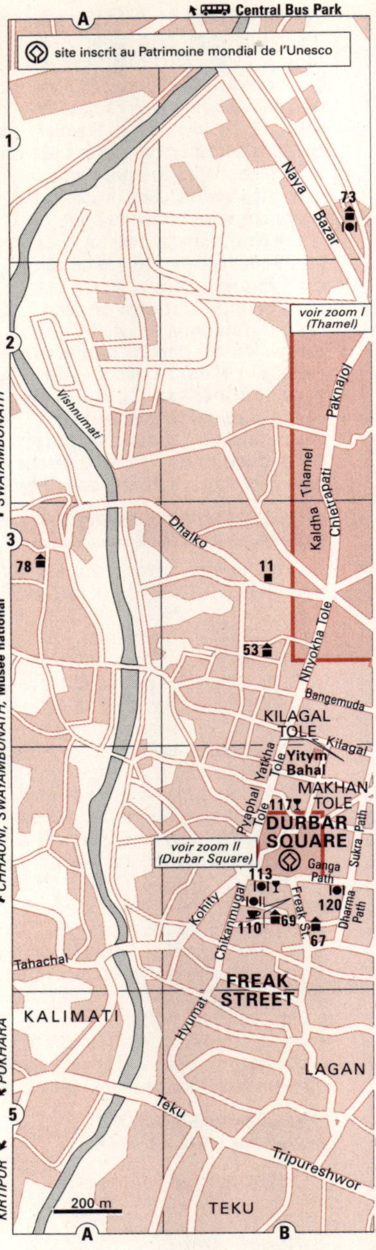

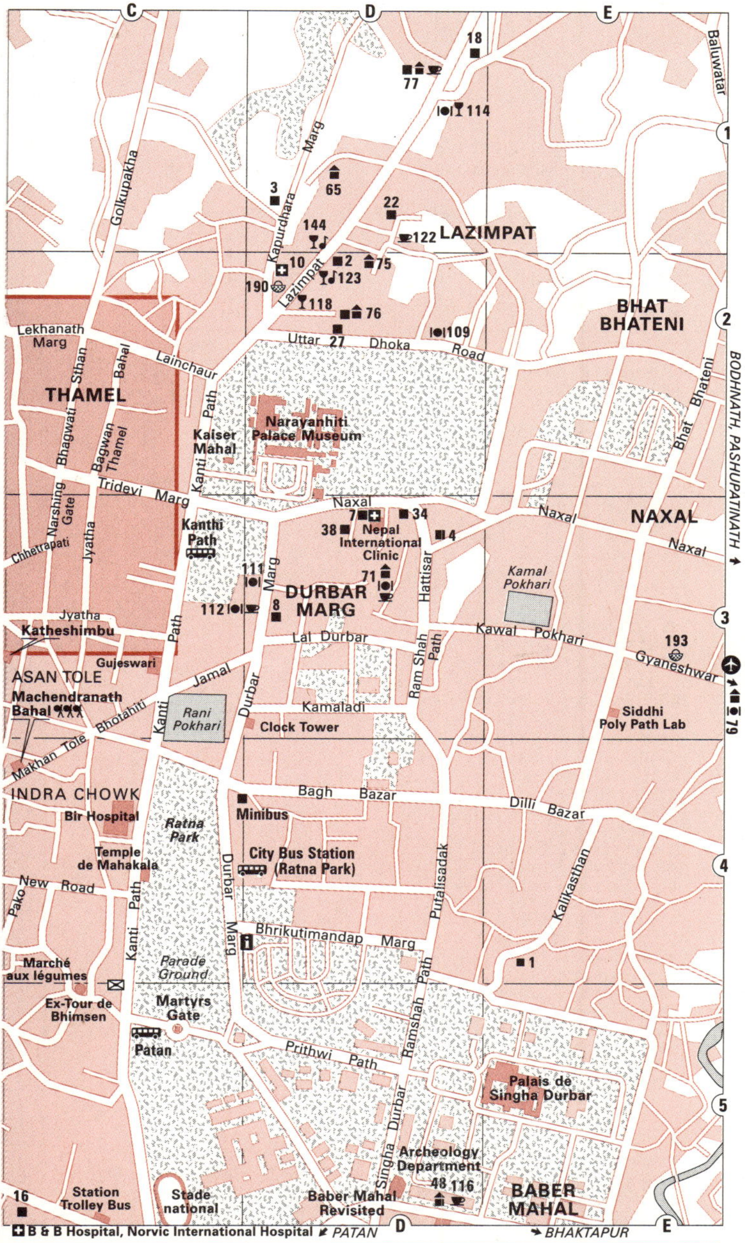

KATHMANDU – Plan d'ensemble

compétent. Infos générales sur le pays, quelques brochures en anglais et même en français, plans gratuits du pays et de Kathmandu. À l'étage du bâtiment, petit ***musée ethnographique*** *(ouv tlj, mêmes horaires ; entrée env 200 Rps).* Sur place, également le bureau des parcs nationaux (voir ci-après).

■ ***Bureau des parcs nationaux*** *(plan d'ensemble, C-D4) : Bhrikutimandap Marg, au Nepal Tourism Board.* Plusieurs comptoirs et bureaux pour obtenir la *TIMS Card* et les différents permis selon la région :

– ***TIMS Card :*** *☎ 425-69-09. • timsnepal.com • Tlj 10h-17h.* Vend le permis de trek OBLIGATOIRE, même si vous partez seul en randonnée. Prévoir 2 photos et l'équivalent d'environ 20 $ (mais ***payable seulement en roupies,*** soit environ 2 000 Rps). Si vous passez par une agence de trek, celle-ci s'occupe pour vous de toutes ces formalités (avec le permis à moitié prix...).

– ***Bureau de l'Annapurna Conservation***

■ **Adresses utiles**

5 Bank of Kathmandu
6 Himalayan Bank
@ 9 Net C@fé
12 Centre médical tibétain
13 Vajra Book Shop
14 Mandala Book Point
15 Tranquility Spa et Pilgrims Book House
19 Celtic Trekking Adventure
20 Nepal Trekking & Expeditions
21 Trinetra Adventure
24 Borderlands Eco Resort
31 KEEP Travellers Information Center
32 Consulat de Belgique et Astrek Climbing Wall
33 The North Face, Mountain Hard Wear
36 Seeing Hands Clinic

Où dormir ?

40 The Yellow House
41 327 Thamel
42 Silver Home
43 Alobar 1000 Hostel
44 Andes House
45 Hotel Bliss International
46 Bag Packer's Lodge
47 Kathmandu Garden House et Nirvana Peace Home
50 Shree Tibet Family Guesthouse
51 Dolphin Guesthouse et Asmita B & B
52 Sacred Valley Inn
55 International Guesthouse
60 Hotel Mandap
63 Ambassador Garden Home
64 Holy Himalaya Hotel et Fuji Hotel
66 Kantipur Temple House

Où manger ?

90 Gaia
91 Gilingche
92 Momotarou
94 Jatra Café
96 Yangling
97 Roadhouse Café
98 K-Too Beer & Steakhouse
99 New Orleans Café
100 Dechenling
101 Fire and Ice Pizzeria
102 Green Organic Café & Farmer's Bar
103 Lotus Café
104 Thamel House
105 Kathmandu Kitchen
106 Or2K
107 Yak
108 Places
124 Rosemary's Kitchen
125 Thakali Bhancha

Où prendre le petit déj ?

90 Gaia
93 Chikusa Coffee Shop
99 New Orleans Café
115 Revolution Café
121 Delima Garden Café
146 Electric Pagoda

Où boire un verre en journée ?

90 Gaia
102 Green Organic Café & Farmer's Bar

Où boire un verre en soirée ? Où sortir ?

115 Revolution Café
121 Delima Garden Café
131 Tom & Jerry's Pub
140 Buddha Bar
141 House of Music
142 Funky Buddha
143 Paddy Foley's Irish Pub
145 Faces Lounge
146 Electric Pagoda
147 Kaiser Café

Achats

191 Saroj Instrumental Shop
192 Pooja Paper Industry
195 Sobit & Saranghi Music Shop
196 Singing Bowl Gallery & Museum
197 Nepalese Garment
198 Mithila Women Handicraft

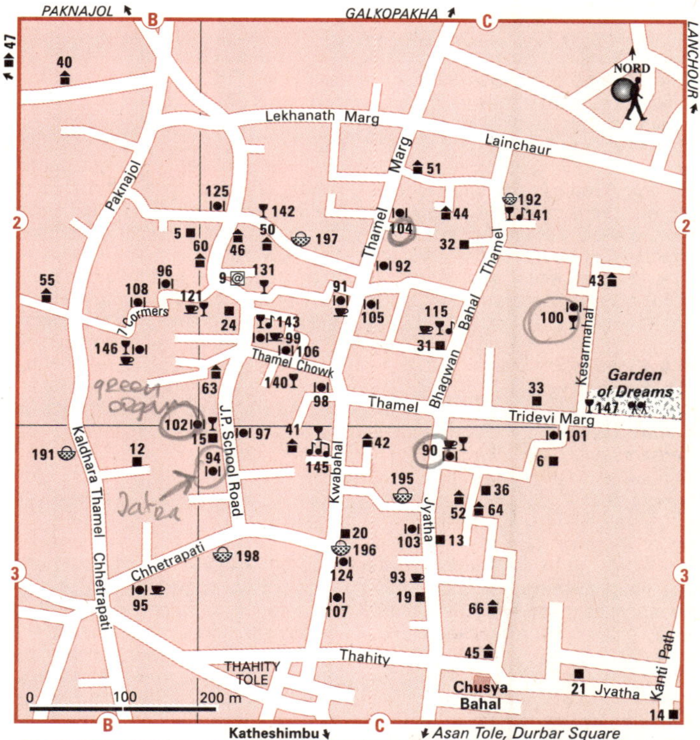

KATHMANDU – Thamel – (Zoom I)

Area : ☎ *422-24-06.* ● *ntnc.org.np* ● *Tlj 9h-17h.* On y achète le permis (moyennant 2 photos et un droit d'entrée ; voir la rubrique « Trekking » en fin de guide) pour l'Annapurna, le Manaslu et Gaurishankar. Infos et dépliants en anglais.

– ***Department of National Parks and Wildlife Conservation :*** ☎ *422-09-12 ou 422-08-50. Tlj sf sam et j. fériés 9h-14h.* Permis pour l'Everest (Sagarmatha), le Langtang, Khaptad, Makalu et Rara.

■ ***Immigration Office*** *(plan d'ensemble, E4,* ***1****) : Kalikasthan.* ☎ *443-39-34 ou 442-96-60 ou 443-88-62.* ● *nepalimmigration.gov.np* ● *Dim-jeu 10h30-16h30 (15h30 nov-déc), ven 10h30-14h, sam 11h-13h30.* Pour la prorogation de visa. Remplir et imprimer le formulaire en ligne avant d'y aller ou à la machine sur place (venir tôt, souvent du monde !). Apporter une photo et l'équivalent de 30 $ ***en roupies*** pour 15 jours d'extension. Au-delà, c'est 2 $ par jour supplémentaire, pour un maximum de 150 jours de présence cumulée dans le pays sur une année. Délivre aussi les permis de trek pour certaines régions comme le Mustang, Dolpo, Manaslu, etc. (si vous passez par une agence, celle-ci s'en charge). Pour les distraits, on trouve à côté un distributeur d'argent et une boutique de photos.

■ ***KEEP Travellers Information Center*** *(zoom I, C2,* ***31****) : Baghuran Bahal, à Thamel.* ☎ *441-09-52 ou 35.* ● *keep nepal.org* ● *Juste derrière le* Revolution Café. *Tlj sf sam et j. fériés 10h-17h (16h* *en hiver).* Cette ONG s'est donné une double mission : la protection de l'environnement et l'info aux voyageurs. On peut donc glaner des infos sur le trekking, les événements culturels, les horaires de bus ou d'avion, ou encore consulter des cartes gratuitement et visionner des documentaires. À noter que l'organisation veille aussi au bien-être des porteurs en leur donnant des cours d'anglais et en leur prêtant des vêtements et du matos (les dons sont donc les bienvenus). Animé par des jeunes gens anglophones et serviables.

Représentations diplomatiques

■ ***Ambassade de France*** *(plan d'ensemble, D2,* ***2****) : Lazimpat. ☎ 441-23-32, 441-47-34 ou 441-80-34. En cas d'urgence slt : 98-01-01-72-01 ou 98-51-01-72-01. • ambafrance-np.org • Slt sur rdv, lun-ven (sf j. fériés) 9h-12h, 14h-17h.* La section consulaire étant désormais fermée, seules les urgences consulaires sont traitées sous l'égide de l'ambassade de New Delhi, en Inde : *☎ (00-91-11) 43-19-61-00. Fax : (00-91-11) 43-19-61-19. • ambafrance-in.org •*

■ ***Consulat de Belgique*** *(zoom I, C2,* ***32****) : Bhagwan Bahal, à Thamel. ☎ 441-89-22 ou 443-28-67. • info@diplobelnepal.org • Lun, mar et jeu 10h-12h, mer et ven 14h-16h.*

■ ***Ambassade de Suisse*** *(hors plan d'ensemble par D5) : Jawalakhel, à Patan. ☎ 554-92-25. • kat.vertretung@eda.admin.ch • Lun-ven 10h-12h.*

■ ***Consulat du Canada*** *(plan d'ensemble, D3,* ***7****) : à la* Nepal International Clinic, *Durbar Marg. ☎ 444-19-76. • canadaconsul@mail.com.np • Lun-ven 9h-12h. En cas d'urgence, contacter l'ambassade à New Delhi (Inde) : ☎ (00-91-11) 41-78-20-00. • sos@canadainternational.gc.ca • canadainternational.gc.ca •*

■ ***Ambassade de Thaïlande*** *(hors plan d'ensemble par D1) : Bansbari. ☎ 437-14-10 ou 11. • thaiembnepal.org.np • Au nord de la ville par Lazimpat, sur la route de Buddha Nilkantha. Dépôt des demandes de visa lun-ven 9h30-12h, retrait 2 j. plus tard 14h-16h.* Apporter 3 photos et le billet d'avion aller-retour (et sa photocopie).

■ ***Ambassade de l'Inde*** *(plan d'ensemble, D1,* ***3****) : Lainchaur, à Lazimpat. ☎ 441-09-00 ou 441-49-90. • indianembassy.org.np • Près de la* Ciwec Clinic. *Dépôt des demandes de visa lun-ven 9h30-12h.* Vous gagnerez beaucoup de temps en le prenant dans votre pays d'origine. En effet, l'obtention d'un visa dans cette ambassade demande un maximum d'énergie et de patience : prévoyez 2 matinées complètes et un retour dans l'après-midi ; le tout sur 3 à 5 jours ! Et n'oubliez pas non plus de vous munir d'un stylo NOIR et d'écrire en LETTRES CAPITALES, sinon votre demande sera rejetée !

■ ***Ambassade de Chine*** *(plan d'ensemble, D3,* ***4****) : Hattisar, Naxal. ☎ 444-02-86 ou 442-55-20. • np.chineseembassy.org • Non loin de l'ancien palais royal. Dépôt et retrait des demandes de visa lun-ven 9h45-11h (délai variable, 1-3 j. selon l'urgence et le tarif).* Apporter une photo, la photocopie du passeport, et le billet d'avion aller-retour (et sa photocopie). Pour le ***Tibet,*** les choses se compliquent : il faut obligatoirement passer par une agence qui se fait délivrer un visa de groupe (minimum 2 personnes, et prévoir au moins 5 jours ouvrés) pour un itinéraire touristique très précis. Sachez aussi que la frontière peut être fermée sans préavis ; le voyage est alors annulé !

■ ***Ambassade du Myanmar*** *(hors plan d'ensemble par D5) : Chakupat, à Patan. ☎ 552-17-88 ou 552-47-88. • emb@myanmar.wlink.com.np • Près de Patan Gate. Dépôt des demandes de visa lun-ven 10h-14h.* Apporter 4 photos d'identité. Le visa est délivré 2-3 jours plus tard.

Compagnies aériennes

Les horaires d'ouverture sont en général 9h-13h, 14h-17h. Fermé le samedi (sauf le matin pour certaines) et parfois le dimanche. Mieux vaut demander à son hôtel de téléphoner avant d'y aller.

■ ***Air China :*** *North Gate of Royal Palace, Lazimpat. ☎ 444-06-50 ou 51. • airchina.com •*

■ ***Air France :*** *Durbar Marg. ☎ 444-55-74. • airfrance.com •*
■ ***Air India :*** *Hattisar. ☎ 441-67-21. • airindia.in •*
■ ***Aeroflot :*** *Kamaladi. ☎ 425-46-97. • aeroflot.ru •*
■ ***Biman Bangladesh Airlines :*** *Naxal. ☎ 554-24-94. • biman-airlines.com •*
■ ***British Aiways :*** *Jawalakhel, à Patan. ☎ 554-24-94. • britishairways.com •*
■ ***Gulf Air :*** *Durbar Marg. ☎ 422-02-45. • gulfair.com •*
■ ***Indian Airlines :*** *Hattisar. ☎ 441-45-96. • indianairlines.in •*
■ ***Kuwait Airways :*** *Kathmandu Plaza, Kamaladi. ☎ 424-98-84. • kuwait-airways.com •*
■ ***Lufthansa :*** *Durbar Marg. ☎ 422-30-52. • lufthansa.com •*
■ ***Nepal Airlines :*** *Kantipath. ☎ 422-07-57. • nepalairlines.com.np •*
■ ***Pakistan International Airlines :*** *Durbar Marg. ☎ 443-93-24. • piac.com.pk •*
■ ***Qatar Airways :*** *Hattisar. ☎ 444-04-74. • qatarairways.com •*
■ ***Singapore Airlines :*** *Durbar Marg. ☎ 422-54-82. • singaporeair.com •*
■ ***Thai Airways :*** *Durbar Marg. ☎ 422-35-65. • thaiairways.com •*
■ ***Turkish Airlines :*** *Zion House, Narayan Chour, quartier de Naxal. ☎ 443-83-63 ou 411-30-02 (aéroport). • turkishairlines.com •*

Poste et télécommunications

✉ ***General Post Office*** *(GPO ; plan d'ensemble, C4-5)* **:** *Kanthipath, juste à côté de l'ex-tour de Bhimsen... Tlj sf sam et j. fériés 10h-17h (15h ven).* Pas pratique car un peu loin de tout. Mieux vaut choisir à Thamel une librairie qui vend des timbres et possède une boîte postale (voir *Pilgrims,* plus bas). En revanche, pour la poste restante et l'envoi de colis (voir ci-dessous), c'est ici qu'il faut se rendre.

■ ***Envoi de colis :***
– Foreign Post Office : dans un bâtiment accolé à la GPO (plan d'ensemble, C4-5). Repérer le bureau « Parcel » n° 28 à l'arrière du bâtiment. Tlj sf sam et j. fériés 10h-14h (13h ven). Pour l'envoi de colis (jusqu'à 20 kg) par avion (10-15 jours). La réception de colis en provenance de l'étranger n'est pas plus simple et sujette, en plus, aux droits de douane et de TVA (sauf pour les livres).
– DHL International : KUK Building (Ring Rd) et DAS Tower. ☎ 448-13-03. • dhl.com •
– UPS : sur Kantipath. ☎ 423-22-19. • ups.com •

■ ***Archeology Department*** *(plan d'ensemble, D5)* **:** *National Archives, Ram Shah Path (à gauche de Singha Durbar). ☎ 425-06-83 ou 85. • archeology@infoclub.com.np • Tlj sf sam 10h-17h (15h ven).* Pour obtenir un tampon d'autorisation de sortie pour les objets anciens ou apparemment anciens, tels que thangkas et sculptures, bois et bronze, pierres précieuses. Attention, la limite d'âge est de 100 ans. Toute petite commission à payer. Pour gagner du temps, demandez au commerçant à qui vous avez acheté l'objet d'aller le certifier lui-même.

■ @ ***Téléphone et Internet :*** on trouve partout des ***boutiques ISD/STD*** disposant de plusieurs téléphones posés sur un comptoir donnant sur la rue (tarif à la minute). Certaines possèdent des petites cabines plus tranquilles, et l'on peut aussi recevoir des appels (système *call back*). Sinon, on trouve facilement des ***boutiques de téléphonie mobile*** pour acheter une carte SIM (voir la rubrique « Téléphone et télécoms » en fin de guide). Les recharges en crédit de communication s'achètent dans les nombreuses petites échoppes de rue.
– Ncell (plan d'ensemble, D3, ***8****) : Timesquare Mall, sur Durbarmarg. Tlj 9h30-19h30.* Une grosse agence bien pratique pour acheter une carte SIM. Venir avec une photo, passeport et photocopie du passeport.
Côté ***Internet,*** la plupart des hôtels, restos et bars fournissent désormais une connexion wifi gratuite, plus ou moins performante (plutôt moins, d'ailleurs). Les boutiques Internet sont donc logiquement plus rares qu'avant. Notez que l'office de tourisme (voir plus haut « Infos touristiques ») propose des ordinateurs en accès libre (mais assez excentré). Voici une boutique très centrale, à Thamel :

@ ***Net C@fé*** *(zoom I, C2, **9**) : juste à gauche du* Full Moon. *Tlj 7h-23h. Compter env 100 Rps/h (avec Skype).* La boutique fait aussi téléphone international, vente de cartes SIM et recharges *Ncell*, photocopies, et même laverie.

Argent, change

■ ***Bureaux de change :*** ils sont nombreux à Thamel et généralement ouverts tard, donc bien pratiques, même si leurs taux sont toujours légèrement inférieurs à ceux des banques.

■ ***Banques :*** on en trouve pas mal dans le centre de Kathmandu, toutes pourvues d'un distributeur d'argent liquide (*Visa* et *MasterCard*) en façade, et permettant de changer euros, dollars ou encore de se faire envoyer de l'argent. Ne pas oublier son passeport et prévoir un peu de temps pour l'opération. Dans Thamel, voir notamment la ***Bank of Kathmandu*** *(zoom I, B2, **5**) : J.P. School Rd. Tlj sf sam 10h-15h (13h ven).* Également l'***Himalayan Bank*** *(zoom I, C3, **6**) : Tridevi Marg, au 1er étage du centre commercial situé à côté du resto* Fire and Ice. *Tlj 10h-20h, mais entre 10h et 15h le change s'effectue dans une guérite sur la rue.*

■ ***Western Union :*** de nombreux *money changers* proposent ce service. Il suffit de repérer le fameux logo noir sur fond jaune sur les devantures. En cas de pépin, on peut se faire envoyer de l'argent très rapidement, sans limite de montant. Attention : la commission prélevée est importante.

Santé

– Sachez d'abord que les ***ambulances*** peuvent mettre beaucoup de temps pour arriver (1h... ou 2). Il est donc préférable, en cas de souci de santé urgent, de prendre un taxi.

Médecine conventionnelle

■ ***Pharmacies :*** nombreuses dans Thamel *(zoom I)* et sur New Road *(plan d'ensemble, C4)*, ouvertes jusqu'en soirée. Une autre sur Kanti Path, avant le Bir Hospital, ouverte 24h/24.

✚ ***B & B Hospital*** *(hors plan d'ensemble par D5) : Ring Rd, Gwarko, à Patan.* ☎ *553-19-33.* C'est l'un des hôpitaux privés les plus compétents de Kathmandu, avec des médecins anglophones formés selon les standards occidentaux.

✚ ***Nepal International Clinic*** *(plan d'ensemble, D3) : Durbar Marg.* ☎ *443-46-42.* • *nepalinternationalclinic.com* • *Face à la porte sud de l'ancien palais royal.* Voir en priorité le Dr Buddha Basnyat, recommandé par l'ambassade de France et spécialiste du mal des montagnes.

✚ ***Ciwec Clinic*** *(plan d'ensemble, D2, **10**) : Lainchaur, à Lazimpat.* ☎ *442-41-11.* • *ciwec-clinic.com* • *Face à l'ambassade d'Angleterre. Consultations lun-ven 9h-12h, 13h-17h (mais service des urgences 24h/24).* Clinique privée fondée par des médecins américains, dotée d'un centre de consultation (environ 70 $) et d'un service dentaire.

✚ ***Norvic International Hospital*** *(hors plan d'ensemble par D5) : Thapathali.* ☎ *425-85-54. Urgences :* ☎ *410-16-00.* • *norvichospital.com* • *Au sud du centre-ville, un peu avt le pont de Patan.* L'une des meilleures cliniques, parfaitement équipée et ultramoderne.

■ ***Healthy Smiles*** *(plan d'ensemble, D2) : Lazimpat.* ☎ *444-46-89 ou 442-08-00.* • *healthysmiles.com.np* • Un service dentaire performant. Il est important d'avoir des dents bien soignées pour envisager une virée en montagne, où les variations de pression peuvent faire sauter les plombages.

■ ***Analyses médicales :*** *à la* ***Siddhi Poly Path Lab*** *(plan d'ensemble, E3), Charkhal Rd, Dilli Bazar.* ☎ *441-06-04. Tlj sf sam 7h-19h.*

Médecines traditionnelles et centres de massage

■ ***Kailash Medical & Astro Society*** *(plan d'ensemble, B3, **11**) : 3/114 Chhetrapati, Dhobichour.* ☎ *424-88-89.* • *men-tsee-khang.org* • Clinique tibétaine travaillant selon les enseignements du dalaï-lama. Fabrique ses propres médicaments. Bonne réputation.

■ ***Seeing Hands Clinic*** *(zoom I, C3, **36**) : Kumari Marg, Jyatha.* ☎ *425-35-13.* • *seeinghandsnepal.org* • *Tlj 10h-18h ; sur demande en dehors de ces horaires. Compter env 2 000-3 000 Rps* *pour 1h ou 1h30 de massage.* Fondé par 2 thérapeutes britanniques, ce centre de massages forme pendant 1 à 2 ans des aveugles en vue de les réinsérer dans une société qui les rejette souvent. Ils utilisent 2 principales techniques : la relaxation *(Swedish massage)* et le massage thérapeutique *(Remedial sports therapy)* et proposent également la réflexologie. Efficace et de grande qualité. Noter que les hommes peuvent masser femmes et hommes mais les femmes ne massent que les femmes.

■ ***Centre médical tibétain*** *(Kunphen Medical Centre ; zoom I, B3,* ***12****)* **:** *Chhetrapati, à Thamel. ☎ 425-19-20. Tlj sf dim 9h-12h, 14h-17h.* Consultation gratuite et vente de médicaments traditionnels tibétains. Ce n'est pas bon, mais paraît-il efficace !

■ ***Gorkha Ayurved Company :*** *☎ 428-68-73. • gorkhaayurved.com •* Laboratoire pharmaceutique franco-népalais qui valorise les plantes himalayennes. Les médicaments sont élaborés d'après les préceptes de la médecine ayurvédique, premier système médical formulé dans l'histoire de l'humanité ! Testés cliniquement, ils sont réputés et utilisés par de nombreux Népalais et des résidents étrangers. Les traitements contre les affections comme les diarrhées *(Amati)* et les refroidissements *(Sitopaladi)* sont efficaces, à court et à long terme, et sans effets secondaires.

■ ***Tranquility Spa*** *(zoom I, C3,* ***15****)* **:** *J.P. School Rd, à Thamel. ☎ 426-08-50. Tlj 7h-22h. À partir de 2 200 Rps la séance. Dès le 2e massage, remise de 15 % dans les différentes adresses de la chaîne.* Idéal pour se détendre en rentrant d'un trek. Plusieurs types de massage : thaï, ayurvédique, suédois, etc., sans oublier le massage traditionnel népalais utilisant des pierres chaudes... Pas donné, mais pro et très propre.

Urgences

■ ***En cas d'urgence :*** *composer le ☎ 100.*

■ ***Police touristique*** *(plan d'ensemble, D4)* **:** *Bhrikutimandap Marg, derrière l'office de tourisme. ☎ 424-70-41. Ouv 24h/24.*

Librairies, journaux

La plupart proposent un petit rayon de livres en français, mais leur fonds de commerce demeure les bouquins en anglais sur l'Himalaya. Également un grand choix de bonnes cartes couvrant tout le pays, de beaux posters des montagnes, et parfois des timbres avec une boîte aux lettres.

■ ***Mandala Book Point*** *(zoom I, C3,* ***14****)* **:** *Kanti Path, à Thamel. ☎ 422-77-11. Tlj sf sam 10h30-19h.* Bon choix de livres en français traitant de cette région du monde, quelques lexiques d'expressions népalaises, et pour ceux qui souhaitent apprendre le tibétain, le très bon livre de Sylvie Grand-Clément, *Le Tibétain sur le bout de la langue.*

■ ***Vajra Book Shop*** *(zoom I, C3,* ***13****)* **:** *Jyatha, à Thamel. ☎ 422-05-62. 2 boutiques : l'une à côté et l'autre presque en face de l'Hotel Utse.* Une poignée de livres en français, et de bonnes cartes du pays.

■ ***Pilgrims Book House*** *(zoom I, C3,* ***15****)* **:** *J.P. School Rd, à Thamel. ☎ 422-15-46.* Un peu la Fnac locale ! On y trouve absolument tout, y compris de l'artisanat, des instruments de musique, des savons et des bondieuseries... Nombreux livres sur l'Himalaya, le trekking, de bonnes cartes, des ouvrages rares et quelques livres en français. Vend aussi des timbres.

Culture

■ ***Alliance française*** *(plan Patan, A1)* **:** *à Patan, dans le quartier de Pulchowk. ☎ 552-04-66. • alliancefrancaise.org.np • Derrière l'école Saint Xavier. Bibliothèque ouv lun-ven 8h-18h.* Prêt de livres, CD et DVD. Grand choix de magazines et de journaux français récents, en consultation sur place. L'Alliance organise aussi le Festival du film français, des concerts de chanteurs francophones, la Semaine de la francophonie, la fête de la Musique, etc. On peut déjeuner à son bistrot, dans un paisible jardin, et faire la rencontre de Népalais désireux de causer la langue de Paname.

Sports

■ ***Piscines :*** pour se détendre après un trek ou se rafraîchir en été, rendez-vous à la petite piscine du ***Shanker Hotel*** *(plan d'ensemble, D2, **76**)*, située dans un plaisant jardin dominé par le palais-hôtel. Également dans le quartier de Lazimpat, charmante petite piscine à l'***Hotel Shangri-La*** *(plan d'ensemble, D1, **77**)*. Accès payant.
■ ***Escalade :*** ***Astrek Climbing Wall,*** *Bhagawan Bahal, à Thamel.* ☎ *441-92-65.* • *astrekclimbingwall.com* • *À côté du consulat de Belgique (zoom I, C2, **32**).* Murs d'escalade, dont un de 15 m de haut. Une vingtaine de voies en tout, certaines adaptées aux enfants à partir de 3 ans. Matériel et encadrement compris dans le tarif à la journée (le samedi) ou à la demi-journée.

Trekking

■ ***Location et achat de matériel et vêtements de trek :*** dans la plupart des boutiques à Thamel, tous les vêtements, duvets et sacs à dos de marque sont des contrefaçons, peu chères (négocier quand même) et parfois de bonne qualité. Au terme de votre trek, on conseille de les offrir à vos guides et porteurs, ou même à *KEEP* (voir « Infos touristiques » plus haut) ; ça vous évitera une contravention en cas de contrôle à la douane française... À Thamel, sur Tridevi Marg, se situent les boutiques officielles des marques ***The North Face*** *(zoom I, C2, **33** ;* ☎ *444-51-01)* et ***Mountain Hard Wear*** *(zoom I, C2, **33** ;* ☎ *444-26-66)*, vendant de VRAIS vêtements et autres équipements de montagne environ 20 % moins chers qu'en Europe. Enfin, on recommande chaudement la boutique de la marque 100 % népalaise ***Sherpa*** *(plan d'ensemble, D3, **34** ; Durbar Marg ;* ☎ *444-36-38 ;* • *sherpaadventuregear.com* •*)*. Beaux vêtements bien taillés et matériel de qualité à des prix un peu élevés, mais un peu moins chers que les grandes marques internationales précitées. On trouvera également, dans le même pâté d'immeubles, les boutiques des marques ***Red Fox*** et ***Black Yak*** *(plan d'ensemble, D3, **34**)*. À vous de comparer...

■ ***Cartes topographiques :*** dans les librairies de Thamel ou alors, aller à la ***Nepal Map Shop,*** sur la route de l'aéroport, avant l'*Hotel Everest.* C'est le détaillant officiel du département de la Topographie népalaise. Ils ont même les cartes gouvernementales *FINIDA* au 1/25 000 (mais elles datent un peu...).

Guides et agences de treks et de voyages

Nous avons sélectionné quelques agences qui sont compétentes, francophones, respectueuses de leurs collaborateurs, et qui vous prennent en charge dès l'aéroport. Certaines sont basées à Thamel, le quartier touristique de Kathmandu, d'autres à Patan, à un jet de taxi au sud de la capitale. Afin de faire le bon choix et de s'assurer que porteurs, guides et cuisiniers soient convenablement traités, lisez attentivement « Le trek et l'éthique » de la rubrique « Trekking » dans la partie « Népal utile », en fin de guide.
– ***Important :*** attention à certains guides qui offrent spontanément leurs services dans les rues de Kathmandu. Certains proposent des prix apparemment alléchants et vous retrouvent plus tard, « par hasard », en ne vous lâchant plus d'une semelle, voire en vous mettant des bâtons dans les roues si vous refusez leurs services. Dans le doute, passez par une agence.

Les spécialistes du trek

■ ***Glacier Safari Treks :*** *Damodar Marg, Kusunti, Jawalakhel, à **Patan.*** ☎ *552-28-50 ou 554-67-10.* 📱 *98-51-02-46-03 ou 98-51-06-31-03.* • *gstreksnepal.com* • Agence dirigée par Catherine Joriot, passionnée de montagne, qui vit depuis très longtemps à Kathmandu, et connaît parfaitement les sentiers de trek du pays. L'agence emploie des guides compétents et sympas, dont la majorité parle le français. Treks à la carte ou regroupés dans des régions classiques ou plus originales (Tsum, Humla, Mugu...). Ils sont constamment à la recherche de nouveaux passages. Également des *trekkings peaks* (vers de petits sommets), des expéditions de haute montagne, des séjours culturels au Tibet (en 4x4), des randonnées faciles avec nuits chez l'habitant... Attention, ne pas confondre cette agence avec celle nommée *Himalayan Glacier*, à Thamel. Très engagée dans le pays, Catherine Joriot a fondé l'association Samdo Avenir axée sur le développement des communautés himalayennes (lire plus loin « Népal utile »).

■ ***Acme-Losar*** *(plan d'ensemble, D3)* **:** *Hattisar.* ☐ *98-51-02-07-49. En France :* ☎ *09-70-44-94-68.* ● *acmetours.com* ● Travaillant essentiellement avec la clientèle francophone, cette agence propose des organisations de treks, résa d'hôtels, itinéraires à la carte, et des billets d'avion internationaux via ● *acmeairways.com* ●, etc. Une maison sérieuse et très serviable.

■ ***Shanti Travel*** *(plan d'ensemble, D3,* ***38****)* **:** *Lal Durbar Marg.* ☐ *98-01-21-98-88* ● *contact@shantitravel.com* ● Cette agence locale et francophone est spécialiste des voyages et treks sur mesure au Népal et dans toute la chaîne de l'Himalaya. Julie et son équipe proposent des randonnées à la journée, circuits découverte, treks itinérants avec nuit chez l'habitant et guide accompagnateur, pour des voyages en famille ou entre amis à la rencontre des peuples et des cultures locales.

■ ***Celtic Trekking Adventure*** *(zoom I, C3,* ***19****)* **:** ☎ *421-80-40 ou 426-90-50.* ☐ *98-41-78-67-78.* ● *celtictrekking.com* ● Une agence fondée par Olivier, un Breton qui, après 20 ans de treks, a passé le relais à son équipe, une quinzaine de guides francophones chaleureux et professionnels. Treks pour tous les niveaux autour de l'Annapurna, du Manaslu, vers l'Everest, et plus récemment sur de nouveaux itinéraires : Tamang Heritage, Panch Pokhari, etc. Programme aussi le Tibet.

■ ***Nepal Trekking & Expeditions*** *(zoom I, C3,* ***20****)* **:** *Kwabahal, à Thamel.* ☎ *425-35-62.* ☐ *98-51-02-32-91.* ● *nepal-trek.com* ● *Dans la cour de la Om Tara Guesthouse.* Un regroupement de guides francophones privilégiant la logistique, la sécurité et la convivialité. L'équipe organise trekkings, ascensions ou expéditions à la carte autour de destinations classiques (Annapurna, Everest, Manaslu...) ou plus confidentielles (Mustang, Dolpo, Daulaghiri...). Également des descentes en rafting et des safaris dans le parc national de Chitwan.

■ ***Trinetra Adventure*** *(zoom I, C3,* ***21****)* **:** *Kantipath – Jyatha, à Thamel.* ☎ *425-24-62 ou 426-99-56.* ● *trinetra-adventure.com* ● Agence sérieuse et compétente avec guides francophones. Propose des treks autour de l'Annapurna, de l'Everest, du Manaslu, au Dolpo, au Mustang, etc., mais aussi des safaris dans le parc national de Chitwan et d'autres excursions dans la vallée de Kathmandu.

■ ***Base Camp Trek*** *(plan d'ensemble, D1,* ***22****)* **:** *Radisson Lane, à Lazimpat.* ☎ *441-55-73 ou 441-15-04.* ● *basecamptrek.com* ● *À deux pas de l'ambassade de France, au bout de la rue menant à l'hôtel* Radisson, *sur la gauche.* Agence sérieuse dirigée par Jérôme, un Français « tibétologue » (auteur d'un livre, *Chronique de Katmandou*), et Rashmi, une Népalaise francophone. Organise des treks et des voyages culturels à la carte au Népal, mais aussi au Bhoutan et au Tibet.

■ ***Lama Randonnées Trekking*** *(hors plan d'ensemble par D5)* **:** *Sainbu, 4, à* ***Patan.*** ☎ *559-23-61.* ☐ *98-51-03-02-86.* ● *lamarando.com* ● Agence franco-népalaise spécialiste des trekkings à la carte pour groupes ou individuels et des randonnées en famille avec des enfants. Karma, le patron, vous donnera toutes les informations sur les treks au Népal, au Ladakh, au Tibet et au Bhoutan. Également des circuits culturels.

■ ***Mandala Trekking*** *(plan d'ensemble, D2,* ***27****)* **:** *Uttar Dhoka Rd, à Lazimpat.* ☎ *442-80-43 ou 441-28-02.* ● *mandalatrek.com.np* ● Équipe dynamique et compétente avec des guides francophones. Treks à la carte au Népal et au Tibet, en individuel ou en petit groupe, souvent hors des sentiers battus, à la découverte des villages et des ethnies de l'Himalaya. Également des safaris dans le parc national de Chitwan, du rafting et des expéditions de haute montagne. Prestations un peu chères toutefois.

Circuits culturels

■ ***Four Seasons*** *(hors plan d'ensemble par D5) : 49 Dhara Oasis, à* ***Patan.*** *☎ 552-68-94. 98-01-03-38-64. • go-nepal.com • ♿* Pankaj, le charmant directeur (qui parle un peu le français), organise des circuits culturels, des balades dans la vallée de Kathmandu et les grands treks classiques dans tout le pays. Autre particularité remarquable, il met en place des circuits pour les personnes handicapées en tenant compte du handicap de chacun. Peut aussi s'occuper de réserver juste l'hébergement, proposer des cours de bouddhisme, etc.

■ ***Mandap Travels :*** *Kharel Marga, Chapali-Bhadrakali, Budhanakantha-3. ☎ 437-03-54. En France : 07-68-43-88-01. • mandaptravels.com • Min 2 pers, max 8 pers dans chaque groupe.* L'équipe francophone organise des visites d'un ou plusieurs jours dans les villages de la vallée, au milieu de la population, pour mieux comprendre leur mode de vie. Au programme, des circuits sur mesure, des treks culturels, de belles marches, un logement chez l'habitant, et même du yoga et de la méditation pour ceux qui le souhaitent.

Transports en ville

– ***Le taxi :*** la meilleure solution à Kathmandu, d'autant que les taxis népalais sont assez abordables, à condition d'être vigilant sur les tarifs. Il en passe tout le temps et ils vous klaxonnent dès que vous avez l'air de chercher quelque chose (ou pas !). Pas de compteur, ou alors ils ne l'utilisent pas. En gros, compter 200 Rps pour une petite course de 1 ou 2 km (par exemple, de Thamel à Lazimpat) et 400-500 Rps pour une course de 4-5 km (par exemple, de Lazimpat à Durbar Square ou Baber Mahal). Au-delà, compter environ 1 000 Rps pour aller à Bodhnath et 1 500 Rps pour Bhaktapur. Moralité : selon votre talent de négociateur, compter 50-100 Rps du kilomètre et le double le soir et la nuit.

– ***Le tempo :*** c'est un véhicule à trois roues qui se déplace selon un itinéraire donné, et pour une somme fixe. Souvent contraignant, mais ça peut être une expérience amusante. Ils sont électriques, ou au gaz, ce qui pourrait, à terme, avoir un minuscule impact positif sur le niveau de pollution dans la capitale...

– ***Le minibus :*** plus rapide que le bus et moins cher que le taxi, le minibus (15-20 personnes à bord) sillonne la ville et toute la vallée avec un parcours précis.

– ***Le rickshaw à pédales :*** tricycle à deux places, rigolo pour circuler dans les ruelles de Thamel et de la vieille ville, mais ça fait un peu « nabab » et on se prend toute la pollution dans les poumons. Discutez le prix avant la course, sinon, ça devient plus cher qu'un taxi.

– ***Le vélo :*** le vélo est plutôt déconseillé à Kathmandu et sa vallée pour des raisons de sécurité et de pollution.

– ***Location de voitures :*** pas vraiment une solution, attendu que les taxis sont fort abordables. Si l'expérience vous tente quand même pour explorer la vallée, on conseille de ne louer qu'une voiture avec chauffeur. Les agences et hôtels proposent ce service.

Où dormir ?

Aucun problème pour trouver un logement, même en pleine saison. La majorité des hébergements se concentre à ***Thamel,*** quartier on ne peut plus touristique. C'est un périmètre hyper animé et encombré, donc bruyant et pollué, qui réunit, sur une surface réduite, un nombre fou d'hôtels, *guesthouses,* cafés, restos, boutiques et agences de treks ; bref, un quartier fatigant mais où le routard moderne trouvera tout ce dont il a besoin pour préparer la suite de son voyage. Un bon plan : dormir à ***Paknajol,*** au nord-ouest de Thamel, plus calme et à deux pas du centre. Sinon, opter pour Bhaktapur ou Bodhnath...

Les babas nostalgiques iront loger

dans le minuscule quartier de ***Freak Street,*** l'ancien QG des hippies des années 1970 qui borde Durbar Square. Mais le quartier faisait déjà pitié avant le séisme, alors aujourd'hui... Les hôtels y sont assez peu chers (encore que) mais surtout ils sont souvent assez crados (prévoir son sac à viande si on vise les moins chers des moins chers).

Les quartiers de ***Lazimpat*** (quartier résidentiel des ambassades) et de ***Durbar Marg*** présentent peu d'intérêt culturel à nos yeux. Mais ils abritent la plupart des hébergements chic.

Question ***bruit,*** où que vous soyez, même dans un quartier résidentiel, il y aura toujours les aboiements des chiens ou le chant d'un coq susceptibles de perturber le sommeil.

Côté ***tarifs,*** n'hésitez pas à faire jouer la concurrence, surtout en basse saison. Selon la période, on peut obtenir des réductions allant de 20 à 50 %. Attention aussi : excepté les hôtels les moins chers, la plupart des établissements n'incluent pas toujours dans leurs tarifs la taxe de 10 % pour le service, ni la TVA de 13 %. Nous, si.

Toutes nos adresses sont au moins équipées de ventilos et wifi ; on ne le précise donc plus dans les textes...

À Thamel et autour (zoom I)

Bon marché (moins de 900 Rps ; 8,20 €)

Nos premières adresses proposent des dortoirs pas chers, ce qui n'empêche pas qu'elles louent des chambres à prix modérés. Certaines *guesthouses* empiètent sur la catégorie « Prix moyens »...

327 Thamel *(zoom I, C3,* ***41****) : 327/32 Thamel Marg. ☎ 426-19-40 ou 80. • 327thamel.com •* Une auberge de jeunesse privée et récente, proposant 5 dortoirs impeccables, séparés ou mixtes, avec lits superposés, casiers, prises électriques et douche/w-c attenants cachés par une paroi en bambou. Également 10 chambres nickel, avec salle de bains et TV, mais à prix moyens (environ 35 $). 3 d'entre elles ont un balcon et les chambres à grand lit ont même un ordinateur à disposition. Clientèle de jeunes routards, bonne atmosphère au café du rez-de-chaussée. Un bon plan au cœur de Thamel.

Silver Home *(zoom I, C3,* ***42****) : Thamel Marg. ☎ 426-29-86. • hotelsilverhome.com • Résa nécessaire. Petit déj inclus.* Dans une ruelle discrète et plutôt calme, avec un dortoir de 10 lits au 5e étage vraiment pas cher (résa conseillée). Sinon, chambres coquettes et colorées, surtout les *deluxe,* avec parquet flottant, plus récentes et plus agréables que les standard avec moquette (parfois quelques soucis d'humidité). Bon accueil.

Alobar 1000 Hostel *(zoom I, C2,* ***43****) : 214 Kesarmahal Marg. ☎ 441-01-14. • alobar1000.com •* À l'arrière du *Garden of Dreams,* au milieu des buildings, ce petit édifice jaune et vert, façon reggae, résiste comme le village d'Astérix. On vous l'indique pour ses dortoirs, de taille et de confort variables (avec ou sans salle de bains). Les chambres (« Prix modérés » et « Prix moyens »), plus ou moins psychédéliques, nous ont moins convaincus (literie pas terrible). Cuisine et eau purifiée à dispo (payant). Cours de yoga. Ambiance routarde.

Prix modérés (10-20 $; 9-18 €)

The Yellow House *(zoom I, B2,* ***40****) : Paknajol. ☎ 438-11-86. • theyellowhouse2007@gmail.com •* C'est une maison jaune adossée à la colline... En fait, 2 bâtiments plantés sur une jolie pelouse fleurie, avec des chambres fonctionnelles, le tout pas trop mal tenu par un couple népalo-suisse. Chambres bon marché sans salle de bains ou à prix modérés avec balcon donnant sur la ville. Resto façon chalet suisse. Ping-pong. Ambiance sympa.

Nirvana Peace Home *(hors zoom I par B2,* ***47****) : Paknajol. ☎ 438-30-53. 📱 98-13-40-29-28. • nirvanapeacehome.com •* Dans un coin calme, un agréable édifice en brique avec de petites chambres proprettes à différents prix. Les 3 moins chères avec salle de bains commune, les autres avec douche (eau chaude en partie solaire). Ambiance cool quand d'autres routards s'installent sur la terrasse commune ou sur le toit. Bon accueil.

Kathmandu Garden House *(hors zoom I par B2, **47**) : Paknajol. ☎ 438-12-39. • hotel-in-nepal.com •* Tenu par Yves, un Breton, c'est un lieu calme et agrémenté d'un beau jardin fleuri. Chambres simples et correctes, avec ou sans salle de bains. Agréable salle commune avec bibliothèque et fauteuils. Terrasse sur le toit. Un vrai rendez-vous de routards.

Shree Tibet Family Guesthouse *(zoom I, C2, **50**) : Bhagawati Marg. ☎ 470-09-02 ou 470-08-93. • hotelshreetibet.com • Fourchette haute.* Au cœur de Thamel, un établissement calme, tenu par une gentille famille tibétaine. Le visage du dalaï-lama éclaire la sombre réception. Chambres très bien tenues avec sanitaires complets et TV. Les plus chères (à prix moyens) dans les étages. Appartements pour 5 personnes. Petite terrasse avec plantes vertes sur le toit. Bon rapport qualité-prix-accueil.

Bag Packer's Lodge *(zoom I, C2, **46**) : Chaksibari Marg. ☎ 470-06-86. • bagpackerslodge.com •* En plein cœur de Thamel, des chambres simples mais correctes pour les premiers prix, avec ou sans salle de bains. Celles donnant sur l'arrière sont plus calmes. Les *deluxe* ont été bien rénovées mais elles sont à prix moyens. Resto-terrasse sur le toit. Accueil sympa.

Prix moyens (20-40 $; 18-36 €)

Dolphin Guesthouse *(zoom I, C2, **51**) : Leknath Marg. ☎ 442-54-22. • dolphinguesthouse.com • Fourchette basse. CB refusées.* Dans une ruelle tranquille, petites chambres avec salle de bains privée ou à partager, toutes d'une propreté exemplaire. Terrasse sur le toit avec vue sur la chaîne du Langtang et Swayambunath. Accueil charmant de Surendra, le patron, qui parle un peu le français et conseille d'insolites circuits de découverte de la ville. Excellent rapport qualité-prix. On recommande chaudement !

Sacred Valley Inn *(zoom I, C3, **52**) : Brahma Kumari Marg. ☎ 425-10-63 ou 421-54-72. • sacredvalleyinn.com • Juste en face du Fuji Hotel. CB + 4 %.* Planté dans une ruelle paisible, un hôtel propret, tenu par un couple népalo-écossais. Chambres impeccablement tenues, très lumineuses, avec balcon, salle de bains et ventilo. Quelques familiales. Terrasse sur le toit. Très bon rapport qualité-prix.

Le Rhododendron *(plan d'ensemble, B1, **73**) : Shahid Gangalal Marg, à env 10 mn à pied au nord de Thamel. ☎ 438-65-56. 98-51-19-84-37. • lerhododendron.com.np •* Dans un quartier populaire, une maison d'hôtes tenue par Hari, un Népalais aussi sympathique que francophone (ou inversement). Quand il est en France, c'est son fils Pushpa, anglophone, qui tient la demeure. Chambres avec salle de bains (sauf une), dont un appart de 2 chambres et une familiale séparée du couloir par une fine cloison. Bon petit déj, et même des repas sur résa, à prendre en terrasse avec vue sur les montagnes et le parc national de Shivapuri. Cuisine. Très bon accueil.

Andes House *(zoom I, C2, **44**) : Amrit Marg, 29. ☎ 441-85-79. 98-41-31-91-31. • andes-house.kathmanduhotelsnepal.com • Dans une ruelle juste derrière le resto-bar The Ship. Fourchette basse.* Dans un recoin assez tranquille de Thamel, une agréable maisonnette orangée avec un bout de jardin. Chambres bien propres avec salle de bains. Petites terrasses pour se poser. Électricité en partie solaire. Laverie. Bon accueil de Babu, le souriant patron.

Hotel Ganesh Himal *(plan d'ensemble, B3, **53**) : Chhetrapati. ☎ 426-35-98 ou 424-38-19. • ganeshhimal.com • Fourchette moyenne à haute.* Un hôtel dans un coin calme, mais proche de Thamel. Standard avec salle de bains minuscule, à l'ancienne, mais agréables et propres. Pour 10 $ de plus, les *deluxe* sont plus spacieuses, avec la clim. Petit salon bien décoré au rez-de-chaussée, plus quelques touches de déco de-ci de-là. Resto et jolie terrasse. Bon accueil. Du classique confortable, à prix raisonnable.

Asmita B & B *(zoom I, C2, **51**) : Leknath Marg. ☎ 441-67-60. 98-51-01-38-64. • asmitarooms.com • Fourchette basse. Petit déj inclus.* Dans une ruelle calme à deux pas de la fièvre de Thamel, 4 chambres plutôt belles, voire un brin coquettes, avec salle de bains privée extérieure. Une familiale pour 4 personnes. Petit *rooftop* fleuri. Propreté sans faille et accueil très gentil. On aime beaucoup, mais pensez à réserver !

Chic (40-70 $; 36-64 €)

Ce n'est pas la catégorie où l'on trouve les meilleurs rapports qualité-prix, mais quelques adresses nous ont quand même séduits.

International Guesthouse *(zoom I, B2, **55**) : Kaldhara. ☎ 425-22-99 ou 425-16-61. • ighouse.com • Petit déj inclus.* Excentré, ce gros immeuble en brique et boiseries sculptées abrite des chambres propres et bien équipées. Les moins chères sont quand même petites. Les plus chères ont l'AC. Jolie peinture traditionnelle pour certaines (nos 306 et 307, par exemple). Le tout désuet, mais plaisant. Beau jardin et terrasse sur le toit avec transats.

Hotel Mandap *(zoom I, B-C2, **60**) : J.P. School Rd. ☎ 470-03-21 ou 470-04-35. • hotelmandap.com • Petit déj inclus. CB acceptées.* Au cœur de Thamel, mais avec un agréable café-resto et une boulangerie. Sympa pour le petit déj ou pour papoter, d'ailleurs le lieu fait un peu QG du quartier. Chambres chères mais tout confort (éviter celles avec moquette). *Suites* encore plus confortables, à la déco colorée mais deux fois plus onéreuses. Toit-terrasse pour la bronzette.

Fuji Hotel *(zoom I, C3, **64**) : Jyatha. ☎ 425-04-35 ou 36. • fujiguesthouse.com • Juste après le Holy Himalaya Hotel.* Les larges fenêtres de ce haut bâtiment rendent les chambres lumineuses, ce qui, en plus de sa situation à l'écart des grands axes, constitue de vrais atouts, même si le charme n'est pas renversant. Chambres avec moquettes correctes. Les standard sont bien sûr plus petites. Bonne propreté. Terrasse sur le toit.

Hotel Bliss International *(zoom I, C3, **45**) : Chhusya Galli, Jyatha. ☎ 425-24-45. • hotelblissinternational.com • Petit déj inclus. CB + 4 %.* À l'arrière de Jyatha, dans un quartier d'hôtels récents, un édifice en brique plutôt classe, avec une jolie déco alternant entre tradition et modernité. Chambres plus ou moins grandes selon le prix mais tout confort. Café au rez-de-chaussée. Accueil assez pro.

Plus chic (70-120 $; 64-110 €)

Holy Himalaya Hotel *(zoom I, C3, **64**) : Brahma Kumari Marg, Jyatha. ☎ 426-31-72 ou 73. • holyhimalaya.com • Petit déj et taxes inclus. Transfert aéroport gratuit pour tte résa par Internet. Ne pas hésiter à négocier. CB + 4 %.* Un hôtel central mais en retrait de l'agitation urbaine. Une centaine de chambres tout confort (balcon pour certaines). Cela dit, éviter les anciennes côté réception (bonjour les vieux lits qui grincent !). Demandez-en une dans le nouveau bâtiment, en face, où l'on prend le buffet du petit déj : elles sont récentes et au même tarif... Une adresse sans charme fou, mais pratique et à l'accueil aimable.

Ambassador Garden Home *(zoom I, C2, **63**) : J.P. School Rd. ☎ 470-07-24. • aghhotel.com • Doubles env 80-130 $.* En plein Thamel mais en retrait de l'agitation, petit hôtel de charme d'une vingtaine de jolies chambres confortables avec stores bateau, beau mobilier en bois sombre... Les plus chères sont plus spacieuses. Les moins chères affichent un rapport qualité-prix correct. Joli patio-jardin. Accueil prévenant.

Très chic (plus de 120 $; 110 €)

Kantipur Temple House *(zoom I, C3, **66**) : Jyatha. ☎ 425-01-31 ou 29. • kantipurtemplehouse.com • Dans la ruelle qui débouche devant le temple. Résa conseillée. Doubles env 145-190 $ selon confort. CB + 3,5 %.* Hôtel de charme installé dans une maison neware superbement reconstituée. Chambres confortables et arrangées avec beaucoup de goût. On conseille de prendre une standard, car les *deluxe,* plus spacieuses et donnant sur le jardin, sont parfois surévaluées. Superbe patio avec fontaines dévoilant les magnifiques façades du bâtiment, beau jardin, et terrasse sur le toit avec vue sur les montagnes. Bon resto aux spécialités népalaises, avec coussins, tables basses et lumière tamisée. Sessions de yoga. Accueil serviable et pro. Certainement l'hôtel le plus cher de Thamel, mais c'est aussi le plus beau.

Dans le quartier de Freak Street (plan d'ensemble, B4)

Situé juste derrière Durbar Square, ce quartier a souffert du séisme de 2015. De plus, beaucoup des petites adresses bon marché qui ont fait le Kathmandu hippie des années 1960-1970 sont devenues vraiment crados. Quelques modestes exceptions néanmoins...

De bon marché à prix modérés (moins de 20 $; 18 €)

☗ ***Razz Matazz Guesthouse*** *(plan d'ensemble, B4,* ***69****) : Jhochhen, Basantapur. ☎ 424-60-62. ● razzmatazz guesthouse@gmail.com ● Dans Freak St, tourner à droite vers la* Himalaya Guesthouse. Un édifice en dur de couleur orangée avec des chambres proprettes. Selon le prix, elles sont plus ou moins grandes, avec ou sans salle de bains (eau chaude) et balcon. Cuisine à disposition (bon point) ou remise de 10 % dans un resto du quartier. Bon accueil, ce qui ne gâche rien.

☗ ***Century Lodge*** *(plan d'ensemble, B4,* ***67****) : Freak St. ☎ 424-76-41. ● centurylodge.4t.com ● Après La Casa, à gauche.* En retrait de la rue, une vieille maison de poupée, qui accueille les routards depuis 1972, avec tomettes au sol, poutres au plafond (bas) et escalier étroit en bois. Chambres sommaires mais bien tenues (draps impeccables), avec ou sans salle de bains, dont certaines avec balcon sur le gentil jardin-courette. La plus grande est la n° 22. Bon rapport qualité-prix.

Dans le quartier de Durbar Marg (plan d'ensemble, D3)

À deux pas de Thamel, une enclave de verdure cernée par une avenue animée très passante...

Très chic (à partir de 300 $; 273 €)

☗ ***Hotel Yak and Yeti*** *(plan d'ensemble, D3,* ***71****) : Durbar Marg. ☎ 424-89-99 ou 424-05-20. ● yakandyeti.com ● Doubles à partir de 300 $. 🖳 (payant).* Au vert et en retrait de l'agitation automobile, un charmant palais du XIXe s flanqué d'une aile moderne. Lobby classe, et plus de 250 chambres. Cela dit, quitte à payer un tel tarif, évitez les *deluxe,* qui datent un peu (surtout les baignoires), et offrez-vous carrément une *heritage deluxe* rénovée, pour 40 $ de plus. Bons restos, bars et casino. Vaste jardin avec piscine et tennis. Spa.

Dans le quartier de Lazimpat (plan d'ensemble, D1-2)

Juste au nord de Thamel, c'est le quartier des ambassades, desservi par une grosse artère sans charme, polluée et bruyante. Cela dit, on y trouve quelques hôtels de standing et des restos du même tonneau.

De prix moyens à chic (20-70 $; 18-64 €)

☗ ***Tings Tea Lounge Hotel*** *(plan d'ensemble, D1,* ***65****) : Nursary Galli, house 322. ☎ 441-44-97. ● tingsblog.com ● Petit déj inclus. Résa nécessaire.* Petit coup de cœur pour ces 2 maisons blanches archi contemporaines, plantées au beau milieu d'un jardin parsemé de bougainvillées et de lauriers roses. Chambres décorées avec une élégance et un goût très design, toutes avec salle de bains. Cela dit, ce style peut paraître un peu froid à certains. Petite carte branchée pour se restaurer. Belles terrasses pour se relaxer. Tenu par un Danois sympa, fan de thé et des bonnes tables du quartier.

Très chic (plus de 120 $; 110 €)

Hotel Tibet *(plan d'ensemble, D2,* ***75****) : Hotel Marg. ☎ 442-90-85 à 88. • hotel-tibet.com.np • Au bout de la rue menant à l'hôtel* Radisson*, vers la droite. Doubles 150-205 $; tarif négociable, moins cher par Internet.* Tenu par une *business woman* tibétaine francophone, cet hôtel aux tarifs assez excessifs offre néanmoins un superbe lobby coloré et des chambres vraiment confortables (surtout les *deluxe* rénovées). Grand toit-terrasse. La patronne invite volontiers à visiter sa fabrique de tapis à la frontière sino-tibétaine. Accueil aux petits soins.

Hotel Shangri-La *(plan d'ensemble, D1,* ***77****) : Lazimpat. ☎ 441-29-99. • hotelshangrila.com/kathmandu • Doubles à partir de 220 $; réduc si résa en ligne et hors saison. Table d'hôtes 20 $. (payant).* Très bel hôtel doté d'un magnifique jardin avec jolie piscine (accessible aux non-résidents) et d'un centre de remise en forme avec massages. Une centaine de chambres tout confort au charme discret, dont certaines donnent sur le jardin (nos préférées). Resto, casino, et pâtisserie à l'entrée. Assurément l'un des meilleurs hôtels de Kathmandu.

The Shanker Hotel *(plan d'ensemble, D2,* ***76****) : Lazimpat. ☎ 441-01-51 ou 52. • shankerhotel.com.np • Double env 155 $, taxes et petit déj inclus ; réduc (sf suites) via les sites de résa en ligne.* À l'écart du bruit, au bout d'un jardin à l'anglaise avec piscine (accessible aux non-résidents), un authentique palais du début du XXᵉ s. Les chambres sont confortables et arrangées avec goût. Jetez donc un œil à l'ancienne salle de bal qui fait office de resto pour les groupes. Un bon choix dans cette catégorie.

Sur la route de Swayambunath (plan d'ensemble, A3)

De prix moyens à plus chic (20-120 $; 15-110 €)

Hotel Vajra *(plan d'ensemble, A3,* ***78****) : Bijeswari, Swayambhu. ☎ 427-15-45. • hotelvajra.com • Sur la route du temple Bijeswari, de l'autre côté de la rivière Vishnumati. Doubles env 25-125 $ selon taille et vue.* Planté sur une colline verdoyante à l'écart du centre-ville, un bel hôtel, très abordable, construit dans le style newar. Selon votre budget, une cinquantaine de jolies chambres nickel, avec ou sans sanitaires, et plus ou moins spacieuses. Déco un peu rétro, certes, mais bon entretien général. Terrasse avec superbe vue sur la ville, pour admirer les lever et coucher de soleil. Souvent fréquenté par des orientalistes, écrivains, journalistes, artistes... Bon resto. Le dimanche, vers 19h, soirée musique et danse traditionnelles (ouverte aux non-résidents). Une adresse qui vaut le déplacement.

Près de Pashupatinath (hors plan d'ensemble par E3)

Très chic (plus de 200 $; 154 €)

Dwarika's Hotel *(hors plan d'ensemble par E3,* ***79****) : Battisputali. ☎ 447-94-88 ou 447-83-78. • dwarikas.com • Doubles env 300-380 $ selon saison. Également des suites. Petit déj env 25 $.* Certainement le plus bel hôtel du pays... et l'un des plus chers ! Bienvenue au cœur de l'architecture neware : façades, poutres, portes, fenêtres... tout est construit comme à l'époque, et la plupart des éléments ont été chinés dans la vallée, puis restaurés... Chambres splendides, spacieuses, toutes de déco différente et très confortables. Superbe piscine. Excellents restos, le *Krishnarpan* (spécialités népalaises, voir « Où manger ? »), le

Toran (international, avec produits bio) et le *Mako* (cuisine japonaise, moins cher). On conseille au moins de venir boire un verre dans la cour !

À Baber Mahal
(plan d'ensemble, D5)

De plus chic à très chic (plus de 70 $; 64 €)

Pauline's 3 Rooms *(plan d'ensemble, D5,* ***48****) : dans le centre Baber Mahal Revisited, Bijulibazar Rd. ☎ 422-15-37. 98-60-37-85-15. • thepaulines.com • Doubles env 100-150 $, petit déj inclus.* Pauline, une Française, s'est installée dans cet ancien palais reconverti en centre artisanal de luxe, où elle a ouvert 3 chambres d'hôtes fort élégantes. Vastes, avec lits à baldaquin, douche et vasques posées dans l'espace de la chambre. Petit coup de cœur pour l'*Attic Room* (vieux carrelage, douche à l'italienne) et la *Terrace Room* (terrasse privée), quoiqu'un peu sombre. Appartement pour 4 personnes, avec cuisine. Seul bémol, le bruit de l'avenue, assez passante. Loue aussi une belle maison avec jardin, *Lamatar House,* au sud de Patan.

Où manger ?

On vous conseille les petits restos servant le *dal bhat,* le plat « national » népalais, et les *momos* tibétains. C'est plus authentique et meilleur marché, alors n'hésitez pas à piocher dans nos premières adresses... Également quelques bons restos indiens, thaïs, chinois, japonais et coréens. Sinon, les menus « continentaux » proposent des steaks (non pas de vache – ça, c'est sacré ! – mais de buffle), pizzas, pâtes, etc.
Attention : le Népal étant un pays sans mer, on ne conseille pas trop les plats de poisson et crustacés (souvent importés d'Inde), pour lesquels la chaîne du froid n'est pas toujours respectée.
Presque tous les restos sont désormais équipés du wifi, donc on ne vous le signale plus dans les textes...

À Thamel (zoom I)

De bon marché à prix moyens (moins de 600 Rps ; 5,50 €)

Thakali Bhancha *(zoom I, C2,* ***125****) : ☎ 470-19-10. À l'étage. Tlj 9h30-23h.* Une cantine népalaise souvent prise d'assaut aux heures des repas pour son très bon rapport qualité-prix. Même les moines la fréquentent. Excellents *thalis* (végétariens ou non) et *momos.* Bière moins chère qu'ailleurs.

Gilingche *(zoom I, C2,* ***91****) : Thamel Marg. ☎ 441-00-26. Tlj 9h-21h.* Une cantine tibétaine de quartier. Petite salle banale et sombre, mais bien calme au fond d'une impasse. Excellents *momos* aux légumes ou à la viande, vapeur, frits ou *kothey* (frits d'un seul... côté). Également les traditionnelles soupes *thukpa* et *thanthuk. Dal bhat,* plats indiens et chinois. Fait aussi des petits déj (tibétain et continental). Accueil et service très sympas. Vraiment pas cher !

Yangling *(zoom I, B2,* ***96****) : Saatghumti Chowk (Seven Corners). ☎ 470-12-25. Tlj sf sam 12h-21h.* Au cœur de l'animation, encore une bonne cantine tibétaine servant d'excellentes soupes épicées *(thukpa, thanthuk)* et de bons *momos,* sans oublier les *chowmein* (nouilles frites). Bon *curd* (yaourt) en dessert.

Kathmandu Kitchen *(zoom I, C2,* ***105****) : Bhagawatisthan. ☎ 441-33-55. Tlj 9h-22h30.* On le repère à son panneau vert lumineux et on découvre, à l'étage, une petite salle bien agréable avec un accueil au diapason. Optez donc pour le *dal bhat* népalais, végétarien ou non, vraiment excellent. Sinon, *thantuk* (soupe de grosses nouilles) à la sauce népalaise, *momos* et des plats indiens et chinois. Très sympa.

Momotarou *(zoom I, C2,* ***92****) : Bhagawati Sthan. ☎ 441-76-70. Tlj 8h-21h.* Nous recommandons vivement cette petite salle chaleureuse, bien propre et tout en longueur. Dans l'assiette, une excellente cuisine japonaise à prix abordables. Une bonne adresse fréquentée par pas mal de touristes asiatiques.

Lotus Café (zoom I, C3, **103**) : *Jyatha, juste à droite du* Blue Diamond *; accès par le couloir de* Vajra Books *(à l'étage). Tlj sf sam 8h-20h30.* Un petit resto japonais bien caché, qui nous a séduits pour son cadre à l'ancienne. Avec son comptoir ouvert sur la cuisine, ses bouquins et ses vieux cadres aux murs, on se sent chez le patron, un beau Japonais avec boucle d'oreille et barbe blanche. Petits *set menus* tout simples, avec soupe miso, riz, tofu, viande et pickles.

Rosemary's Kitchen (zoom I, C3, **124**) : *Kwabahal. ☎ 426-75-54. Tlj 7h-22h.* Au cœur de Thamel, un resto à la fois intime et festif, où l'on passe volontiers une soirée en amoureux ou avec une bande d'amis. Notre préférence va à la jolie courette éclairée par des bougies le soir. Excellent steak *tenderloin* pour varier un peu ou traditionnel *dal bhat* pour ceux qui refusent de quitter le pays. Également des plats thaïs et indiens. Service très souriant.

Places (zoom I, B2, **108**) : *Seven Corners (Saatghumti Chowk). ☎ 470-04-13. Tlj 9h-23h.* Vaste espace à l'étage où l'on se déchausse, avant de s'installer à une table basse, adossé à des coussins. Un peu le même principe que *Or2K* (voir plus loin) mais ici plus baba que bobo. Murs peints et petites expos, bonne musique, bref une atmosphère relax pour avaler une salade (en principe, lavée à l'eau purifiée) et d'autres plats végétaliens, des soupes, *momos*, gâteaux et glaces bio. En principe, jazz le vendredi.

Yak (zoom I, C3, **107**) : *Kwabahal. ☎ 425-93-18. Tlj 7h-21h30.* Petit resto à l'ancienne, typique avec ses box. Plats tibétains d'honnête facture à accompagner d'une *thomba* (bière chaude !) ou plats népalais (*dal bhat* ou *nepali set*), indiens et chinois à prix raisonnables, sans pour autant être inoubliables. On y prépare aussi la traditionnelle soupe tibétaine *gyacok* pour 4 personnes, à commander 2h à l'avance minimum. 10 % de service en plus, bien que celui-ci ne soit pas toujours très chaleureux.

De prix moyens à chic (plus de 300 Rps ; 2,75 €)

Roadhouse Café (zoom I, C3, **97**) : *J.P. School Rd. ☎ 426-78-85. Tlj 9h-22h.* Vaste café à la déco sympa : murs beige imitation pisé, grosses tables en bois, poutres et collection de rouleaux à pâtisserie au plafond, patio... On s'y presse pour les énormes pizzas au feu de bois, parmi les meilleures de la ville. Ici, tout est bon, des salades bio aux pâtes et lasagnes, en passant par les soupes, les sandwichs et les pâtisseries... Bonne musique jazzy.

Jatra Café (zoom I, C3, **94**) : *Chaksibari. ☎ 425-66-22. Tlj mais slt 14h-22h.* Spécialisé dans les plats indiens, délicieux, et les steaks à l'occidentale. Le tout servi dans une agréable courette ou une salle au cadre ethnique un brin chic. Sympa aussi pour boire un verre en soirée. Musique live certains soirs, et expos temporaires de peintres népalais.

Or2K (zoom I, C2, **106**) : *dans le passage piéton de Mandala St (angle Thamel Chowk), au 1er étage. ☎ 442-20-97. Résa nécessaire en saison. Tlj 8h-23h.* Ambiance « loft sous les toits » dans ce charmant resto branché, où l'on se déchausse avant de s'asseoir en tailleur. On y déguste une délicieuse cuisine d'inspiration moyen-orientale *(falafel, mezze, babaganesh...)* dans un brouhaha de cris et de chuchotements.

KATHMANDU

Une adresse relax, très « Kathmandu dans l'âme », version un peu bobo.

|●| *K-Too Beer & Steakhouse* *(zoom I, C2, **98**) : Thamel Chowk. ☎ 470-00-43. Tlj 10h-22h30. + 10 % de service.* À l'étage, cadre de pub anglais à l'ambiance chaleureuse, avec bougies sur les tables et écrans plats diffusant du sport. On y déguste l'une des meilleures viandes de la ville (burgers, chateaubriand), le tout à prix juste. Cour intérieure au rez-de-chaussée. Une bonne adresse pour viandards.

|●| 🍸 *Dechenling* *(zoom I, C2, **100**) : Kesarmahal. ☎ 441-21-58. Tlj 9h-21h (22h pour le bar).* Bonne cuisine tibétaine, bhoutanaise, népalaise, indienne et chinoise, servie dans une cour-jardin empreinte de sérénité. Menus très copieux. Également un *gyakok* pour 4 personnes sur résa. Service un peu longuet quand il y a foule, cela dit. Bien aussi pour une bière ou un cocktail en soirée.

|●| 🍸 *Gaia* *(zoom I, C3, **90**) : Brahma Kumari Marg. ☎ 426-16-33. Tlj 7h-22h.* Une courette ombragée, coquette et parsemée de plantes vertes. Au menu, de bonnes soupes, salades, burgers, sandwichs, pâtes et steaks, sans oublier les plats indiens, thaïs et népalais. On se régale à prix doux. Bien aussi au petit déj ou pour boire un verre sagement. Service très aimable.

|●| *Fire and Ice Pizzeria* *(zoom I, C3, **101**) : Trivedi Marg. ☎ 425-02-10. Tlj 8h-22h30.* Belle salle aux murs constellés de vieilles affiches de pub italiennes. Clientèle anglo-saxonne. Le feu et la glace ? La pizza et *il gelato*, pardi ! Anna Maria, la patronne italienne, accueillante et francophone, propose de vraies pizzas bien garnies, mais aussi de délicieux risottos, pâtes, salades, des glaces italiennes et un vrai *espresso*. La *dolce vita* en plein Kathmandu !

|●| *New Orleans Café* *(zoom I, C2, **99**) : J.P. School Rd, ou accès par le passage piéton de Mandala St. ☎ 470-07-36. Tlj 7h-22h30.* À l'écart de l'agitation, une plaisante cour arborée partiellement couverte. Côté fourneaux, des plats internationaux : salades, steaks, *fish and chips*, pâtes, plats asiatiques... Carte de vins. Bien aussi au petit déj, ou pour boire un verre. Concerts certains soirs (en principe, les mercredi et samedi à 19h), avec musique traditionnelle, internationale ou jazzy.

|●| *Green Organic Café & Farmer's Bar* *(zoom I, B-C2-3, **102**) : J.P. School Rd. ☎ 421-57-26. Tlj 11h-21h30.* Petite salle à l'étage avec une terrasse en bois avec toit de chaume. Sympathique resto bio travaillant les produits frais de la région. Bonne cuisine indienne, népalaise et occidentale (pâtes, burgers, sandwichs, soupes...). Idéal aussi pour boire un jus de fruits frais en journée, accompagné d'une bonne pâtisserie maison.

|●| *Thamel House* *(zoom I, C2, **104**) : Bhagawati Sthan. ☎ 441-03-88. Tlj 10h-21h30.* Petite institution locale installée dans une jolie maison neware du XIXe s. Patio avec balcon intérieur et jolies salles dans les étages. Prenez l'un des menus-dégustation, bons, complets et donnant un bel aperçu de la cuisine népalaise ou tibétaine. Également des plats newars, à accompagner d'un *rakshi* offert par la maison. Spectacles de musiques et danses traditionnelles tous les soirs.

Dans le quartier de Freak Street (plan d'ensemble, B4)

De bon marché à prix moyens (moins de 600 Rps ; 5,50 €)

|●| ☕ *Falcha* *(plan d'ensemble, B4, **110**) : Freak St. Tlj 10h-19h.* Un petit décor en brique, propre sur lui et reposant. Sympa pour un petit déj tardif ou une pause café dans votre épuisante journée. Bons gâteaux maison. Également des sandwichs et des *momos*, plus quelques plats du jour.

|●| *Angan* *(plan d'ensemble, B4, **120**) : au rond-point sur la droite juste avt le guichet de Durbar Square. Tlj 9h-20h. Bon marché.* Cette cafèt' indienne hyper populaire, avec ses pâtisseries en devanture, cache une salle au fond. Plats indiens typiques, plutôt épicés. Essayer, par exemple, le *masala dosa*, sorte d'immense crêpe dentelle enroulée autour de légumes et qu'on trempe dans différents chutneys. Excellent *samosa chaat*.

|●| 🍷 ***Vishram Café*** *(plan d'ensemble, B4,* ***113****)* **:** *Basantapur, à l'angle de Durbar Square et de Freak St. ☎ 424-90-75. Tlj 9h-21h. Prix moyens.* On le repère à sa haute terrasse plongeant sur la convalescente et mythique place Durbar. Là-haut, quelle vue ! Petit pincement au cœur quand même après les dégâts du séisme de 2015... Un resto touristique ? Même pas, et pas d'arnaque ! Le *thali* népalais est bon, copieux et c'est l'un des moins chers de la place. Sinon, currys et plats de Mandchourie. Parfait aussi pour boire un verre.

Dans le quartier de Durbar Marg
(plan d'ensemble, C-D3)

Chic (plus de 600 Rps ; 5,50 €)

|●| ***Koto*** *(plan d'ensemble, D3,* ***111****)* **:** *Durbar Marg (1er étage). ☎ 422-03-46. Tlj 11h30-15h, 18h-21h30. Compter 500-2 000 Rps.* Resto japonais de qualité, avec quelques vieilles photos accrochées aux murs. À la carte : sushis, sashimis, *yakitori, tempura, soba* et autres spécialités ultra fraîches de l'empire du Soleil-Levant. Attention, l'addition peut grimper rapidement...

|●| ***Ghàr e Kebàb*** *(plan d'ensemble, C-D3,* ***112****)* **:** *Durbar Marg, dans l'Hotel Annapurna. ☎ 422-17-11. Résa conseillée. Compter min 1 500 Rps.* Excellent resto indien, classe, mitonnant une cuisine pleine de saveurs : *tandoori, byriani...* Pas donné mais prix justifiés. Clientèle indienne chic. Musique tous les soirs.

|●| ***Les restos de l'hôtel Yak and Yeti*** *(plan couleur d'ensemble, D3,* ***71****)* **:** on vous recommande surtout le *Sunrise*, pour son superbe buffet à volonté servi midi et soir *(env 20-25 $)*. Cadre agréable : un espace vitré soigné, donnant sur le jardin et la piscine de l'hôtel. Et puis, le très beau *Chimney* avec sa grande... cheminée, et sa déco traditionnelle, mais plus cher *(ouv slt le soir ; plats 900-2 000 Rps)*.

À Lazimpat
(plan d'ensemble, D1-2)

De bon marché à prix moyens (300-600 Rps ; 2,75-5,50 €)

|●| ***Tukche Thakali Kitchen*** *(plan d'ensemble, D2,* ***109****)* **:** *Uttar Dhoka Rd mais,* ***attention,*** *doit déménager à 300 m de là, à Gairidhara, Tangal (à côté du QG de la police). ☎ 441-24-62. Tlj 10h-21h.* Bien qu'un peu égaré sur une grande artère sans charme, voici un excellent resto pour découvrir les spécialités originales de la cuisine thakali (région de Jomsom). Essayer par exemple le *dedho* ou alors l'un des menus proposés. Sinon, leurs *momos* sont remarquables. Une adresse authentique.

|●| 🍷 ***Bhumi*** *(plan d'ensemble, D1,* ***114****)* **:** *Lazimpat. ☎ 441-21-93. Tlj 9h-22h.* Bien en retrait de la rue, c'est un resto-*lounge* branché, doté d'une déco ethnique et d'un charmant jardin. Un cadre soigné, classe et assez intime, qui pourrait laisser présager d'une addition salée. Que nenni ! Cuisine traditionnelle d'excellente tenue, plats newars, indiens, et quelques classiques continentaux (salades, sandwichs, soupes, burgers, pizzas, pâtes...) servis à prix tout doux. Bien aussi pour boire un verre.

Chic (plus de 600 Rps ; 5,50 €)

|●| ***Kotetsu*** *(hors plan d'ensemble par D1,* ***118****)* **:** *Panipokhari. ☎ 621-85-13. Dans le prolongement de Lazimpat, un peu plus haut que l'ambassade du Japon, côté droit. Tlj sf sam midi et dim. Repas à partir de 1 500 Rps.* Un formidable resto japonais. On s'y croirait : portes coulissantes, comptoirs avec vue sur les fourneaux, et personnel discipliné en tenue traditionnelle nippone. Dans l'assiette : succulents sushis, sashimis, mais aussi des soupes, et puis cet avantageux menu *lunch box* : un plateau garni de bonnes choses goûteuses, à déguster

gentiment. Une adresse plébiscitée par la communauté japonaise.

Près de Pashupatinath (hors plan d'ensemble par E3)

Très chic

🍴 ***Krishnarpan*** *(hors plan d'ensemble par E3,* ***79****)* **:** *dans le Dwarika's Hotel, Battisputali.* ☎ *447-94-88. Slt le soir, 18h-23h. Résa obligatoire la veille au plus tard. Menus env 40-65 $ (+ taxes).* Tout comme Demi Moore et le Prince Charles, on s'est laissé séduire par ses menus fixes, comprenant de 6 à... 22 plats ! Venez tôt si vous voulez avoir le temps de tout finir ! Les plats sont des échantillons des spécialités de différentes régions du Népal. Mais c'est assurément le bol de *rakshi* servi entre chaque mets qui vous achève... Cadre splendide et serveuses cultivant le mystère avec leurs piercings. Ne pas oublier le trophée, un menu à votre nom, et la petite visite de l'hôtel après le repas.

Où prendre le petit déj ?

À Thamel (zoom I)

☕ ***Chikusa Coffee Shop*** *(zoom I, C3,* ***93****)* **:** *Jyatha.* ☎ *422-32-16. Tlj 7h-19h.* Une sorte de petit *diner* népalais avec un comptoir et très peu de tables. On y sert un vrai café, préparé sous vos yeux, et d'honnêtes sandwichs, omelettes, crêpes et pancakes. Simple et pas cher. Manque juste un brin de musique pour l'ambiance peut-être...

☕ ***Delima Garden Café*** *(zoom I, B2,* ***121****)* **:** *Satghumti. Tlj 7h-23h.* Au fond d'une allée calme, un beau jardin fleuri avec de la musique apaisante. Plusieurs formules de petit déj, mais on peut aussi le composer soi-même à la carte. Fait aussi resto-bar.

☕ ***Revolution Café*** *(zoom I, C2,* ***115****)* **:** *Bhagwan Bahal, Amrit Marg 29.* ☎ *443-36-30. Tlj 7h-22h.* Ce café propose des formules de petits déj nettement moins industriels qu'ailleurs...

☕ Voir aussi les alléchantes formules de petits déj du ***Mitho*** *(zoom I, B3,* ***95****)*, du ***Gaia*** *(zoom I, C3,* ***90****)*, du ***New Orleans Café*** *(zoom I, C2,* ***99****)* et de l'***Electric Pagoda*** *(zoom I, B2,* ***146****)*.

Ailleurs en ville

☕ ***Chez Caroline*** *(plan d'ensemble, D5,* ***116****)* **:** *dans le complexe de Baber Mahal Revisited.* ☎ *426-30-70. Tlj 8h30-21h30.* Tenu par une Française, ce resto-salon de thé chic demeure un havre de paix à l'heure du petit déj ou du goûter. Déluge de douceurs exquises : nougat glacé, coulis de mangue, coulant au chocolat, tarte au citron... Prix très élevés, mais de qualité.

☕ ***Les pâtisseries des grands hôtels :*** généralement situées en façade et parfois dotées d'un petit espace pour s'asseoir, on y déguste viennoiseries et gâteaux de qualité à prix raisonnable. En général, après 19h30-20h, tout est bradé à 50 %, de quoi se faire un petit déj pas cher le lendemain... Aller notamment à l'***Hotel Shangri-La*** *(plan d'ensemble, D1,* ***77****)*, au ***Radisson SAS*** *(plan d'ensemble, D1,* ***122****)*, à l'***Hotel Yak and Yeti*** *(plan d'ensemble, D3,* ***71****)*, ou encore à l'***Hotel Annapurna*** *(plan d'ensemble, C-D3,* ***112****)*.

Où boire un verre en journée ?

À Thamel (zoom I)

🍷 Pour vous rincer le gosier sainement de jus de fruits frais bio, allez donc au ***Green Organic Café & Farmer's Bar*** *(zoom I, B-C2-3,* ***102****)*. On vous conseille aussi le ***Gaia*** *(zoom I, C3,* ***90****)*, un havre de tranquillité.

Ailleurs en ville

🍷 ***Vishram Café*** *(plan d'ensemble, B4,* ***113****, et zoom II)* **:** *Durbar Square ; voir « Où manger ? ».* Agréable terrasse avec vue plongeante sur le Durbar Square de Kathmandu.

🍷 ***Kasthamandap Roof Top View***

*(plan d'ensemble, B4, **113**, et zoom II) : sur Durbar Square, à droite du* Vishram Café. Resto très (trop) touristique, mais voici un autre point de vue sur la place pour boire un coup... même si le temple qui a inspiré son nom n'est plus.

De Taleju View *(plan d'ensemble, B4, **117**, et zoom II) : de l'autre côté de la place Durbar.* Encore un autre point de vue, cette fois sur le temple de Taleju.

Vootoo Coffee & Food *(plan d'ensemble, D2, **118**) : Ananda Bhawan, à Lazimpat ; à l'entrée du* Shanker Hotel. *Tlj 10h-22h. De bon marché à chic.* Salle contemporaine ou terrasse donnant sur le carrefour, à vous de choisir. Dans ce quartier peu inspirant, voici un lieu qui tombe à pic pour une pause fraîcheur. Excellent café frappé, entre autres. Fait aussi resto. Carte de cocktails. Musique *lounge*.

Où boire un verre en soirée ? Où sortir ?

La vie nocturne se concentre à Thamel, qui regorge de bars animés fréquentés par la clientèle occidentale. Également quelques bars musicaux, parfois situés en dehors du quartier touristique. Attention, pratiquement partout, 23h-minuit sonne la fin de la soirée !

À Thamel (zoom I)

Revolution Café *(zoom I, C2, **115**) : Bhagwan Bahal, Amrit Marg 29. Tlj 7h-22h (23h ven).* D'accord, la révolution n'est plus une idée neuve mais ce café, lui, est récent ! Agréable terrasse où l'on écoute avec plaisir, le vendredi en début de soirée, de la musique fusion qui balance entre tradition et modernité.

Funky Buddha *(zoom I, C2, **142**) : Bhagawati Marg. Tlj jusqu'à 23h. DJ mer, ven et dim 18h-22h.* Un endroit à la mode qui attire la jeunesse locale sur fond de musique électro. Petit bar-*lounge* au rez-de-chaussée, avec des coussins pour siroter assis en tailleur, et vaste terrasse couverte ornée de plantes vertes. Au 1er étage, une piste de danse où les jeunes bougent leur corps...

Electric Pagoda *(zoom I, B2, **146**) : Satghumti. Tlj 9h-minuit. Happy hours 15h-18h. En principe,* live music *jeu-ven 19h-22h.* Dans une vaste cour-jardin plantée de kiosques aux tables basses et coussins, on vient écouter de la house, transe, du reggae ou du funk devant un verre et/ou un plat mexicain. Agréable aussi en journée pour les journaux et les jeux de société. Brunch servi toute la journée.

Delima Garden Café *(zoom I, B2, **121**) : voir « Où prendre le petit déj ? ».* Beau jardin avec musique live le vendredi soir.

Buddha Bar *(zoom I, C2, **140**) : Thamel Chowk, juste à l'arrière du* Maya Cocktail Bar. *Tlj jusqu'à minuit.* En fin de semaine, ambiance jeune et underground, un rien destroy, avec atmosphère sombre et musique à donf. Le sage Bouddha n'en croirait pas ses oreilles !

Tom & Jerry's Pub *(zoom I, C2, **131**) : J.P. School Rd (au 2e étage). ☎ 470-02-64. Tlj 16h-minuit. Happy hours 17h-20h. Ladie's night le jeu (- 15 %).* En fin de semaine (mais pas trop tôt), pas mal d'étrangers, massés dans une grande salle avec de vieux billards au fond. Musique, écrans TV pour les événements sportifs, et cocktails pas chers.

Paddy Foley's Irish Pub *(zoom I, C2, **143**) : à 50 m à droite du précédent (1er étage). Tlj 12h-minuit.* Décor moins sympa, mais tous les soirs de 19h à 23h, des groupes vandalisent tous les genres musicaux dans une ambiance assez *friendly*.

House of Music *(zoom I, C2, **141**) : Bhagwan Bahal, à Thamel. 98-51-07-51-72. Tlj 15h-22h (minuit ven-sam). Concerts mar* (open micro) *et ven-sam vers 20h. En principe, entrée payante slt ven.* On s'est régalé de jazz, rock, blues, funk et reggae live dans cette petite salle colorée, aux murs constellés de photos et d'affiches de musiciens. Suivre la programmation !

Faces Lounge *(zoom I, C3, **145**) : Narsingh Chowk. 98-43-14-46-38.* Une boîte-*lounge* moderne avec écran géant, concert chaque soir, bar et petite restauration. *Live band* jusqu'à

22h, à qui l'on peut demander certains tubes, puis on se trémousse sur la piste de danse au son du DJ.

Kaiser Café *(zoom I, C2, **147**) : Tridevi Marg, dans le complexe du Garden of Dreams. ☎ 442-53-41. Tlj 9h-22h. Entrée : env 200 Rps.* C'est l'expérience romantico-chic de Kathmandu. Au cœur d'un élégant jardin caché par de hauts murs, le soir à la lueur des éclairages tamisés, on se promène dans les allées et on s'embrasse dans les coins... Le bar se trouve dans un charmant petit édifice néoclassique à colonnes, où l'on sert des cocktails à prix chic.

À Lazimpat
(plan d'ensemble)

Jazz Upstairs *(plan d'ensemble, D1, **144**) : face à l'ambassade de France ; au 3e étage. ☎ 441-69-83. Tlj 12h-minuit. En principe, concerts mer et sam 20h-22h. Entrée payante.* On aime bien cette petite salle cosy sous les toits aux murs couverts d'affiches et de photos de célèbres jazzmen. Là, vautré sur des coussins, on écoute du jazz, du blues ou encore de l'afro-funk, dans une bonne ambiance. Billard.

Trisara Lounge *(plan d'ensemble, D2, **123**) : juste avt la représentation française en venant de Thamel. ☎ 441-02-00. Tlj 10h-23h. Musique live tlj 19h-23h.* Resto-*lounge* branché qui attire la jeunesse dorée de la capitale. Grand écran et scène posés dans un jardin clos, aménagé de tables basses avec en fond une bonne musique anglo-saxonne. Toute sorte de genres musicaux.

Achats

Nourriture

On trouve partout à Kathmandu de petites épiceries ouvertes sur la rue. Pour les fruits, les légumes et les épices en vrac, se rendre au ***marché d'Asan Tole*** *(plan d'ensemble, C3-4).* En principe, le ***marché fermier bio*** devrait suivre le déménagement du *Restaurant 1905,* à Naxal (à côté de Narayan Chura), le samedi matin. Pour le reste, plusieurs ***supermarchés*** dans le centre de Thamel, à deux pas de la *Kathmandu Guesthouse (zoom I, B2).*

Souvenirs

La plus grande concentration de boutiques se trouve à Thamel. On y trouve de tout mais surtout de l'artisanat et des fringues *made in Babaland,* sans oublier les vêtements de trekking contrefaits (attention à la douane au retour). On peut souvent négocier jusqu'à 2 à 3 fois moins cher que le prix demandé. Pour plus de détails, voir la rubrique « Achats » en fin de guide.

Asan Tole *(plan d'ensemble, C3-4) :* pas moins de 6 rues convergent vers le bazar d'Asan Tole, au sud de Thamel. Super balade à faire au milieu de la foule (lire plus loin dans « À voir. Balade à pied de Thamel à Durbar Square »). Entre Thamel et Asan Tole, on trouve des échoppes vraiment locales et des petits temples toujours fréquentés et vénérés. Marchands d'épices, fruits et légumes, thé, viande, poisson, vêtements (mais de moins en moins traditionnels), beaux ustensiles en cuivre, électronique, objets de pacotille, etc.

Indra Chowk *(plan d'ensemble, C4) : au sud d'Asan Tole, sur le chemin pour Durbar Square.* C'est le quartier des bijouteries.

Kupondole : dans cette rue qui descend vers Patan (juste après le pont qui enjambe la Bagmati), quelques belles boutiques d'artisanat (voir plus loin dans la partie consacrée à Patan).

Folk Nepal *(plan d'ensemble, D2, **190**) : Lazimpat. ☎ 442-60-09. • folknepal.com • En face du resto Trisara. Tlj 9h-18h30 (11h-17h sam).* Un bel éventail de l'artisanat et de textiles à prix fixes mais raisonnables. Les bénéfices sont utilisés à des fins humanitaires. On peut aussi laisser vêtements et accessoires en fin de voyage, qu'ils redistribueront dans les villages.

Pooja Paper Industry *(zoom I, C2, **192**) : Bhagwan Bahal, à Thamel.*

98-41-31-82-05. • poojapaper.com • Tlj 9h30-20h. Petite boutique tenue par Sushil. Articles en papier : lampions, boîtes, sacs, cartes, cahiers, cadres, calendriers et albums photos, mais les formes et les dessins sont plus originaux que dans les autres boutiques. Ça change des yeux du Bouddha ou de la feuille de banian !

Baber Mahal Revisited *(plan d'ensemble, D5)* **:** *tlj 11h-20h.* Comme vous pourrez le voir sur les photos exposées, il y a peu de temps ce magnifique palais rana était encore en ruine. Jitu, digne héritier de la famille Rana (qui a régné sur le Népal jusqu'en 1951) et arrière-petit-fils du fondateur du fameux Singha Durbar, a transformé les dépendances du palais en un petit centre commercial dédié à l'artisanat haut de gamme. Prix en conséquence, bien sûr. Possibilité d'y loger (voir *Pauline's 3 Rooms* dans « Où dormir ? ») et de prendre un goûter ou un petit déj au salon de thé *Chez Caroline* (voir plus haut « Où prendre le petit déj ? »). Profitez-en pour visiter le superbe décor du restaurant *Baithak,* juste en face, à défaut d'y manger (bof, bof) : longue salle aux murs bardés des portraits de la famille Rana...

Photo, vidéo

Les magasins de photo sont nombreux dans Thamel. On y trouve des cartes mémoire et des cassettes numériques, des batteries, des appareils photo neufs ou d'occasion. Possibilité de faire tirer ses photos sur papier. Travail assez bon à des tarifs plutôt bas.

Musique

On trouve des magasins de CD un peu partout, faciles à repérer tant ils sont bruyants. Que ce soit du folk, du planant ou du moderne, le choix est vaste et les prix défient toute concurrence. Vérifier la qualité du CD.

Pour les instruments de musique (percussions traditionnelles, *saranghi...*), aller dans un magasin spécialisé, vendant de vrais instruments à des prix inférieurs à ceux des boutiques touristiques.

Sobit & Saranghi Music Shop *(zoom I, C3,* ***195****)* **:** *Ashok Galli, à Thamel. 98-51-08-61-52. Attention, pas de panneau, c'est juste en face du Cha Cha Café. Tlj 14h-18h.* Des instruments traditionnels fabriqués, accordés et mis en vente par Sobit, un adorable musicien, heureux de partager sa passion. Surtout des *saranghi,* la viole traditionnelle dont Sobit joue remarquablement, et des percussions plus africaines (djembés).

Saroj Instrumental Shop *(zoom I, B3,* ***191****)* **:** *Chhetrapati, à Thamel. ☎ 425-83-72. Tlj sf sam ap-m.* Tous types d'instruments : tambours (certains anciens), tabla, sitar, bols chantants (vendus au kilo !), le tout à des prix un peu élevés, mais avec une vraie qualité de conseil. Comparer tout de même les prix avec la concurrence, notamment au *Nepal Musical Center,* 200 m plus bas, qui fabrique ses propres instruments.

Singing Bowl Gallery & Museum *(zoom I, C3,* ***196****)* **:** *Kwabahal. ☎ 425-35-01. Tlj 9h-19h.* Une boutique pleine à ras bord de bols chantants tibétains, de toutes les tailles et de (presque) tous les âges. Les plus vieux (mais difficile à évaluer...) sont annoncés entre 1 000 et 60 000 Rps avant négociation, selon leur taille. Les bols récents (30 à 40 % moins cher) sont vendus au kilo.

Vêtements

– Pour un trek, voir plus haut « Adresses utiles. Trekking ».

Everest Pashmina Arts *(plan d'ensemble, E3,* ***193****)* **:** *Gyaneshwor. ☎ 441-12-96. Panneau discret sur la gauche. Tlj sf sam 10h-19h.* C'est la boutique moderne d'un vrai fabricant de châles et écharpes en pashmina (poils de chèvre de montagne), vendus à prix fixes et de très bonne qualité. Différents modèles et couleurs pour toutes les bourses.

Nepalese Garment *(zoom I, C2,* ***197****)* **:** *Bhagawati Marg, à Thamel. ☎ 441-87-66.* De beaux vêtements pour enfants, originaux et colorés. Pour les mettre eux aussi dans l'ambiance !

Mithila Women Handicraft *(zoom I, C3,* ***198****)* **:** *Chhetrapati, à*

Thamel. ☎ *426-62-05.* ● *mithilawomenhandicraft.com.np* ● *Tlj sf sam.* C'est la boutique d'une manufacture de beaux articles en feutre, hauts en couleur : sacs, chaussons, bonnets...

À voir

➢ ***Balade à pied de Thamel à Durbar Square*** *(via Asan Tole, Indra Chowk et Makhan Tole – ou inversement)* **:** *compter au moins 1h, sans les arrêts...* Si on loge à Thamel, c'est la plus belle façon qui soit de se rendre à Durbar Square. De Thamel, descendre Jyatha vers le sud *(zoom I, C3)* jusqu'à Asan Tole *(plan d'ensemble, B-C4).* C'est le quartier grouillant par excellence et la plus grande concentration de boutiques et échoppes populaires de Kathmandu, entrecoupées par des temples, petits et grands, mais toujours très fréquentés. Les vrais amateurs d'Asie seront aux anges ! Agoraphobes s'abstenir, en revanche, car la foule est compacte et les motos surgissent derrière soi en klaxonnant toutes les cinq secondes. On y vend de tout, mais surtout des vêtements pas chers, des tapis, du petit électronique, des ustensiles en cuivre et diverses babioles made in China. Marché aux légumes et aux épices également. Une bonne balade émaillée de tranches de vie hautement photogéniques. On arrive ensuite à Indra Chowk *(plan d'ensemble, C4),* le quartier des bijoutiers, plus formel, puis on remonte Makhan Tole jusqu'au temple Machendranath Bahal, à ne pas manquer à l'angle nord-est de Durbar Square. Il est décrit plus loin dans « Petit itinéraire insolite au sud de Thamel ».

3 avril 2018

Durbar Square
(plan d'ensemble, B-C4 et zoom II)

– Entrée : *env 1 000 Rps, à payer à l'une des entrées principales (zoom II) ; gratuit jusqu'à 11 ans ; brochure en français avec plan des monuments inclus.*
■ **Bureau du site** *(zoom II)* **:** *Basantapur.* ☎ *426-89-69. Tlj 7h-19h.* En venant ici, possibilité de ***prolonger gratuitement son ticket jusqu'au lendemain ou pour toute la durée du visa*** (dans ce cas, venir avec passeport et photo d'identité).

Le meilleur moment pour visiter Durbar Square est sans conteste le matin, pour profiter du calme encore ambiant. L'éveil de Durbar Square, surtout dans cet état post-séisme, est d'autant plus émouvant : parfums d'encens, tintements de cloches, dévots affairés pour la *puja,* pigeons par centaines, etc.

Arrivez donc par New Road, côté est. Toute la dimension du drame qui a eu lieu vous sera alors dévoilée. La grande place de Basantapur, transformée en marché aux souvenirs, était autrefois le parking des éléphants royaux. Malheureusement, aujourd'hui, le palais et la tour du même nom, de briques et de bois, sont très endommagés. Tout comme la partie néoclassique du palais royal, avec ses colonnes datant de 1908, tout fissuré... Heureusement, il y a d'autres choses à voir !

DUR, DUR, DURBAR SQUARE...

Véritable cœur historique de Kathmandu, il a beaucoup souffert des séismes de 2015. Adieu, le temple de Kasthamandap, *dont le nom, qui signifie « temple de bois », est à l'origine même de* Kathmandu... *Adieu,* Maju Dega Temple, *qui dominait toute la place ! Pour autant, le Durbar n'a pas non plus été « rasé ». Espérons que le prix d'entrée, inchangé, servira bien à la reconstitution des temples disparus. Car Durbar Square reste le lieu symbolique et religieux de la ville.*

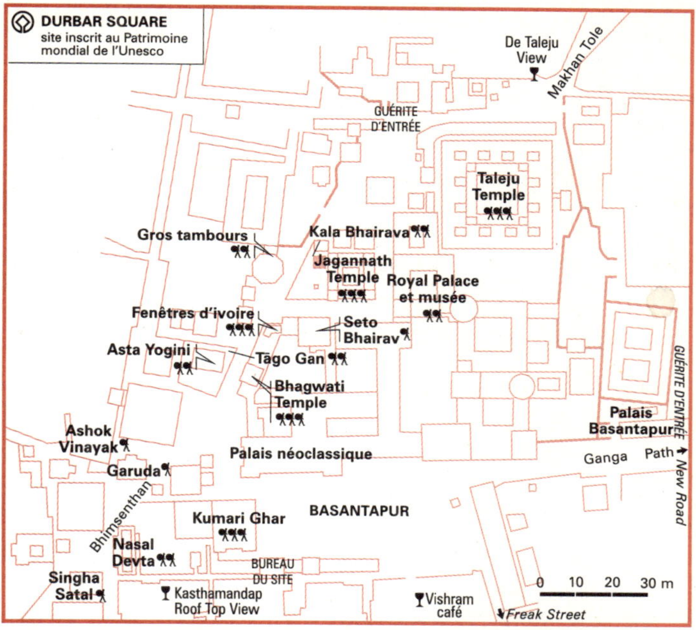

KATHMANDU – Durbar Square – (Zoom II)

Kumari Ghar *(zoom II)* **:** *en face du bâtiment néoclassique à colonnes. Ouv tlj jusqu'à 18h.*

Dans cette maison du XVIIIᵉ s, gardée par deux lions colorés, habite la Déesse vivante, qui a, Dieu merci, survécu au tremblement de terre (vous en tirerez les conclusions que vous souhaitez !). La cour vaut le coup d'œil pour la richesse des motifs sculptés sur les portes et les fenêtres, typiques de l'architecture neware, le tout assemblé sans clous ni colle.

L'origine de la vénération de la Kumari remonte au XVIIᵉ s, sous le règne de Jaya Prakash Malla. Ce souverain avait l'habitude de jouer aux dés avec la déesse Taleju, protectrice divine de la cité. Mais un jour, le roi commença à lui faire la cour et Taleju s'enfuit. Elle revint le visiter dans un rêve pour le tourmenter au sujet de sa conduite inqualifiable. Celui-ci n'obtint son pardon qu'en promettant la vénération annuelle de son « incarnation », Kumari, soit une fillette choisie vers l'âge

PAS DE MARI POUR LA KUMARI

Dès leurs premières règles, les Kumari ne sont plus considérées comme des déesses vivantes. Une perte de statut qui en a mené certaines à la folie. De plus, elles restent souvent célibataires puisque, d'après la légende, l'époux connaîtrait un funeste destin l'année qui suit. Jusqu'à il y a peu, elles ne recevaient aucune instruction. Désormais elles sont éduquées et l'État leur verse une allocation équivalente à 14 000 € pour « service rendu ».

de 4 ou 5 ans dans une caste précise, pourvue d'un corps et d'un horoscope sans défaut. Depuis ce jour, tous les rois du Népal, et maintenant le président, une fois l'an, viennent s'incliner devant elle pour obtenir sa bénédiction.
Il faut, en principe, faire une offrande pour voir apparaître la déesse 3 secondes au balcon. Son visage n'exprimera probablement rien, votre appareil photo non plus d'ailleurs, car il est interdit de la photographier.
Depuis 2008, Kathmandu a une nouvelle Kumari : elle se nomme Matina Shakya.

🔭 ***Le Garuda du temple de Narayan*** *(zoom II)* **:** du temple dédié à Vishnu, il ne reste que son « véhicule », soit un Garuda, mi-homme, mi-oiseau, un genou à terre... Tout un symbole.

🔭 ***Ashok Vinayak*** *ou* ***Maru-Ganesh*** *(zoom II)* **:** ce minuscule sanctuaire doré, à droite de l'ancien Kasthamandap, est vénéré aussi bien par les hindous que par les bouddhistes. C'était autrefois le premier temple visité par le roi après son couronnement. Y figure une des quatre représentations de Ganesh, censé protéger la vallée. Son toit doré a été ajouté au XIXe s.

🔭🔭 ***Nasal Devta Temple*** *ou* ***Nasal Devata*** *(zoom II)* **:** ce temple ressemble plutôt à une riche maison avec ses trois étages. *Nasal Devta* est le nom donné à la forme dansante de Shiva, que l'on observe à plusieurs reprises, ciselé dans le bois de la façade. C'est ici que se rendent danseurs et musiciens avant une représentation...

🔭 ***Singha Satal*** *(zoom II)* **:** restauré après le tremblement de terre de 1934, l'édifice était à nouveau en restauration juste avant celui de 2015... Pas de chance pour cette maison à deux étages désormais cernée de plaques de tôle et d'échafaudages. En attendant d'en voir plus, on se contentera de jeter un œil aux quatre lions dans les angles...

🔭🔭 ***Asta Yogini, temple de Shiva et Parvati*** *(zoom II)* **:** impossible de le louper ! Shiva et Parvati observent en effet par la fenêtre tout ce qui se passe sur Durbar Square depuis des siècles. Ah, si ces concierges mystiques pouvaient parler !

🔭🔭🔭 ***Bhagwati Temple*** *(zoom II)* **:** *en face du temple de Shiva et Parvati.* Ouf, celui-ci a résisté ! Cette belle construction à trois toits, édifiée par le roi Jagat Jaya Malla, expose de superbes sculptures sur bois représentant plusieurs déesses. L'histoire dit qu'il abritait une représentation de Narayan... volée quelques années plus tard. Du coup, Prithivi Narayan Shah, grand admirateur de la déesse Bhagwati, apporta, lors de la conquête de Kathmandu, une représentation de celle-ci, jusqu'alors conservée dans son fort de Nuwakot. Chaque année, en avril, elle est convoyée à Nuwakot, avant de revenir ici.

🔭🔭 ***Tāgo Gan*** *(la grande cloche ; zoom II)* **:** juste en face, une imposante cloche protégée par un toit. Kathmandu a été la dernière ville de la vallée à se doter d'une cloche de cette taille au XVIIIe s. Utilisée autrefois comme signal d'alarme, elle ne sonne plus aujourd'hui que pendant les cérémonies d'octobre au temple de *Taleju.* Observer les chaînes qui la retiennent, ornées d'animaux fabuleux.

🔭🔭🔭 ***Les fenêtres d'ivoire*** *(zoom II)* **:** ne pas manquer sur la droite, après la grande cloche et à l'angle du palais royal, ces fenêtres uniques au Népal. En tout, trois fenêtres en ivoire, merveilleusement travaillées. De là, les rois Malla observaient les défilés et processions. On les a redécouvertes lors du nettoyage du palais pour le couronnement du roi Birendra en 1975.

🔭 ***Seto Bhairav*** *(zoom II)* **:** *juste à côté des fenêtres en ivoire.* Visible uniquement en septembre pour le festival d'Indra Jatra. Le reste de l'année, la statue demeure cachée derrière une imposante fenêtre faite de boiseries minutieusement entrelacées. Haute de 3,60 m, cette statue entourée d'un halo de flammes possède une couronne d'or. Lors du festival, un bambou est placé dans sa bouche, abreuvant les dévots de *rice beer...*

Les gros tambours *(zoom II)* **:** recouverts d'une peau de cuir, ils ne servent que pendant le *festival de Dasain* (voir la rubrique « Fêtes et jours fériés » en fin de guide). Une inscription sur l'un d'eux précise qu'un buffle et une chèvre doivent être sacrifiés à leur intention une fois par an.

Jagannath Temple *(zoom II)* **:** situé à l'entrée de l'ancien palais royal, c'est l'un des temples les plus anciens de la place (au moins du XVIe s). Grande richesse dans sa décoration et dans la variété de ses motifs érotiques, très réjouissants... Miracle, il a survécu : le désir, ça conserve !

Juste à côté, la terrifiante et fascinante ***statue noire de Kala Bhairava*** *(zoom II).* Toujours très vénérée, abondamment alimentée en offrandes, elle attire un monde fou ! Elle est faite d'une seule pierre. Le roi Pratap Malla (XVIIe s) l'aurait placée à cet endroit après sa découverte dans un champ au nord de la ville...

Taleju Temple *(zoom II)* **:** *on ne le visite pas, seuls les Népalais peuvent pénétrer dans le sanctuaire principal une fois par an, le 9e jour du festival de Dasain. Possibilité de le surplomber depuis la terrasse du café-resto* De Taleju View. Le plus beau et l'un des plus anciens (1564) du site. En tout, trois étages de toits en cuivre doré s'élevant à plus de 36 m. Il fut longtemps interdit de construire plus haut que ce temple. Dédié à la déesse tutélaire des rois Malla, c'est le plus fameux des trois temples de Taleju de la vallée. Sa porte d'entrée montre une remarquable utilisation de la terre cuite. On raconte que dans le Saint des Saints de cet édifice se trouve l'arc orné d'un fabuleux diamant que Rama utilisa pour tuer le roi de Lanka. Une autre légende dit que Prithivi Narayan Shah, le conquérant de Gorkha, offrit un sacrifice humain à Taleju pour fêter sa victoire. La déesse lui apparut alors en rêve et lui exprima son désaccord pour cette pratique barbare. Dès lors, les sacrifices humains ne furent plus jamais autorisés. À gauche de ce temple, sous un magnifique arbre, une belle représentation de Vishnu et Garuda.

Royal Palace et Hanuman Dhoka Durbar Museum *(zoom II)* **:** *entrée par la porte d'Or, dans l'angle du palais, juste à côté de la statue de Hanuman, le dieu-singe. Tlj 9h-16h. Accès inclus dans le ticket général.*
Malheureusement, il a beaucoup souffert. Il faut donc se renseigner sur l'éventuelle réouverture du musée et des jolies cours adjacentes... Avant d'entrer quand même, noter les échafaudages qui enferment désormais la statue de Hanuman, le dieu-singe hindou, recouvert d'une pâte rouge orangé. Très vénéré, il fut consacré par le roi Pratap Malla au XVIIe s. Poète et linguiste, celui-ci fit également enchâsser la pierre gravée en 15 langues dans le mur le long du palais, sur la gauche, en signe de piété envers la déesse Kalika.
Sachez que cet édifice complexe, à la fois religieux, politique et administratif, a été commencé au XIVe s. Cependant, des indications montrent que le site était déjà utilisé par la dynastie Lichhavi au VIIIe s.
En attendant la réouverture des différentes cours du palais, chacune consacrée à une divinité différente, on entre par la grande *Nasal Chowk,* quelque peu abîmée, mais qui expose quelques palanquins et le trône du roi Birendra. Puis on pénètre dans *Lohan Chowk,* en bon état, avec ses jolies fenêtres sculptées. Bon, espérons que vous pourrez bientôt de nouveau accéder à *Mohan Chowk,* une cour dotée d'une superbe fontaine sculptée (avec animaux et divinités), et à *Sundari Chowk,* avec sa fontaine certes plus modeste...
Enfin, s'il a rouvert, sachez que le ***musée,*** certes assez vieillot mais plutôt divertissant, est consacré à la famille royale, soit au roi Birendra (assassiné avec sa famille en 2001), à son père, Mahendra, et à son grand-père, Tribhuvan. Vous devriez y retrouver le mobilier européen des années 1930 du roi Tribhuvan, des photos le montrant en compagnie du leader indien Nehru, plus quelques souvenirs du roi Mahendra (trophées de chasse, uniformes, photos...) et les objets personnels du roi Birendra (lit, bureau, vélo, violon, uniformes de l'armée anglaise, et jusqu'au cercueil dans lequel son corps fut ramené de... Suisse). Photos d'époque, portraits

de famille, armes, riches costumes brodés, *royal howdah* (nacelle posée sur l'éléphant), collections d'armes et de sculptures sur bois.

Petit itinéraire insolite au sud de Thamel

Voici un itinéraire pour vous faire découvrir quelques secrets et détails bien cachés de Kathmandu. Compter environ 1h.

➢ Départ de Jyatha, au niveau du ***Chusya Bahal*** *(zoom I, C3),* un ancien monastère bouddhique. Une paire de lions trône devant les portes surmontées d'un *torana* sculpté.

➢ Continuer à l'ouest vers Thahity Tole. En chemin, on remarque – côté gauche – une vieille porte gardée par deux lions ; en fait les vestiges d'un édifice bouddhique ancien, aujourd'hui dominé par une façade moderne. Un peu plus loin, la place de ***Thahity Tole*** *(zoom I, C3)* est un carrefour animé (marchands, porteurs...) avec, au milieu, un gros stûpa bordé de moulins à prières, faisant face à un mignon petit temple hindou en brique. Traverser la place en diagonale et prendre la rue qui descend vers Durbar Square. Au tout début, sur la gauche, noter dans la boutique *Bahadur Photos* (on n'a pas dit *Balladur Photos*) un vieux cliché noir et blanc représentant la toute première voiture – une Chevrolet des années 1950 appartenant au Premier ministre – acheminée au Népal depuis l'Inde par une quarantaine de porteurs ! Continuer sur environ 100 m, jusqu'à rencontrer, à droite, deux lions à bannière marquant l'entrée d'une ruelle. Voici la belle place ***Katheshimbu*** *(plan d'ensemble, C3, et hors zoom I, C3).* Bordé de moulins à prières, le stûpa central est doté d'une curieuse coupole surmontée des traditionnels yeux du Bouddha sur fond doré. Tout autour, ce n'est qu'une orgie de stûpas et *chaitya* bardés d'offrandes... plus des boutiques de *thangka,* de thé ou encore d'épices.

➢ Ressortir du Katheshimbu et tourner à droite. Au passage, tout de suite à gauche, quelques échoppes de dentistes aux pratiques rustiques incitent à observer la meilleure hygiène dentaire possible ! On aborde ensuite un autre grand carrefour : ***Bangemuda Tole.*** Au milieu, petit temple vieux de quatre siècles mais flanqué d'une pendule à quartz ; il faut bien céder à la modernité... Autre curiosité : à gauche de l'entrée de la place, sous la *Raj Dental Clinic,* on trouve une *stèle* de pierre noire représentant le Bouddha. Datant du VIe s, elle n'aurait jamais changé de place malgré les constructions successives qui se sont élevées tout autour. Traverser la place. Au coin sud, ne manquez pas ce curieux sanctuaire couvert de centaines de pièces de monnaie percées de clous. C'est le *dieu des Maux de dents.* Eh oui ! Si l'une de vos dents vous fait souffrir, plantez un clou dans la bille de bois pour liquider la douleur. Si, si, ça marche !

➢ À présent, poursuivez votre chemin vers le sud, jusqu'à la place de ***Bhedasing Tole,*** occupée par un sanctuaire hindou surplombant de hautes marches. Sur la gauche de la place, entre les marchands de poterie, un petit passage couvert mène à un superbe temple : à ne pas manquer !

★★★ ***Machendranath Bahal*** *(plan d'ensemble, C4)* **:** *Janbahal, Makhan Tole. Temple dans une cour un peu en retrait de Makhan Tole, au niveau des panneaux verts Janbahal et Kel Tol (c'est le cas de le dire !). Griffons à l'entrée.* C'est l'un des temples les plus curieux, car il associe les cultes bouddhique et hindou, et l'un des plus beaux à nos yeux. Atmosphère très authentique, peut-être parce que ce n'est pas l'un des plus fréquentés et qu'il est entouré de vieilles maisons toujours habitées... Bordée de moulins à prières, sa pagode à deux étages de toits est décorée avec recherche. En parcourant la coursive qui le ceinture, on observe sur son mur d'enceinte près d'une centaine de formes d'Avalokitesvara ; une véritable collection iconographique ! Souvent, entre 8h et 10h, des musiciens se rassemblent ici pour chanter des psaumes sacrés.

➢ Quitter le temple par le même passage entre les magasins de poterie vers la place Bhedasing Tole. Tourner à droite pour gagner une autre placette parmi les plus pittoresques de Kathmandu : ***Kilagal Tole*** *(plan d'ensemble, B4).* Petite et cernée d'échoppes, vivante et colorée, c'est presque une composition médiévale. La meilleure heure : en fin d'après-midi, lorsque les vénérables templions, bouddhiques et hindous, et les vieilles demeures à étais et fenêtres sculptées ne sont plus écrasés de soleil et prennent du relief.

➢ Quitter Kilagal Tole et continuer tout droit. Sur la gauche, on aperçoit bientôt un petit passage entre deux immeubles s'ouvrant sur une vaste cour rectangulaire, ornée de quelques *chaitya,* bordée de vieilles maisons et d'un ou deux immeubles modernes en forme de cure-dents... À droite du stûpa blanc, deux lions de pierre sont les gardiens d'un merveilleux patrimoine artistique : la ***Yitym Bahal*** *(plan d'ensemble, B4),* temple bouddhique dont la courette offre de magnifiques poutres inclinées, sculptées, des XIIIe et XIVe s ; les plus anciennes de Kathmandu. Au fond, également d'autres poutres polychromes plus récentes.

➢ Quitter la grande cour par une petite porte carrée basse, sous une vieille maison, à l'opposé de celle par laquelle on est arrivé. Prendre à droite, passer l'offertoire en mosaïque de céramique sur la gauche, puis le balcon sculpté surmonté d'un infâme immeuble moderne, avant d'arriver à la grande rue menant à Durbar Square, vers la gauche. Une fois dans cette rue, prendre la première ruelle à droite jusqu'à une grande place bordée de vieux immeubles, certains très étroits et d'autres avec des fenêtres traditionnelles en bois, où se trouve un grand stûpa blanc. Derrière ce dernier, on admire un vieux temple – le ***Yetkha Bahal*** – avec une porte surmontée d'un très ancien *torana* (XIIe s), lui-même surplombé d'un balcon orné de danseuses célestes...

Voilà, c'est terminé. Si vous n'êtes pas saturé, on vous recommande la lecture d'un petit bouquin édité par une Française : *Kathmandu, la cité cachée,* d'Annick Hollé, disponible, entre autres, à la librairie *Pilgrims* (voir « Adresses utiles »). Plusieurs autres itinéraires vous y sont proposés.

De Durbar Square à Durbar Marg

🔭 ***Ratna Park*** *(plan d'ensemble, C-D-E4-5)* **:** il nous faut signaler cet immense parc, très connu, qui porte le nom de l'épouse du roi Mahendra. Pendant les tremblements de terre d'avril-mai 2015, il a accueilli de nombreux réfugiés venus planter la tente ou s'abriter sous des bâches.

🔭 ***Narayanhiti Palace Museum*** *(plan d'ensemble, D2)* **:** *entrée à l'extrémité nord de Durbar Marg. Tlj sf mar-mer et j. fériés 11h-16h (15h en hiver). Entrée : env 500 Rps.* Le palais royal, qui a cessé de fonctionner en 2006 lorsque la monarchie a été supprimée, peut se visiter. On découvre le bâtiment, moderne et sans charme (hall d'accueil, bureau et chambre à coucher du roi, salles d'attente, de réunion et de banquet) mais, à moins d'éprouver un intérêt particulier pour les familles royales, rien de passionnant. Glauque, même : dans les jardins, on peut voir le lieu où la famille royale a été massacrée en 2001, avec une description précise des endroits où les coups de feu ont été tirés ! Il y a bien la salle d'honneur, à l'étage du palais, haute de 18 m et dominée par un énorme lustre. Mais bon...

🔭🔭 ***Garden of Dreams*** *(zoom I, C2)* **:** *Tridevi Marg, à Thamel. ☎ 442-53-40. • gardenofdreams.org.np • Tlj 9h-22h (guichet fermé à 21h). Entrée : env 200 Rps.* Retour à Thamel pour boucler la boucle et visiter d'étonnants jardins néoclassiques. Ils furent conçus dans les années 1920 par un certain Marshal Kaiser Shumsher Rana, fils du Premier ministre de l'époque, puis restaurés pour les ouvrir au public. Bancs, bassin, fontaines, pavillons, petit théâtre, et même un café-resto chic, le *Kaiser Café,* cher mais agréable pour prendre un verre (voir plus haut « Où boire un verre en soirée ? Où sortir ? »)... même si la plupart des routards viennent siroter leur cannette à même la pelouse. Bref, une vraie oasis de fraîcheur dans Thamel (mais payante !). En soirée, avec les beaux éclairages qui le mettent en valeur et les coassements des grenouilles, c'est la balade romantique à ne pas rater...

QUITTER KATHMANDU

En bus

Pour Pokhara et Sauraha (parc national de Chitwan), il existe des *tourist buses* (voir plus bas), que nous vous conseillons vivement car ils sont plus rapides, plus confortables, et finalement à peine plus chers (sauf *Greenline*) que les bus locaux. Pour la vallée de Kathmandu, en revanche, on utilise les bus locaux, ou plutôt des minibus, au départ de la *City Bus Station* (voir ci-dessous). Les bus locaux pour les régions plus éloignées, eux, partent de *Central Bus Park.*

Destinations dans la vallée de Kathmandu

Les bus partent de la ***City Bus Station*** *(plan d'ensemble, C-D4),* aussi nommée *Old Bus Park* et plus couramment *Ratna Park.* Elle dessert ***Patan, Bodhnath, Banepa, Panauti, Swayambunath, Sankhu, Sundarijal*** (départ du trek d'Hélambu), ***Jiri, Kirtipur, Balaju, Jawalakhel, Kalimati, Pharping*** et ***Dakshin Kali.*** Il y règne l'anarchie la plus complète : inutile de chercher seul votre bus car aucun panneau en anglais. Demander sur place !

➢ ***Pour Bhaktapur :*** minibus très fréquents, mais préférer les *express* (peu d'arrêts ; env 45 mn à 1h) qui sont au même prix que les *local buses* (qui, eux, s'arrêtent partout). Attention, ils partent de *Bagh Bazar (plan d'ensemble, C-D4),* situé non loin de Ratna Park. Également des bus locaux au départ de Ratna Park, mais préférer les minibus, plus rapides.

➢ ***Pour Nagarkot :*** minibus directs depuis *Bagh Bazar (plan d'ensemble, C-D4).* Env 1h30 de trajet.

Destinations plus lointaines

Pour Pokhara et Sauraha (parc national de Chitwan), prendre un *tourist bus,* dont les billets peuvent s'acheter (de préférence 1 ou 2 jours à l'avance) dans les agences. Celles-ci ne prennent en principe pas de commission car, en réalité, plus elles vendent de billets et plus elles reçoivent de billets de bus gratuits... qu'elles revendent ensuite aux touristes. Pour les autres destinations, il faut prendre un bus local, mais là encore, on vous conseille d'acheter les billets dans une agence, cela vous évitera de vous rendre la veille à l'immense et déroutant *Central Bus Park* (à Gongabu). Vous pouvez aussi réserver via votre hôtel, mais là, vous paierez sans doute une (petite) commission.

➢ ***Pour Pokhara :*** départ des *tourist buses* (avec les compagnies *Swiss Travels, Blue Sky, Loyal Travels, Holiday Adventure...*) de *Kanti Path (plan d'ensemble, C3)* à 7h (se présenter à 6h30). Compter 7-8h de trajet jusqu'à Pokhara. Billet à acheter 1 ou 2 jours en avance, au plus tard la veille, dans une agence. La compagnie *Greenline* propose des bus confortables avec AC (et une pause déjeuner incluse dans le prix), mais compter 3 à 4 fois le tarif d'un *tourist bus* normal. Départ à 7h30 de leur gare routière privée sur *Tridevi Marg* (angle Kanti Path ; *zoom I, C2*). Infos et résa dans les agences ou auprès de la compagnie à Kathmandu *(☎ 425-75-44 ou 425-38-85 ; • greenline.com.np •).*

➢ ***Pour le parc national de Chitwan*** *(Sauraha) :* départ des *tourist buses* (compagnies *Saibaba Travel, Baba Travels...*) de *Kanti Path (plan d'ensemble, C3)* à 6h30-7h. Environ 6-7h de trajet. Acheter les billets la veille (au plus tard) dans une agence. La compagnie *Greenline* dessert aussi cette destination à partir de sa propre gare routière de *Tridevi Marg* (angle Kanti Path ; *zoom I, C3*), mais là encore, le confort se paie 3 à 4 fois plus cher. Quelle que soit la compagnie, les bus vont jusqu'au *Bus Park* de Sauraha, à env 1 km du centre du village. Possibilité aussi, en période de forte affluence, de prendre un bus du *Central Bus Park* (à Gongabu) pour Tandi Bazaar, à 6 km de Sauraha, mais c'est beaucoup moins rapide et franchement inconfortable.

Pour les autres destinations, bus locaux au départ du ***Central Bus Park*** *(hors plan d'ensemble par B1),* aussi appelé *New Bus Park* et *Balaju Bus Park,* à Gongabu. Prendre un taxi pour y aller (env 300-400 Rps depuis Thamel). Arriver au moins 30 mn en avance car il est quasi impossible de trouver son bus immédiatement dans ce formidable capharnaüm !

➢ ***Pour Dhunche et Syabru Bensi*** *(points de départ des treks pour Langtang et Gosaïnkund)* **:** départs du *Central Bus Park* tôt le mat. Route éprouvante : compter 7-8h pour couvrir les 100 km qui séparent Kathmandu de Dhunche !

➢ ***Pour Gorkha :*** bus direct du *Central Bus Park.* Trajet en 6h.

➢ ***Pour Janakpur :*** du *Central Bus Park.* Compter 9-10h de trajet.

➢ ***Pour Delhi (Inde) :*** départ quotidien l'ap-m de Swayambhu (ouest Thamel) avec la compagnie *Loyal Travel & Tours* (☎ 426-78-90 ; • loyaltours.com •). Compter 32-35h de voyage !

En avion

Compagnies aériennes

■ ***Buddha Air :*** *à Hattisar.* ☎ *554-24-94 ou 443-70-25. Également à Patan, Jawalakhel :* ☎ *552-10-15. À l'aéroport :* ☎ *449-13-84 ou 449-96-80.* • *buddhaair.com* •

■ ***Yeti Airlines :*** *à Thamel.* ☎ *421-30-12 ou 13. À Jawalakhel (Patan) :* ☎ *554-61-22. À l'aéroport : 449-39-01 ou 449-34-28.* • *yetiairlines.com* •

■ ***Nepal Airlines :*** *Kantipath.* ☎ *422-07-57 ou 424-86-14.* • *nepalairlines.com.np* •

■ ***Sita Air :*** *à Sinamangal.* ☎ *411-07-10 ou 411-05-97.* • *sitaair.com.np* •

➢ Ces compagnies assurent de nombreux vols quotidiens pour ***Pokhara*** et ***Biratnagar*** (ville au sud-est), et quelques-uns pour ***Bharatpur*** (parc national de Chitwan), ***Bhairava, Lukla*** (aéroport le plus proche de l'Everest) et ***Nepalgunj.*** Les autres aéroports du pays sont desservis 1 ou 2 fois/sem.

LA VALLÉE DE KATHMANDU

DÉCOUVRIR LES MONTAGNES PAR LA VOIE DES AIRS (Mountain Flight)

Il s'agit de vols de 45 mn à 1h autour des montagnes, le plus populaire étant celui, au départ de Kathmandu, qui permet de voir l'Everest. Bien sûr, c'est assez cher : environ 205 $ (186 €) le billet. Infos auprès de *Buddha Air* ou *Yeti Airlines* (voir plus haut), mais il est en général moins cher de passer par une agence. Les départs se font tôt le matin (meilleure visibilité), mais attention, il n'est pas rare que le vol soit annulé pour raison météo. Une fois dans l'avion, on peut se rendre dans le cockpit à tour de rôle. Vue superbe, même si, en fait, on ne survole pas les montagnes car celles-ci sont plus élevées que l'altitude de croisière de l'avion ! Vous aurez presque l'équivalent, sans l'Everest mais avec l'Annapurna, en allant en avion à Pokhara (si vous partez tôt le matin et choisissez un siège sur la droite de l'appareil).

LA VALLÉE

• Carte *p. 72-73*

COMMENT VISITER LA VALLÉE ?

Tout dépend des endroits que l'on veut visiter. Si l'on se limite à l'agglomération de Kathmandu (Pashupatinath, Bodhnath, Patan), il suffit d'utiliser les taxis. En revanche, pour Bhaktapur et au-delà (Nagarkot, Dhulikhel, Panauti...), il revient moins cher de prendre des bus locaux. Voir la rubrique « Arriver – Quitter » des villes correspondantes.

SWAYAMBUNATH (SWAYAMBU)

3 avril 2018

Le temple bouddhique de Swayambunath, appelé aussi *Monkey Temple* (bien que certains Népalais trouvent ce surnom irrespectueux), est perché sur une colline, à 2 km à l'ouest du centre de Kathmandu. À faire dès son arrivée pour se familiariser avec la topographie de l'agglomération. La vue sur la ville et la vallée est saisissante. Et, miracle, si les temples autour du stûpa ont légèrement souffert des séismes de 2015, le stûpa lui-même est resté intact.

La fondation de Swayambunath remonterait à 2 500 ans, mais les bouddhistes ne la datent pas. Voici de toute façon le plus ancien stûpa de la vallée, considéré aussi comme l'un des premiers sanctuaires bouddhiques au monde (il aurait été fondé il y a 15 siècles). C'est l'un des pèlerinages les plus populaires et émouvants. Y aller pendant les *fêtes newares* : le matin, le soir, tous les jours il s'y passe quelque chose.

UN PEU DE MYSTICISME

Dans notre rubrique « Il était une fois », Alexandra David-Néel nous raconte : « Au bout de la chaîne neigeuse des Himalayas, Ishwara, le dieu qui procède du bouddha primordial (l'Adi Bouddha, connu au Népal sous le nom de Swayambu), créa une vallée et celle-ci fut appelée Naghrad, ce qui signifie réservoir ou lac habité par une divinité serpent, un naga. Dans des temps très anciens, un bouddha nommé Vispashyi vint au Népal et y demeura sur une montagne à l'est du lac au naga. Un jour de pleine lune, il sema une graine de lotus dans le lac. Cela fait, il s'en retourna chez lui. Beaucoup de temps s'étant écoulé, la graine de lotus germa, puis produisit une fleur, et dans le cœur de ce lotus, Swayambu apparut sous la forme de lumière. »

Arriver – Quitter

➢ ***En taxi :*** pas cher et rapide. Le taxi vous dépose au parking. De là, plus que quelques marches à monter jusqu'au sanctuaire.

➢ ***À pied :*** évidemment plus long (45 mn depuis Thamel) mais en fait beaucoup plus intéressant car ça permet de découvrir les quartiers populaires le long de la rivière Vishnumati (là où vivent les intouchables), les petits métiers, les temples, les crémations, etc. Et la communication avec les habitants s'engage facilement. La route est simple, tout le monde connaît, et vous apercevez le stûpa très rapidement.

À voir. À faire

– Entrée du site : env 200 Rps. Tout en bas du Swayambunath, on peut continuer la route à gauche, jusqu'au chemin menant au stûpa, ou emprunter l'escalier monumental partant du portique. L'approche par l'escalier est superbe. Vous y verrez parfois les singes glisser sur la rampe comme des poulbots. Ne pas transporter

de nourriture sur soi, sinon ils risquent d'attaquer, et bien tenir son sac. Un truc : ne jamais les regarder dans les yeux. Attention, marches glissantes. En haut, un bosquet de *chaitya* entoure le stûpa.

Le stûpa : une fois arrivé là, quelle vue ! De quoi y passer un bon moment... L'édifice lui-même abrite des reliques et des documents sacrés. Les neuf niches du stûpa central présentent de chaque côté des bronzes intéressants. Tout autour, des moulins à prières que les fidèles font tourner sur leur axe pivotant. Ils contiennent chacun un texte sacré. En les tournant, le dévot imagine que cette prière – ou *mantra* – est emportée par le vent pour le bien de tous les êtres.

T'AS DE BEAUX YEUX, TU SAIS ?

L'énorme stûpa de Swayambunath est surmonté d'une flèche ronde à base carrée et orné des yeux bleus du Bouddha qui voit tout. Les 13 anneaux dorés symbolisent les degrés de la connaissance. Il est dit que l'espèce de point d'interrogation entre les yeux du Bouddha représente le chiffre 1 en écriture sanskrite. Affirmation de l'unité de Dieu par rapport au polythéisme hindou. Si la bouche est absente, c'est que le Bouddha, qui voit tout et sait tout, ne parle jamais !

Mais Swayambunath n'est pas uniquement un sanctuaire bouddhique. En effet, opposé à l'escalier, un petit temple est dédié à *Sitala,* déesse népalaise de... la Petite Vérole.
Possibilité de visiter l'un des trois monastères tibétains (le plus grand ; il est jaune) où se déroule presque chaque jour, vers 15h, un office de l'école Karma Kagyu. Dans une atmosphère prenante, les prières que les lamas chantent d'une voix monocorde sont entrecoupées par l'appel strident des longues trompes et des *gyaling* (sortes de hautbois à double anche vibrante).
Faire le tour du stûpa dans le sens des aiguilles d'une montre : tout stûpa rencontré sur sa route doit être laissé à main droite. Ne faites pas comme le capitaine Haddock dans *Tintin au Tibet* : « Toi passer à gauche, Sahib ! »
De plus, le temple n'est pas un monument unique. Il intègre des maisons d'habitation, des *sikhara* du XVIIIe s (stûpa en forme de temple hindou), *chaitya* et *pagodons* dans un joyeux désordre.
Descendre vers l'autre versant, en zigzaguant entre les blancs *chaitya,* sortes d'ex-voto qui bordent les sentiers, pour la colline jumelle de Sarasvati.
– Outre des boutiques de souvenirs, on y trouve plusieurs restos et le *Cafe de Stupa,* sympa pour sa vue sur Kathmandu depuis l'étroite terrasse.

National Museum : *à 1 km au sud du temple de Swayambu, à Chhauni. Tlj sf mar et j. fériés 10h30-16h30 (14h30 lun ; 15h30 en hiver). Entrée : env 150 Rps.* Ce fut le premier musée public du Népal. Cadre assez vieillot et peu de choses à voir, d'autant que le bâtiment d'histoire et de numismatique était fermé lors de notre passage pour raison de sécurité. Dans l'*Art Gallery* et la *Bouddhist Art Gallery,* donc, une série de statues en bois, en pierre, en bronze, ainsi que des bas-reliefs en pierre, plus le produit des fouilles locales et une section peintures (voir le *Krishna lila* du XVIIIe s). Si vous passez par là.

PASHUPATINATH

4 avril 2018

À 5 km à l'est du centre de Kathmandu, non loin de l'aéroport, c'est l'un des lieux les plus sacrés du pays, un centre de pèlerinage et de crémation baigné par la rivière Bagmati – le Bénarès et le Gange du Népal en quelque sorte. Un lieu

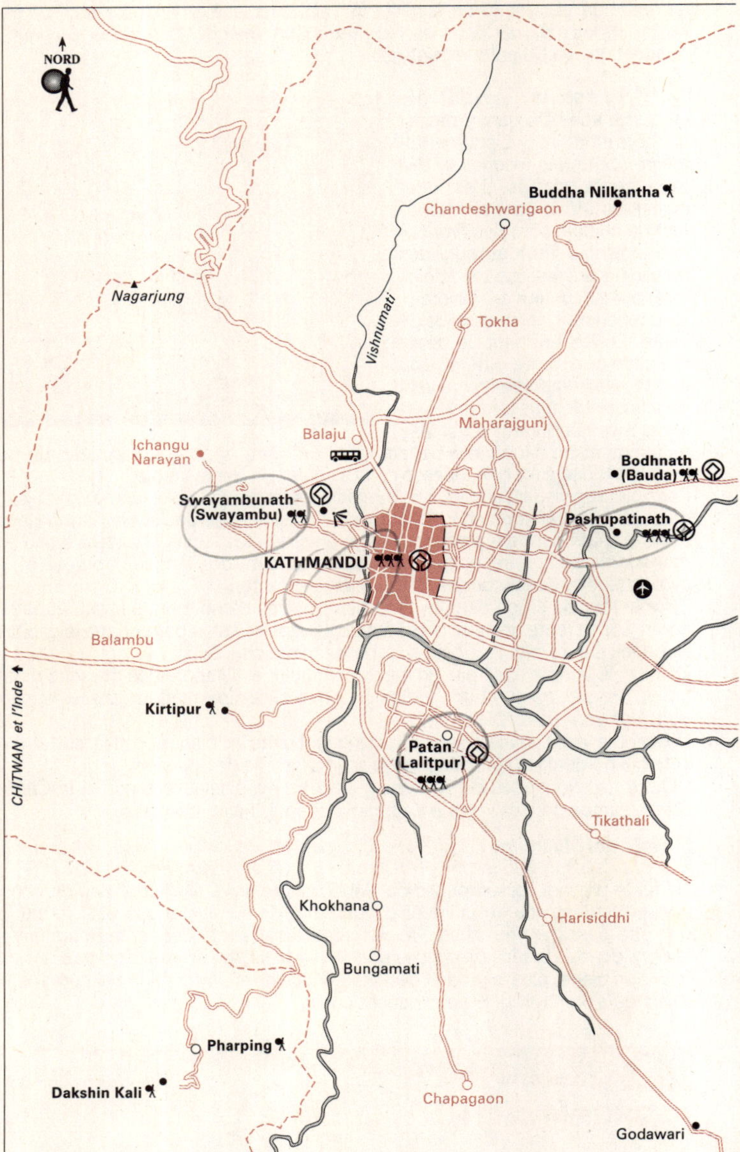
NORD
Buddha Nilkantha
Chandeshwarigaon
Nagarjung
Tokha
Vishnumati
Maharajgunj
Balaju
Ichangu
Narayan
Bodhnath
(Bauda)
Swayambunath
(Swayambu)
Pashupatinath
KATHMANDU
Balambu
CHITWAN et l'Inde
Kirtipur
Patan
(Lalitpur)
Tikathali
Khokhana
Harisiddhi
Bungamati
Pharping
Dakshin Kali
Chapagaon
Godawari

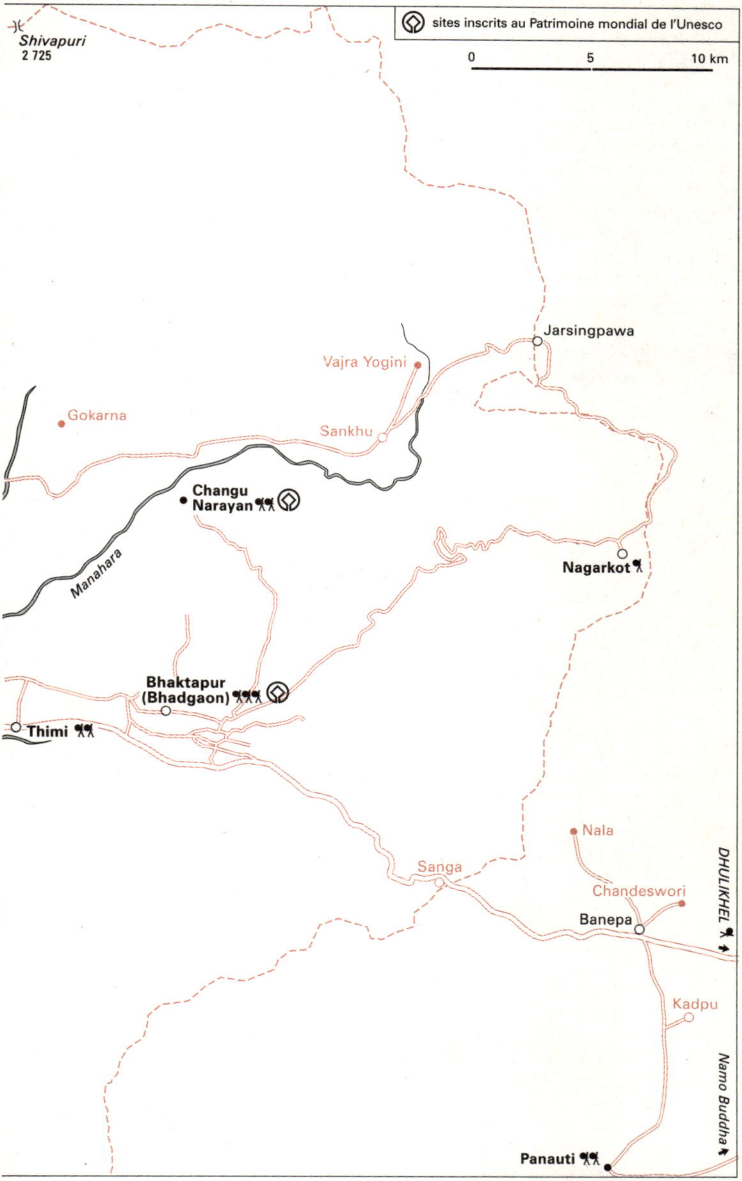

LA VALLÉE DE KATHMANDU

et une expérience humaine à ne pas manquer, même si vous êtes un peu émotif.
***Pashupati* est l'un des multiples noms du grand dieu Shiva. Si le site est vénéré depuis des temps très anciens, les bâtiments actuels, œuvre de Pratap Malla, datent du XVIIe s. L'histoire dit que ce rajah a accompli un acte de piété suite à un crime. Dans son harem qui abritait 3 000 concubines, il viola une fillette impubère et celle-ci en mourut. Ce libertin comprit alors la gravité de son comportement. Pour l'expier, il fit une retraite de 3 mois à Pashupatinath et s'occupa à agrandir et enrichir généreusement le sanctuaire.**
L'atmosphère de l'endroit est toute imprégnée de cette terreur sacrée, propre aux lieux où Shiva règne. D'ailleurs, un des autres noms de Pashupatinath est « la vallée de l'Ombre ».
– Pour les photos de l'ensemble du site, il est vivement recommandé de venir le matin car l'après-midi et en soirée, le soleil est de face.

Arriver – Quitter

➢ ***De Kathmandu :*** si vous n'êtes pas à quelques euros près, le plus simple est d'y aller en taxi. Sinon, en bus depuis *Ratna Park* (départs très fréquents) en direction de Bodhnath. Ou encore en *tempo* collectif de Rani Pokhari. Depuis Bodhnath, on peut parfaitement y aller à pied (2 km).

À voir

– Il y a des entrées aux quatre points cardinaux. Accès : env 1 000 Rps. L'endroit mérite qu'on prenne son temps. Il peut être fort judicieux de prendre un guide pour mieux comprendre les différentes étapes de la crémation, ainsi que les symboles et rituels hindous. À l'entrée ouest, face au *Social Welfare Centre* et au pont, petit bureau de la *Guide Association of Pashupatinath.* Pour environ 1h30 de visite, on vous prendra sans doute le même montant que l'entrée du site pour un petit groupe jusqu'à 3-4 personnes (à vous de négocier un peu). On a essayé, ça vaut le coup, même si, au total, ça fait un peu cher la visite. En tout cas, n'hésitez pas à vous débarrasser gentiment des guides visiblement peu compétents ou alors testez-les avant de les embaucher... À voir depuis l'entrée ouest :

Golden Temple : *l'accès n'est autorisé qu'aux hindous.* De l'entrée, on ne voit que le postérieur de la statue imposante du taureau *Nandi* (véhicule de Shiva) dans la cour principale. Mais, en empruntant les escaliers sur la gauche du temple, on peut accéder à une plateforme sur la droite et bénéficier d'une belle vue sur le Nandi, de face cette fois, et sur l'animation du sanctuaire. La rue qui conduit au temple est particulièrement animée avec ses boutiques de fleurs, bondieuseries et ses *sadhus,* ces hommes et femmes couverts de cendre vivant en ascètes, en marge du monde. Leur front est marqué de trois traits horizontaux. D'une main, ils portent le trident de Shiva, de l'autre, une sébile. C'est d'ailleurs ici qu'a lieu le grand rassemblement annuel des *sadhus* pour la *Shivaratri,* en février ou mars selon les années. Un spectacle à ne pas manquer. Attention ce jour-là aux pickpockets. Ils viennent de l'Inde pour faire les poches des touristes et des riches Népalais en pèlerinage.
Teej (en septembre) est une autre fête à ne pas manquer : ce jour-là, des milliers de femmes brahmanes venues de toute la vallée se rendent ici, toutes de rouge vêtues, pour prier au temple d'Or, danser et chanter, puis faire leurs ablutions dans la Bagmati. Tout le site leur est réservé (les entrées sont gardées par la police). Le spectacle des saris aux couleurs chatoyantes est tout simplement magnifique. Les femmes touristes peuvent franchir quelques barrages ; quant aux hommes, ils devront attendre au troquet du coin !

Social Welfare Centre : *en allant vers la rivière, à côté du pont. Photos interdites.* Dans un beau et vieux bâtiment orné de sculptures newares du XVIIe s, voici un émouvant refuge pour personnes âgées et défavorisées. Mère Térésa y a exercé ses talents au service des autres. Refrénez vos envies de photographie et observez les visages de ces vieux et charmants Népalais, passant leurs journées au milieu d'un ensemble de cinq templions (quelque peu fissurés, d'ailleurs). On peut y faire des dons. En partant, observez l'animation autour du puits dans la ruelle voisine.

En continuant vers la rivière, sur la petite place à gauche du pont, le tout petit ***temple de Batchhla Dev*** présente des poutres très ouvragées avec d'intéressantes figures érotiques. Autre curiosité également après avoir franchi le pont, sur votre gauche, un lingam de bonne proportion. Il est dit qu'autrefois s'y élevait un puits. En regardant dans ce puits, on pouvait voir la forme que l'on aurait et les conditions de sa nouvelle réincarnation. Devant l'effroi de beaucoup de Népalais, peu vertueux à l'époque, le prince régnant, Sankara Rajah, fit combler le puits et ériger le lingam à la place.

***Les bûchers de crémation** (Burning Ghat) :* *le long de la rivière, sur la rive du temple d'Or.* Lors de votre visite, il est possible, voire fort probable, qu'une ou plusieurs crémations soient en train de se dérouler. La Bagmati se jetant dans le Gange, la crémation à Pashupatinath a la même valeur qu'à Varanasi (Bénarès). Si l'endroit est plus modeste, il n'en reste pas moins symboliquement impressionnant et questionne inévitablement sur la différence du rapport à la mort entre Orientaux et Occidentaux. Soyez tout de même discret si vous avez l'intention de photographier. Par respect, prenez vos clichés depuis la rive opposée !

CHERCHEURS D'OR

Au pied des ghâts pour riches, il n'est pas rare d'apercevoir des hommes ou des enfants courbés en train de draguer la rivière à la main. Les défunts sont brûlés avec des bijoux, censés les purifier. Lorsque, à la fin de la crémation, les cendres sont jetées à l'eau, l'or est récupéré par ces « orpailleurs » d'un genre un peu particulier.

D'un côté, les ghâts des pauvres, bases de pierre carrées sur lesquelles sont installés les bûchers. De l'autre, au pied du temple d'Or, ceux des riches, décorés de fleurs quand ils sont utilisés. Quant aux ghâts de forme circulaire, sur l'autre rive, ils servent aux familles qui reviennent se recueillir, aux ablutions des *sadhus* et de plongeoirs aux gamins !
Selon le rite hindou, la crémation doit avoir lieu dans les 24h qui suivent le décès. Les corps sont orientés vers le nord, en direction de l'Himalaya, berceau des dieux. C'est le fils aîné qui a la charge de mettre le feu dans la bouche du père. Lorsque la mère décède, ce rituel est assuré par le fils cadet. Pour remplir leur fonction, ils se rasent complètement le corps et portent pendant une année des vêtements blancs (signe de deuil). À la mort du mari, les femmes revêtent cette couleur toute leur vie et ne peuvent, en principe, se remarier, mais cette coutume tend peu à peu à disparaître, favorisée en cela par le gouvernement. Le défunt, qu'il soit riche ou pauvre, est recouvert d'un tissu orange (symbole de paix) et blanc.
Noter que 350 kg de bois (dont 125 kg de bois de santal) sont nécessaires pour une consumation totale. Avec la hausse du nombre de crémations (due à l'accroissement démographique), une telle quantité de bois engendre de gros problèmes de déforestation et de pollution. Voilà pourquoi il est fortement question d'installer des fours électriques, voire électroniques, comme il en existe déjà en Inde. Même si leur utilisation se heurte à des traditions ancestrales, les rites devront sans doute finir par s'adapter aux contraintes économique, écologique et sanitaire (toxicité des fumées) devenues de plus en plus sérieuses.

Mrigasthali (parc des Cerfs) **:** *à 20 mn à pied, sur la route de Bodhnath.* Traverser le pont qui enjambe la rivière jusqu'à une colline boisée, riche en édifices. Le long des escaliers et près de petits temples dédiés à Shiva, on croise des *sadhus* sincères, en pèlerinage, et d'autres beaucoup plus cabots et très photogéniques, possédant un sens des affaires assez éloigné de leur philosophie initiale. Ils ne manqueront pas de tirer avec grande conviction sur leurs énormes *shiloms* pour que vos photos soient encore plus spectaculaires ! Prendre sur la gauche, à mi-parcours, pour découvrir tout le site. D'une grande terrasse, on obtient un splendide panorama (et les plus belles photos). Tout en haut de la colline, on accède, à travers bois ou par l'escalier monumental, à un ensemble abandonné de monastères et de petits temples. Le paradis des singes et des chiens errants. Dommage que l'argent des entrées ne serve pas plus à la restauration de ces bâtisses en état de délabrement avancé. Comme à Swayambunath, éviter d'avoir de la nourriture : les singes deviennent vite agressifs.

➢ De Pashupatinath, on peut rejoindre à pied **Bodhnath** mais l'espace entre les deux s'est beaucoup urbanisé. Prendre l'escalier qui monte à la colline de Mrigasthali, et, arrivé en haut, continuer sur la gauche en descendant les marches, jusqu'à la Bagmati qu'il faut traverser, près d'un temple dont l'accès est réservé aux seuls hindous. Compter un peu plus de 45 mn à pied entre Pashupatinath et Bodhnath.

BODHNATH (BAUDA)

IND. TÉL. : 01

La plupart des Népalais l'appellent Bauda, ou même Bouddha. À 6,5 km au nord-est du centre de Kathmandu, cette ville (elle aussi, quasi intégrée dans l'agglomération de Kathmandu) est peuplée de nombreux Tibétains ayant fui après l'invasion chinoise. C'est aujourd'hui l'un des plus grands sanctuaires bouddhiques de la vallée. On y dénombre pas moins d'une cinquantaine de monastères, et surtout, s'y dresse le plus grand stûpa du pays (une centaine de mètres de circonférence). Son origine est un peu obscure mais on pense qu'il date du XIVe s. Cela dit, il a perdu sa partie supérieure, et donc ses fascinants yeux peints, à cause du premier séisme de 2015... Résultat : l'atmosphère est quelque peu étrange, un peu décevante même. Espérons que la reconstruction sera belle et rapide ! Néanmoins, ne manquez pas de lui tourner autour dans le sens des aiguilles d'une montre, comme tout le monde, en faisant tourner ses innombrables moulins à prières. Et n'hésitez pas à y dormir, l'atmosphère à l'aube ou en soirée pendant une fête de la pleine lune s'y avère assez particulière...

Arriver – Quitter

➢ ***De Kathmandu :*** comme pour Pashupatinath, le plus facile est de prendre un taxi. Sinon, bus très fréquents depuis *Ratna Park.*

Adresse et infos utiles

– Se procurer la ***Boudha Map,*** à demander à la réception de votre hôtel. La plupart des adresses y sont pointées, ce qui évite de tourner en rond...

– Plusieurs ***bureaux de change, distributeurs*** (dont un juste à côté de l'entrée principale) et ***cybercafés*** autour du stûpa et dans les rues adjacentes.

■ ***Shechen Clinic :*** *à l'extérieur de*

l'enceinte du monastère de Shechen, au nord du stûpa. ☎ 448-79-24 ou 446-81-23. Tlj sf sam 9h-16h30. Clinique d'excellente réputation, financée par le monastère, où sont regroupés, entre autres, des médecins généralistes, dentistes, gynécologues, cabinets d'acupuncture, ainsi qu'un laboratoire. On y trouve souvent des médecins français.

Où dormir ?

Dormir à Bodhnath revêt parfois quelque chose de magique. Si l'on ne dort pas trop loin du stûpa ou d'un monastère, le matin, doux réveil vers 6h, au son des trompes tibétaines...

De bon marché à prix modérés (moins de 20 $; 18 €)

🏠 🍴 ***Dragon Guesthouse :*** *Mahankal, derrière le monastère de Shechen, au nord du stûpa. ☎ 447-95-62. • dragon guesth@gmail.com •* Wi-Fi Une des *guesthouses* les moins chères de la ville, soit une vingtaine de chambres moquettées, très simples et sans charme, mais avec des salles de bains communes propres. Environnement calme, et agréable petit jardin devant. Pas mal de routards venus y poser leurs guêtres. Bon resto végétarien.

🏠 ***Lotus Guesthouse :*** *à quelques mn à pied du stûpa (accès fléché). ☎ 491-51-32. • lotusguesthouse@yahoo.com • Derrière l'annexe de la* Happiness Guesthouse, *côté stûpa, monter la rue et tourner à droite au niveau de la* Pal Rabten Khansar Guesthouse *; c'est au bout à gauche.* Wi-Fi C'est la plus ancienne *guesthouse* de Bodhnath, propriété du monastère voisin. Très calme, mais dès l'aube s'élèvent les prières des moines. Chambres simplissimes et sans aucun charme, avec des lits un peu rudes quoique propres, avec ou sans salle de bains. Jardin reposant. Pour un séjour de longue durée, 3 appartements récents avec cuisine *(env 450 $/mois).*

🏠 ***Pal Rabten Khansar Guesthouse :*** *en remontant Phulbari St, à l'angle opposé de la ruelle du* Garden Kitchen. *☎ 491-49-11. • prkguesthouse2015@yahoo.com • Prix modérés.* Situé à un carrefour assez animé, à deux pas du stûpa, ce gros bâtiment aux fenêtres bleues a plutôt belle allure, sans compter qu'il possède un sympathique jardinet. Une vingtaine de chambres à l'ancienne, mais propres et plutôt confortables pour le prix. Toutes avec salle de bains (eau chaude).

🏠 ***Shechen Guesthouse :*** *dans l'enceinte du monastère, au nord du stûpa. ☎ 447-90-09. • shechen guesthouse.com.np • Prix modérés. Petit déj inclus. Résa très à l'avance conseillée (souvent complet) !* Wi-Fi Dans un havre de paix (au sens propre !), des chambres fort bien tenues, parquetées et confortables, toutes avec salle de bains. Pratique, un resto au pied de la *guesthouse* (voir « Où manger ? Où boire un verre ? »). L'adresse la plus bouddhiste du centre-ville. Mais vous ne serez pas seul(s)...

De prix moyens à chic (20-70 $; 18-64 €)

🏠 ***Happiness Guesthouse 1 & 2 :*** *l'hôtel principal se trouve en retrait du stûpa, dans la ruelle à gauche de la* Pal Rabten Khansar Guesthouse, *juste derrière le resto* Garden Kitchen. *☎ 491-52-41/42. Annexe face au stûpa : ☎ 491-48-21. • happiness guesthouse1@gmail.com • Petit déj inclus.* Wi-Fi La *HG1* est un gros bâtiment avec peintures à la réception. Une trentaine de chambres à l'ancienne, confortables mais un peu sombres. Si vous le pouvez, on vous conseille les suites n° 401 et 402, plus spacieuses, avec un bout de vue sur le stûpa. Sinon, celles de l'annexe, dans une jolie maison jaune, ont le nez sur ce dernier : 4 chambres, dont une *deluxe* avec terrasse, toutes avec salle de bains. Bon, la nuit on entend les chiens, et le matin, on se réveille avec les moines...

🏠 ***Ti-se Guesthouse :*** *à côté du* Hyatt

Hotel et de la Kebs Academy, *à gauche quand on est face au monastère de Shechen. ☎ 447-05-05 ou 448-05-42. ● tiseguesthouse.com ●* Une petite *guesthouse* proprette et accueillante, en retrait de l'agitation du stûpa. Chambres avec salle de bains commune ou privée selon le prix, pas toujours bien grandes et parfois peu lumineuses, mais de bon confort. Quelques suites plus vastes. Jardinet. Resto végétarien. Et un spa, au sous-sol, avec de bons massages à prix raisonnable.

Hotel Mandala : *juste en retrait du stûpa, à droite de l'entrée principale, par un passage couvert. ☎ 491-65-97. ● hotelmandala.net ● CB + 4 %.* Un hôtel assez récent, en brique, aux chambres tout confort, même si pas bien grandes, toutes avec salle de bains. Certaines *deluxe* ont un balcon. Mais la plus jolie vue sur les toits dorés, on l'a depuis les appartements. Le générateur s'arrête vers 22h. Petit jardin où l'on peut siroter une bière. Accueil aimable. Fait aussi resto.

Rokpa Guesthouse : *entre le stûpa et le monastère de Shechen. ☎ 447-97-05. ● rokpaguesthouse.org ● Prix chic. Petit déj inclus. CB + 4 %.* Dans un bâtiment en dur, des chambres sans charme fou, mais confortables et de bon standing. On préférera si possible les *deluxe* en rez-de-jardin, plus agréables. Toutes avec salle de bains et eau chaude. Fait aussi resto. L'hôtel, fondé par l'ONG internationale *Rokpa,* soutient financièrement le *Children's Home* à l'arrière, qui aide les enfants des rues et les femmes isolées.

Où manger ? Où boire un verre ?

Bodhnath est célèbre pour son *chang* (bière d'orge). On y boit également de la *thomba,* bière chaude de millet à déguster avec une paille en bois. On reverse de l'eau chaude (bouillie) plusieurs fois. À la vôtre ! Au coucher du soleil, grimper sur une des nombreuses terrasses de restos qui entourent le stûpa. En revanche, les restaurants ferment plus tôt qu'à Kathmandu et, sauf événement particulier, la place du stûpa est fréquentée essentiellement par les chiens errants à partir de 21h...

De très bon marché à bon marché (jusqu'à 300 Rps ; 2,75 €)

Nombreuses petites gargotes pour fauchés, réputées pour leurs *momos.* Nourriture généralement bonne et économique. C'est aussi dans ces bouis-bouis que vous pourrez goûter aux bières tibétaines (*chang* et *thomba*).

Happiness Vegetarian Restaurant : *autour du stûpa, à l'entrée de la* Comfort Guesthouse. *Tlj 7h30-21h.* Appartient à la *Happiness Guesthouse.* À l'étage, le nez dans le stûpa, on se nourrit dans l'esprit des lieux, pour ne pas dire des dieux, souvent en compagnie de moines pour qui le repas est... gratuit. Plein de légumes gentiment cuisinés : céleri et champignons au poivre vert, brocolis, patates, chou, le tout à la vapeur ou sauté. Également tofu, nouilles, soupes, etc. Sain et sympa.

Ngawa Dream Café : *à 100 m à gauche de la* Ti-se Guesthouse. *Tlj 7h-21h30.* Créé par des Tibétains dans le cadre d'un programme d'insertion, voici un café moderne avec quelques sièges et canapés pour prendre un verre relax. Également des petits déj (bon cappuccino), snacks, *thali* népalais, plats bhoutanais, etc.

On recommande aussi le resto végétarien de la ***Dragon Guesthouse*** (voir « Où dormir ? »).

Prix moyens (300-600 Rps ; 2,75-5,50 €)

Rabsel Garden Café : *dans l'enceinte du monastère Shechen (voir plus haut « Où dormir ? »). Petit déj 7h-10h.* Resto essentiellement végétarien posé dans un jardin à la pelouse veloutée, qui propose des petits déj *(espresso),* sandwichs, *momos, thukpa, thali* ou pâtes et pizzas pour les adeptes de l'œcuménisme culinaire. Produits frais et souvent maison (pain, pâtes, yaourt...). Un lieu très zen pour manger ou seulement boire un verre.

IOI ***Garden Kitchen :*** *à côté de la Happiness Guesthouse, à 5 mn à pied du stûpa. Tlj 8h-21h.* Adresse très prisée des locaux, des touristes, et même des moines. Certains y ont leurs habitudes. On y déguste une cuisine de bonne qualité dans une cour intérieure couverte et fleurie. Plats tibétains, népalais, indiens et chinois. Très agréable.

Chic (plus de 600 Rps ; 5,50 €)

IOI 🍷 ***Stupa View Restaurant :*** *autour du stûpa, à gauche de l'annexe de la Happiness Guesthouse. ☎ 491-49-62. Tlj 11h-20h.* Tout en haut, une jolie terrasse toute jaune avec une vue *stûpafiante* ! Touristique ? Certes, mais la cuisine est de qualité et, de plus, assez originale. On y mange en effet un excellent *mezze,* avec beignets de légumes, houmous, falafel et tzatziki, ou encore ce « pot pourri » avec, en plus, des pâtes, boulettes de pois chiches, carottes déglacées et yaourt aux fruits. Grand choix de desserts, de jus de fruits et de lassis. Pas donné, mais excellent !

IOI 🍷 ***Roadhouse Café :*** *autour du stûpa. ☎ 491-64-46. Tlj 11h-22h.* Pour changer un peu du régime népalais, une salle branchée à l'occidentale avec musique pop et vue sur le stûpa (n'ayons pas peur des paradoxes). Spécialité de pizzas au feu de bois, chères mais bonnes. Sinon, salades, sandwichs, soupes et pâtes. Également du vin, des bières et des cocktails. Autre avantage : on y sert assez tard.

🍷 D'autres terrasses avec vue sur le stûpa, comme le ***Golden Eyes*** et le ***Best View,*** mais seulement pour boire un verre.

À voir

Le stûpa est entouré d'un amoncellement de boutiques de souvenirs (bijoux, *thangkas,* clochettes, moulins à prières...) et attire de nombreux mendiants (dont on peut qualifier certains de « professionnels »), cireurs de chaussures et vendeurs de hasch.

⊛ 👁👁 ***Le stûpa :*** *l'accès est payant (250 Rps) si vous entrez par la porte principale. Les pèlerins y viennent tôt le mat ou vers 18h.*
Le stûpa, qui a perdu son « chapeau » et ses yeux mystérieux lors du tremblement de terre de 2015, se compose de cinq terrasses (malheureusement, on ne peut plus grimper sur la plus large d'entre elles pour le moment). Cela dit, c'est tout de même le plus grand et le plus impressionnant du pays. Ses bâtisseurs en ont fait un mandala que seul le Bouddha pouvait contempler. Un mandala, c'est une figure où domine le cercle qui symbolise l'eau, entouré de carrés (la terre) eux-mêmes cernés d'un ou plusieurs cercles extérieurs, soit une source de méditation. La tour qui surmontait la coupole – et reviendra sans doute un jour – représente le feu, et la couronne terminale figure l'air. Ainsi se superposent les quatre éléments. Le stûpa abriterait dans son sanctuaire les cendres de Kashyapa, le prédécesseur du bouddha Sakyamuni. Les 13 marches qui séparent l'hémisphère du pinacle du stûpa symbolisent les 13 stades permettant l'accès à la connaissance parfaite, appelée *bodhi.* C'est de là que vient le nom de la ville « Bodhnath ».
Le lieu est très vivant et hautement touristique. Pour avoir un autre son de cloche, il ne faut pas manquer d'y venir en fin de journée, quand les chants bouddhiques commencent à résonner dans les ruelles et que laïcs et moines tournent autour du stûpa, allant parfois jusqu'à s'agenouiller ou s'allonger.
Si l'on ne peut plus grimper sur la terrasse, il reste un accès à un gros moulin à prières autour duquel tournent les fidèles. Cherchez-le, ça vaut le coup d'œil.

👁👁 ***Le monastère de Shechen :*** *à l'opposé de la grande porte d'accès, au nord-ouest du stûpa (tt le monde connaît).* Il s'agit d'un vaste complexe établi dans les années 1980, en réponse à la destruction du monastère de Shechen au Tibet au moment de l'invasion chinoise. Ici se perpétue le *nyingmapa,* un des plus anciens courants religieux tibétains. 400 moines y vivent. Et Matthieu Ricard (docteur en neurosciences, moine bouddhiste, auteur et photographe français) y séjourne régulièrement, au moins 3 mois par an. Le monastère abrite un temple, une école bouddhique, une *guesthouse* et un restaurant (voir plus haut « Où dormir ? » et « Où manger ? Où boire un verre ? »).

Beaucoup d'***autres monastères*** ont ouvert, mais tous ne présentent pas le même intérêt. Cependant, on est toujours sûr d'y rencontrer des moines et des pèlerins, et souvent d'assister à des rituels intéressants (danses masquées, concert de trompes géantes, etc.). Le dynamisme de la communauté tibétaine se manifeste d'ailleurs par le nombre élevé de luxueux monastères édifiés ces dernières années ou en cours de construction. Près d'une cinquantaine.
Si vous avez la chance d'être ici pour *Losar,* le Nouvel An tibétain, il ne faut pas manquer les cérémonies qui ont lieu, le matin seulement, sur le grand stûpa. L'après-midi, danses tibétaines dans le grand monastère bhoutanais. Se renseigner sur place.

➢ Possibilité de grimper jusqu'au ***monastère de Kopan*** (demander Kopan Gompa), à 2-3 km au nord de Bodhnath, en 45 mn à pied (25 mn pour redescendre). On peut aussi y séjourner sur réservation *(à Kathmandu : ☎ 482-12-68 ; • kopanmonastery.com • ; min 3 nuits pour les gens de passage – s'il n'y a pas d'étudiants ; portes fermées à 21h).* À vrai dire, on vient surtout y faire des retraites et des séjours dans le cadre d'activités organisées par le monastère (par exemple, un mois de cours résidentiel d'introduction au bouddhisme). Se renseigner sur leur site web. De là-haut, vue superbe sur la vallée.
On peut ensuite continuer la balade jusqu'à ***Phulbari Gompa,*** un autre monastère, en 45 mn également. Continuer par le chemin qui part de l'entrée du monastère de Kopan.

Au village de Kopan, avant ou après avoir grimpé au monastère, plusieurs petits restos populaires, dont le ***Solukhumbu*** *(📱 98-08-04-29-56 ; tlj 7h-21h),* plus précisément à Phaika Chowk. Seul hic, son nom est écrit en alphabet népalais, alors repérez le petit bâtiment *Ncell* voisin ou demandez ! *Momos, thukpa, thanthuk* et *aloo parotha* (crêpe de pommes de terre), bons et très bon marché, à arroser d'une *chang* ou d'une *thomba.*

BUDDHA NILKANTHA

À une quinzaine de kilomètres au nord de Kathmandu. Ce site vaut surtout pour sa statue de 5 m de long, représentant Vishnu se reposant, allongé sur le serpent à mille têtes, Ananta. Entouré de grilles, heureusement assez basses pour pouvoir l'admirer. Y aller de préférence le matin pour la cérémonie qui s'y déroule vers 9h.

LE REFLET QUI TUE

Du temps de la monarchie, le roi du Népal était le seul être à qui l'entrée du sanctuaire de Buddha Nilkantha était interdite. Incarnation vivante de Vishnu, il ne pouvait se trouver face à la statue figurant sa propre image, au risque de mourir.

– *Entrée : env 250 Rps (plus droit vidéo).*
➢ Pour y aller, scooters publics et microbus partent de Rani Pokhari.

À voir

Le monastère bouddhique (Nagi Gompa) : *renseignez-vous avt d'y aller car il a été endommagé par les séismes de 2015. Compter env 4h A/R au départ de la statue.* Route goudronnée jusqu'à l'entrée du parc national. Ensuite, large chemin caillouteux. À 10 mn de l'entrée, bifurquer à droite vers le monastère. Montée assez raide pour y parvenir (de 1 400 à 2 000 m). Pour l'atteindre, suivre un petit sentier sur la gauche, indiqué par une borne sur la droite du chemin. Très belle vue sur la vallée. Les offices de ce monastère pour femmes ont lieu en principe de 7h à 10h, puis de 13h à 16h. On peut y participer. À 500 m se trouve un monastère pour hommes.

PATAN (LALITPUR)

4 avril 2018

env 250 000 hab. IND. TÉL. : 01

• Plan *p. 83*

Ancienne ville royale, autrefois capitale et ville d'art, Lalitpur (« la cité de la Beauté ») est située à moins de 5 km au sud de Kathmandu. S'il n'y avait la rivière Bagmati pour les séparer, la frontière entre les deux villes serait d'ailleurs difficile à distinguer...
C'était auparavant un grand centre d'enseignement bouddhique, comme en témoignent les nombreux monastères éparpillés dans la ville. On aime à rappeler que Lalitpur fut choisie par l'empereur Ashoka pour y élever l'un de ses quatre grands stûpas et serait, de ce fait, la ville bouddhique la plus ancienne d'Asie.
Patan ne possède sans doute pas le prestige ni surtout l'unité architecturale de Bhaktapur. Elle a perdu une partie de son aspect médiéval du fait de sa proximité avec Kathmandu, recueillant aussi une partie du trafic et de la pollution automobile. Cela dit, la ville possède de très beaux atouts : son magnifique petit *Durbar,* qui a beaucoup mieux résisté que celui de Kathmandu, avec son palais royal renfermant le plus beau musée du Népal. Et puis, ses nombreux temples qui ont donné à Patan son surnom de « ville aux mille toits dorés », et son hôtellerie de charme, installée dans de véritables maisons newares, magnifiquement réhabilitées. Enfin, Patan abrite aussi un quartier de restos chic, Jhamsikhel, et s'avère être un centre d'artisanat important.

Arriver – Quitter

➢ ***En taxi :*** la meilleure solution... si l'on négocie serré.
➢ ***À pied :*** compter 1h30 depuis Kathmandu, mais le trajet n'est pas agréable en raison du bruit et de la pollution. Pour ceux qui y tiennent, il faut descendre vers le sud par Ram Shah Path et franchir le pont sur la Bagmati. La rue monte en pente relativement raide vers Patan Gate.

➢ ***En bus :*** de Kathmandu, bus vert ou minibus blanc le long de Ratna Park, à l'angle de Kanti Path et près de la *GPO.* Pour Kirtipur, prendre à Patan un bus jaune à la gare routière de Lagankhel *(Bus Park ; plan B2),* au sud de Durbar Square. Pour Bungamati, bus depuis Lagankhel ou Jawalakhel Chowk *(plan A2).*

Adresses utiles

i *Tourist Police et Information Centre* *(plan B2)* **:** *au bout de Durbar Sq. Tlj 8h-18h.* Petit bureau sans beaucoup d'infos touristiques.

■ **Change :** *plusieurs bureaux de change et distributeurs autour de Durbar Square (en dessous du restaurant* Yala Layeku *ou encore devant le* Café de Patan *; voir plus loin).*

■ @ ***Téléphone et Internet :*** *plusieurs endroits dans le centre, autour de Durbar Square. Si vous n'en voyez pas là, demandez, il y en a forcément un pas loin.*

Où dormir ?

La particularité de Patan, c'est son beau patrimoine de maisons newares restaurées et transformées en hôtel ou en chambres d'hôtes à prix plutôt chic. Attention, les plafonds étant souvent bas, les grands gabarits s'inclineront ou se cogneront la tête...

De bon marché à prix modérés (jusqu'à 20 $; 18 €)

🏠 ***Café de Patan*** (plan B2, **10**) **:** *Mangal Bazar (à 100 m de Durbar Square).* ☎ *553-75-99.* • *cafedepatan.com* • *Prix modérés.* Wi-Fi Une dizaine de chambres basiques avec ou sans salle de bains (qui pourrait être un peu mieux entretenues). 4 d'entre elles donnent sur un petit temple mais côté rue, donc assez bruyantes. Demander plutôt celle du toit-terrasse, même si ce niveau peut être utilisé par tout le monde ; les verres et les repas n'y sont en fait servis que jusqu'à 18h, ensuite on migre vers le patio ombragé. De là-haut, belle vue sur Patan et les montagnes environnantes.

🏠 ***Nine Rooms*** (hors plan par A2, **13**) **:** *Ekantakuna Rd, à Jawalakhel.* 📱 *98-03-47-98-59.* • *9roomsnepal.com* • *Face à l'ambassade de Suisse, c'est dans la ruelle à droite, en face du gros arbre... Résa nécessaire. Doubles sans ou avec sdb env 55-75 $/pers la sem selon confort ; ajouter env 21 $/sem pour la 2e pers.* Une adresse pour les voyageurs au long cours, dans un quartier résidentiel tibétain. Villa avec cour intérieure et... 9 chambres. Toute simples, avec moquette, mais lumineuses. Eau chaude en partie solaire. Les n°s 8 et 9 ont un accès direct au toit-terrasse. Cuisine à dispo. Tenu par Shirish, musicien du groupe de rock Albatros. Esprit assez *bikers*.

🏠 ***Mahabuddha Guesthouse*** (plan B2, **12**) **:** *395, Maha Buddha, Okubahal.* ☎ *554-05-75.* • *mahabuddhaguesthouse.com* • *À quelques mn à pied de Durbar Square, dans une ruelle face au temple du Maha Buddha.* Wi-Fi Petites chambres très simples, équipées de ventilo ou de clim, d'une baignoire pour les plus chères. Fait resto. Terrasse sur le toit. Réserve les tickets de bus, vols intérieurs, etc. Basique quand même.

Prix moyens (20-40 $; 18-36 €)

🏠 ***Lalit Heritage Home*** (plan B2, **17**) **:** *Durbar Square, Mangal Bazar.* ☎ *553-00-21.* • *lalitheritagehome.com* • *Juste derrière le resto* Si Taleju. *Réduc pour plusieurs jours. Euros et dollars acceptés. CB + 4 %.* Un honnête compromis pour les budgets moyens. Cet hôtel logé dans une maison neware a été rénové de façon moderne, certes, mais les chambres ont une vue imprenable sur le Durbar. Préférer la n° 201 (une triple, pour 10 $ de plus) qui, outre la vue, possède aussi 3 belles fenêtres sculptées. Accueil familial.

Chic (40-70 $; 36-64 €)

🏠 ***Newa Chén*** (plan B2, **11**) **:** *9/657 Kobahal Tole.* ☎ *553-35-32.* • *newachen.com* • *Petit déj compris. CB + 4 %.* Cette maison neware, vieille de 3 siècles et restaurée avec des fonds de l'Unesco, propose des chambres ravissantes mais basses de plafond (attention à la tête !). Toutes avec lits posés à même le sol, un coin avec coussins (préférer celles avec sisal plutôt qu'avec moquette), plus une salle de bains impeccable. Petit déj servi dans le patio-jardin. Petite galerie de peintures au rez-de-chaussée. Une adresse de charme à prix encore abordable.

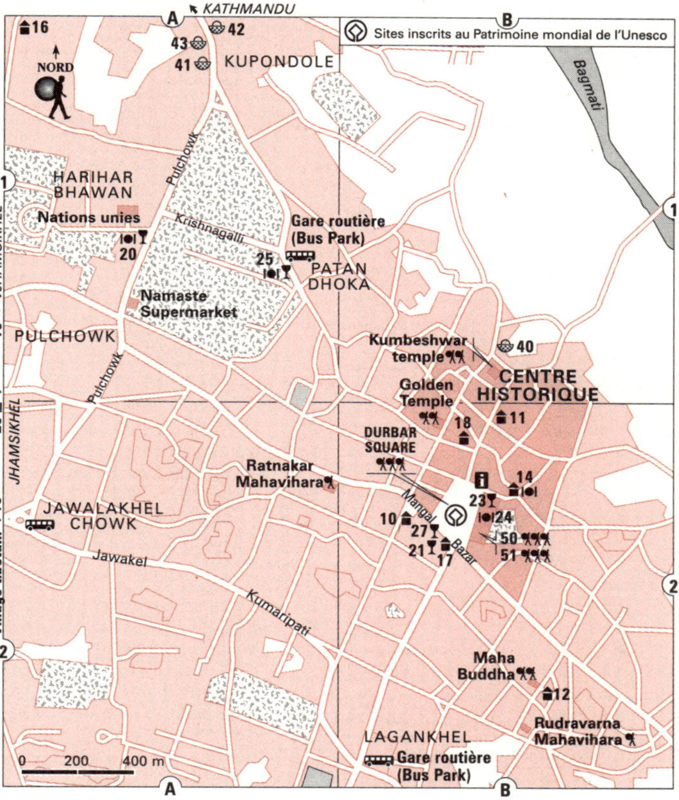

PATAN

Adresse utile

- Tourist Police et Information Centre

Où dormir ?

- **10** Café de Patan
- **11** Newa Chén
- **12** Mahabuddha Guesthouse
- **13** Nine Rooms
- **14** Swotha Traditional Homes et The Inn
- **15** The Yellow House
- **16** Summit Hotel
- **17** Lalit Heritage Home
- **18** Goath Chén House

Où manger ?

- **14** Swotha Café
- **20** The Bakery Café
- **24** Patan Museum Café
- **25** Dhokaima Café
- **28** Hermann Helmers Bakery, Thakkhola, Farmer's Mart et Lhakpa's Chulo

Où boire un verre ?

- **21** Si Taleju
- **23** Café du Temple
- **25** Dhokaima Café
- **27** Yala Layeku

Achats

- **40** Kumbeshwar Technical School
- **41** Sana Hastakala
- **42** Dhukuti
- **43** Mahaguthi

À voir

- **50** Royal Palace
- **51** Patan Museum

■ ***Goath Chén House*** *(Bijendra's House ; plan B2,* ***18****) : en venant du Durbar et de* Swotha Traditional Homes, *mais avt le* Newa Chén, *c'est à gauche derrière le petit temple aux 2 lions en pierre, puis très vite à droite par un étroit passage ; pas de panneau, mieux vaut téléphoner avt ! ☐ 98-51-01-56-96. • binjoshi@gmail.com •* Une maison particulière neware, cette fois âgée de 200 ans, avec de superbes boiseries bien sombres. Fonctionne plutôt comme des chambres d'hôtes que comme un hôtel. Une poignée de chambres spacieuses avec salle de bains mais, pour une fois, assez hautes de plafond ! Elles donnent sur une courette plutôt calme. Un bon plan chez l'habitant.

■ ***The Yellow House*** *(hors plan par A1,* ***15****) : Sanepa, à env 20 mn du centre. ☎ 552-20-78. • theyellowhouse.com.np •* Excentré, dans le quartier des expats. Ce n'est pas une maison jaune adossée à la colline, mais plutôt un bâtiment moderne de 3 étages. Chambres sans charme, mais fonctionnelles, dotées d'une clim réversible et d'une literie bien ferme. Certaines profitent d'une vue sur la vallée et les montagnes. Belle terrasse pour prendre le petit déj en surplomb du jardin. D'ailleurs, on prend celui-ci en musique pendant le brunch du dimanche et le 4e samedi du mois.

De plus chic à très chic (plus de 70 $; 64 €)

■ ***Swotha Traditional Homes*** *(plan B2,* ***14****) : Swotha Square. ☎ 555-11-84. • traditionalhomes.com.np • Dans une impasse derrière Durbar Square. Doubles 90-120 $ selon taille et saison, petit déj inclus. CB acceptées.* Cette ancienne maison neware allie tradition et modernité. Escaliers en bois très étroits menant à des chambres spacieuses, mais basses de plafond, et sobres dans le choix des matériaux bruts : sol en béton, murs en pierre, brique et bois, plus salle de bains design. La plupart avec balcon. Très chouette. Coup de cœur pour la no 5 ! Pour ne rien gâcher, excellent café-resto au rez-de-chaussée (voir « Où manger ? »). Accueil impeccable.

■ ***The Inn*** *(plan B2,* ***14****) : Swotha Square. ☎ 554-78-34. • theinnpatan.com • Au fond de l'impasse, juste derrière le* Swotha Traditional Homes. *Doubles env 115-125 $, petit déj inclus.* Une superbe maison neware de 150 ans, restaurée par Rohit Ranjitkar, président du *Kathmandu Heritage Preservation.* Une dizaine de chambres au-dessus du magnifique patio avec colonnes sculptées et balustrades en fer forgé. Attention, le 1er étage est très bas de plafond ! Ça va mieux au 2e, mais on se redresse surtout au 3e... On tient vraiment debout dans la plus belle chambre, la suite no 10, avec vue sur les toits et un bout du palais. En revanche, éviter celles de l'annexe côté rue, petites, bruyantes et exposées aux moustiques... Enfin, quel dommage que le petit déj et le resto ne soient pas à la hauteur du lieu. Ça viendra peut-être... En attendant, on mange au *Swotha* voisin.

■ ***Summit Hotel*** *(plan A1,* ***16****) : Kupondole Heights. ☎ 552-46-94 ou 552-18-10. • summit-nepal.com • Doubles 131-155 €. Parfois des réduc. Petit déj en sus.* Hôtel luxueux dont le grand atout est la piscine dans le jardin. Mais on vous le dit franchement, autant casser sa tirelire pour s'offrir l'une des *deluxe,* bien plus vastes et récentes que les standard, même si ces dernières sont logées dans des bâtiments de style newar. Elles ont aussi une belle vue sur la montagne. Bref, un sommet, y compris dans les tarifs !

Où manger ?

Quelques bonnes adresses autour de Durbar Square, mais aussi pas mal de restos touristiques à l'hygiène discutable, alors regardez-y à deux fois. Sinon, il y a le quartier de Jhamsikhel (surnommé « Jhamel »), à 15 mn à pied à l'ouest du centre, où de nombreux expats ont élu domicile. Rien d'historique dans le quartier, mais plutôt des restos de cuisine internationale, souvent de qualité, mais globalement à prix chic.

De bon marché à prix moyens (jusqu'à 600 Rps ; 5,50 €)

I●I ***Hermann Helmers Bakery*** *(hors plan par A1,* ***28****)* **:** *Jhamsikhel Chowk, en face de* Suzuki. *Tlj sf dim 7h-20h. Bon marché.* Une boulangerie allemande, sans fioritures, mais bonne et pas chère. Pain et viennoiseries. *Espresso* bon marché. 2-3 tables dehors. Si l'endroit ne vous plaît pas, il y a un peu avant le *Sports Coffee House* qui propose du café bio à prendre sur sa terrasse à l'arrière...

I●I ***Thakkhola*** *(hors plan par A1,* ***28****)* **:** *Dhobighat, à Jhamsikhel.* ☎ *554-48-28. Juste en face de* Big Mart. *Tlj 10h30-21h. Bon marché.* L'un des rares restos népalais et bon marché du quartier chic de Jhamsikhel. Quelques tables basses avec coussins, pour faire comme les locaux, ou tables à l'occidentale. Excellentes spécialités thakalis (région du Mustang) comme le *buckwheat ko dhindo* (*thali* avec polenta à base de blé noir) et le *kanchhyamba* (mouton séché et patates aux herbes). Bon et pas cher.

I●I ***Farmer's Mart*** *(hors plan par A1,* ***28****)* **:** *Jhamsikhel Chowk, en plein carrefour.* ☎ *552-20-33. Tlj 7h30-19h. Bon marché à prix moyens.* C'est le pendant bobo de la boulangerie allemande voisine (lire ci-dessus). Tout est plus cher ici mais tout (ou presque) est bio, à commencer par le café de la région de Gulmi. Bien pour un petit déj ou un grignotage du midi (sandwichs, soupes, salades). Un petit comptoir, plus 1 ou 2 tables en hauteur avec tabourets. Fait aussi épicerie.

I●I ***Patan Museum Café*** *(plan B2,* ***24****)* **:** *dans le jardin du musée de Patan, sur Durbar Square.* ☎ *552-62-71. Ouv slt 9h-17h. On peut y aller sans avoir à payer l'entrée du musée. Bon marché à prix moyens, voire un peu chic.* Le meilleur rapport qualité-prix au déjeuner. On y sert des sandwichs, des *thalis* népalais et des plats chinois simples mais délicieux. Une partie du jardin est réservée à la culture (bio, nous a-t-on dit) des légumes servis dans l'assiette. Un havre de paix magnifique. Prix très raisonnables compte tenu de la beauté du lieu et de la qualité de la cuisine.

I●I 🍷 ***Dhokaima Café*** *(plan A1,* ***25****)* **:** *à Patan Dokha, à 10 mn à pied de Durbar Square.* ☎ *552-21-13. Tlj 8h-22h. Bon marché à prix moyens.* Intérieur très chaleureux composé de plusieurs salles et espaces ouverts, au sol en terre cuite. Un peu de tout à la carte : petits déj, sandwichs, salades bio, *momos,* burgers, grillades, plats occidentaux, kebab népalais et gâteaux réputés. Cuisine de bonne qualité. Sert aussi du vin. Également un café, un bar, et même une librairie. Musique traditionnelle de temps à autre. Une excellente adresse, pas si loin du centre.

I●I 🍷 ***The Bakery Café*** *(plan A1,* ***20****)* **:** *Harihar Bhawan, face au bâtiment des Nations unies (« U.N. building »).* ☎ *424-27-06. Tlj 11h-21h30. Bon marché à prix moyens, voire un peu chic.* Cadre assez banal avec néanmoins une cour-jardin reposante, où officient des serveurs sourds-muets. La cuisine est bonne : assiette neware, *momos* aux légumes ou *masala dosa* (mets du sud de l'Inde), entre autres. Bien aussi pour boire un *smoothie* ou un verre de vin.

Chic (plus de 600 Rps ; 5,50 €)

I●I ***Lhakpa's Chulo*** *(hors plan par A1,* ***28****)* **:** *Pulchowk, quartier de Jhamsikhel.* ☎ *554-29-86. Face au* Roadhouse Café. *Tlj sf lun 12h-22h.* C'est vrai qu'on se sent bien dans ce « foyer de Lhakpa », au cadre simple et chaleureux, ou installé dans le jardin. Côté cuisine, c'est bon, et même très bon. On a dévoré le steak de buffle, savouré les délicieux *momos* et le *Nepali thali.* Service pro. Une bonne adresse locale à prix chic.

I●I ***Swotha Café*** *(plan B2,* ***14****)* **:** *voir plus haut « Où dormir ? ». Tlj 7h-22h.* Le meilleur resto autour de Durbar Square et de loin. Certes, le décor n'est pas historique mais plutôt contemporain, en fait une petite véranda moderne ouverte sur une courette. Cela dit, c'est calme et la cuisine est excellente dès

LA VALLÉE DE KATHMANDU

le petit déj (on a bien aimé le « *Not so english breakfast* »), servi toute la journée. En fait, tout est bon : pâtes, salades, quiches, steaks et *thali* népalais, plus les suggestions du jour. Accueil et service très agréables.

Où boire un verre ?

🍷 Les bars-restos ***Si Taleju*** *(plan B2, **21**)* et ***Café du Temple*** *(plan B2, **23**)* possèdent des toits-terrasse pratiques pour avoir une vue plongeante sur Durbar Square. Font aussi resto à prix moyens, mais justement c'est assez moyen *(ouv jusqu'à 21h env).*

🍷 ***Yala Layeku*** *(plan B2, **27**) : sur Durbar Square. ☎ 555-12-54. Tlj 9h-21h.* On vient y boire un verre pour le plaisir de s'asseoir en tailleur dans ce bel édifice en bois newar, façon coque de bateau, avec vue sur le Durbar. On peut y manger, mais c'est vraiment cher et touristique.

Achats

🧺 ***Kumbeshwar Technical School*** *(plan B1, **40**) : au nord de Durbar Square, à un jet de pierre du Kumbeshwar Temple. ☎ 553-74-84. • kumbeshwar.com • Tlj sf sam 9h-17h.* Ce centre de formation professionnelle pour intouchables vend des pulls en pure laine tricotés à la main et des tapis. Les articles proposés sont de qualité et les bénéfices de la vente servent à financer une école et un orphelinat.

🧺 ***Sana Hastakala*** *(plan A1, **41**) : Kupondole, juste avt le pont, la rue qui file vers Kathmandu, trottoir de gauche, face à l'hôtel* Himalaya. *☎ 552-26-28. • sanahastakala.com • Tlj 9h30-18h (10h-17h sam).* Une ONG qui fait travailler à 80 % des femmes, sur le principe du commerce équitable. Parmi le large choix exposé : vaisselle, tissus, écharpes, bijoux, papier, etc. De l'artisanat traditionnel de qualité, moderne dans le design, à prix fixes et raisonnables.

🧺 ***Dhukuti*** *(plan A1, **42**) : Kupondole, un peu après* Sana Hastakala, *en allant vers Kathmandu, côté droit. ☎ 553-51-07. • acp.org.np • Tlj 9h-18h30.* Boutique sur 3 étages, pour tous les goûts et toutes les bourses, des petits objets en feutrine à l'ameublement en passant par les tapis, les jouets ou les sacs. Là encore, des produits de qualité issus du commerce équitable.

🧺 ***Mahaguthi*** *(plan A1, **43**) : Kupondole, entre* Sana Hastakala *et* Dhukuti, *côté gauche. ☎ 552-16-07. • mahaguthi.org • Tlj 10h-18h30 (17h sam).* Même style et principe que ses voisins. En vente, des pashminas, moulins à prières, un peu de vaisselle, etc.

🧺 ***Le village tibétain de Jawalakhel*** *(Jawalakhel Handicraft Center ; hors plan par A2) : à env 1 km au sud du zoo et du grand carrefour de Jawalakhel. ☎ 552-52-37. Ateliers de fabrication de tapis ouv tlj sf sam 8h-18h. Règlement des achats de tapis obligatoirement en monnaie étrangère. CB acceptées.* Surnommé *Tibetan Refugee Camp,* car des milliers de Tibétains se sont réfugiés là, ayant fui l'invasion chinoise. Ils ont conservé leurs coutumes et leurs pratiques religieuses, ainsi que leurs métiers traditionnels : cardage et tissage principalement. Dans les magasins, vous trouverez des tapis, des pashminas et des objets en cuivre et en bois. Petite boutique de bijoux et d'artisanat. Prix fixes.

À voir

Le Durbar Square de Patan a nettement moins souffert des séismes de 2015 que celui de Kathmandu. Cela dit, les amoureux de l'art érotique, dont nous sommes, pleureront la perte du superbe *Jagannarayan Mandir,* longtemps surnommé « le temple du Kama Sutra », ainsi que la *statue du roi Yoganarendra Malla,* qui trônait sur une colonne désormais anachronique. Les autres tiennent debout, même si certains bénéficient d'une jambe de bois pour les aider. Quoi qu'il en soit, il ne faut surtout pas manquer le palais royal et son musée, le plus beau du pays !

⦾ ¶¶¶ **Durbar Square** *(plan B2)*

L'entrée de Durbar Square est payante, tlj 7h-19h, au niveau des kiosques au nord et au sud de la place ; elle comprend l'entrée au Royal Palace et au Patan Museum : env 1 000 Rps. Un guide officiel et encarté, anglophone ou plus rarement francophone, devrait vous coûter env 1 000 Rps pour 1h (pour un groupe jusqu'à 7 pers).

¶¶¶ ***Royal Palace** (Palais royal ; plan B2, **50**) : c'est la longue bâtisse face aux temples. Entrée comprise avec celle de Durbar Square ; réduc ; gratuit moins de 10 ans. Ticket incluant la visite du* Patan Museum *(voir ci-après).* Trois entrées principales donnent chacune accès à une cour intérieure ou *chowk.* On commence généralement par la cour de *Mul Chowk,* gardée par deux lions et repérable au panneau « Architecture Galleries ». Construite en 1666, c'est la plus ancienne. Le centre est occupé par un petit sanctuaire de Badya Mandir. Sur la droite, deux statues remarquables personnifiant le Gange debout sur une tortue et la rivière Jumna ou Yamuna sur un makara (une bête plutôt étrange...). La porte suivante, protégée par Hanuman (le dieu-singe) et par Vishnu (sous sa forme terrifiante), donne accès au *Sundari Chowk.* Au centre, une superbe fontaine de pierre, le *Tusha Hiti,* qui servait de bain royal. Cette fontaine en forme de bassin octogonal a été construite en 1670. Enfin, la troisième porte, ou porte d'Or, avec son riche tympan, véritable chef-d'œuvre, rivalise avec celle de Bhaktapur. Protégée par deux lions, elle donne accès au *Keshav Narayan Chowk* et au superbe musée.

¶¶¶ ***Patan Museum** (plan B2, **51**) : ☎ 553-19-38. • asianart.com/patan-museum • Tlj 10h30-17h (dernière entrée). Même ticket que Durbar Square et le Royal Palace.* S'il n'y a qu'un musée à visiter au cours de votre voyage, c'est bien celui-ci. Il est dédié aux deux grandes religions du pays. La rénovation du bâtiment, qui a résisté au séisme, est une réussite complète, et les œuvres présentées, des statues hindoues et bouddhistes en bois, bronze ou cuivre doré, sont exceptionnelles par leur qualité. De plus, elles sont vraiment bien mises en valeur, dans des niches délicatement éclairées, et s'accompagnent d'explications passionnantes (en anglais). Il y a trop de pièces remarquables, mais on peut citer, par exemple, les statues en bois de l'entrée, le *Vishnu carried by the Sunbird* (cuivre doré des XVIIe-XVIIIe s) ou encore le *Siddi Lakshmi* en bronze (XVIe-XVIIe s). Signalons aussi le trône royal, le manuscrit tantrique hindou, ou encore les masques d'Indra en cuivre repoussé (XIIIe-XIVe s). D'ailleurs, ne pas manquer de lire les commentaires sur la fabrication des statues métalliques. Pour ne rien gâcher, on trouve aussi un très agréable café-resto dans les jardins (le *Patan Museum Café* ; voir « Où manger ? »).

Du nord au sud de la place

¶¶ ***Bhimsen Mandir :*** Bhimsen, héros à la force légendaire du *Mahabharata,* est le dieu du Commerce et des Affaires. Ce temple fut reconstruit au XVIIe s après un incendie et il tient désormais avec des jambes de bois. Deux lions, montures de Bhimsen, protègent son entrée. Belle façade dorée, richement décorée.

¶¶¶ ***Vishwanath Mandir ou temple de Vishnu :** à gauche du Bhimsen Mandir.* Gardé par deux beaux éléphants en pierre surmontés de deux cavaliers, dont l'un écrase de son pied le malin qui voudrait profaner les lieux. C'est une splendeur datant du XVIIe s, extraordinaire combinaison du travail de la brique et du bois !

¶¶¶ ***Krishna Mandir :** à la suite du temple de Vishnu, en face du musée.* C'est l'un des plus beaux, datant du XVIIIe s. Élevé en forme de sikhara, ce *mandir* en pierre fut construit pour commémorer le sacrifice des femmes du roi Yoganarendra Malla selon le rite du *sati.* Ce rite, aujourd'hui aboli au Népal mais se déroulant encore parfois en Inde malgré son abolition en 1829, veut que la veuve s'immole vivante dans le bûcher de crémation de son mari...

Du ***Jagannarayan Mandir,*** longtemps surnommé « le temple du Kama Sutra », il ne reste que deux lions bien solitaires, et bien incapables de s'accoupler... Snif.

Face à l'entrée de Mul Chowk, également gardée par deux lions, voir la ***grande cloche de Taleju*** et, juste à côté, le ***petit Krishna Mandir*** en pierre.

Autour de Durbar Square

Golden Temple **(*Hiranya Mahavihar*** *; plan B1-2)* **:** *situé à env 200 m de Durbar Square. Tlj 5h (5h30 en hiver)-17h30 (fermeture des caisses). Entrée : env 50 Rps. Guides à l'entrée (service payant). Chaussures et ts objets en cuir interdits ; tongs à disposition.* Ce temple bouddhique est l'un des plus beaux édifices de Patan. Des siècles durant, les artisans de la ville ont, par leur travail minutieux, d'une finesse inégalée, bâti leur réputation. Le résultat se retrouve dans cette gigantesque pièce d'orfèvrerie dont les origines remontent au XIIe s et où tout est gravé et ciselé. Il y règne une atmosphère religieuse très prenante. N'omettez pas de monter à l'étage pour assister aux prières des moines bouddhistes les jours de pleine lune. Chaque soir, on y célèbre l'office, mais de nombreux hindous viennent aussi s'y faire bénir. Noter le travail admirable des portes d'accès. Autrefois vivaient dans l'enceinte plusieurs tortues sacrées, nourries d'offrandes, mais elles ont été envoyées à Chitwan...

Kumbeshwar ou Shiva's Temple *(plan B1)* **:** *à 2 mn du Golden Temple (c'est fléché depuis ce dernier).* Temple dont la fondation remonte au XIVe s. Pas aussi beau que celui de Bhaktapur et sans escalier monumental, mais l'un des derniers à posséder cinq toits. Splendides balcons sculptés. Gardé par le traditionnel taureau Nandi, véhicule de Shiva. Autour, des bassins agrémentés de sculptures remarquables, dont une de Ganesh. L'ensemble est très fréquenté.

Maha Buddha *(temple aux 9 999 Bouddhas ; plan B2)* **:** *à l'angle de Durbar Square et du resto* Yala Layeku, *continuer sur 500 m et tourner à droite au niveau de la* Durbar Guesthouse, *puis encore 100 m à droite. Tlj 9h-18h. Entrée : env 50 Rps, combinée avec Rudravarna Mahavihara.*
On entre par une boutique de bibelots religieux (il y en a beaucoup dans le quartier) pour découvrir cet immense sikhara, un pain de sucre prenant tout l'espace de la cour et... désormais hérissé de centaines de barres d'échafaudages. Eh oui, le séisme est passé par là. Essayez tout de même de repérer l'effigie du Bouddha qui est reproduite sur chaque brique. On vous avoue qu'on n'a pas recompté sur nos doigts, mais il y en a, en principe, 9 999. Construit au XIVe s, le temple fut presque entièrement détruit par le tremblement de terre de 1934. Les artisans-potiers de Patan le reconstituèrent patiemment suivant le même modèle. Un travail fabuleux que personne n'a envie de recommencer ! Marcher ensuite vers les deux maisons du fond et leurs terrasses, puis emprunter les escaliers étroits qui mènent au dernier étage. Vue privilégiée sur ce temple et sur les montagnes. C'est dans cette cour et les boutiques alentour que vous trouverez les plus jolis bronzes à la cire perdue.
Autre originalité des lieux, le café-*guesthouse Degaa : Chen,* qui possède une terrasse le nez sur le temple. Très sympa pour boire un café en essayant d'admirer les détails. Également trois chambres, mais trop chères pour le confort à notre avis.

Rudravarna Mahavihara *ou* ***Uku Bahal*** *(plan B2)* **:** *au bout de la rue du Maha Buddha, tourner à gauche. Entrée : env 50 Rps, combinée avec Maha Buddha.* Beau monastère bouddhique avec une belle cour aux proportions harmonieuses, remplie de monstres ailés, Garuda, lions et différents symboles bouddhistes comme le *dorje.* Les étais (dire « corbeaux » quand on veut faire savant !) de bois sculpté seraient les plus anciens de la vallée.

Ratnakar Mahavihara *(plan A2)* **:** *à 400 m à l'ouest de Durbar Square et du Patan Café. Repérable à ses lions gardant le temple.* Patan aussi a sa *Kumari,* soit une déesse vivante (lire les explications dans « À voir. Kumari Ghar » à Kathmandu), que l'on peut rencontrer à certaines heures. Se renseigner sur place.

➢ Enfin, se perdre dans les ruelles tout autour de Durbar Square et entrer dans les cours des maisons : petits temples en abondance, ateliers de bronze à la cire perdue…

DANS LES ENVIRONS DE PATAN

Khokhana : *bus de/vers Patan et Kathmandu de temps en temps… Droit d'entrée : env 50 Rps.* Ce village newar authentique, qui paraît sortir d'un autre âge, a également souffert des séismes. Cela dit, petit à petit, la vie reprend son cours et s'y écoule comme autrefois : les femmes filent la laine de yack devant chez elles, le blé jonche les rues en saison… Si c'est ouvert, on peut tenter de visiter le *Kokhana Museum (☎ 559-02-44),* une maison âgée d'environ 150 ans et « la première électrifiée au Népal », à ce qu'on dit. Surtout, on y trouve une belle adresse pour loger dans la campagne, tout en finançant une bonne action :

The Little House in the Ricefields : *Khokana VDC, Ward nº 5, à Sanokhokana. ☎ 559-04-70. 98-41-37-00-22. • nice-house-in-nepal.com • Env 2 000-2 600 Rps pour 2-4 pers ; maison entière 7 000 Rps la nuit (remise long séjour). Petit déj et repas en plus, sur résa ; réduc enfants.* C'est par un petit chemin tout cabossé que l'on accède à cette petite maison dans les rizières… Quel calme, quelle sérénité ! Là, le charmant Gopal propose 4 chambres sobres et joliment aménagées, avec murs à la chaux et draps bien propres, balcon ou non, et 2 douches communes. Également une familiale en contrebas, avec salle de bains. Vaste terrasse pour le petit déj et pour les groupes venant pratiquer le yoga. Petite piscine. Produits le plus bio possible à la table d'hôtes, café compris. Sachez que les bénéfices vont à l'orphelinat voisin, créé avec l'aide de l'ONG française *Enfance Népal (• enfancenepal.voila.net •),* que l'on peut visiter. Une bonne cause, dans un bel environnement !

Godawari : *à 12 km au sud de Patan. Pour s'y rendre, bus ou minibus depuis Lagankhel (au sud de Durbar Square) ou Ring Rd (Police Station), à Patan, puis 10 mn de marche si l'on va au jardin botanique. Sinon, prendre un taxi ; il vous conduira jusqu'au sommet de la montagne.*
La route traverse une région fortement urbanisée, sans compter que beaucoup de monde vient pique-niquer dans le coin le week-end… En fait, Godawari vaut surtout le déplacement pour son vaste *jardin botanique* de plus de 80 ha *(tlj 9h30-17h ; entrée env 230 Rps + droit photo ; réduc enfant).* On se sent complètement dépaysé par le calme et la fraîcheur du lieu. Il faut malgré tout s'y connaître car le nom des plantes n'est, hélas, pas toujours spécifié.

La route continue après le jardin à la rencontre d'un habitat éparse jusqu'au *Bird Conservation Area,* un sanctuaire ornithologique de 30 ha d'une grande biodiversité. On recenserait près de 260 espèces de papillons et 300 espèces d'oiseaux. L'entrée se trouve derrière un temple hindou. Dommage que les déchets en jonchent le sol.
La route grimpe ensuite à l'assaut de la montagne de *Pulchowki.* C'est le plus haut sommet de la vallée (2 762 m). Si vous avez la chance de visiter le Népal au printemps (de février à avril), vous serez ébloui par la forêt de rhododendrons géants *(lalli gurash)* !

KIRTIPUR

À 6 km au sud-ouest de Kathmandu, cette ancienne forteresse semble encore vivre au Moyen Âge. Les ruelles sont bordées de maisons délabrées où subsistent quelques belles fenêtres sculptées. Dommage que la ville ne bénéficie pas des fonds nécessaires pour restaurer cette remarquable architecture neware. Du coup, on démolit pas mal ces derniers temps et on modernise avec force béton et tôle ondulée.
Ça reste, malgré tout, un de nos endroits préférés, les habitants étant accueillants et la visite vraiment plaisante. Nous conseillons vivement aux amateurs de photos de venir de très bonne heure car le soleil a vite fait d'écraser les contours des maisons et temples.

NE(Z)ANMOINS MÉLOMANE

Kirtipur fut, au XVIIIe s, une cité très importante. Lors du processus d'unification du royaume, Prithivi Narayan Shah, roi de Gorkha, attaqua la ville. Une flèche ayant crevé l'œil de son frère, il ordonna que l'on coupe le nez de tous les garçons de plus de 10 ans. Mais, grand mélomane, il en dispensa... ceux qui savaient jouer d'un instrument de musique ! Il imposa aussi à cette localité le nom de Naskatpur, ce qui signifie « ville des nez coupés ». La ville a aujourd'hui troqué cette appellation contre celle de Kirtipur.

Arriver – Quitter

➢ Pour s'y rendre, bus verts fréquents depuis *Ratna Park* à ***Kathmandu.*** 45 mn de trajet. Ils vous laissent au pied du village. Également des bus jaunes depuis la gare routière de Lagankhel, à ***Patan.***

Où dormir ? Où manger ? Où boire un verre ?

Homestay Nepal – Chez Babu : *à* ***Langol.*** *98-41-43-57-73 ou 98-49-42-20-45. • familyhomestaynepal.com • À Kirtipur, direction Machhagaun et tourner à gauche à la Rahari School ; sinon, demander qu'on vienne vous chercher. Env 25 $/pers en ½ pens.* Un peu à l'extérieur du village, une adresse chez l'habitant, simple et sympathique, au milieu de rizières et de constructions individuelles. Maison en brique avec 4 chambres à l'étage, dont une familiale pour 3-5 personnes (la mieux pour la vue). Déco un peu vieillotte mais c'est propre. Salle de bains commune. Eau, thé et cookies offerts. Très bon accueil de Babu, qui propose aussi des visites guidées et un trek de 5 jours dans la vallée. Si vous êtes content, faites comme les autres *guests,* collez votre photo sur le livre d'or !

Kirtipur Hillside Hotel : *en montant vers le centre, sur la gauche.* ☎ *433-40-10.* *98-51-05-12-24.* • *kirtipurhillside.com* • *Doubles env 35-40 $ selon vue, petit déj en sus.* Cet hôtel sans prétention offre une vue assez saisissante sur l'agglomération de Kathmandu. Côté chambres, oubliez les moins chères à l'arrière, qui plus est vieillottes, pour une chambre avec vue. Cela dit, on en profite encore mieux depuis la jolie terrasse du restaurant (plats de bon marché à prix moyens). Très bien aussi pour boire un verre. Salle de massages.

Newa Lahana : *dans la vieille ville.* ☎ *433-49-60.* *98-41-33-05-33 ou 98-41-92-97-77. Continuer après le Kirtipur Hillside, puis demander son chemin. Tlj 10h-18h. Bon marché à prix moyens.* Dans une sorte d'entrepôt au cœur du village, on s'assoit en tailleur sur des nattes et des coussins face à la cuisine ouverte. Là, des femmes en tenue neware concoctent des plats traditionnels *(samayabaji, bhoya, jaa...)* à base de pétales de riz et de haricots secs, plus currys de légumes, feuilles vertes, condiments, viande ou non. Attention, c'est souvent bien relevé... mais délicieux ! Le tout à arroser de *chang* (bière) ou de *rakshi* (alcool de riz). Petit musée, démonstration d'activités artisanales et parfois un groupe qui débarque, mais l'adresse reste authentique.

À voir

Le temple thaï : *en bas du village en venant de l'université et de l'arrêt de bus.* Ce spécimen de sanctuaire thaï unique au Népal, riche en couleurs, a été construit récemment. Insolite, il vaut le détour malgré son côté kitsch. Des dioramas à taille humaine présentent les scènes essentielles de la vie de Gautama.

Bagh Bhairava : *devant la place avec le grand bassin verdâtre.* Le *temple du Dieu tigre,* d'allure massive avec ses trois étages, est reconnu comme sacré autant par les hindous que par les bouddhistes. Au 2e niveau, superbes panneaux et étais (corbeaux) sculptés. Les épées, poignards et boucliers accrochés là sont ceux des combattants newars vaincus par le roi de Gorkha. En sortant du temple, prendre à droite, là où la colline s'élève le plus haut.

Uma Maheshvara : ce temple domine le bourg ; il permet de bien distinguer l'arête sur laquelle il est construit et l'on voit combien tout cela se révèle harmonieux. Panorama superbe sur les vallées verdoyantes et les montagnes par temps clair. Érigé au XVIIe s et dédié à Shiva, le temple a perdu deux toits lors du tremblement de terre de 1934. Devant, deux éléphants protègent l'édifice. Séduisants Shiva et Parvati dans le sanctuaire.

En continuant vers l'ouest, derrière l'Uma Maheshvara, on arrive à une ***ancienne porte de ville*** ; c'est d'ailleurs la seule qui ait été épargnée lors du démantèlement de l'enceinte censée protéger la ville des envahisseurs. Adorable placette d'une sérénité délicieuse.

En bas du bassin central, prendre la ruelle à gauche ; le ***temple d'Adibuddha,*** avec un *sikhara* du XVIIe s, se trouve 200 m plus loin. À deux pas, le grand stûpa de ***Chitubihar.*** Ensemble très ancien et pittoresque, fusion harmonieuse des *chaitya* bouddhiques et de l'exubérance des sanctuaires hindous. Tout le quartier autour possède bien du charme. En descendant l'escalier passant sous les portiques, on découvre deux fort belles statues de pierre. À gauche, une curieuse chapelle insérée dans un arbre.

PHARPING

IND. TÉL. : 01

À 18 km au sud-ouest de Kathmandu, au sommet de collines surplombant Kirtipur. Magnifique vue de la colline, d'où l'on découvre toute la chaîne himalayenne et la vallée de Kathmandu jusqu'à Bhaktapur et Nagarkot.

Où dormir ? Où manger ?

Family Guesthouse : *dans le village, prendre le 1er chemin à droite. ☎ 471-04-12. 98-41-09-38-27. Doubles sans ou avec sdb env 600-900 Rps.* Pour les routards à petit budget, un petit hôtel simplissime mais correct. Eau chaude solaire.

Pour le petit déj et les repas dans le village, on peut fréquenter le ***Haven Café*** (café bio et wifi) et le ***Himalayan Restaurant,*** tous deux un peu plus haut, à l'angle du chemin qui mène au temple Vajra Yogini.

Himalayan Height Resort : *en surplomb de Pharping, au terme d'une route chaotique ou à pied sur 2 km à flanc de colline depuis le parking du resort avt le village. Résa à Kathmandu : ☎ 437-13-97 ou 437-15-37. • everestlodges.com • Double env 95 $, avec petit déj.* Un ensemble de bungalows construits à 1 850 m d'altitude par des Bhoutanais, au milieu d'une magnifique pinède avec des jardins fleuris. Géré par la chaîne *Everest Lodges*. Très isolé, joli, parfait pour ceux qui veulent s'offrir le calme total. Il y a même un spa. L'hôtel peut assurer le transport de et vers Kathmandu, ce qui s'avère assez indispensable par ici.

À voir

Le sanctuaire de Sesh Narayan : peu de touristes s'y arrêtent ; les lieux sont pourtant charmants. Les villageois se lavent à la chute d'eau en contrebas, les femmes s'activent à leur lessive, les enfants jouent autour des bassins, pendant que les moines font la sieste à l'ombre. Ici, pèlerins bouddhistes se mêlent aux hindous. Très beaux bassins aux poissons sacrés. Au-dessus, un petit temple est encastré dans la roche, un monastère tibétain que l'on peut visiter.

Le temple de Vajra Yogini : *au village de Pharping, prendre la 1re rue à droite puis repérer le chemin qui monte à l'angle du* Haven Café, *en face de l'*Himalayan Restaurant. Il s'agit d'un ermitage à demi ruiné, au milieu des yuccas et des eucalyptus. Panorama sur toute la vallée.

DAKSHIN KALI

IND. TÉL. : 01

À 20 km au sud de Kathmandu. Pas grand-chose à voir, mais l'endroit est pourtant assez touristique. Vous n'échapperez ni aux vendeurs de souvenirs ni aux mendiants, car le lieu est connu pour la cérémonie en l'honneur de la déesse Kali, qui s'y déroule tous les jours, avec plus d'intensité les samedis (le mardi aussi, mais moins intéressant). Pour calmer la soif sanguinaire de la déesse et pour que le samedi (jour néfaste) ne se déroule pas trop mal, des centaines de Népalais s'y rendent pour sacrifier poulets et jeunes boucs, offrant à Kali fleurs, fruits et encens.

Attention, ce jour-là, la route étroite est parfois embouteillée sur plusieurs kilomètres. Des centaines de bus et de camions bondés de pèlerins empêchent l'accès au site et l'on doit alors faire demi-tour ! Venir tôt ou, mieux encore, dormir sur place. À midi, tout est terminé.

Arriver – Quitter

➢ ***De Kathmandu :*** prendre le bus n° 22 de *Ratna Park* (départs fréquents ; env 1h de trajet). Se placer sur la gauche pour voir les superbes cultures en terrasses. Une fois arrivé, il n'y a qu'à suivre les porteurs de poulets ou ceux qui tirent de jeunes boucs. À plusieurs, conseillé de « chartériser » un taxi ; négocier alors la matinée pour faire les environs : Dakshin Kali-Pharping et Kirtipur.

Où dormir ? Où manger ?

Dakchhinkali Village Inn : *à Nimi Tole, en haut de la route, juste à gauche de l'arche, avt la descente vers le parking du site.* ☎ *471-00-53.* • *dakchhinkali.com* • *Attention, ne pas confondre avec le* Dakchhinkali Village Resort *situé avt le village, en contrebas de la statue géante de Rinpoche. Double env 50 $, sans le petit déj.* Idéalement placé pour passer la nuit la veille des sacrifices (ils commencent à 5h) ou pour y déjeuner. Cela dit, on a trouvé les chambres très chères pour le confort, alors négociez ! Dans un bâtiment en brique à l'arrière, des chambres très simples, avec salle de bains. Le plus agréable est ce jardin bien vert avec ses petites tonnelles. Resto à prix moyens.

À voir

Le temple des Sacrifices : *du parking, accès par un long chemin bordé d'étals de légumes et d'offrandes et une centaine de marches.* Construit dans la forêt, au fond d'une vallée, c'est une sorte de cour où le sacrificateur décapite un par un, à la machette, les animaux qui lui sont présentés. Spectacle assez impressionnant puisque les officiants-bouchers pataugent dans le sang, mais, curieusement, assez dépourvu de ferveur religieuse et de charge émotive. Travail à la chaîne : dès que la tête tombe, les fidèles récupèrent vite les bêtes pour arroser de sang les bas-reliefs. Les touristes ne peuvent pas pénétrer à l'intérieur de l'enceinte, mais on voit très bien la scène de derrière les grilles. Les poulets et autres bêtes sont ensuite dépouillés au bord de la rivière pour être mangés.

BHAKTAPUR (BHADGAON)

165 000 hab. IND. TÉL. : 01

• Plan *p. 96-97*

Située à 13 km à l'est de Kathmandu, Bhaktapur est sans aucun doute la plus belle ville de la vallée, la plus traditionnelle, la plus fervente, bref, la plus émouvante. Certes, les séismes de 2015 ne l'ont pas épargnée, faisant leurs lots de victimes et endommageant les quartiers des plus pauvres, toujours en attente de solutions de relogement plusieurs mois

après. Sans compter quelques temples écroulés sur Durbar Square. Mais Bhaktapur est et reste le berceau de la culture neware et, croyez-nous, c'est vivant, ça se voit et ça se sent partout !
Cette ancienne capitale royale (du XIVe au XVIIe s), rivale de Patan et de Kathmandu, est une merveilleuse petite ville de paysans et d'artisans parsemée de palais, de temples et de superbes demeures (choisie par Bertolucci pour y tourner certaines scènes de son film *Little Buddha*). La plupart des voyageurs, fuyant la pollution et le bruit de Kathmandu, viennent loger sur place, car c'est un ravissement de voir le soleil se coucher sur les temples de la ville et de parcourir les rues, une fois la nuit tombée, à l'affût de la moindre animation. La lueur d'une gargote secrète, la procession d'une fête traditionnelle, le son d'une fanfare locale... Dans ce registre, si vous le pouvez, ne manquez surtout pas les fêtes du Nouvel An népalais *(Bisket Jatra)*, en avril, particulièrement exceptionnelles ici.

UN PEU D'HISTOIRE

La fondation de la ville par le roi Ananda Deva remonte au IXe s. Initialement, elle aurait été édifiée selon une carte en forme de mandala et incluse dans un « triangle magique » formé par les trois temples de Ganesh à l'extérieur de la ville, qui la protègent symboliquement.
Jusqu'au XVIe s, Bhaktapur a dominé politiquement et culturellement tout le pays. Elle a maintenu cette position jusqu'à la conquête gorkha en 1769. Depuis ce temps, Bhaktapur a toujours constitué un monde à part, avec une autarcie économique, mais aussi une féroce indépendance. Ici, la plupart des personnes âgées ne comprennent pas le népali. Leur langue est le newari, le plus « pur » que l'on puisse trouver au Népal.
L'architecture et l'organisation de la ville révèlent tout l'art newar de la planification. Les quartiers *(tole)* s'articulent autour d'une place centrale avec un puits ou une source publique et des autels religieux attitrés. Ces *tole* servent également à protéger les récoltes. La ville s'est longtemps enrichie du fait de sa position privilégiée sur l'axe Inde-Tibet, grâce aux taxes sur les marchandises.
Longtemps appelée « la cité des Dévots », elle a également su conserver son caractère religieux. Ici, plus que partout ailleurs, tout est régi par les dieux, et vous serez surpris de l'atmosphère très particulière qui règne dans ce « temple habité ».

BHAKTAPUR SECOUÉE MAIS BHAKTAPUR RÉHABILITÉE

Si les séismes de 2015 ont violemment ébranlé la ville, on se dit que le droit d'accès, plutôt salé (voir plus loin « Infos pratiques »), servira forcément à reconstruire et consolider son superbe Durbar Square, entre autres... Cela dit, Bhaktapur n'a pas attendu cette catastrophe pour entreprendre de nombreuses restaurations. Ici, le patrimoine culturel est tellement riche qu'on le bichonne. En projet : les rues, pavées de briques comme jadis, devraient retrouver leur dallage de pierres comme au Ve s. Sont également à l'étude : le remplacement des toits de tôle par les tuiles traditionnelles, la reconstruction du mur d'enceinte et la suppression totale de la circulation dans le centre-ville. À terme, Bhaktapur retrouvera peut-être sa géographie originelle. Même le patrimoine vivant est entretenu. Ainsi, on organise des concours de chants, de musique et même de... prières !

Arriver – Quitter

➢ ***De/vers Kathmandu :*** des minibus et microbus relient *Bagh Bazar* à Kathmandu *(plan d'ensemble, C-D4)* et Bhaktapur. Préférer les *express* aux *local buses* qui s'arrêtent partout (même tarif). À Bhaktapur, arrivées et départs en face de la poste *(plan A2)*, à moins de 10 mn à pied de Durbar Square. Départ de Bhaktapur ttes les 10 mn env, 5h-19h. Env 1h de trajet. Également des bus locaux (très lents) au départ de *Ratna Park* à Kathmandu *(plan d'ensemble, C-D4)* qui arrivent à Dudhpati *(plan A2)*. Sinon, on peut prendre un taxi pour env 800 à 1 000 Rps selon négociation.

➢ ***De/vers Patan :*** bus fréquents de Lagankhel (Patan) à Dudhpati (Bhaktapur ; *plan A2*). Env 45 mn.

➢ ***De/vers Nagarkot :*** bus ttes les 30-40 mn, 7h-18h. Env 1h-1h30 de trajet. À Bhaktapur, départ devant le petit étang de Kamal Pond sur la route de Nagarkot *(plan D1)*.

➢ ***De/vers Banepa et Dhulikhel :*** les bus venant de la capitale s'arrêtent au *Suryavinayak Bus Park (plan A3)*. Nombreux passages à partir de 5h du mat.

➢ ***Changu Narayan :*** bus (ttes les 30 mn env) à prendre près du temple de Mahakali, au début de la route de Changu Narayan *(plan C1)*.

BHAKTAPUR

Infos pratiques

– ***Droit d'entrée dans la ville :*** *1 500 Rps/pers. Cher, mais on peut le transformer en* ***pass de 7 jours*** *et même de* ***toute la durée du visa*** *(avec copie du passeport et 2 photos). Se présenter au bureau à gauche du point de contrôle de Durbar Square (plan B2,* ***1****), juste avt l'office de tourisme. Tlj 6h-19h. En principe,* money changer *et boutiques photo juste en face.*

– Il existe plusieurs ***points d'entrée*** : les trois plus fréquentés se trouvent à l'est *(plan D2,* ***1****)*, au bout de Durbar Square *(plan B2,* ***1****)* et près de la gare routière pour Kathmandu *(plan A2,* ***1****)*. Également deux guichets au sud, le long de la rivière *(plan A3 et B3,* ***1****)*.

Adresses utiles

🛈 ***Tourist Information Centre*** *(plan B2)* **:** *à l'entrée ouest de Durbar Square. Tlj 6h-19h30.* 💻 Plan de la ville et quelques infos. Accès à Internet (lire plus bas).

■ ***Tourist Police*** *(plan B1)* **:** *à côté du Tourist Bus Park. Tlj 10h-17h.*

✉ ***General Post Office*** *(GPO ; plan A2)* **:** *en face de l'arrêt des bus-navettes pour Kathmandu. Tlj sf sam 10h-17h (15h ven).*

■ ***Change :*** ***Himalayan Bank*** *(à l'étage ; plan B2,* ***3****), dans Sukuldhoka, entre le* Siddhi Home *et la* Ganesh Guesthouse. *Tlj sf sam 10h-18h30 (17h30 ven). Sinon, nombreux bureaux de change dans le centre, notamment le* ***Bhaktapur Money Changer*** *(plan B2,* ***4****), dans Sukuldhoka, après le* Siddhi Home *sur la droite ; ou encore le* ***Nyatapola Money Exchange*** *(plan B2,* ***2****) sur la pl. Taumadhi Tole (pas le meilleur taux).*

■ ***Distributeurs d'argent :*** *celui de la* ***Himalayan Bank*** *(voir ci-dessus ; plan B2,* ***3****) et un autre au niveau du point de contrôle de Durbar Square, avt l'office de tourisme (plan B2,* ***5****).*

@ ***Internet :*** *au* ***Tourist Information Center*** *(plan B2), tlj 6h-19h30, 30 mn de connexion gratuite. Sinon, au* ***Namaste Cybercafe*** *(plan B2,* ***6****), tlj 8h-21h.*

■ ***Santé :*** *pour tt problème sérieux, consulter à Kathmandu. Sinon, il y a l'hôpital de Bhaktapur (plan A2) et, en face, 2 pharmacies ouv 24h/24.*

Où dormir ?

En principe, toutes nos adresses possèdent une connexion wifi gratuite.

Bon marché (moins de 900 Rps ; 8,20 €)

⌂ ***Ganesh Guesthouse*** *(plan B2,* ***11****)* **:** *Sukuldhoka, dans la rue qui relie Taumadhi à Dattatraya Square ; accès par la ruelle à gauche. ☎ 661-15-50. • ganeshguesthouse.com.np •* Prix plancher pour ce QG routard abritant un dortoir mixte et des chambres doubles. Du coup, pas mal de longs séjours. Tant pis si les chambres, avec ou sans salle de bains, sont rudimentaires et pâtissent du bruit de la rue. On se retrouve dans la salle

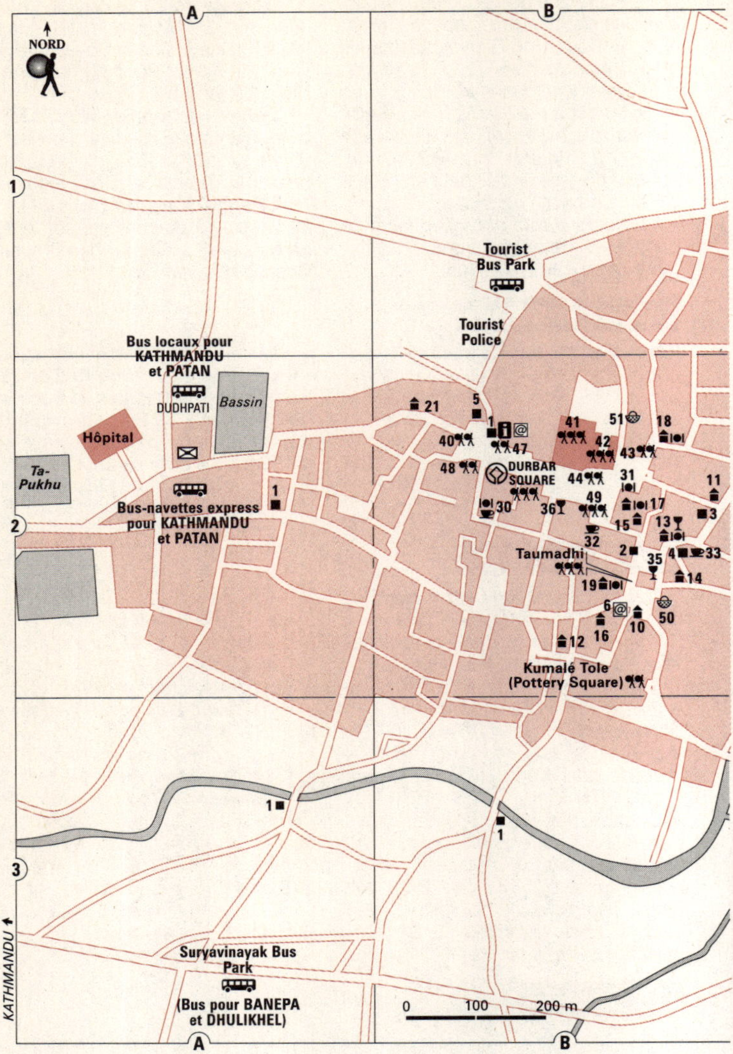

commune à l'étage, pour profiter de l'animation de la ville et de l'ambiance internationale de l'auberge. Patron sympa.

De prix modérés à prix moyens (10-40 $; 15-30 €)

☗ ***Tashidelek Guesthouse*** *(plan B2,*

■ **Adresses utiles**

- Bus stations
- Tourist Information Centre
- 1 Guichets d'entrée
- 2 Nyatapola Money Exchange
- 3 Himalayan Bank
- 4 Bhaktapur Money Changer
- 5 Distributeur d'argent
- @ 6 Namaste Cybercafe

Où dormir ?

- 10 Siddhi Laxmi Guesthouse
- 11 Ganesh Guesthouse
- 12 Cosy Hotel
- 13 Sunny Guesthouse et Siddhi Home
- 14 Tashidelek Guesthouse
- 15 Golden Gate Guesthouse
- 16 Himalaya Guesthouse
- 17 Pagoda Guesthouse et Newa Guesthouse
- 18 Vajra Guesthouse
- 19 Bhadgaon Guesthouse
- 20 Peacock Guesthouse
- 21 Thagu Chhén

Où manger ?

- 13 Namaste
- 19 Bhadgaon Guesthouse
- 20 Peaceful
- 30 Red Chilli
- 31 Shiva Guesthouse

Où prendre le petit déj ou un bon café ?

- 20 Himalayan Bakery
- 32 Beans
- 33 Highland Beans Coffee
- 34 Black Cup

Où boire un verre ?

- 35 Café Nyatapola
- 36 Café De Traditional
- 37 New Café De Peacock

Achats

- 20 Peacock Tea & Spice Shop
- 50 Traditional Thangka Painting
- 51 Lama Thangka Painting School

À voir

- 40 Erotic Elephant Temple
- 41 Royal Palace et National Art Museum (musée des Peintures et des Thangkas)
- 42 Le palais aux 55 Fenêtres
- 43 Siddhi Laxmi Temple et Fasidega Temple
- 44 Chyasilim Mandap et vestiges du Durga Temple
- 45 Pujari Math, musée du Bois sculpté et fenêtre du paon
- 46 Dattatraya Temple
- 47 Statues de Durga et Bhairava
- 48 Dwarikana Temple
- 49 Pashupatinath Temple

BHAKTAPUR

14) : *Kwachhen, dans la ruelle face à Siddhi Home. ☎ 661-73-27. • tashi delekgh@yahoo.com • Doubles avec sdb à prix modérés (fourchette basse) ; petit déj peu cher.* Un bon plan pour les petits budgets. Petit hôtel en plein centre, à une enjambée de la place Taumadhi. Très propre, même les draps. Laverie. Bon accueil. Si c'est complet, la *Mandala Guesthouse,* juste en face, propose des chambres presque au même tarif, même si la déco et l'ambiance sont un peu moins sympas.

Himalaya Guesthouse *(plan B2,* **16**) : *dans la rue qui mène à Pottery Square.* ☎ *661-73-54.* • *himalayaguesthouse.com* • *Prix modérés.* Un genre de pension de famille avec une dizaine de chambres proprettes, de taille différente, certaines avec 2 lits doubles (format local), plus mobilier en bambou et draps aux motifs népalais. Terrasse sur le toit. Pas un sommet, mais une bonne petite adresse. Bon accueil de Vishnu, qui parle le français.

Golden Gate Guesthouse *(plan B2,* **15**) : *une entrée à côté de la Shiva Guesthouse, une autre derrière.* ☎ *661-05-34 ou 661-24-27.* • *goldengateguesthouse.com* • *Prix modérés à prix moyens. CB + 3,5 %.* Plusieurs catégories de chambres à tous les prix, plus ou moins spacieuses, avec ou sans sanitaires, certaines avec balcon. Quelques *singles* très petites et basiques. Plus on monte dans les étages, plus c'est cher. Mais le calme est le grand atout de cette adresse qui donne sur une double cour. Resto.

Pagoda Guesthouse *(plan B2,* **17**) : *Taumadhi.* ☎ *661-32-48.* • *pagodaguesthouse.com* • *Doubles avec ou sans sdb de prix modérés à prix moyens. CB + 5 %.* Une poignée de chambres assez spacieuses plutôt pas mal tenues pour le prix, avec une touche de déco sympa. Si c'est plein, le patron vous proposera les chambres à prix chic de la *Newa Guesthouse* voisine (voir plus loin), qui appartient à la même famille. Resto sur le toit avec vue géniale sur la place.

Siddhi Laxmi Guesthouse *(plan B2,* **10**) : *au fond d'une cour à laquelle on accède de Taumadhi Square.* ☎ *661-25-00.* • *siddhilaxmi.com.np* • *Prix moyens (haut de la fourchette).* Un peu caché, juste à côté d'un templion et d'une jolie cloche, ce petit hôtel propose des chambres proprettes avec salle de bains et même, pour 3 d'entre elles, un balcon. Quelques triples. Cela étant dit, on a trouvé le tarif bien élevé pour le confort, alors négociez ferme ! Bon accueil.

Sunny Guesthouse *(plan B2,* **13**) : *sur Taumadhi Square.* ☎ *661-66-94 ou 661-60-94.* • *sunnyguesthousenepal.com* • *Peu visible de la rue : à l'arrière de* Siddhi Home *et* Tushita Guesthouse. *Prix moyens, voire un peu chic. Petit déj compris. CB + 4 %.* *Guesthouse* un peu cachée mais très bien située, sur la place de Taumadhi. Attention, seulement 4 chambres, mais soignées, dans un bâtiment à l'arrière, récent et plutôt calme (malgré les cloches qui sonnent au petit matin !). Possibilité de négocier un peu. Accueil souriant.

Chic (40-70 $; 36-64 €)

Cosy Hotel *(plan B2,* **12**) : *dans une petite cour intérieure, à Pottery Square.* ☎ *661-63-33.* 📱 *98-41-23-17-95.* • *cosyhotel.com.np* • *Chambres « classiques » avec moquette et ventilo à prix moyens ; AC et parquet pour les plus chères (catégories « Chic » et « Plus chic »). Petit déj compris.* Si l'architecture extérieure neware a été conservée, la structure intérieure offre tout le confort moderne : plafonds surélevés, murs peints, TV câblée (TV5) et surtout, une bonne literie, pas trop ferme, habillée d'une couette bien douillette. Un bémol peut-être pour certaines chambres un peu sombres et la moquette dans les chambres « classiques ». Terrasse sur le toit pour prendre son petit déj, casser la croûte (bonne cuisine) ou boire un verre avec vue. Patron francophone et personnel super sympa.

Vajra Guesthouse *(plan B2,* **18**) : *à deux pas de Durbar Square.* ☎ *661-07-82.* • *vajraguesthouse.com* • *Fourchette basse. CB refusées.* Une jolie maison assez récente, de style newar, à l'arrière de Durbar Square. Ici, l'accent a été mis sur la propreté, la déco et la qualité de la literie, format occidental. Les grands trouveront donc un lit à leur taille. Toutes les chambres sont équipées de salle de bains, et celles dont le numéro se termine par 1 ou 2, au même prix, lorgnent du côté de la place. Accueil souriant. Bon resto sur le toit, par ailleurs.

Bhadgaon Guesthouse *(plan*

*B2, **19**) : Taumadhi Square. ☎ 661-04-88. • bhadgaon.com.np • Fourchette haute. Petit déj inclus.* L'une des plus anciennes *guesthouses* de Bhaktapur. Chambres onéreuses, mais pour la plupart spacieuses et bien rénovées. Son atout maître : la superbe terrasse sur le toit, avec une vue stratégique sur la place. Très bon resto dans le petit patio intérieur ou sur le toit.

🏠 ***Newa Guesthouse*** *(plan B2, **17**) : Taumadhi. ☎ 691-63-35. Pas de panneau, c'est juste à droite de la* Pagoda Guesthouse. *Fourchette basse.* Cette adresse sert en fait d'annexe à la *Pagoda Guesthouse* et à la *Bhadgaon Guesthouse* ! Chambres chères mais assez récentes, avec sol en terre cuite, lits douillets en bambou, TV (dans certaines) et bons sanitaires. Préférer celles qui donnent sur Taumadhi, plus claires. Bon rapport qualité-prix pour les quadruples et celle sur le toit qui peut accueillir 3-4 personnes. En revanche, accueil assez impersonnel.

🏠 🍴 ***Siddhi Home*** *(plan B2, **13**) : sur Taumadhi Square. ☎ 661-20-04. • info@siddhihomebhaktapur.com • Petit déj compris.* Juste à gauche de la *Tushita Guesthouse,* sur la place Taumadhi, un hôtel idéalement placé proposant de belles chambres récentes. La plus belle est la triple qui possède une alcôve et 3 fenêtres de style newar, parfaite pour observer l'animation de la ville ! Très bon confort et bon accueil. Resto sur le toit. Un très bon rapport qualité-prix.

🏠 ***Peacock Guesthouse*** *(plan C2, **20**) : Dattatraya Square. ☎ 661-18-29. • peacockguesthousenepal.com • On entre par le café de la* Himalayan Bakery. *CB + 4 %.* Sur la belle place Dattatraya, dans une superbe maison neware du XVIIIe s, chambres pas bien grandes et parfois sombres, mais bien décorées, avec nattes, murs blancs, mobilier en bois et joli linge de lit. La n° 203 est plus grande et plus confortable. Petit déj à prendre au café du rez-de-chaussée. En projet, une annexe dans une autre maison neware avec 6 chambres à prix moyens, renseignez-vous.

Plus chic (environ 100 $; 91 €)

🏠 ***Thagu Chhén*** *(plan B2, **21**) : Itachhen, à l'ouest de Durbar Square. ☎ 661-20-43. • thaguchhen.com • Compter env 100 $ pour 2 pers et 145 $ pour 4. Petit déj inclus. CB + 4 %.* Une maison bien réhabilitée, lumineuse, avec 3 vastes appartements (pour 2 ou 4 personnes, avec canapé-lit) et un studio, tous équipés (kitchenette, belle salle de bains, TV satellite, clim sauf dans le studio). L'ensemble a du charme.

Où manger ?

Attention : après 20h30, difficile de trouver un resto ouvert. Rabattez-vous alors sur les restos des hôtels avec terrasse sur le toit, où l'on vous servira avec plus de souplesse horaire (voir « Où dormir ? »). Néanmoins, ils servent souvent une cuisine standard et à prix élevé, exception faite de celui de la *Bhadgaon Guesthouse (plan B2, **19**).*

Enfin, ne partez pas sans avoir goûté le *jujudhau*. C'est le yaourt des rois de Bhaktapur, succulent quand il est fait à l'ancienne. Achetez-le dans un récipient en terre cuite (et non en plastique !). Les meilleurs sont vendus dans les échoppes de rues.

De très bon marché à prix moyens (jusqu'à 600 Rps ; 5,50 €)

🍴 Les routards qui souhaitent manger newar pour moins cher que les restos des hôtels s'aventureront dans les ***gargotes locales*** très bon marché. Généralement sans nom ni panneau, mais repérables aux rideaux à fleurs. Méfiez-vous tout de même de l'hygiène, pas toujours au rendez-vous ! À Dattatraya Square *(plan C-D2),* signalons la gargote juste à droite du grand temple, répartie sur plusieurs étages (mais arriver tôt car souvent plein), ou celle dans la ruelle derrière, près de la fenêtre du paon. Plein d'autres, évidemment...

Red Chilli (plan B2, **30**) **:** *Ichhu Galli, au sud de Durbar Square. Tlj 9h-21h. Prix moyens.* Pas de vue ni de maison neware ici, juste un hangar en fond de cour. Mais c'est calme (une grande qualité ici !), propre et on paie des prix normaux. Commander le *samajaya baji set* pour manger newar ou alors le traditionnel *dal bhat (nepali dinner set).* Également des *momos, fried rice,* nouilles, etc. Et des petits déj.

Shiva Guesthouse (plan B2, **31**) **:** *sur Durbar Square. ☎ 661-39-12. Prix moyens.* Une dizaine de tables à tout casser, une ambiance d'auberge-trattoria touristique avec une belle vue sur la place. Si le menu est éclectique comme partout, on peut opter pour le *chicken shashlick,* copieux et soigné, ou pour les plats newars (mais à prix chic, et à commander la veille). Si l'on a moins aimé les chambres, le resto est toujours ouvert et donc très pratique ! Bien aussi pour boire un verre en observant Durbar Square.

Namaste (plan B2, **13**) **:** *sur Taumadhi Square. 97-41-02-27-09. Prix moyens + 10 % de service.* En surplomb de la belle place et du temple de Nyatapola, une double terrasse égayée de guirlandes lumineuses, poste parfait pour observer l'animation. Dans l'assiette, de bons *momos* et un *chicken shashlick* épicé comme il faut. Seules les bières nous ont paru un peu chères (au prix du *shashlick* !). Bon accueil néanmoins.

Peaceful (plan C2, **20**) **:** *sur Dattatraya Square. Tlj jusqu'à 21h. Prix moyens.* Dans la cour d'une superbe maison neware du XVIIIe s, au calme. On peut manger dehors ou dans une salle chic. On vous recommande le *chicken shashlick* (brochettes de poulet) ou le *thali newar,* si vous voulez goûter de nouvelles saveurs. Également de bons steaks. En dessert, le *jujudhau,* l'excellent yaourt local. Très bien aussi pour boire un verre *in peace.*

Où prendre le petit déj ou un bon café ?

Beans (plan B2, **32**) **:** *sur un côté de Durbar Square, à droite de la Shiva Guesthouse. Tlj 7h-21h.* Un petit café très sympa, avec banquettes et quelques tables aux tabourets tournés vers le Durbar. Excellents expresso et cappuccino à base de café bio, à accompagner d'un bon gâteau maison (*banana cake, carrot cake,* brownie...). Très cool !

Highland Beans Coffee (plan B2, **33**) **:** *Sukuldokha, entre la Sunny Guesthouse et la Ganesh Guesthouse. Tlj 7h-20h.* Dans un endroit assez passant, un minuscule café proposant du café bio sous toutes ses formes. Gâteaux pour le petit déj.

Himalayan Bakery (plan C2, **20**) **:** C'est le café de la *Peacock Guesthouse* (voir « Où dormir ? »), logé dans une magnifique maison neware. Banquettes et coussins pour déguster son *espresso* accompagné d'un gâteau, voire d'un sandwich. En revanche, assez cher.

Black Cup (plan C2, **34**) **:** *à deux pas de la place Dattatraya, dans la rue qui mène à Durbar Square, côté gauche. Tlj 8h-20h.* Un café local à l'ancienne, très désuet, où la patronne surveille son p'tit monde d'un œil noir comme le café. Salle de poche sombre et courette à l'arrière. Juste pour un expresso (bio), pas cher, en évitant le reste.

Où boire un verre ?

Café Nyatapola (plan B2, **35**) **:** *au centre de Taumadhi Square. Tlj 8h-19h.* Ce café-resto situé à l'étage d'une ancienne pagode offre une vue imprenable sur la place et le temple éponyme. Très touristique, cela dit. Cuisine moyenne à prix élevés.

Café De Traditional (plan B2, **36**) **:** *à l'entrée de Durbar Square, sur la droite, après le porche d'entrée. ☎ 661-24-32.*

Tlj 8h-18h. Bien situé, avec terrasse au cœur de Durbar Square, pour prendre un thé ou un verre en profitant de la vue.
🍸 ***New Café De Peacock*** *(plan C1-2, 37) : sur Dattatraya Square. Tlj 9h-21h.* Magnifique maison neware sur l'une des plus belles places de la ville. Dommage que le resto soit cher et décevant.

Achats

Masques, marionnettes, thangkas...

La ville est réputée pour ses masques en papier mâché, ses marionnettes représentant des divinités, ses sculptures sur bois et ses thangkas. Pour ces dernières, plusieurs boutiques dans la petite rue qui va de Durbar Square à la place Taumadhi *(plan B2)*. Voir, entre autres :

Traditional Thangka Painting *(plan B2,* **50***) : sur Taumadhi Square.* ☎ *661-12-43.* • *madhuchitrakar@hotmail.com* • C'est la boutique-atelier de Madhu Krishna, accueillant et vrai connaisseur (il est issu d'une illustre famille, artiste depuis plus de 2 siècles).
Lama Thangka Painting School *(plan B2,* **51***) : derrière Durbar Square.* ☎ *661-20-24. Tlj 9h-18h.* Une école de peinture qui suit la tradition. Demander Ram Bahadur, véritable maître dans son art, toujours désireux de faire partager sa passion (ou Gyan, son frère francophone). Dommage que les prix soient si prohibitifs et tellement subjectifs, même si les bénéfices de la vente de thangkas permettent de financer l'école.

Papeterie

La ville est également célèbre pour ses papiers, cartes postales, etc. On peut d'ailleurs visiter l'une des nombreuses fabriques artisanales dans les environs (se renseigner par exemple à l'*Ecotel Guesthouse,* sur le côté de Pottery Square).

Épices

Pas mal de boutiques proposent des épices et du thé. En voici une où vous serez bien accueilli et informé :

Peacock Tea & Spice Shop *(plan C2,* **20***) : sur la place Dattatraya.* 📱 *98-41-39-72-33.* • *peacocktea@yahoo.com* • *Tlj 9h30-18h.* Ratna, le propriétaire francophone, se fera un plaisir de vous expliquer les différences entre les thés, vous faire humer le parfum des épices et vous expliquer les vertus médicinales de certaines plantes. Prix raisonnables. Les lecteurs du *Routard* sont particulièrement bienvenus.

Poterie

De très nombreuses *échoppes,* plus particulièrement du côté de Kumalé, produisent et vendent des pots, vases et autres objets décoratifs en argile, un peu kitschouilles quand même, avis aux amateurs...

BHAKTAPUR

À voir

Durbar Square, d'ouest en est

Erotic Elephant Temple *(plan B2,* **40***) :* si vous l'abordez en venant de l'arrêt des minibus pour Kathmandu *(plan A2),* observez ce premier templion, sur la droite, environ 100 m avant la porte où il faut acquitter le droit d'entrée. Les frises érotiques y montrent des animaux en pleins ébats amoureux. Le couple d'éléphants est particulièrement savoureux !

Statues de Durga et Bhairava *(plan B2,* **47***) :* arrêtez-vous quelques instants à droite de l'office de tourisme, devant la *Shree Padama Higher Secondary School.* Encadrées par deux lions, on trouve deux énormes stèles du XVIIᵉ s représentant

Durga et *Bhairava* avec des colliers de têtes de mort autour du cou. Durga a 18 bras alors que Bhairava n'en a que 12. Ces statues encadraient autrefois la porte d'entrée du *Basantapur Durbar*, un palais magnifique aujourd'hui détruit. Elles plurent tellement au monarque qui les avait commandées qu'il fit aussitôt couper les mains de l'artiste pour éviter qu'il n'en sculpte d'autres aussi belles...

Dwarikana Temple *(Krishna Temple ; plan B2,* ***48****)* **:** *en face des statues précédentes.* Un beau temple de briques et de bois, datant du XVIIe s, avec d'élégantes sculptures représentant les divinités hindoues. Statue de Krishna à l'intérieur.

Juste derrière, vous noterez la bâche qui recouvre désormais le ***Kedarnath Temple,*** en terracotta, un sikhara qui, un jour peut-être, se découvrira à nouveau... Notez également l'architecture en bois de l'ancien quartier général de la police royale, actuel *Palace Restaurant*.

National Art Museum *(musée des Peintures et des Thangkas ; plan B2,* ***41****)* **:** *à gauche de la porte d'Or. Tlj sf mar 10h15-16h30 (15h30 de mi-oct à mi-janv ; 14h30 le lun tte l'année). Entrée : env 150 Rps (+ droit photo), valable aussi pour le musée du Bois sculpté et celui du Bronze et du Cuivre, situés place Dattatraya.* De chaque côté de la porte d'entrée, deux gros lions, mais surtout deux statues plus intéressantes, l'une représentant Hanuman, le dieu-singe, et l'autre Narsingh, l'homme-lion (avatar de Vishnu). À l'intérieur, magnifique et intéressante collection de thangkas, surtout si l'on a l'intention d'en acheter une ensuite chez un marchand. On peut mesurer ainsi tout ce qui différencie une belle thangka ancienne d'une mauvaise copie. Mais rassurez-vous, il en existe aussi de magnifiques chez les bons marchands et dans les écoles de peinture. L'origine des thangkas est souvent attribuée aux Tibétains. En réalité, ce sont les Newars de Bhaktapur qui les ont exportées jusqu'à Lhassa. Ils fondèrent alors des écoles pour l'enseignement de leur technique. Ne manquez pas le *Shree Yantra Mandala,* une superbe peinture-carte du XVIIIe s symbolisant le cosmos. D'autres œuvres magnifiques dans la vaste salle de l'étage.

Royal Palace *(plan B2,* ***41****)* **:** *à droite du musée.* Deux longs bâtiments reliés par la porte d'Or, chef-d'œuvre de l'orfèvrerie népalaise représentant une déesse à quatre têtes. Réalisée au XVIIe s, en cuivre doré, elle a très peu subi les dommages du temps. Un militaire la garde en permanence. La franchir pour aller voir le *temple de Taleju* qui est derrière mais dont l'entrée est interdite aux non-hindous. Si les portes sont ouvertes, vous pourrez peut-être apercevoir de loin la superbe cour réservée à la Kumari *(Kumari Chowk),* même si elle ne vit pas sur place. Elle n'est retenue qu'une fois par an, durant la période de *Dasain*. À cette période, le temple est le lieu d'un sacrifice de buffles terriblement sanglant ! Âmes sensibles, s'abstenir. De toute façon, on ne peut observer que de la porte et la foule est compacte... À voir à côté, en revanche, le *bassin royal* entouré de cobras sacrés. Le canal qui l'alimentait, long de 10 km, desservait au passage 63 fontaines.

En sortant du palais, lever les yeux pour admirer la statue du roi Bhupatindra Malla, agenouillé et les mains jointes, qui a survécu au séisme de 2015. C'est à ce roi, grand protecteur des arts, que l'on doit la majorité des extraordinaires monuments de la ville. On ne peut avoir qu'une idée partielle aujourd'hui de ce qu'était la splendeur de Bhaktapur à son apogée. Le Durbar (palais)

DÉESSE OU ROUTARDE : IL FAUT CHOISIR

Sajani Shakya, consacrée Kumari ou « Déesse vivante » de la ville de Bhaktapur à l'âge de 2 ans, a perdu son statut en juillet 2007, alors âgée de 9 ans. Elle a défié les règles en se rendant aux États-Unis afin d'assurer la promotion d'un documentaire britannique sur les traditions népalaises. Un « geste impur » ont considéré les hauts dignitaires religieux !

ne comptait pas moins de 99 cours intérieures ! Bhupatindra, grand joueur d'échecs, en avait conçu les plans en forme de damier. Seul le roi, dit-on, savait s'y retrouver. Le palais était aussi vaste que celui de Kathmandu, et les bâtiments d'habitation ne comportaient pas moins de sept étages. Hélas, seuls les dessins de la façade ont été conservés.

Le palais aux 55 Fenêtres (*plan B2, **42***) **:** sur la droite de la porte d'Or, c'est le noyau originel et le plus pur des bâtiments royaux. Il a été entièrement reconstruit après le tremblement de terre de 1934 et a bien survécu au dernier. Remarquer les fenêtres aux linteaux finement sculptés et encastrés dans la brique. À partir du 2e étage, une dentelle de bois qui forme une galerie de 55 fenêtres juxtaposées. L'utilisation de la vitre n'apparut au Népal qu'au XXe s, et la première fut installée dans ce palais. Les treillis de bois qui ornent les fenêtres sont encore en usage dans de nombreuses maisons.

Chyasilim Mandap (*plan B2, **44***) **:** *devant le palais aux 55 Fenêtres, repérable à la petite stèle en allemand.* À l'origine, ce *mandap* était utilisé par les souverains comme loge pour assister au déroulement des processions et aux fêtes. Construit au XVIIIe s, il fut détruit par le tremblement de terre de 1934, puis reconstruit grâce à l'ancien chancelier allemand Helmut Kohl, d'après une photo prise en 1866 par un photographe français, Gustave Le Bon. Avec comme base ce cliché de plus d'un siècle, les artisans newars purent reconstituer l'édifice construit par leurs ancêtres. Ils furent aidés aussi par l'apport de quelques éléments d'origine (piliers et étais)... qui avaient été dérobés par le chef de la ville après le séisme et offerts à des membres de sa famille.

UNE ENTORSE SALUTAIRE À LA TRADITION

Pour résister à de nouvelles secousses, le Chyasilim Mandap *fut reconstruit avec une structure en fer, ce qui est rituellement interdit dans un temple et entraîna de ce fait une vive polémique. Cela dit, le séisme de 2015 a prouvé que c'était un bon choix : le temple est resté debout tandis que son voisin en pierre, le temple de Durga, qui paraissait bien plus solide, s'est totalement écroulé.*

Toujours face au palais aux 55 Fenêtres, seuls l'imposante ***cloche de Taleju,*** deux éléphants, deux lions, un chapiteau sculpté et quelques bas-reliefs rappellent encore la présence du ***Durga Temple*** (*ou Vatsala Temple ; plan B2, **44***), qui s'est écroulé pendant le séisme de 2015.

Siddhi Laxmi Temple (*plan B2, **43***) **:** *à l'angle du palais aux 55 Fenêtres.* Il ressemble au célèbre *Krishna Mandir* du Durbar Square de Patan et tient encore à peu près debout ! Son escalier est vraiment remarquable. Décoré d'adorables statues d'animaux, que les enfants grimpent vaillamment comme sur un manège, avec notamment des dromadaires, représentation rare au Népal où cet animal est inconnu... Pas de doute que les caravanes de marchands sont passées par ici. Observer aussi les rhinocéros et les rituels gardiens accompagnés d'enfants et de chiens méchants. Noter, juste en face, l'énorme *bâtiment en bois du Taba Sattal,* littéralement coupé en deux par le séisme de 2015.

Pashupatinath Temple (*plan B2, **49***) **:** *face à la* Shiva Guesthouse. C'est le plus ancien temple de Bhaktapur (XVe s), dédié à Shiva. Miracle, il a tenu, peut-être grâce à l'énergie vitale dégagée par sa superbe collection de 24 figures érotiques, postures amoureuses et exercices physiques particulièrement réalistes... N'hésitez pas à les passer toutes en revue, elles sont magnifiques. Comme pour le Jagannah Temple du Durbar, à Kathmandu, lui aussi épargné, il semblerait que le désir, ça conserve !

Fasidega Temple *(ou Silu Mahadev-Narayan Temple ; plan B2,* **43***)* **:** tt au fond à gauche dans la cour située dans le prolongement de Durbar Square. De ce temple, qui n'était certes pas le plus intéressant, il ne reste que le socle à six paliers et son bel escalier d'animaux. Noter les éléphants et les lions reconstitués à l'aide de joints bien épais... De là-haut, on a tout de même un beau point de vue sur la place et les toits.

RÉVOLUTION SEXUELLE

L'art érotique, si florissant à Bhaktapur, est une application imagée du tantrisme, une philosophie qui émergea au VIe s en Inde. Ses textes et rituels prônent l'éveil de tous les sens, y compris charnels, et s'adressent à tous. Ainsi, le tantrisme a ouvert son enseignement non seulement à toutes les castes, mais aussi aux femmes, sans pour autant rejeter les croyances fondamentales hindoues et bouddhiques.

Autour de Durbar Square

À proximité du Durbar, et constituant avec lui l'ensemble monumental de Bhaktapur, la place ***Taumadhi Tole,*** absolument ravissante, où l'on peut voir le fameux ***temple de Nyatapola,*** dédié à Siddhi Lakshmi, déesse de la Fortune. Il s'agit du plus beau temple de Bhaktapur, autre miraculé des séismes de 2015, construit pour rivaliser avec les autres villes royales. Au sommet d'un escalier très raide, bordé de grosses statues, trône le temple avec ses cinq toits superposés (son nom signifie d'ailleurs « cinq toits »). On en a une large vue sur la place depuis la terrasse du café *Nyatapola* (voir plus haut « Où boire un verre ? »). Édifié en 1708, c'est le plus haut du pays (30 m). Les statues représentent, en bas, deux lutteurs, puis deux éléphants, deux lions, deux griffons, et enfin deux déesses, chaque couple étant 10 fois plus fort que celui de l'étage en dessous.
En face, le ***temple de Bhairav,*** très vénéré et gardé par deux petits lions en bronze (les originaux ont malheureusement été volés). Ce fut le premier construit sur cette place. Dédié à la forme terrible de Shiva. Mais Bhairav, placé là, manifesta un grand mécontentement, frappant les habitants de nombreuses épidémies. Après consultation de prêtres et de sages, le conseil fut donné de placer, non loin du dieu courroucé, la grande déesse des *Tantras* : *Siddhi Lakshmi.* Le temple aux cinq étages fut donc construit. Le roi, suivi de la foule, y apporta le premier les briques nécessaires. Bhairav ne manifesta plus jamais sa colère. L'ensemble produit un effet fantastique. L'un des rares temples dont la base soit rectangulaire et non carrée. Si vous observez bien les angles du dernier toit, vous y verrez des oiseaux prêts à prendre leur envol. C'était une idée du roi Yoga Narendra Malla. Peu avant sa mort, il fit savoir que tant que ces oiseaux ne se seraient pas envolés, il resterait parmi son peuple, quand bien même son corps serait sans vie. Tous les rois qui régnèrent ensuite suivirent cet exemple. Quelle poésie !
Franchissez ensuite la porte de la *Siddhi Laxmi Guesthouse,* débouchant sur le ***Til Mahadev Narayan Temple.*** Cette construction à double toit, dédiée à Vishnu, est l'un des temples les plus anciens de la ville. Une légende – encore une – raconte que la statue du dieu que ce temple renferme fut trouvée, enfouie sous un tas de graines de sésame, chez un marchand. Malgré des ventes régulières, ce tas de graines ne diminuait miraculeusement jamais. Une fois l'an, le dieu est massé avec du beurre, et des gâteaux au sésame lui sont offerts en souvenir de cet événement. C'est aussi le lieu de célébration du *ihi,* une cérémonie où les jeunes filles sont mariées symboliquement au dieu Vishnu.

***Kumalé Tole* (Pottery Square** *; le quartier des Potiers ; plan B2)* **:** se réduit désormais à la place juste derrière le Cosy Hotel. Il suffit de marcher 5 mn pour atterrir en plein Moyen Âge. Les techniques n'ont guère changé depuis des siècles, même si les tours en pierre sont lentement remplacés par des roues de camions, plus malléables. La glaise vient de Thimi, un village à l'ouest de Bhaktapur, où a lieu la fameuse *fête des Couleurs* (lire plus loin « Dans les environs de Bhaktapur »). Ici, pas de four. Les poteries sont recouvertes de paille à laquelle on met le feu, puis finissent de cuire dans la cendre. Ne pas hésiter à se perdre dans les ruelles alentour pour saisir des images pittoresques de la vie quotidienne. D'août à novembre, les places se couvrent de tapis de piments rouges et de riz qu'on fait sécher. Pour le Nouvel An népalais, en avril, on y érige un mât sous les encouragements de la foule. Mais le mât principal du Nouvel An, bien plus impressionnant (environ 25 m de haut), est érigé sur la vaste esplanade à l'est de Pottery Square *(plan B3).*

Dattatraya Square *(plan D1-2)* **:** *pour y aller, prendre la rue entre le temple de Nyatapola (plan B2) et le Bhairav.* Sukuldhoka, l'artère commerçante de Bhaktapur, est bordée de maisons superbes et d'échoppes pittoresques. Aller tout au bout (c'est assez long) jusqu'à la belle et vaste place, bordée de temples et de demeures médiévales. Celle-ci était le centre de Bhaktapur avant qu'il ne se déplace au XVIIe s sur le Durbar. Magnifique. Ne pas hésiter à se perdre ensuite dans les ruelles du quartier, notamment dans le quartier de Nagpokhari, en direction du *Tourist Bus Park...*

– ***Dattatraya Temple*** *(plan D2,* ***46****)* **:** *sur la place.* Il date du XVe s et revient de loin. Pendant les deux séismes de 2015, il a tangué comme un bateau dans la tempête, mais a finalement résisté ! Ce superbe temple est consacré au dieu Dattatraya, une « combinaison » de trois dieux : *Brahma, Vishnu* et *Shiva.* Il est également vénéré par les bouddhistes, qui le considèrent comme un cousin du Bouddha. Au mois de février, des centaines de pèlerins venus de tout le Népal et de l'Inde envahissent la place pour célébrer *Shiva Ratri,* en son honneur. La légende veut, comme souvent, que le temple ait été fait du bois d'un seul arbre. Il offre la particularité d'avoir trois toits superposés et des galeries ouvertes à chacun des étages. La partie frontale a été rajoutée tardivement, d'où sa forme peu habituelle. Remarquer les scènes érotiques sur les étais et les statues des deux lutteurs *malla* qui gardent l'entrée. Le soir, ne pas manquer les musiciens et les vieux Newars qui prient sur sa terrasse.

– Au fond, à droite en venant du centre, se trouve le ***Pujari Math*** *(plan C-D2,* ***45****),* ancien monastère absolument superbe. Ce sont les fenêtres ornées de paons faisant la roue qui ont donné son surnom de ***Peacock House*** à la maison. Voir la fameuse ***fenêtre du paon*** (commandée par le roi Yaksha Malla au XVe s) dans la petite rue à gauche, à l'arrière du bâtiment, quand on lui fait face. L'édifice abrite aujourd'hui le *musée du Bois sculpté (tlj sf lun-mar 10h-17h ; billet à 150 Rps jumelé avec le National Art Museum et le musée du Bronze et du Cuivre ; supplément pour prendre des photos).* Le plus intéressant est encore de jeter un œil à la superbe cour, avec ses fenêtres finement ciselées, ouverte même quand le musée est fermé. En face, dans une autre belle maison, le *musée du Bronze et du Cuivre,* ouvert aux mêmes horaires que le précédent mais moins passionnant.

Hanuman Ghat *(hors plan par C2)* **:** *au sud de la place Dattatraya.* Entre la route et la rivière, au milieu de *chaitya* et autres autels, se dressent les plus gros lingams du Népal. Un coup d'œil au bas-relief, vous y découvrirez un Shiva nu très en forme ! Au bord de la rivière, le lieu des crémations. Une atmosphère étrange s'en dégage. Plusieurs statues représentent Ganesh, un bouddha assis, etc.

En remontant d'environ 200 m vers la place Dattatraya, on arrive à ***Kancha-Pukhu*** *(plan C2)* avec son grand bassin aux eaux verdâtres. De là, une ruelle pavée rejoint la place Dattatraya. Cet itinéraire n'est qu'un petit exemple de ce qu'on peut découvrir à Bhaktapur. C'est une ville où il fait bon se perdre, et on rencontre toujours des habitants prêts à aider pour retrouver son chemin.

Ta-Pukhu *(plan A2)* **:** *grand bassin à l'ouest de la ville, à gauche de l'hôpital et presque en face de la caserne des pompiers.* Si vous avez le temps, à ne pas manquer. Encore appelé *Siddha Pokhari* en népali, entièrement refait, ce n'était auparavant qu'un cloaque infect. Il était déjà décrit au VIIe s dans les carnets de voyage d'un Chinois.

C'est aujourd'hui le lieu de rendez-vous des gymnastes et autres yogis le matin et des amoureux à la tombée du jour. Pour une poignée de roupies, on vous donnera du pain rassis que vous pourrez jeter aux milliers de poissons qui y ont désormais élu domicile. Et puisque nous sommes dans l'animalerie, continuez donc la route jusqu'au *Sallagharigrove,* un petit bois de pins qui abrite une colonie de roussettes (chauve-souris) chassées de Kathmandu. À la tombée de la nuit, lorsqu'elles s'éveillent, le spectacle est impressionnant. Rassurez-vous, elles ne mangent que des fruits.

Enfin, pour avoir une vue générale de Bhaktapur, se rendre au ***Surya Vinayak Temple,*** dédié à Ganesh, à 3 km au sud de la ville, de l'autre côté de la rivière au sommet d'une colline, un peu plus haut que l'ancienne station des trolleys. Ce temple est très fréquenté par les parents d'enfants ayant des troubles du langage, et de manière générale par tous ceux dont les projets demandent de la chance. Au pied débute un chemin qui traverse la forêt et des petits villages. Vue imprenable sur la ville et sur la chaîne de l'Himalaya.

DANS LES ENVIRONS DE BHAKTAPUR

À ***Thimi,*** bourgade située entre Bhaktapur et l'aéroport de Kathmandu, allez voir les artisans fabriquant des masques et des poteries. Si vous venez de Bhaktapur, n'hésitez pas à demander le chemin de l'ancienne route qui part du Sallagharigrove (le petit bois de pins sur la colline), rien que pour le premier sanctuaire que vous rencontrerez, dédié à la déesse *Bal Kumari.* C'est l'un des plus importants lieux saints de la vallée. À remarquer, les dizaines de noix de coco clouées sur le temple. Étrange offrande sacrée. Là aussi, en août-septembre, des piments et autres aliments sèchent au bord des routes, donnant à la campagne couleurs et odeurs particulières. Mais la grande fête de Thimi, c'est la ***fête des Couleurs,*** qui a lieu pendant les festivités du Nouvel An népalais. Le matin, dans la ville basse, les jeunes, bien allumés, s'aspergent de poudre orange (attention, ça part vite et gare aux yeux et aux oreilles !). Ça continue dans la ville haute l'après-midi, où l'on assiste aussi à des séances de piercing sur la langue...

CHANGU NARAYAN

IND. TÉL. : 01

À 6 km au nord de Bhaktapur. L'arrivée surprend. Un ensemble médiéval, composé de très anciens et rustiques bâtiments. Au bout, bien qu'il soit désormais soutenu par des jambes de bois, le temple principal éblouit par la richesse de son histoire. Les étalages pour touristes s'alignent tout le long de la rue principale (négociez ferme, prix annoncés plus élevés qu'ailleurs).

– *Accès au village : 100 Rps.*

Arriver – Quitter

➢ ***En taxi :*** la route, qui grimpe depuis Bhaktapur, fait 6 km. Env 30 mn de trajet.

➢ ***En bus :*** env 2 bus/h depuis Bhaktapur (à prendre à Dekocha, près du temple *Mahakali,* à la limite nord de la ville) ou depuis Kathmandu (ce sont les mêmes bus, départ de *Ratna Park*).

➢ ***À pied :*** la campagne entre Changu Narayan et Bhaktapur est sympa mais, on l'a dit, ça grimpe. Si vous souhaitez marcher, mieux vaut prendre le bus ou le taxi jusqu'à Changu Narayan et redescendre sur Bhaktapur à pied (env 1h30).

Où dormir ? Où manger ?

Plusieurs restos dans le village.

De bon marché à prix modérés (moins de 20 $; 18 €)

■ **Changu Guesthouse & Restaurant :** ☎ 514-10-52. ● changuguest house.com ● Prix modérés. Petite *guesthouse* familiale, bien située au cœur du village, devant les escaliers du temple. Une poignée de chambres, simples mais correctes et propres, avec salles de bains, lino au sol, jolis tissus et une petite terrasse. Très bien tenu. Accueil chaleureux à souhait. Fait aussi resto et café.

■ ***Village Villa :*** *à 10 mn à pied ; à mi-chemin de la rue du temple, tourner à droite en descente puis à gauche.* 98-41-48-06-37. ● dhrubakc@ yahoo.com ● *Bon marché. Repas sur demande.* Dans la partie tranquille du village, une maison bleu pâle, très simple, dans laquelle les proprios ont aménagé 3 chambres avec des sanitaires communs basiques. Éviter le bungalow en bambou posé sur le toit. Cela dit, de la terrasse, jolie vue sur la vallée, qui s'embrase au lever du soleil. Pour routards à petits budgets recherchant l'authenticité.

BHAKTAPUR

Achats

Champak Thangka Painting School : *face au temple.* ☎ 514-10-52. Prix raisonnables et excellent accueil. Même famille que la *Changu Guesthouse* (lire plus haut).

À voir. À faire

Le temple : *tt en haut de la rue principale. Notez, à l'entrée, l'inscription « Save our self-esteem, don't encourage begging » (« respectez notre amour-propre, n'encouragez pas la mendicité »).* Au IVe s av. J.-C., le roi Handatta Burma fit construire quatre temples dédiés à Narayan (un des noms de Vishnu) et ce, aux quatre points cardinaux de la vallée. Le temple de Changu est l'un de ceux-là et, de ce fait, l'un des plus anciens. Il est dit également que l'histoire écrite du Népal commence là, avec la plus ancienne inscription découverte à ce jour, gravée dans la pierre par le roi Manadeva Ier en 464. Le premier temple fut détruit par les Moghols, le suivant brûla en grande partie au XVIIe s, fut restauré, puis subit de nouveaux dommages lors du tremblement de terre de 1934. Malgré toutes ces vicissitudes, le lieu conserve de nombreux chefs-d'œuvre du passé, et nulle part ailleurs on ne trouve de vestiges aussi significatifs de la dynastie Licchavi (du Ve au IXe s). À admirer (entre autres) : des sculptures fabuleuses, comme ce *Vishnu* allongé devant l'entrée du musée, le *Vishnu Vaikunthnatha* (assis sur Garuda) du XIIIe s et son double, au dos, un *Viswarupa* aux nombreuses têtes superposées du Ve s. Ou encore cette *statue de la reine Buvana Laksmi* en bronze doré (dans une cage devant le temple). Sans oublier les magnifiques panneaux et *toranas* ornant la porte du sanctuaire, ainsi que des poutres polychromes sculptées. Belle vue sur la vallée.

– **Le musée des Traditions** *(Living Traditions Museum)* **:** *dans l'enceinte du temple. Tlj 8h-17h. Entrée : env 250 Rps.* Un peu de tout : objets usuels, instruments de musique, bijoux, costumes de fêtes... Au 2e étage, objets rituels peints selon la tradition *kobar* pour les mariages et autres cérémonies. Dans une autre galerie, en face, surtout des photos.

Le musée local : *dans la rue principale, un peu avt le temple, sur la droite (fléché). Tlj 8h-18h. Entrée : env 300 Rps. Visite guidée.* Commençons par un paradoxe : ce musée décrivant le temps jadis, longtemps logé dans la plus vieille maison du village (milieu du XIXe s), est désormais installé dans une maison neuve ! Eh oui, on n'a pas pu (ou pas su) sauver l'ancienne bâtisse... Voici tout de même un petit musée, certes sans prétention et pas très bon marché, mais abritant un petit inventaire à la Prévert. Au rez-de-chaussée, des pots servant de poids (mesures en *mana*), une balance népalaise, un rouet et ce riz... vieux de plus de deux siècles. Au sous-sol, un pilon à riz et un imperméable en feuilles tressées. À l'étage, une collection de chapeaux, deux morceaux de météorite, des pièces de monnaie, dont une en cuir et la plus petite pièce de monnaie du monde datant du Ve s (elle figure dans le *Guinness Book*) ! Également de gros billets de banque datant du roi Tribhuvan. Enfin, au dernier étage, un autel pour les *pujas* (offrandes), un coin cuisine, et surtout un point de vue sur la vallée.

➢ **Randonnée :** possibilité de rejoindre Nagarkot à pied, par un chemin qui part du village et suit la ligne des crêtes. Compter 3-4h de marche dans un paysage superbe.

NAGARKOT

IND. TÉL. : 01

À 26 km à l'est de Kathmandu et 13 km de Bhaktapur, par une jolie route de montagne. C'est la station d'altitude de la vallée, le seul domaine montagneux (2 000 m) où l'on a une petite chance de voir la chaîne de l'Everest en période de mousson. Mais ne vous faites pas trop d'illusions car si le ciel se dégage, le spectacle ne dure pas longtemps... Bref, il faut se débrouiller pour être là au bon moment. D'octobre à mars, les montagnes sont nettement plus visibles, le meilleur moment pour les observer étant le coucher du soleil (au lever, elles sont à contre-jour). Pas mal d'hébergements là-haut, mais parfois un peu les uns sur les autres. On peut chercher à s'éloigner un peu du bourg. Attention, en décembre-janvier, il peut faire très froid à Nagarkot : se munir de vêtements chauds.

Arriver – Quitter

➢ ***De/vers Bhaktapur :*** minibus env ttes les 30 mn (à partir de 5h), généralement bondés, ou taxi. Retour depuis Nagarkot jusqu'à 17h. Trajet en 1h env.

➢ ***De/vers Kathmandu :*** plus de bus direct, il faut changer à Bhaktapur. Un bon plan consiste à prendre un *tourist bus* des *resorts* locaux comme *View Point* ou *Bhangeri Durbar,* env 5 fois moins cher qu'un taxi (minimum 2 000 Rps, on paie pour le retour du chauffeur).

Adresses utiles

Informations touristiques : *au carrefour principal, aller à gauche, c'est à 150 m.* Bureau souvent vide, pas grand-chose à glaner.

Change : à l'arrivée, au carrefour principal, vous trouverez à droite l'*Hotel Valley View,* qui possède un distributeur d'argent accessible 24h/24 mais ne délivre que du *fast cash* (10 000 Rps par retrait). En allant à gauche au carrefour, vous trouverez plus loin la banque *Alpine* sur la droite *(dim-jeu 10h-16h, ven 10h-14h).* Change et service de transfert *Western Union.* Cela dit, on vous conseille de changer avant de venir, c'est plus sûr.

Où dormir ?

La plupart des adresses se situent à 10-15 mn à pied de l'arrêt de bus, en allant vers la gauche au carrefour principal. On vous conseille de privilégier celles qui se trouvent un peu à l'écart, après tout on vient ici pour profiter de la nature et non du balcon du voisin ! Si vous le souhaitez, on vous réveillera à l'aube pour le lever du soleil sur les montagnes... si le temps est clair. Sinon, on vous laissera faire tranquillement la grasse matinée.
Tous les hôtels font resto, mais rien ne vous empêche d'aller manger ailleurs.

De bon marché à prix modérés (moins de 20 $; 18 €)

🏠 ***Sherpa Alpine Cottage :*** *un peu avt le* Fort Resort, *à la fourche.* ☎ *668-00-15.* 📱 *98-41-26-52-31.* • *sherpa cottage@gmail.com* • *Bon marché.* Wi-Fi Un petit lieu familial et attachant. Le dortoir très bon marché de 6 places (en fait, 3 matelas doubles) situé au-dessus de la réception, sous le toit, rappelle un peu les cabanes de notre enfance. Il conviendra plutôt aux randonneurs de passage (sanitaires à l'extérieur). Sinon, 3 cabanes agrippées à la pente, un peu plus confortables, avec sanitaires intégrés, et surtout une très belle vue. Mais c'est vite plein... Resto tout mimi. Bon accueil de Tshering.

🏠 ***Manla Resort :*** *à 2,5 km du village en partant vers la droite au carrefour principal.* ☎ *668-01-08.* 📱 *98-41-22-14-17.* • *omanla@mail.com.np* • *Prix modérés.* Wi-Fi Notre adresse préférée pour se mettre au vert, à l'écart du village. C'est le logement le plus élevé du secteur (2 100 m), invisible de la route puisqu'il faut descendre un escalier pour se retrouver accroché à la montagne, du côté où le soleil se lève. Rien de luxueux, c'est même très simple, mais les chambres avec leur look de chalet sont propres et tranquilles. Toutes avec salle de bains (eau chaude) et balcon. Bons repas sur demande. Accueil sympa de Sujan, dont le papa enseigne le yoga. Une adresse pour les amateurs de calme et de simplicité.

De prix moyens à chic (20-70 $; 18-64 €)

🏠 ***Hotel at the End of the Universe :*** *non loin du* Fort Resort. ☎ *622-65-00 ou 668-00-11.* • *endofthe universe.com.np* • *Prix modérés à chic. CB + 3 %.* Wi-Fi Un petit complexe hôtelier perché sur les hauteurs, dans un site tranquille. Des chambres, dont quelques-unes à prix modérés, des bungalows, plus un chalet pour 8 personnes, avec salle de bains, balcon et jolie déco. D'autres plus anciens sans salle de bains, mais sympas comme tout. L'ensemble est réussi. Ambiance jeune et cool, y compris au resto-bar (voir plus bas « Où manger ? »). Une adresse qui donne envie de poser son sac quelques jours... Loue aussi des voitures.

🏠 ***Farm House :*** *sur la piste sinueuse de Sankhu, à 3 km de l'arrêt de bus, après le* Country Villa Hotel. ☎ *620-20-22.* 📱 *98-41-43-73-98. Résa à Kathmandu à l'hôtel* Vajra : ☎ *(01) 427-15-45.* • *nagarkotfarm house.com* • *Compter env 65-75 $ pour 2 pers en ½ pens (obligatoire). CB + 3,5 %.* Wi-Fi D'abord, on loge à l'écart des autres, et puis l'environnement est de toute beauté. On peut assister au lever comme au coucher du soleil. Les chambres sont de belle taille et chaleureusement décorées, équipées de couettes épaisses, salle de bains, poêle et grand balcon pour admirer la vue. La salle à manger, avec sa cheminée, rappelle les refuges de haute montagne. Produits issus du potager et du verger. Pavillon de lecture et de méditation.

🏠 ***Resort Eco-Home Nagarkot :*** *en face du* Sherpa Alpine Cottage. ☎ *668-01-80.* • *ecohomenagarkot.com* • *Prix chic (fourchette basse). Petit déj inclus. CB refusées.* Wi-Fi Dans une grosse bâtisse jaune, superbement rénovée, de jolies petites chambres colorées, avec plancher, drapeaux de prière sur les murs, salle de bains nickel et petit balcon. Feu de cheminée le soir. Pas vraiment de vue, en revanche. L'endroit est tenu par un Népalais facétieux et une Allemande accueillante, tous deux impliqués dans des actions et œuvres humanitaires (vous pouvez notamment, par eux, financer la scolarisation d'un enfant). Dommage que l'accueil soit un peu plus froid lorsqu'ils ne sont pas là...

Très chic (plus de 120 $; 110 €)

Country Villa Hotel : *au début de la route de Sankhu. ☎ 668-01-28. Résa à Kathmandu : ☎ (01) 470-03-05. • hotelcountryvilla.com • Doubles env 130-180 $ selon confort (taxes incluses). Prix spéciaux sur leur site ou essayer de négocier... CB acceptées. (gratuit dans les espaces communs, très cher en chambre !).* Deux grands bâtiments merveilleusement situés à flanc de montagne pour jouir pleinement du paysage. Chambres confortables, à un tarif tout de même très élevé ! Les plus spacieuses sont très chères, mais toutes ont un balcon avec vue saisissante sur la vallée. C'est bien sûr l'attrait principal du lieu, notamment au lever du soleil. Sinon, resto à la déco très réussie, présentant une carte alléchante. Patron et personnel charmants. Fournissent des guides, des infos et des cartes pour les balades. Petit bar douillet avec de grandes baies vitrées pour profiter de la vue, bien au chaud. Bref, le grand luxe.

Où manger ?

De bon marché à chic (de 300 à plus de 600 Rps ; 2,75 à plus de 5,50 €)

Au carrefour principal, quelques gargotes et restos pas trop chers, dont l'***Everest Family Restaurant*** *(tlj 6h-21h),* très simple, qui propose un honnête *dal bhat,* végétarien ou non, plus des plats de nouilles ou de riz, currys, *chow-mein, wai wai*...

Resto de l'Hotel at the End of the Universe : *voir « Où dormir ? ». Prix moyens.* Un petit resto cosy à prix très raisonnables, avec de grandes baies vitrées et une terrasse donnant sur les 2 vallées. Un endroit chaleureux pour goûter au *nepali thali* ou au *chicken biryani,* avec des noix de cajou, coco et raisins secs, excellents. Musique live de temps à autre. Décidément, il y a une bonne ambiance à l'autre bout de l'univers !

Resto du Resort Eco-Home : *voir « Où dormir ? ». Dans l'idéal, commander 1h à l'avance. Prix moyens à chic.* On vous conseille vivement l'hôtel, mais rien ne vous empêche, si vous dormez ailleurs, de venir manger ici. Salle très agréable avec feu de cheminée et cuisine ouverte, nickel. Deux menus, un népalais et un continental, plus la carte. Très soigné et copieux. Un bien bon souvenir !

DANS LES ENVIRONS DE NAGARKOT

➢ Plein de ***balades*** à pied. Possibilité de redescendre dans la vallée : 3-4h pour *Changu Narayan* en longeant la ligne des crêtes (pas trop difficile à faire seul, sinon prendre un guide à Nagarkot), puis 1h30-2h de Changu à *Bhaktapur.* Vous pouvez aussi rejoindre *Dhulikhel* : compter 5-6h via *Nala* ; ou descendre vers *Sankhu* en 4h en passant par ***Jarsingpawa,*** village avec une vue aussi imprenable qu'à Nagarkot. Le chemin traverse des forêts et de belles collines.

PANAUTI

IND. TÉL. : 011

Situé à 19 km au sud-est de Bhaktapur. Comment expliquer la présence, dans ce petit village perdu, d'un tel ensemble religieux ? Tout simplement parce qu'il y eut un royaume de Panauti... et que les souverains d'alors ne manquaient pas de goût. Le site est magnifique.

Arriver – Quitter

➢ ***De/vers Kathmandu :*** bus locaux (plutôt lents et bondés donc) depuis *Ratna Park* à Kathmandu. Sinon, des bus relient sans arrêt Banepa à Panauti.

➢ ***De/vers Dhulikel :*** changer à Banepa.

Où dormir ?

L'hébergement est tout à fait médiocre ; dormir plutôt à Dhulikhel. L'hôtel ***Panauti,*** très correct, peut cependant dépanner *(☎ 44-00-55 ; env 500-1 500 Rps la double)* et il possède un resto convenable. De la place des bus, monter par Campus Marg vers Khopasi, il est 100 m plus haut, sur la gauche.

À voir

Le temple à trois toits de l'Indreshwar Mahadev : *de la place principale, suivre la petite rivière Punyamati le long de la pittoresque Main Street.* Le temple, consacré à Shiva (on aperçoit en effet les lingas entourant le temple et le nandi, le taureau qui lui sert de véhicule), date du XVe s. C'est probablement aujourd'hui le plus ancien du pays dans son état originel et dans le plus pur style népalais qu'on puisse imaginer. Huit lions lui assurent une garde vigilante. Les étais, en bois brut finement sculpté, présentent tous les dieux et déesses du *Mahabharata.* Admirer la *stèle de Surya* sur son attelage sacré. D'autres édifices autour, pas moins intéressants. Le temple est en attente d'être inscrit sur la liste du Patrimoine mondial de l'Unesco...

Le temple de Brahmayani : *de l'autre côté de la rivière, seul au pied de sa colline.* Il date du XVIIe s. Très cher au cœur des habitants de Panauti. Après l'avoir restauré en 1981 suite à une consultation de la population, l'équipe française du CNRS a également entrepris des travaux destinés à améliorer la vie quotidienne des habitants (canalisations, réfection des rues, don de 4 000 t de blé par an et construction d'écoles).

Le temple de Brahmayani appartient au quartier de ***Triveni Ghat,*** qui en compte au total une vingtaine *(entrée : env 300 Rps).* La beauté du paysage rivalise avec la finesse des temples. C'est un important lieu de pèlerinage hindou, la ***Panauti Mela,*** qui rassemble tous les 12 ans plusieurs centaines de milliers de personnes (le prochain est pour 2022 !). D'autres temples au sommet de la colline. Autre fête importante : le ***Jya Punhi,*** qui ne dure qu'un jour, au moment de la pleine lune du mois d'août.

LA BALADE DU NAMO BUDDHA

Voici, de Panauti à Dhulikhel, une superbe balade tout à fait réalisable dans la journée et sans difficulté majeure. Noter que l'itinéraire peut être pris dans l'autre sens, depuis Dhulikhel, avec peut-être une plus belle vue encore sur les montagnes le matin. Au départ de Panauti, compter environ 6h de marche aller simple, à un rythme paisible.

Première étape : de Panauti au Namo Buddha

Prévoir 2-3h de marche. Au départ, traverser la rivière par le pont suspendu, longer le cours d'eau jusqu'au *temple de Brahmayani.* Suivre quelque temps la route, puis, en contrebas, une grande cuvette couverte de rizières. Un petit chemin en moraine, très étroit, passe au milieu. Au fond, sur une colline, on entraperçoit déjà le Namo Buddha. Après la rizière, une fourche. Prendre à droite, vers l'unique village au fond des collines. Juste après cette bourgade, le chemin se met à grimper. À un embranchement bien distinct, prendre à gauche. Au milieu d'un nouveau hameau, chemin de droite (faire confirmer par un paysan que c'est bien la route du Namo Buddha !). Itinéraire un moment assez ardu à travers les champs de maïs, avant d'aborder une voie plus large, moins abrupte, qui aboutit à un hameau offrant un somptueux panorama sur la vallée.

– *Variante pour les plus fatigués :* il est possible de prendre un bus jusqu'à Patisone, terminus au pied de la montagne. Reste à grimper en une petite heure la pente douce conduisant au stûpa. On peut redescendre ensuite jusqu'à Dhulikhel en stop. Pour ceux qui ne peuvent pas faire la balade, possibilité de prendre un bus local depuis Dhulikhel ou Banepa mais la piste est dure...

Le Namo Buddha est un beau stûpa dans les dégradés de jaune, avec son collier de moulins à prières.

Face à la vallée, emprunter un petit raidillon qui part à gauche du stûpa. Après la montée, on parvient à une chapelle et un ***petit monastère bouddhique*** où les moines font retraite (ne pas oublier de contourner par la gauche ni de se déchausser pour pénétrer dans le monastère). À voir également, les offrandes de biscuits secs et de briques de jus de fruits !

L'OFFRANDE DE BOUDDHA

Arrivé au petit monastère au-dessus du stûpa, un bas-relief raconte la légende dont ce lieu a tiré son nom. Le Bouddha avait appris qu'une tigresse avait été tuée par un chasseur au sommet de la colline. Il s'y rendit et y trouva quatre petits tigres gémissants et affamés. Il ressentit tant de compassion pour eux qu'il prit lui-même la forme d'une tigresse et mit son propre corps en pièces, offrant ses entrailles aux petits !

S'il y a de la place, possibilité pour ceux qui sont intéressés par le bouddhisme d'être hébergés au ***monastère.*** Chambres bon marché en demi-pension.

À Namo Buddha, à côté du stûpa, le ***Namo Buddha Motel*** abrite 2 chambres vraiment très rudimentaires, mais très bon marché aussi. En face, la ***Namo Buddha Guesthouse*** (*98-41-45-45-92*) propose des chambres un peu plus confortables, à prix modérés. Autour, possibilité de se restaurer dans plusieurs échoppes qui servent du thé et des boissons fraîches. Autre option :

Namo Buddha Resort : *à **Kanodada,** à env 13 km au sud de Dhulikhel, entre Kavre Bhangyang et le stûpa de Namo Buddha. ☎ (01) 691-22-12. • namobuddharesort.com • Env 65-70 € pour 2. ½ pens possible. CB + 3,5 %.* Situation exceptionnelle, à 1 800 m d'altitude, d'où l'on voit, par temps clair, l'Himalaya. Tenus par un Allemand, une douzaine de chalets de construction traditionnelle (en pierre, boue et ardoise), au charme rustique, pouvant héberger de 2 à 6 personnes. Les plus petits sont équipés de toilettes mais pas de douche. Sauna et bain de sel (payants). Ferme bio sur place. Cher, mais beau !

Deuxième étape : de Namo Buddha à Dhulikhel

Passé le monastère, on aperçoit une ligne de crêtes. Se fixer l'unique hameau et la route de terre au loin comme point de mire. Arrivé sur la route, la suivre à gauche tout du long. Elle mène directement à Dhulikhel. Cependant, il est vivement conseillé, comme les porteurs et villageois le font, d'emprunter les raccourcis. Voici quelques indications, forcément vagues faute de références précises (dans la nature, c'est dur !). Se fier à son sens de l'orientation et, surtout, observer les porteurs qui déboucheraient d'un sentier de montagne-raccourci. Du Namo Buddha à Dhulikhel, compter 3-4h de marche.
Après quelques kilomètres de marche, vous apercevrez un hameau (fontaine et bosquet d'arbres) sur la colline en face. La route y passe. On peut alors couper à la hauteur d'un gros arbre isolé jusqu'à un autre du même gabarit. On s'économise un grand lacet. Depuis le hameau, reprenant la route, quelques centaines de mètres plus haut vous verrez un chemin qui part sur la droite. Facile à reconnaître : très rude et fait de pierres encastrées dans l'argile. Il s'agit de la dernière montée un peu rude. Vous atteindrez alors le *temple de Kali,* idéal pour une pause.
Ensuite, les raccourcis sont tous en descente et, là aussi, facilement reconnaissables. À peine débouche-t-on sur la route que ça repart de l'autre côté (chemin de pierres encaissé). En fin d'après-midi, le flux incessant des porteurs se révèle d'ailleurs une bonne indication. Finalement, Dhulikhel apparaît, dans une vallée sereine.

DHULIKHEL

IND. TÉL. : 011

Autre ville réputée pour son point de vue sur l'Himalaya. Située à 43 km de Kathmandu, sur la route chinoise qui traverse de beaux paysages de rizières (c'est-à-dire la route qui mène au Tibet, construite par les Chinois, mais aujourd'hui bien endommagée par les séismes de 2015). Ici, c'est surtout les montagnes situées à l'ouest de la chaîne de l'Everest (Gauri Sankar, Langtang...) que l'on peut apercevoir. La ville moderne ne présente aucun intérêt. On vient ici pour la partie campagnarde de la ville avec vue, du côté de Kavre et Bhattidanda, à 30 mn à pied de l'arrêt de bus. Les rares « restos » ferment tôt et toute forme de vie disparaît après 21h30. Emporter un bon bouquin !

Arriver – Quitter

➢ ***De/vers Bhaktapur et Kathmandu :*** bus locaux très fréquents partant, à Kathmandu, de *Ratna Park* et passant par Bhaktapur (le long de la route qui longe la ville par le sud). Env 1h30 de trajet entre Kathmandu et Dhulikhel.

➢ ***De/vers Namo Buddha :*** intéressant surtout à pied (voir plus haut « La balade du Namo Buddha ») mais il est possible aussi, quand la route est carrossable, d'y aller en bus local ou en 4x4.

Où dormir ? Où manger ?

De très bon marché à prix moyens (moins de 40 $; 30 €)

🏠 |●| ***Tashidelek Guesthouse :*** *à* ***Bhattidanda-Kavre,*** *à 30 mn à pied de la station de bus. ☎ 49-06-81. 📱 98-41-31-06-04. • tashidelekguestlodge.com • Tt au bout, après l'*Himalayan Sunrise Guesthouse. *Doubles avec ou sans sdb et balcon très bon marché à prix modérés. ½ pens possible. CB refusées.* Un petit coup de cœur pour cette adresse du bout du monde. Accueil chaleureux de Prem et sa petite famille. Dans leur maison en dur, avec jardinet, un dortoir de 4 lits et une dizaine de chambres. Belle vue et environnement campagnard. Une adresse pour routards et randonneurs. Petit déj avec pain tibétain, omelette et patates sautées, et bons repas. Prem, qui est aussi guide, vous conseillera des balades.

🏠 |●| ***Innate Pension :*** *Kavrepalanchowk, 1. ☎ 49-04-00. 📱 98-41-27-92-82. • innatepension.com • Passer la poste et la police, c'est un peu avt le* Dwarika, *une maison rouge sur la droite. De bon marché à prix moyens.* L'enjoué et chaleureux Uttam a fondé une école dans le village reculé de Saping (visitable et accessible en 2h de bus, puis 2h de marche), puis ouvert cette pension pour en faire un support financier. Bonne idée ! En logeant ici, on aide le village. 2 chambres doubles avec salle de bains privée, 2 autres et un dortoir de 3 lits avec salle de bains commune. Cuisine et barbecue à dispo. Salle TV et de jeux. Resto.

🏠 |●| ***Art Gallery in Nawaranga :*** *dans le « vieux village ». ☎ 49-02-26. Très bon marché.* Coincé entre deux constructions, comme le village d'Astérix, cette petite adresse qui accueille les routards du monde entier depuis des décennies est un peu en perte de vitesse. Très roots, très simple, elle est surtout mal placée si l'on vient pour le paysage. Bref, une adresse pour fauchés et nostalgiques de la route. Un dortoir et une petite dizaine de chambres, basiques et sombres, avec toilettes à la turque et douches communes. Pas d'une propreté étincelante. D'autres plus récentes avec salle de bains privée (eau chaude). Vos meilleurs souvenirs seront sans doute cette « cuisine-resto-expo », pour le moins croquignolette, et Purna, le proprio, un personnage.

DANS LES ENVIRONS DE DHULIKHEL

👀👀 ***Le temple de Chandeswori :*** *à* ***Banepa,*** *ville reconstruite après le terrible incendie de 1962 et, malheureusement, sans intérêt. Pour le temple, compter env 20 mn de marche depuis Dhulikhel.* En surplomb de la rivière, un temple superbe à trois toits, entouré d'une pittoresque enceinte de briques. Les poutres sculptées (ou « corbeaux ») sont d'une finesse extraordinaire. Sur le côté, une fresque plus récente et carrément psychédélique représente le dieu Bhairava, avatar maléfique de Shiva. D'autres édifices intéressants, en brique rouge, dédiés à Shiva. Nombreux piliers portant des animaux en bronze doré.

En sortant du temple, prendre à droite, contourner la maison et traverser la rivière. On découvre alors la statue, impressionnante, d'un Vishnu couché au bord de l'eau, sculptée dans la roche, sur un lit de serpents, les ornements habituels de la divinité.

À L'OUEST DE KATHMANDU

- **Gorkha**........................ 115
  - Le temple de Manakamana
- **Bandipur**..................... 117
- **Pokhara**...................... 119
  - Tarshi Palkhiel
  - Sarangkot
  - Naudanda
  - Maula
  - Les lacs de Begnas et Rupa
  - La vallée de la rivière Kali Khola
  - Nirmal Pokhari
  - Treks au départ de Pokhara

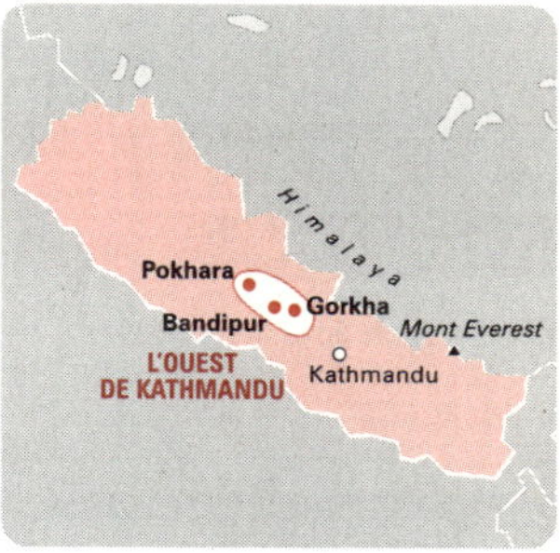

La route qui traverse sur 200 km le plateau de Kathmandu à Pokhara connaît un trafic dense, chaotique et parfois éprouvant (à éviter en période de mousson). Heureusement, quelques villages, tels que Gorkha et Bandipur, jalonnent le trajet. Ils permettent de faire des pauses bienvenues, offrant qui plus est une histoire et une architecture remarquables, ainsi qu'un panorama sur les grandioses sommets. Au bout du périple (et au commencement parfois d'un autre), Pokhara, moderne, sportive, mais aussi tellement plus calme que Kathmandu, s'est développée dans sa partie (archi) touristique au bord du lac Fewa, lui conférant presque une petite allure de station balnéaire. C'est, bien sûr, le point de départ de plusieurs treks, dont celui, légendaire entre tous, du *tour des Annapurnas,* et une excellente base pour la pratique de nombreuses activités annexes (du kayak au VTT en passant par le parapente). Bref, un passage (quasi) obligé au Népal.

GORKHA

IND. TÉL. : 064

À mi-chemin entre Kathmandu et Pokhara, à une petite vingtaine de kilomètres de la route principale, ce village niché à 1 140 m d'altitude, au pied du massif du Manaslu (8 163 m), fut la capitale d'un petit royaume édifié au XVIe s par la tribu des Gorkhas, alors commandée par Dravya Shah. C'est ici, du haut de la forteresse, que son descendant, le maharadja Prithivi Narayan Shah, créa au XVIIIe s la célèbre et redoutable armée gorkha. En 1769, après avoir soumis et unifié les petits États

LES MEILLEURS SOLDATS DU MONDE

Au service de la couronne britannique depuis plus de deux siècles et sur tous les théâtres d'opérations, les Gorkhas sont considérés parmi les meilleurs soldats au monde. Ce corps d'élite est composé de Népalais dont la fidélité est sans faille. Le khukuri (couteau recourbé) est leur signe distinctif.

indépendants des confins de l'Himalaya, il fonda le Népal moderne, dont il devint le premier roi, installant alors son palais à Kathmandu. Durant le conflit anglo-népalais de 1814-1815, ses soldats menèrent la vie dure aux tuniques rouges. Après le traité de paix qui mit fin aux hostilités, ils devinrent des mercenaires très appréciés pour le compte de la Compagnie des Indes.
Gorkha a beaucoup souffert des séismes de 2015 ; l'épicentre du premier tremblement de terre se trouvait non loin.

Arriver – Quitter

Station de bus : *sur la place juste au-dessous du vieux village et de l'office de tourisme.*
➢ ***Kathmandu*** *(156 km)* **:** de la capitale, les bus partent de la *Central Bus Station* (demander « Gangabu » au taxi). Départs tôt le mat, mais venir en avance pour trouver le bon bus ! De Gorkha, nombreux bus et minibus quotidiens vers Kathmandu. Départs 6h45-14h30. Env 6h de trajet avec un bus local et 5h avec les *tourist coaches.*
➢ ***Pokhara*** *(125 km)* **:** départ à l'aube aussi. Env 3-4h de trajet. De Gorkha, souvent 3 bus le mat slt. Se renseigner sur place.

Adresse utile

Office de tourisme : *pile au-dessus de la station de bus. ☎ 42-15-92 • gorkhavisit.com • Tlj 6h-22h (en principe).* Pauvre documentation, compensée par beaucoup de bonne volonté.

Où dormir ? Où manger ?

À la descente du bus, ne vous laissez pas embobiner par les rabatteurs. Sachez que les petites *guesthouses* du village sont peu recommandables. Voici deux adresses potables :

De prix modérés à moyens (10-40 $; 9-36 €)

Hotel Gorkha Bisauni : *Gorkha Bazar. ☎ 42-01-07 ou 42-04-19. • hotelgorkhabisauni.com • À l'entrée de la ville moderne, sur la droite en montant.* Fort bien situé en surplomb de la vallée verdoyante, un hôtel sans charme, mais acceptable et assez propre. Literie dure et humidité aux étages inférieurs. Les chambres les plus chères, en haut, sont lumineuses et avec vue. Eau chaude non garantie. Terrasse pour profiter du coucher de soleil. Resto correct, personnel aimable. Correct pour une nuit.

Gurkha Inn – Village Hotel : *Gorkha Bazar. ☎ 42-02-06. Résa à Kathmandu : ☎ (01) 441-34-53. • gurkhainn.com.np • Au centre, à gauche en montant, à 150 m à pied de la station de bus.* Petit hôtel pas désagréable, orienté sud et donnant sur un jardin fleuri avec fontaine et vue sur la campagne. 15 chambres un peu défraîchies, avec ou sans salle de bains, les meilleures au niveau du jardin. Sur place, resto servant une tambouille passe-partout mais à prix doux. Rapport qualité-prix plutôt honnête et accueil prévenant.

À voir. À faire

Tallo Durbar Palace : *dans le village, au-dessus de la station de bus. ☎ 42-01-45. Tlj sf mar 10h30-15h30 (14h30 lun). Entrée : 50 Rps. Droit photo et vidéo : 200-300 Rps.* Superbe palais en brique de style newar, endommagé lors des séismes de 2015, mais réparé. Il fut construit à la fin du XIXe s pour un prince héritier en exil... Les fenêtres en bois sculpté sont de purs joyaux. Petit musée consacré à cette dynastie qui fonda la ville et le Népal moderne : portraits, peintures de scènes historiques, armes (dont les fameux *khukuri* des guerriers gorkhas), canons, fusils, pistolets, sabres, trône, vieux papiers, instruments de musique, numismatique, et une copie d'un acte de naissance-horoscope de 15 m de long du dernier roi Prithivinarayn. Agréable promenade dans les jardins.

Gorkha Durbar : *au-dessus du vieux village. ☎ 42-01-88. Compter 30 mn de marche puis une dure grimpette depuis le vieux village. Possibilité de s'en approcher en taxi (compter 500 Rps avec temps d'attente). Nov-janv, tlj 7h-17h ; fév-oct, tlj 6h-18h. Entrée : 50 Rps. Attention : cuir interdit.* Forteresse Shah du XVIe s, stratégiquement construite sur une colline fortifiée, on y jouit d'une vue imprenable sur les sommets enneigés du massif du Manaslu. Tout en brique avec ses toits pyramidaux en encorbellement et ses fenêtres sculptées dans le plus pur style newar. Dans l'ancienne *Royal Guesthouse,* scènes érotiques taillées dans le bois des solives. À l'intérieur du site, temple dédié à la déesse Kali (réservé aux hindouistes), dont on dit qu'on risque de mourir si l'on contemple sa terrible effigie. Il y a moyen de l'observer depuis la terrasse. À la date de la demi-lune *(astami),* de nombreux sacrifices y sont effectués l'après-midi. Des pèlerins apportent leurs offrandes sous forme de chèvre, de poulet, et même de buffle. La forteresse est alors inondée d'une mare de sang, âmes sensibles s'abstenir !

➢ Petite ***balade*** sympathique à faire à pied : depuis Gorkha Durbar, marchez en longeant la crête, vers ***Tallokot*** (30 mn), un village plus à l'est qui comporte deux anciens fortins. En chemin, vous passez devant la statue du roi Ramsha. Continuez et, à partir de Tallokot, redescendez par les villages en contrebas. Au passage d'une maison de retraite d'anciens soldats gorkhas, n'hésitez pas à vous arrêter : ils seront ravis de vous accueillir pour discuter.

DANS LES ENVIRONS DE GORKHA

Le temple de Manakamana : *env 12 km au sud de Gorkha, sur la route de Kathmandu ; côté gauche après Mugling. ☎ (056) 54-01-12 ou (01) 443-46-90. • chitawoncoe.com.np/manakamana • En rénovation suite aux séismes de 2015. Date de réouverture indéterminée. Tlj 8h30-12h, 13h30-17h (non-stop sam).* Perché à 1 302 m, c'est un joli petit temple hindou à deux toits, construit au XVIIe s en brique et bois sculpté, et ceinturé de cloches. L'endroit est un haut lieu de pèlerinage. Tous les ans, plus d'un demi-million de Népalais s'y rendaient !

BANDIPUR

IND. TÉL. : 065

Charmant vieux village typiquement newar, à 145 km à l'ouest de Kathmandu, sur la route de Pokhara qui n'a fort heureusement pas subi trop de dégâts lors des séismes de 2015. Il est juché à 1 030 m sur une montagne à la végétation luxuriante. Tout au long de la rue principale défile la superbe architecture préservée des temples-pagodes et des maisons traditionnelles aux fines boiseries sculptées. Un parfum d'authenticité qui n'est pas sans rappeler celui de Bhaktapur... Dépêchez-vous car le lieu commence à être connu !

UN PEU D'HISTOIRE

Au XVIIIe s, fuyant la conquête gorkha, quelques familles de riches commerçants de Bhaktapur s'établissent ici. Bandipur devient en quelques années le point de passage incontournable entre l'Inde et le Tibet. Avec la taxation des marchandises, la cité prospère et s'embellit. Mais après 1950, avec la construction de la route entre Kathmandu et Pokhara, Bandipur perd de son importance. Les descendants des premiers commerçants préfèrent rejoindre leur village d'origine...

Arriver – Quitter

➢ ***En bus :*** tous les bus (excepté ceux de la compagnie *Greenline*) s'arrêtent, sur la route Kathmandu-Pokhara, à *Dumre Bazar,* d'où l'on peut rejoindre le village, à 8 km, en 2h de marche. On y emprunte l'ancienne route des échanges indo-tibétains. Rizières en terrasses, forêt peuplée d'oiseaux, sources... Des minibus et jeeps y montent aussi. Si vous avez réservé un hôtel, demandez qu'on vienne vous chercher.

➢ ***En voiture :*** une petite route sinueuse relie le village à la route Kathmandu-Pokhara. Parking à l'entrée du village, donc pas de circulation dans la rue principale.

Adresse utile

🛈 ***Information Center :*** *sur le bazar, presque en face de* The Old Inn Bandipur. • *bandipurtourism.com* • Le bureau du *Tourism Development Commitee* est ouvert dans la journée pour répondre aux questions sur les transports et les excursions.

Où dormir ? Où manger ?

Plusieurs familles dans des maisons traditionnelles pratiquent le *Bed & Breakfast.* Se renseigner dans le village.

Bon marché (moins de 900 Rps ; 8,20 €)

🏠 ***Newa Guesthouse :*** *Bandipur Bazar.* ☎ *52-00-79.* • *kintupradahan@gmail.com* • 📶 Dans une maison traditionnelle, 5 chambres très sommaires avec sanitaires communs. Propreté acceptable. Resto sur terrasse. Vue sur le *bazar* ou les montagnes. Accueil familial gentil.

Prix moyens (20-40 $; 18-36 €)

🏠 ***Bandipur Village Resort :*** *à l'entrée du village, sur la droite.* ☎ *52-01-43 ou 69-00-24.* • *bandipurvillageresort@gmail.com* • *Petit déj en sus, à prendre sur le toit.* 📶 Belle maison ancienne d'une douzaine de chambres très correctes. S'ajoutent 2 annexes modernes avec moins de charme, pourvues de chambres basiques, fonctionnelles et propres, toutes avec salle de bains. Les moins chères (catégorie « Prix modérés ») sont en bas, avec sanitaires à partager. Literie dure. Une bonne adresse accueillante à prix raisonnables. Mieux vaut manger au-dehors.

Plus chic (70-120 $; 64-110 €)

🏠 🍴 ***The Old Inn Bandipur :*** *Bandipur Bazar.* ☎ *52-01-10. Résa à Kathmandu :* ☎ *(01) 470-04-26 ou 470-03-35.* • *theoldinnbandipur.com* • *Doubles avec ou sans sdb. Formule-buffet 650 Rps.* Vieille maison traditionnelle du centre avec tapis et mobilier anciens. Belles chambres confortables (parfois petites) bénéficiant d'une vue romantique sur les montagnes ou sur la rue. Déco authentique soignée avec de nombreuses poutres au plafond. Propreté exemplaire. Bouillotte au fond du lit en hiver. Jolie vue sur la campagne depuis l'agréable terrasse. Au resto, excellent *thali* mais plats occidentaux quelconques. Une belle adresse de charme à l'accueil très attentionné.

À voir. À faire

Bindebasini Mandir : à l'extrémité du *bazar* (la rue principale pavée), temple-pagode à deux toits témoin du savoir-faire des artisans newars. À l'intérieur, une des formes de Durga, la déesse destructrice. L'activité est à son comble lors du festival de *Bisket* en avril : l'idole est alors placée sur un chariot pour un tour de la ville en musique.

Khadga Devi Mandir : *monter la rue en escaliers à gauche du précédent.* Dans la cour d'une école, un autre temple à deux toits, moins spectaculaire mais très vénéré. Il contient une épée sacrée, dont la légende raconte qu'elle fut offerte par le dieu Shiva à Mukunda Sen, l'ancien roi de Palpa, dont Bandipur était la vassale (XVIe s). Au cours du festival de *Dasain,* en septembre-octobre, l'épée est sortie pour servir au sacrifice d'un mouton, puis portée ensuite à travers la ville lors d'une procession étonnante.

Mahalaxmi Mandir : *en contrebas du* bazar, *par un passage face à* The Old Inn Bandipur. Cerné par la verdure, ce joli temple-pagode médiéval est dédié à la déesse de l'Abondance : magnifiques portes en bois sculpté, des arches et des linteaux dont le travail frise la perfection.

Tundikhel : *au nord de la ville.* Un grand champ d'où l'on peut embrasser un panorama grandiose les jours de beau temps. Les sommets au coucher ou au lever de soleil laissent rêveur. Baladez-vous dans les environs avec un guide pour découvrir les nombreuses grottes, dont ***Pataali Dwar,*** « la porte de l'Enfer » avec ses concrétions calcaires, ou encore ***Siddha Gufa.*** C'est le gouffre le plus profond du Népal, qui est loin d'avoir livré tous ses secrets.

POKHARA

255 000 hab. IND. TÉL. : 061

• Plan d'ensemble *p. 121* • Lakeside (zoom) *p. 123*

Au centre du Népal, à 200 km de Kathmandu et à 825 m d'altitude, Pokhara est bordée au sud par les rives tranquilles du lac Phewa, le deuxième plus vaste du pays. Avec les sommets enneigés des montagnes qui encerclent son horizon nord, notamment les massifs du Dhaulagiri, de l'Annapurna et du Manaslu culminant à plus de 8 000 m, on profite là d'un panorama absolument extraordinaire ! Sur moins de 30 km, l'altitude passe de 1 000 m à plus de 7 500 m. C'est le seul endroit au Népal où les montagnes s'élèvent aussi vite.
La ville n'était accessible qu'à pied jusqu'à la fin des années 1960, lui conférant alors une dimension mythique. La construction d'une route vers la capitale et d'un aéroport a précipité son ouverture au tourisme. Pokhara s'impose aujourd'hui comme LA destination phare des touristes attirés par le fameux

tour des Annapurnas, un trek de renommée mondiale. Pokhara propose aussi d'autres itinéraires de randonnée plus courts, accessibles aux marcheurs moins expérimentés, et toutes sortes de sports et loisirs : canyoning, rafting, kayak, escalade, VTT, parapente, golf... Bref, une ville incontournable avec davantage de verdure et moins de pollution que Kathmandu, même si Lakeside, le quartier touristique de Pokhara, s'est transformé en une succession ininterrompue de _guesthouses,_ restos et boutiques en tous genres.
À noter que le climat plutôt chaud et humide contraste avec l'atmosphère sèche et froide des montagnes environnantes.
Pokhara n'a pas trop souffert du séisme d'avril 2015.

Arriver – Quitter

En voiture

➢ À 200 km à l'ouest de ***Kathmandu*** par une route très fréquentée sinueuse mais en bon état. Paysages magnifiques. Compter 5-6h de trajet.
➢ À env 150 km au nord-ouest de ***Sauraha*** *(Chitwan).* Le trajet rejoint la route Kathmandu-Pokhara. Durée : 4h-4h30.

En bus

– *Important :* éviter le bus en période de mousson à cause des glissements de terrain qui coupent les routes.
Pokhara compte 3 gares routières :

Tourist Bus Park *(plan d'ensemble, B3,* ***1****) : entre l'aéroport et Lakeside.* Y arrivent les *tourist buses* de Kathmandu, du Chitwan, de Lumbini, de la frontière indienne et de Besisahar (au départ du trek des Annapurnas). Des taxis attendent à chaque arrivée de bus (env 150 Rps jusqu'à Lakeside, qui se trouve à 30 mn à pied...). En saison, les bus de la *Greenline* vont jusqu'à l'entrée de Lakeside. Attention de ne pas se laisser embobiner par les rabatteurs.

Prithivi Chowk Bus Park *(plan d'ensemble, B2,* ***2****) :* des bus locaux relient Kathmandu, le Chitwan et la frontière indienne. Au vu de l'état des véhicules, on déconseille plutôt cette alternative.

Baglung Bus Park *(plan d'ensemble, B2,* ***3****) :* pour les départs en trek vers l'ouest (Birethanti, Nayapul, Beni...).

➢ ***De/vers Kathmandu :*** prendre de préférence un *tourist bus* (une quinzaine de compagnies), plus confortable, plus rapide et plus sûr que les bus locaux. Dans un sens comme dans l'autre, ils partent tôt le mat. Arriver 30 mn avt les horaires annoncés. Compter env 7h de trajet, selon l'état de la route et l'importance du trafic. On recommande volontiers la compagnie *Greenline (zoom A3,* ***8*** *; ☎ 46-44-72 ou 📱 98-46-03-22-70 ; ● greenline.com.np ● ; résa de préférence 3-4 j. avt),* plus chère mais avec AC à bord et déjeuner inclus. Les bus arrivent et partent de Lakeside

Adresses utiles

- Pokhara Tourism Board, police touristique et bureau de l'Annapurna Conservation Area
- **1** Tourist Bus Park
- **2** Prithivi Chowk Bus Park
- **3** Baglung Bus Park

Où dormir ?

- **47** Lemon Tree Guesthouse
- **48** Three Sisters Guesthouse
- **49** Castle Resort
- **50** Hotel Green View
- **51** Hotel Garden
- **52** Shangri-La Village
- **53** Fish Tail Lodge
- **54** The Fulbari Resort

Où manger ?

- **76** Panoramix
- **79** Freedom Café & Bar

Où prendre le petit déj ?

- **77** Bali's German Bakery

À faire

- **101** Blue Sky Paragliding
- **104** Annapurna Paragliding et Himalayan Frontiers

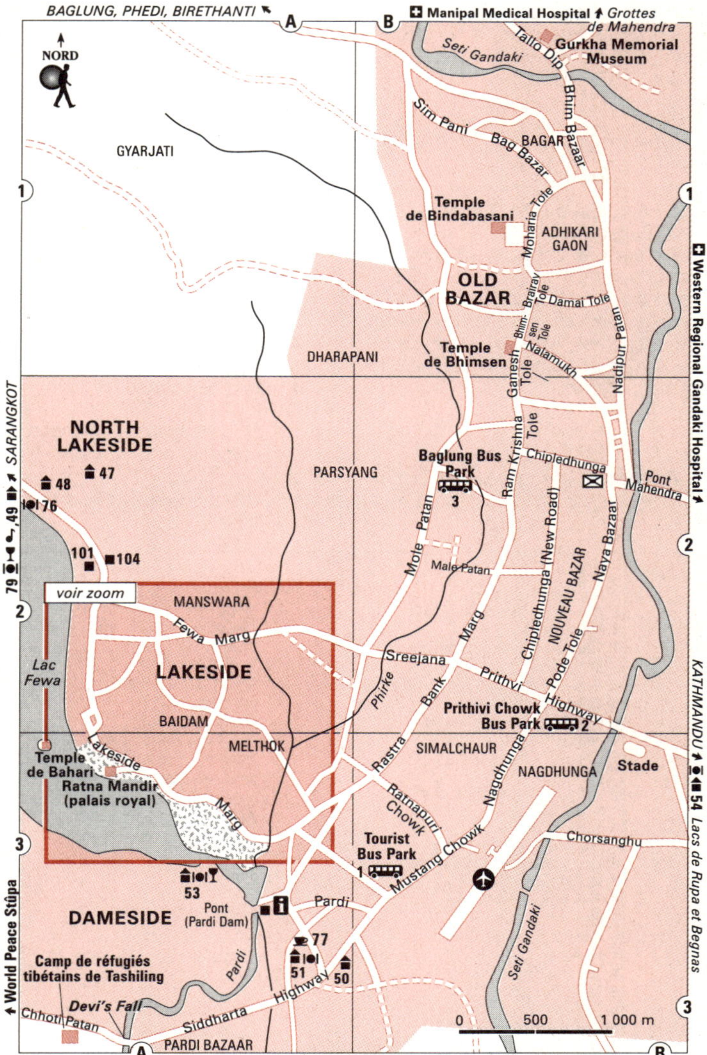

POKHARA – Plan d'ensemble

(arrêt face à l'agence). À Kathmandu, départ de la gare routière de Tridevi Marg (à Thamel). Autre compagnie : *Mountain Overland (zoom, A2,* ***10*** *; accès par la rue perpendiculaire à Lakeside Marg, petite porte avt le* Old Blues Café, *monter au 1er étage ;* ☎ *46-67-03 ou 74 ;* • *mountain overland.com* •*).* Mêmes prestations et prix que *Greenline.* Départ le mat de la *Tourist Station.*

➢ ***De/vers le Chitwan (Sauraha) :*** avec *Greenline* (voir ci-dessus), départ le mat dans les 2 sens. Compter 5-6h de route (avec changement à Kurinta, pour déjeuner). Avec *Mountain Overland*, départ également le mat, mais de la *Tourist Station.*

En avion

✈ ***Aéroport de Pokhara*** *(plan d'ensemble, B3) : à env 2 km au sud-est de Lakeside.* ☎ *46-58-04.* Compter 200-400 Rps entre l'aéroport et le quartier touristique de Lakeside (selon l'endroit). Compagnies aériennes :

■ ***Buddha Air :*** ☎ *46-59-97 ou, à l'aéroport, 46-49-97.* • *buddhaair.com* •

■ ***Yeti Airlines :*** ☎ *46-38-88 ou, à l'aéroport, 46-58-88.* • *yetiairlines.com* •

■ ***Sita Air :*** ☎ *46-53-64 ou, à l'aéroport, 20-68-81.* • *sitaair.com.np* •

■ ***Nepal Airlines :*** ☎ *46-50-21 ;* • *nepalairlines.com.np* •

■ ***Guna Air :*** ☎ *46-58-87* • *guna airlines.com* •

Leurs bureaux se trouvent à l'aéroport ou, à proximité de celui-ci, autour de Mustang Chowk. N'importe quelle agence de Lakeside peut se charger de vos réservations (même prix, voire parfois moins cher).

– Taxe d'aéroport de 200 Rps sur les vols intérieurs.

POKHARA

■ Adresses utiles

4 Immigration Office
5 Standard Chartered Bank
6 Nabil Bank
7 Ganesh Kayak Adventure et Sherpa
8 Bus Greenline
9 Police touristique
10 Bus Mountain Overland
74 Nepal Mandala Book Shop

Où dormir ?

20 Gauri Shankar Guesthouse
21 Hotel Elia
23 Kumari Lodge
24 Traveller's Guest House
26 Hotel Fire on the Mountain
27 Holy Lodge
28 The Mountain House
29 Hotel Nirvana
30 Hotel Lake Side
31 Hotel Sakura
32 Nanohana Lodge
33 Hotel Temple Villa
34 Hotel ABC
35 The Sacred Valley Inn
36 Baba Lodge
37 Hotel Noble Inn
38 Blue Planet Lodge
39 Hotel Fewa
40 Mum's Garden Resort
41 Hotel Trekkers Inn
42 Hotel Trek-o-Tel
43 Hotel Barahi
44 Temple Tree Resort

Où manger ?

61 Pokhara Thakali Kitchen
62 The Old Lan Hua Chinese Restaurant
63 Sanmaru Korean Restaurant
64 Mamma Mia et Everest Steak House
65 Caffè Concerto
66 Once Upon A Time
67 Byanjan
68 The Lemon Tree
69 Tea Time Bamboostan Café et Olive Café
70 Chinese Garden Restaurant
71 Fewa Lake Restaurant
72 Fewa Paradise Restaurant
73 Moondance Restaurant
75 Natssul
78 Almond's

Où prendre le petit déj ?

39 Mike's Restaurant
43 Pâtisserie de l'Hotel Barahi
72 Bali's German Bakery

Où boire un verre ? Où sortir ?

90 Busy Bee
91 Club Amsterdam Café
92 Old Blues Café
93 Maya Pub and Restaurant

■ À faire

100 Seeing Hands
102 Sunrise Paragliding
103 Avia Club Nepal
105 Paddle Nepal
106 Pokhara Mountainbike Club
107 Zip-Flyer

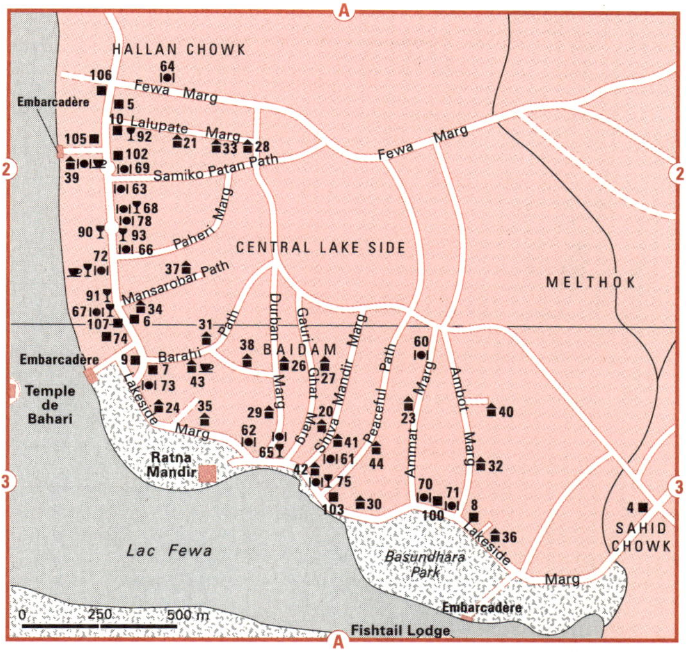

POKHARA – Zoom

➢ ***De/vers Kathmandu :*** plusieurs vols/j. avec les compagnies citées plus haut, dans des avions à hélice de 15 à 20 places. Env 30 mn de vol. On conseille d'acheter le billet retour vers Kathmandu avant le trek, sans oublier de le reconfirmer. Paiement en devises étrangères slt. Et pour mieux profiter de la vue sur les montagnes (si elles ne sont pas dans les nuages !), asseyez-vous à gauche au départ de Pokhara et à droite depuis Kathmandu.

➢ ***De/vers Jomsom :*** plusieurs vols/sem, voire quotidiens en saison, avec *Sita Air* et *Nepal Airlines.* Env 20 mn de vol. Peut être annulé en raison des conditions météo.

La construction d'un nouvel aéroport international pour Pokhara est annoncée, en théorie pour 2017, avec un financement par des banques chinoises. Il devrait permettre aux gros porteurs d'accéder directement à cette ville sans passer par Kathmandu. Nul doute que ce projet devrait entraîner un accroissement de la fréquentation touristique et modifier encore la physionomie de la ville.

Adresses utiles

Infos touristiques

🅸 ***Pokhara Tourism Board*** *(plan d'ensemble, A3) : Rastra Bank Chowk.* ☎ *46-52-92 ou 46-30-29.* • *welcomenepal.com* • *À l'extérieur de Lakeside. Tlj sf sam et j. fériés 10h-17h.* Quelques brochures en anglais et carte de la ville (gratuite). Achat de la TIMS Card, permis de trek et assurance pour les guides et porteurs qui vous accompagnent. Elle est OBLIGATOIRE, même si vous partez seul en randonnée. Apporter 2 photos (photomatons à proximité), votre passeport et 20 $ (payable en roupies) pour les individuels. Passer par une agence de trek fait l'économie de cette formalité... Plus d'infos sur ● *timsnepal.com* ● Pendant les jours de fermeture de l'office de tourisme, on peut se procurer la TIMS Card au bureau TAAN (voir ci-dessous). Sur place, également le bureau de l'Annapurna Conservation Area (voir plus loin), zone protégée englobant le tracé du fameux tour des Annapurnas. Bureau de la police touristique à côté (voir plus loin).

■ ***Immigration Office*** *(zoom A3,* ***4****)* **:** ☎ *46-51-67.* ● *immi.gov.np* ● *Tlj sf sam et j. fériés 10h-17h (15h ven et 16h en hiver).* Pour la prorogation de visa. Y aller avant 13h. Apporter son passeport, une photo et 30 $ (payable en roupies) pour 15 jours d'extension. Ensuite, c'est 2 $ par jour supplémentaire, pour un maximum de 150 jours de présence cumulée dans le pays sur une année. Ajouter 20 $ pour un visa à entrées multiples.

■ ***Nepal Mandala Book Shop*** *(zoom A3,* ***74****)* **:** *Lakeside Marg, au rdc.* ☎ *46-32-03.* Le plus important marchand de livres de Pokhara, avec un petit choix de bouquins en français sur le thème de l'Himalaya. Également les cartes des itinéraires de treks.

Poste et télécoms

✉ ***Post Office*** *(plan d'ensemble, B2)* **:** *Mahendra Pool. Tlj sf sam 10h-17h (15h ven).* Excentré, vers le bazar, mieux vaut acheter ses timbres sur Lakeside dans une librairie qui dispose d'une boîte aux lettres.

■ ***Téléphone :*** un peu partout sur Lakeside, nombreuses boutiques d'où il est possible d'appeler, localement ou à l'étranger.

@ ***Internet :*** cybercafés omniprésents sur Lakeside et même dans les autres quartiers.

Argent, change

■ ***Banques :*** *ouv tlj sf sam 10h-16h30 (13h ven).* Plusieurs sur Lakeside, toutes dotées d'un ATM (*Visa* et *MasterCard*) et permettant de changer euros ou dollars, ou encore de se faire envoyer de l'argent. Ne pas oublier son passeport. ***Standard Chartered Bank*** *(zoom A2,* ***5****),* ***Nabil Bank*** *(zoom A2-3,* ***6****)*, dont le distributeur dispose d'un plafond de retrait plus important que celui des autres banques.

Santé, urgences

■ En cas d'urgence : ☎ *100.*

✚ ***Hôpitaux : Manipal Medical Hospital*** *(hors plan d'ensemble par B1), Fulbari (au nord-est de la ville).* ☎ *52-64-17. Également le* ***Western Regional Gandaki Hospital*** *(hors plan d'ensemble par B2), Hospital Chowk (à l'est de la ville).* ☎ *52-04-61.* Prestations correctes, mais en cas de problèmes médicaux sérieux, mieux vaut un rapatriement sur Kathmandu.

■ Plusieurs petites ***pharmacies*** sur Lakeside.

■ ***Police touristique :*** *Rastra Bank Chowk, juste à côté du* Pokhara Tourism Board *(plan d'ensemble, A3).* ☎ *46-27-61. Également un* ***kiosque*** *(zoom A3,* ***9****) sur Lakeside, face à* Ganesh Kayak Adventure Shop.

Transports

■ ***Location de vélos :*** *plusieurs loueurs sur Lakeside. On donne le nom de son hôtel. Compter autour de 300 Rps/j.* Généralement en bon état, ce qui ne dispense pas de faire un rapide contrôle technique.

■ ***Location de scooters et de motos :*** *notamment en face du* Caffè Concerto *(zoom A3,* ***65****). Prévoir env 900-1 000 Rps/j. avec 2 casques pour un scooter.*

🚗 ***Taxis :*** on en trouve très facilement sur Lakeside, mais il est moins aisé de leur faire mettre le compteur. Négocier fermement le prix de la course avant. En dehors de Lakeside, les taxis sont rares ; penser au retour.

■ ***Location de poneys :*** *les agences de trek de Lakeside font venir chevaux et guide jusqu'à votre hôtel. Compter 1 200 Rps pour 3h (balade autour du lac), et 2 100 Rps pour 6h* *(balade autour du lac avec montée au World Peace Stûpa).* Ce sont des chevaux nains du Mustang au pied très montagnard.

Trek et agences

■ ***Bureau de l'Annapurna Conservation Area*** *(plan d'ensemble, A3) : Rastra Bank Chowk, au* Pokhara Tourism Board. *☎ 46-33-76. • ntnc.org.np • Tlj 10h-17h (16h nov-janv).* Pour obtenir le droit d'accès à la zone protégée des Annapurnas : se munir de 4 photos d'identité, de 2 000 Rps, et remplir le formulaire. Le sésame est délivré en quelques minutes. Y aller de préférence à l'ouverture. Les agences de trek s'occupent pour vous de cette formalité. Infos et dépliant en anglais sur la zone.

■ ***Ganesh Kayak Adventure*** *(zoom A3,* ***7****) : Lakeside Marg. ☎ 52-26-57. • raftnepal.org •* Agence tenue par Charly, spécialisé dans le kayak (location et excursions), le rafting et le trekking, mais aussi la pêche. Charly connaît les bons coins. Ne pas hésiter à venir le saluer, il donne plein de conseils et de bons plans sur la région.

■ ***Sisne Rover Trekking*** *(zoom A2) : Lakeside Marg. ☎ 46-18-93. • sisnerover.com • Face au resto* The Lemon Tree *(zoom A2,* ***68****).* Une agence aux services multiples réputée pour son sérieux et le respect dont elle fait preuve à l'égard de ses guides.

■ ***Adam Tours and Travels*** *(zoom A3) : Lakeside Marg. ☎ 46-18-06. • adamnepal.com • Face au resto* Tea Time Bamboostan Café *(zoom A2,* ***69****).* Le meilleur plan pour acheter un billet d'avion au meilleur prix pour l'étranger. Organise aussi des treks.

■ ***Location et achat de matériel de trek :*** boutiques de matériel partout sur Lakeside. On recommande chaudement la boutique de la marque népalaise ***Sherpa*** *(zoom A3,* ***7*** *; Lakeside Marg, juste au-dessus de chez* Ganesh Kayak Adventure *; ☎ 46-22-58 ; • sherpaadventuregear.com •).* Bons vêtements bien taillés et matériel de qualité à des prix un peu élevés mais moins chers que les grandes marques internationales.

– ***Attention :*** les vêtements, duvets et sacs à dos de marques internationales sont des contrefaçons pas chères mais parfois de bonne qualité. Après votre trek, on conseille de les offrir à vos guides et porteurs ; ça évitera ainsi une contravention en cas de contrôle à la douane française.

POKHARA

Où dormir ?

L'essentiel des hébergements se trouve sur Lakeside, la zone touristique incontournable de la ville. Si le quartier a perdu de son authenticité, cette concentration d'hôtels, *guesthouses,* restos, boutiques et agences de treks n'est pas sans avantages. À noter que pour certains hébergements, les prix annoncés ne comportent pas toujours les taxes : 10 % de service et 13 % de taxe. Bien vous le faire préciser à la réservation.

Conseil : n'hésitez pas à discuter les prix et à faire jouer la concurrence, car les tarifs affichés sont rarement ceux pratiqués, surtout en basse saison.

La plupart des adresses sont équipées de ventilos, moustiquaires et wifi.

Sur Lakeside

Bon marché (jusqu'à 900 Rps ; 8,20 €)

🏠 ***Hotel Elia*** *(zoom A2,* ***21****) : Lalupate Marg. ☎ 45-54-40. • hotelelia.com •* Dans un premier édifice proche de la rue, des chambres basiques mais propres, avec salle de bains commune. Puis, au fond du jardin, dans un second bâtiment coloré, des chambres avec salle de bains, tout aussi bariolées et impeccablement tenues (prix modérés). Certaines avec AC. Accueil familial. Une bonne adresse tranquille à budget variable.

🏠 ***Traveller's Guest House*** *(zoom A3,* ***24****) : Lakeside Marg. ☎ 46-21-31.*

• *travellersguesthousepokhara.com* • *Pas de petit déj.* Au fond du jardin l'isolant de la route, un bâtiment moderne sans charme, à 2 étages, avec une dizaine de chambres sommaires et sans prétention mais propres et toutes avec douche chaude. Vue sur le lac depuis la terrasse du 2e étage. Accueil familial.

Hotel Fire on the Mountain *(zoom A3, **26**)* **:** *Durbar Marg.* ☎ *46-54-61.* • *hotelfireonthemount.com* • *Petit déj en sus.* Au cœur d'un quartier résidentiel tranquille, une *guesthouse* toute simple, pour toutes les bourses, du lit en dortoir de 3 lits à la chambre avec ou sans sanitaires. Même si les couleurs s'écaillent un peu, c'est propre et l'accueil familial est très affable.

Holy Lodge *(zoom A3, **27**)* **:** *Gauri Ghat Marg.* ☎ *46-34-22.* • *holylodge.com.np* • Dans un quartier calme, cette maison à 2 étages avec jardinet abrite des chambres sommaires avec salle de bains. Un peu fatiguées, elles sont quand même propres ; d'autres, rénovées plus récemment, sont plus chères mais d'un bon rapport qualité-prix. Accueil familial souriant. Consigne à bagages.

POKHARA

Prix modérés (10-20 $; 9-18 €)

Gauri Shankar Guesthouse *(zoom A3, **20**)* **:** *Shiva Mandir Marg.* ☎ *46-24-22.* • *gaurishankar.com* • *Dortoirs ou chambres avec sdb. Pas de petit déj. Résa 1 mois avt en saison.* Ram et Harka, 2 guides de montagne pros et souriants, se sont associés à Judy, une Australienne enthousiaste, pour monter cette jolie guesthouse. Ensemble très propre et d'un bon rapport qualité-prix. Les chambres les plus chères, à l'étage, sont lumineuses. Jardin fleuri, idéal pour prendre le thé avec une tranche de cake maison. Une excellente adresse.

The Mountain House *(zoom A2, **28**)* **:** *Lalupate Marg.* ☎ *46-50-15.* 📱 *98-06-52-81-12.* • *pokhara-guesthouse.com* • Au cœur d'un quartier résidentiel, traverser le jardinet pour atteindre le bâtiment à 2 étages abritant des chambres avec salle de bains, fonctionnelles et nickel. Derrière, dans une maison basse, également des chambres bon marché mais tout aussi bien tenues par une famille souriante. On vient vous chercher à la station de bus. Une perle !

Kumari Lodge *(zoom A3, **23**)* **:** *6 Ammat Marg.* ☎ *46-43-84.* • *kumarilodge-webs.com* • *Pas de petit déj.* Passé le carré de pelouse, cette paisible maison moderne à 2 étages propose une douzaine de chambres aménagées simplement, avec sanitaires complets. Eau chaude 24h/24. Propreté sans faille. Accueil familial attentionné. Service de laverie et consigne à bagages.

Hotel Nirvana *(zoom A3, **29**)* **:** *Baidam 6.* ☎ *46-33-32.* • *hotelnirvana@hotmail.com* • *Petit déj en sus (copieux). Résa conseillée en saison.* On recommande cet hôtel tenu par Ganga et Ailsa, un gentil couple népalo-écossais qui organise aussi des treks. Une petite quinzaine de chambres vastes et propres, avec sanitaires complets, et balcon sur les montagnes pour les plus onéreuses (prix moyens). Une excellente adresse.

Hotel Lake Side *(zoom A3, **30**)* **:** *Lakeside Marg.* ☎ *46-50-73.* • *pokharahotels.com* • *Pas de petit déj.* La façade beige au bout de la place commerçante en impose plus que le bâtiment à l'arrière en pierre grise, cerclé de balcons. C'est ce dernier qui abrite des chambres confortables (avec salle de bains, ventilo, TV) et propres. Agréable jardin au calme et fauteuils en terrasse. Un bon rapport qualité-prix.

Baba Lodge *(zoom A3, **36**)* **:** *Lakeside Marg.* ☎ *46-29-97.* • *info@baba.lodge* • Derrière la façade de briques ocre, des chambres *twins* pour la plupart, à la déco moderne, avec salle de bains, TV, et AC pour les plus chères, disposant de la vue sur les montagnes. Terrasse, jardinet et resto. Accueil familial prévenant. Un classique des routards depuis belle lurette.

Prix moyens (20-40 $; 18-36 €)

Nanohana Lodge *(zoom A3, **32**)* **:** *Ambot Marg.* ☎ *46-44-78.*

• nanohanalodge.com • Large gamme de tarifs, allant de « Prix modérés » à « Chic » pour les deluxe. *Prix dégressifs. Petit déj en sus. Table d'hôtes possible dans la maison du proprio pour déguster une cuisine népalaise traditionnelle. Sur présentation de ce guide, réduc de 10 à 20 % sur le prix de la chambre selon saison. (haut débit).* Une très bonne adresse au calme, cernée de jardins et de potagers. L'hôtel s'agrandit et se rénove au fil des ans, tout en gardant des prix raisonnables eu égard à ses prestations : propreté exemplaire, salle de bains dans les chambres éclairées par plusieurs fenêtres ; de son lit, on a vue sur les montagnes. Énergie fournie par panneaux solaires. Terrasse verdoyante à chaque étage. Accueil familial chaleureux de M. Kul (prononcer « Cool », ça ne s'invente pas !). En outre, il peut obtenir des prix intéressants pour le parapente ou les billets d'avion intérieurs. Sa femme organise parfois des cours de cuisine.

Blue Planet Lodge *(zoom A3,* ***38****) : Durbar Marg Lane 1/12. ☎ 46-57-06. 98-56-03-57-06. • blueplanetlodge.com • Petit déj en sus.* Dans un quartier résidentiel agrémenté de potagers, petit hôtel familial parfaitement tenu par un couple népalo-belge. Une quinzaine de chambres aux couleurs différentes, plutôt confortables, avec salle de bains, joli mobilier en bois et balcon avec vue sur l'Himalaya pour celles du haut (les plus chères). Livres à échanger. Également un appart. Bon rapport qualité-prix.

Hotel Fewa *(zoom A2,* ***39****) : Devisthan Path. ☎ 46-31-51. • hotelfewa.com •* Au bord du lac, dans un bâtiment tout en longueur, des chambres plaisantes bien pourvues en moustiquaires et des charmants cottages en pierre, aménagés en duplex, avec cheminée et terrasse sur le lac (plus chers). Sur place, le *Mike's Restaurant* (voir plus loin « Où prendre le petit déj ? ») est connu pour sa cuisine internationale honnête, servie en terrasse.

Hotel Temple Villa *(zoom A2,* ***33****) : Lalupate Marg. ☎ 46-22-03. • templevilla_hotel@hotmail.com •* Charmante villa proprette dans un agréable jardin. Passé la porte en bois sculpté, voici une grosse poignée de belles chambres confortables couvertes de tapis et décorées avec goût, dont certaines avec salle de bains privée. Accueil familial.

Hotel Noble Inn *(zoom A2,* ***37****) : Mansarobar Path. ☎ 46-49-26. • nobleinn.com • Petit déj en sus, sf pour les plus chères.* Au bout d'un jardin bien à l'écart de Lakeside, des chambres bien tenues, toutes avec salle de bains. Les moins chères (prix modérés) se trouvent au rez-de-chaussée, alors que celles des étages – plus onéreuses et plus lumineuses – jouissent de leur balcon d'une vue sur les sommets enneigés. Accueil familial sympa.

Hotel Sakura *(zoom A3,* ***31****) : Barahi Path. 98-46-03-45-32. • hotelsakura.com.np • Petit déj en sus.* On passe l'édifice kitsch tout en hauteur bardé de pierre grise et de balcons bleus, dont les pièces commencent aujourd'hui à dater, pour découvrir à l'arrière une bâtisse récente aux chambres confortables, spacieuses et modernes. Celles en étage possèdent une vue sur les montagnes. Le patron accueillant a donné à son hôtel un nom nippon (« fleur de cerisier »), car il parle le japonais.

Hotel Trekkers Inn *(zoom A3,* ***41****) : Shiva Mandir Marg. ☎ 46-32-44. 98-46-03-20-56. • trekkersinn.com • Petit déj en sus. Résa recommandée en saison.* Grandes chambres lumineuses, confortables, toutes avec salle de bains et TV. Au 1er étage, les moins chères, avec rideaux et couvre-lits à fleurs, constituent une belle affaire pour les nostalgiques du flower power ! Les suites, en hauteur, appartiennent à la catégorie « chic » et profitent d'une vue sur les sommets de l'Himalaya. Excellent accueil de Khem qui a à cœur de fournir de bonnes infos.

Hotel ABC *(zoom A2,* ***34****) : Mansarobar Path. ☎ 46-19-34. • hotelabc.com.np •* Propreté à tous les étages dans cet hôtel familial planté dans un jardin tranquille bien entretenu. Chambres avec salle de bains, TV, et balcon pour la plupart. Cuisine à dispo. Eau chaude garantie via des panneaux solaires malgré les

POKHARA

coupures de courant. Une excellente adresse loin de la cacophonie de Lakeside.

The Sacred Valley Inn *(zoom A3, 35)* : *Lakeside Marg.* ☎ *46-17-92.* • *sacredvalleyinn.com* • *Résa conseillée en saison.* Maison agréable, avec jardinet et plantes vertes, tenue par les mêmes proprios que le *Nirvana* (voir plus haut). Chambres nickel avec salles de bains à partager à prix très modérés (à 2, plus intéressant de prendre une chambre au rez-de-chaussée) ou chambres impeccables avec salle de bains privée, et balcon pour certaines. Les plus chères – en haut – donnent sur une terrasse avec vue sur les montagnes.

Chic (40-70 $; 36-64 €)

Mum's Garden Resort *(zoom A3, 40)* : *dans une petite impasse perpendiculaire à Ambot Marg.* ☎ *46-34-68.* • *mumsgardenresort.com* • Au fond d'une allée, 2 petits bâtiments en pierre locale se partagent une douzaine de chambres spacieuses avec salle de bains et ventilo. Lits jumeaux seulement, étroits et à la literie bien ferme. Balcon donnant sur les montagnes, cachées parfois par les arbres mais qui servent du coup de perchoir et refuge à la faune aviaire ; le soir, on a droit à un vrai concert ! Agréable jardin où l'on prend le petit déj agrémenté d'un miel fait maison. Un accueil chaleureux dans un établissement à taille humaine.

Plus chic (70-120 $; 64-110 €)

Hotel Trek-o-Tel *(zoom A3, 42)* : *Lakeside Marg.* ☎ *46-49-96.* • *nepalshotel.com* • *CB acceptées.* Une quarantaine de chambres nichées dans de petits bâtiments octogonaux collés les uns aux autres dans un beau jardin. Que des *twins* (au standard népalais) claires et confortables avec AC, pas données tout de même. Accueil prévenant. Fait aussi resto et sert un bon petit déj.

POKHARA

Très chic (plus de 120 $; 110 €)

Temple Tree Resort *(zoom A3, 44)* : *Peaceful Path.* ☎ *46-58-19.* • *templetreenepal.com* • *Double 180 $, petit déj compris.* Hôtel de charme, pimpant et lumineux, dont les chambres sont réparties dans plusieurs jolis bâtiments en brique, pierre sèche et bois. Une cinquantaine en tout, très confortables et décorées avec un goût très sûr, toutes avec terrasse sur le jardin. Piscine (accessible aux non-résidents pour 650 Rps), centre de soin avec massages, jacuzzi, sauna, bar et boutique. Pour ceux qui en ont les moyens, une adresse de luxe à deux pas de l'animation de Lakeside.

Hotel Barahi *(zoom A3, 43)* : *Barahi Path.* ☎ *46-06-17.* • *barahi.com* • *Petit déj en sus.* Hôtel entouré d'un joli jardin avec piscine (son principal atout, accessible aux non-résidents), mais de plus en plus bétonné. Attention, toutes les chambres ne se valent pas. Les *deluxe* du bâtiment récent du fond sont confortables : tomettes, mobilier en bois sombre, AC, TV... mais vraiment chères (catégorie « Très chic »). Celles du premier édifice (y compris les standard) sont un peu surannées et sont aussi trop chères. Spa et massages. Bonne pâtisserie sur place (voir plus loin « Où prendre le petit déj ? »).

Au nord de Lakeside

Ambiance plus *roots* et sensiblement différente dans cette partie de la ville, plébiscitée par les routards au long cours. Le logement y est moins cher et on y trouve une succession de petites baraques au bord de l'eau pour manger pas cher.

Bon marché (moins de 900 Rps ; 8,20 €)

Lemon Tree Guesthouse *(plan d'ensemble, A2, 47)* : *Lakeside Marg, Khahare.* ☎ *46-52-07.* 📱 *98-46-07-96-02.* • *sweety_maya2007@yahoo.com* • *Suivre la rue principale vers le nord, la guesthouse se trouve en* *hauteur, en longeant des potagers en terrasses (panneau).* Une agréable maison adossée à la colline, avec vue spectaculaire sur le lac par-dessus les terrasses. Plusieurs chambres simples avec salle de bains, bien tenues par la charmante Maya. Les plus chères sont spacieuses. Micro jardin pour assister au coucher du soleil.

De prix modérés à chic (10-70 $; 9-64 €)

Three Sisters Guesthouse *(plan d'ensemble, A2,* ***48****) : Lakeside Marg, Khahare. ☎ 46-20-66. • 3sisters adventuretrek.com • Prix modérés. Petit déj compris. Guesthouse* agréable, tenue par trois sœurs formidables qui forment des Népalaises au métier de guide de trek. Leur agence se trouve à 150 m en amont. Petites chambres impeccables, au mobilier en bois, et nickel, avec ou sans salle de bains. À l'étage, salle pour se restaurer avec vue directe sur le lac. Accueil courtois et super ambiance internationale.

Castle Resort *(hors plan d'ensemble par A2,* ***49****) : à un peu plus de 1 km au nord de Lakeside, après Three Sisters. ☎ 46-19-26. 98-56-02-07-84. • pokharacastle.com • Accès en voiture par une mauvaise piste, ou à pied en 20-25 mn par un petit chemin (ça grimpe). Limite basse de la rubrique « Chic » avec les taxes. Moins cher en basse saison. Petit déj inclus.* Perché tout en haut de la colline au-dessus du lac, l'hôtel, à l'architecture originale, est un véritable havre de paix. Le bâtiment, couleur brique, ainsi que la tour abritent une petite dizaine de chambres doubles, mais aussi 2 familiales et une suite avec clim (plus cher). Le mobilier commence à dater un peu mais le tout s'intègre dans un cadre reposant. Le potager alimente le resto et la petite piscine (accessible aux non-résidents) est bienvenue par temps chaud, tout comme le pub pour siroter une bonne bière. Super ambiance et rapport qualité-prix extra.

À Damside

À moins de vouloir être proche du *Tourist Bus Park* ou de l'aéroport, l'intérêt de loger de ce côté-là de la ville est assez limité. En revanche, pour des prestations équivalentes, les adresses sont meilleur marché qu'à Lakeside.

Prix modérés (10-20 $; 9-18 €)

Hotel Green View *(plan d'ensemble, A3,* ***50****) : Damside. ☎ 46-48-44. • hotelgreenview@yahoo.com •* Maison blanche à colonnes et balcons, précédée d'un jardin. Chambres sans chichis, un peu vieillottes mais bien équipées et à petits prix, toutes avec salle de bains. Celles en front de jardin ont vue sur les montagnes, les autres, avec terrasse, donnent sur les potagers. Accueil familial gentil et bavard. Bon rapport qualité-prix.

Hotel Garden *(plan d'ensemble, A3,* ***51****) : Damside. ☎ 46-36-81. • hotel-garden-nepal.co.uk • Petit déj en sus.* À deux pas du lac, dans une rue un peu bruyante, petit hôtel qui propose des chambres, avec ou sans salle de bains, pour tous les budgets et bien tenues par un couple anglo-népalais. Au rez-de-chaussée, les moins chères, aux étages les plus confortables, mais plus onéreuses aussi. Petit déj servi sur le toit-terrasse. Le resto sert des spécialités népalaises et internationales. Rapport qualité-prix correct.

Très chic (plus de 120 $; 110 €)

Shangri-La Village *(hors plan d'ensemble par A3,* ***52****) : Gharipatan. ☎ 46-22-22. • hotelshangrila.com • Dans le secteur du Eye Hospital et de l'International Mountain Museum. Double 250 $, petit déj inclus.* Une soixantaine de chambres très confortables et décorées avec goût sur une note ethnique. Au choix : balcon avec vue sur les montagnes ou terrasse couverte sur le jardin coloré luxuriant et sa jolie piscine (accessible aux non-résidents). Accueil pro et charmant.

Fish Tail Lodge *(plan d'ensemble, A3,* ***53****) : au sud de Lakeside, sur l'autre rive du lac. ☎ 46-50-71. Résa à Kathmandu : ☎ (01) 422-95-70. • fishtail-lodge.com • Doubles*

POKHARA

180-200 $ selon confort, petit déj en sus. Voir aussi leurs promos sur leur site. Amusant, on y accède par un petit bac ! Au cœur d'un magnifique jardin, de grands cottages circulaires abritent de petites chambres standard assez simples mais disposant d'une terrasse privée et vue sur le lac pour certaines. Également des *deluxe* dans une annexe au fond du jardin, confortables et spacieuses, avec balcon. Les prix sont largement surévalués, dommage ! Les non-résidents peuvent toujours venir y prendre un verre : le spectacle au soleil couchant est inoubliable.

Où dormir dans les environs ?

Proche

Prix modérés (10-20 $; 9-18 €)

Kopila Guesthouse *(hors plan d'ensemble par A2) : de l'autre côté du lac. ☎ 62-13-68. 98-46-02-03-78. • facebook.com/kopilatnh • Accès en barque (30 mn) depuis l'embarcadère devant l'*Hotel Fewa *(zoom A2,* **39***) ; la traversée est gratuite si elle est organisée à l'avance avec la famille.* Lovée au fond d'une crique isolée, cette *guesthouse* propose des chambres très propres, toutes avec salle de bains, terrasse et vue. Les plus chères se trouvent dans la partie haute avec leur propre balcon. Accueil chaleureux de Vishnu et de sa famille. Resto sur place (leur *dal bhat* est réputé jusqu'à Lakeside !). Mini-épicerie. Fournit des tickets de bus, d'avion, réservation de guide, de taxi, etc. Une bonne adresse côté authentique.

Très chic (plus de 120 $; 110 €)

The Fulbari Resort *(hors plan d'ensemble par B3,* **54***) : à env 7 km au sud de Pokhara. ☎ 43-24-51. Résa à Kathmandu : ☎ (01) 446-19-18. • fulbari.com • Doubles à partir de 200 $, petit déj inclus.* Une folie ! Face à la chaîne des Annapurnas (visible dans sa totalité par temps clair), une sorte de « palais » néonewar mixant brique et bois. Plus de 160 chambres avec vue, très confortables et à la déco soignée. Plusieurs restos pour une cuisine des quatre coins du monde. Golf, tennis, superbe piscine, sauna, jacuzzi, et même un casino. Personnel charmant. Une adresse pas vraiment pour le commun des routards mais unique en son genre !

Assez éloigné

Annapurna Eco-Village *: au village d'***Astam,** *à env 20 km au nord-ouest de Pokhara. ☎ 46-55-49. 98-56-02-88-29. • ecovillagenepal.com • Bureau à l'hôtel* Marigold, *à Lakeside, non loin de la* Standard Chartered Bank *(zoom A2,* **5***), qui peut organiser le trajet (env 1h30). Sinon, bus jusqu'à Hjangja et 2h à pied. Prévoir env 2 000-2 500 Rps pour 2 en ½ pens ; pens complète proposée. Résa à l'avance.* Juché sur un plateau à 1 600 m d'altitude, le village profite d'une vue imprenable sur l'Annapurna et le Manaslu, aussi bien au lever qu'au coucher du soleil. La famille qui réside sur place a construit plusieurs cottages en pierre tout simples, avec ou sans salle de bains, en utilisant les matières premières disponibles de la région. Nattes au sol. Les repas sont préparés à partir de produits locaux. Tout est conçu pour fonctionner en autonomie. Une belle façon de s'immerger dans la vie d'un village et de ses habitants. Stages de yoga et de méditation et nombreuses balades à faire dans le coin. Accueil adorable.

Annapurna Mon Village : *dans le village de* **Ghachok,** *Kaski (district de Pokhara), à 25 km au nord de Pokhara (compter 1h de route). 98-56-02-53-15. • annapurnamonvillage.fr • Doubles en ½ pens sans ou avec sdb 25-35 $/pers.* Jolie maison d'hôtes située au cœur d'un village à 1 200 m d'altitude, au pied de la chaîne des Annapurnas et du mont

Machapuchare, sur un plateau dominant la rivière Seti. Les chambres sont réparties dans 3 maisons au style traditionnel (pierre et bois), joliment rénovées. Basanta est à l'accueil et parle bien l'anglais. Douches chauffées par des panneaux solaires. Au resto, cuisine simple et traditionnelle, à base de produits locaux et de légumes du jardin. Pour flâner, agréable terrasse. Location de VTT. Bon point de départ pour des randonnées peu fréquentées et pour partir à la découverte de la vallée (sources chaudes, cascades...). Rafting à proximité.

Où manger ?

Lakeside compte des restos par dizaines, dont beaucoup proposent le même menu à des prix très proches : plats continentaux, italiens, chinois, indiens, mexicains, grecs ; sans oublier bien sûr le *dal bhat* national et le poisson frais du lac ou des rivières alentour. Les horaires varient : ceux qui servent le petit déj ouvrent dès 7h, les autres vers 11h, mais tous, sauf exception, ne servent plus après 22h. La plupart sont équipés du wifi.

Sur Lakeside

Bon marché (moins de 300 Rps ; 2,75 €)

I●I ***Pokhara Thakali Kitchen*** *(zoom A3, **61**) : Shiva Mandir Marg. ☎ 20-65-36.* Cadre soigné, construit en bois et agrémenté d'une cheminée centrale. Côté menu, une cuisine népalaise raffinée pour le plus grand plaisir de nos papilles. Une adresse de caractère à prix doux, plébiscitée par les habitants.

I●I ***The Old Lan Hua Chinese Restaurant*** *(zoom A3, **62**) : Lakeside Marg. ☎ 46-37-97.* Ce resto chinois de Pokhara déroule une carte qui relève de l'encyclopédie, pour autant de saveurs plutôt originales à côté des menus standardisés des restos du quartier. On s'est régalés pour pas cher. Déco kitsch avec lanternes rouges. Musique un peu envahissante.

I●I ***Sanmaru Korean Restaurant*** *(zoom A2, **63**) : Lakeside Marg. ☎ 46-17-79. Au dernier étage de l'*Hotel Mountain Top*, entrée par la gauche.* Envie de titiller ses papilles ? Rendez-vous dans ce resto coréen servant notamment un copieux bœuf *bulgoki,* accompagné d'une dizaine d'autres petits plats tels que chou au piment, ou les légumes en saumure... Attention, c'est épicé !

I●I ***Mamma Mia*** *(zoom A2, **64**) : Fewa Marg. ☎ 46-48-10.* Déco pas banale, façon trattoria népalaise, avec nappes en vichy sur les tables et paillasses tressées aux murs. Bienvenue dans ce « *multi-ethnic italian restaurant* » réputé pour ses pizzas bien garnies, ses pâtes et plats indiens. Une adresse appréciée par les routards.

Prix moyens (300-600 Rps ; 2,75-5,50 €)

I●I 🍸 ***Caffè Concerto*** *(zoom A3, **65**) : Lakeside Marg. ☎ 46-35-29. Ouv dès 7h.* On recommande ce resto italien authentique au cadre agréable, organisé sur 2 niveaux. La *mamma* surveille la cuisson de ses délicieuses pizzas, son produit phare. Également de solides pâtes, salades bio, glaces maison... Une de nos adresses préférées à Pokhara, bien aussi pour boire un verre ou siroter un bon café (bio). Ambiance assez feutrée sur fond de musique jazzy.

I●I ***Once Upon A Time*** *(zoom A2, **66**) : Lakeside Marg. ☎ 46-18-81.* Ce classique de Lakeside sert aux trekkeurs une cuisine internationale correcte, à prix raisonnables. On a aimé la truite maison. Service sur plusieurs terrasses : au rez-de-chaussée, bordée de plantes vertes, ou à l'étage, avec vue sur l'animation de la rue.

🍽 🍸 ***Byanjan*** *(zoom A2, **67**)* **:** *Lakeside Marg.* ☎ *46-62-71.* Des tons blanc et bleu, des meubles en bois peint, une allure de pub breton. D'autant qu'il se trouve en bordure du lac. Cadre aéré et cuisine bien tournée : poisson frais, plats indiens ou pizzas, un grand écart culinaire qui ne se fait pas au détriment de la qualité. Chicha pour les amateurs. Ambiance plus « bar » dans la première partie avec canapés et tables basses. Choix de vins, pas courant par ici.

🍽 🍸 ***The Lemon Tree*** *(zoom A2, **68**)* **:** *Lakeside Marg.* ☎ *46-32-46.* Au choix, pour se poser : la plaisante terrasse sur rue pour un cocktail ou la salle chaleureuse à déco ethnique. Cuisine honnête mais sans surprise. Dans l'assiette, classique litanie de plats roboratifs internationaux et de cuisine indienne. Excellents *lassis* et cafés glacés.

🍽 ***Tea Time Bamboostan Café*** *(zoom A2, **69**)* **:** *Lakeside Marg.* ☎ *46-43-86.* En terrasse sur rue ou dans l'agréable salle ethnique avec sa cheminée centrale qui crépite en hiver. Demander la liste des *specials of the day* pour varier un peu de l'habituelle carte des spécialités du monde. On y boulotte ainsi sans se ruiner un honnête poisson du lac, ou d'autres petits plats marqués d'une pointe d'originalité.

🍽 ***Chinese Garden Restaurant*** *(zoom A3, **70**)* **:** *Lakeside Marg.* ☎ *46-51-53.* L'autre bon resto chinois de la ville. Large tables carrées rouges, lampions rouges, rideaux rouges, coussins... vichy (chercher l'erreur). Clientèle majoritairement chinoise scotchée devant les chaînes taïwanaises, projetées version grand large sur le mur. Du coup, on avale distraitement ce qui se révèle une savoureuse et authentique cuisine. Beaucoup de choix, comme d'hab', et menu illustré (ça aide !). Spécialité de *hot pot.* Bon accueil.

🍽 ***Almond's*** *(zoom A2, **78**)* **:** *Lakeside Marg.* ☎ *46-02-71.* Resto à l'étage où l'on s'assoit autour de quelques tables basses (ou non) pour apprécier une honnête cuisine locale : *momos, curries* et *chowni.* Bon rapport qualité-prix.

🍽 🍸 ***Natssul*** *(zoom A3, **75**)* **:** *Lakeside Marg.* ☎ *22-91-98.* Resto-bar coréen sur 2 étages, avec véranda et terrasse ouvertes sur le lac. Déco brute, sol en ciment et bois clair. À la carte : soupes et sushis coréens, gril avec saucisses, bœuf ou poulet. Essayer le *bulgogi,* une viande marinée dans la sauce au soja, puis grillée. Une découverte.

🍽 ***Fewa Lake Restaurant*** *(zoom A3, **71**)* **:** *Lakeside Marg.* ☎ *46-53-95.* Cadre chaleureux pour une cuisine qui conviendra à tous les goûts (attention aux épices). Jeter un coup d'œil au plat du jour. Pratique pour ceux qui logent dans le secteur. Accueil attentionné.

🍽 🍸 ***Fewa Paradise Restaurant*** *(zoom A2, **72**)* **:** *Lakeside Marg.* ☎ *46-21-83.* Dans un grand jardin au bord du lac. Comme partout, carte longue comme le bras avec une litanie de plats internationaux multiples et variés. Cuisine correcte, accompagnée de concerts de musique et de danses traditionnelles tous les soirs de 19h à 21h. Bien aussi pour boire un verre au soleil couchant.

Chic (plus de 600 Rps ; 5,50 €)

🍽 ***Moondance Restaurant*** *(zoom A3, **73**)* **:** *Lakeside Marg.* ☎ *46-18-35.* Pour beaucoup, la meilleure table de Pokhara avec un heureux brassage des genres. De quoi contenter tout le monde. Grande salle chaleureuse avec mezzanine en bois et cheminée centrale, précédée d'une petite terrasse sur rue. On s'est régalés dans une bonne ambiance.

🍽 ***Olive Café*** *(zoom A2, **69**)* **:** *6 Lakeside Marg.* ☎ *46-25-75.* Agréable resto avec quelques tables en bordure de rue, jardin à l'arrière et mezzanine. Cuisine éclectique à base méditerranéenne, mais aussi plats indiens, steaks et hamburgers. On a aimé le *chwe-la,* une recette neware où le poisson a mariné dans une mixture d'épices secrètes. Délicieux ! Choix de bières belges. Service souriant.

🍽 ***Everest Steak House*** *(zoom A2,*

64) : Fewa Marg. 📱 98-56-03-36-02. *Au 1er étage.* Les viandards apprécieront les savoureux steaks accompagnés de frites et de légumes. Idéal pour se requinquer après un trek. Un autre *steak house* dans la rue principale à la perpendiculaire, au-dessus du *S-Mart.*

Au nord de Lakeside

Bon marché (moins de 300 Rps ; 2,75 €)

🍽 🍷 ♪ ***Freedom Café & Bar*** *(hors plan d'ensemble par A2,* ***79****) : Bangladi, Pame Rd.* 📱 *98-08-59-81-01.* Original ensemble de paillotes en bordure du lac, certaines comme des petits salons en rond autour d'un point d'eau. Cuisine du monde, *falafels, nachos,* assiettes de légumes plantureuses, *momos...* Bon et pas cher. Concerts le soir dans une ambiance relax. Louent aussi des petits bungalows bon marché face au lac.

🍽 ***Panoramix*** *(plan d'ensemble, A2,* ***76****) :* bons sandwichs, quelques plats type poulet-purée et délicieuses tartelettes, servis sur des nappes à carreaux. Terrasse également à l'arrière. Plébiscité par les routards logeant dans le secteur, et notamment par les Français qui apprécient baguettes et pains frais.

Où prendre le petit déj ?

Outre les quelques adresses ci-après, la plupart des restos de Lakeside précités ouvrent tôt le matin et proposent une carte de petits déj.

☕ ***Bali's German Bakery*** *(zoom A2,* ***72****) : Lakeside Marg, un peu plus haut que le* Fewa Paradise Restaurant *et juste à l'entrée du* Boomerang Restaurant. *Tlj 6h-21h.* Comptoir appétissant de viennoiseries et de gâteaux, type forêt-noire, *natürlich.* Pain de mie pour se préparer des sandwichs. On peut s'installer avec ce qu'on a acheté aux tables du resto *Boomerang* et y commander thé, café... Également une ***annexe*** à Damside *(plan d'ensemble, A3,* ***77****),* tout aussi engageante, avec une terrasse aménagée à l'étage.

☕ ***Pâtisserie de l'hôtel Barahi*** *(zoom A3,* ***43****) : Barahi Path, à l'entrée de l'hôtel.* Excellentes viennoiseries et parts de tartes, que l'on accompagne d'un café ou d'un thé ; à déguster sur place dans une petite salle climatisée.

☕ ***Mike's Restaurant*** *(zoom A2,* ***39****) : Devisthan Path, dans l'*Hotel Fewa. *Tlj 7h-21h.* Au bord du lac, resto réputé pour ses généreuses formules de petits déj, servis sur une terrasse avec vue sur le lac.

Où boire un verre ? Où sortir ?

Nombreux bars et discothèques distillant pas mal de décibels, ce qui permet de les repérer. Allez-y à l'instinct, mais sachez que tous ferment à minuit !

🍷 ***Busy Bee*** *(zoom A2,* ***90****) : Lakeside Marg, au fond d'une allée.* Une institution ! Amusante collection de vieilles motos anglaises à l'entrée. Ambiance surchauffée dans ce bar en terrasse avec grosses tables et banquettes en bois. Large choix de cocktails et musique live (rock, blues, reggae...) tous les soirs. Le grand rendez-vous nocturne de Pokhara.

🍷 ***Club Amsterdam Café*** *(zoom A2,* ***91****) : Lakeside Marg.* • *clubamsterdambar.com* • Un des endroits les plus fréquentés de Pokhara le soir. Très grand bar avec mezzanine en bois et brique, et sympathique jardin donnant sur le lac. Bons cocktails, billard, écrans TV et concerts rock tous les soirs. Bières belges.

🍷 ***Old Blues Café*** *(zoom A2,* ***92****) : Lalupate Marg.* Pour se faire un billard, mais il y a aussi des groupes le soir

(20h-23h, horaires variables), de blues, rock alternatif... Bons cocktails. Assez jeune.

🍷 ***Maya Pub and Restaurant*** *(zoom A2, **93**)* **:** *Lakeside Marg. Musique live népalaise dès 18h30.* Salle à la déco ethnique, ouverte sur la rue. Également une terrasse au 1er étage pour siroter sagement des cocktails sur fond de musique pop. Petits plats indiens.

Achats

On trouve de tout à Pokhara, et surtout de l'artisanat tibétain. Cela dit, le shopping à Kathmandu reste financièrement plus intéressant, une bonne partie des marchandises venant d'Inde... ou de Kathmandu ! Il faut marchander, même si les prix vous paraissent raisonnables, mais la concurrence fait que l'on obtient souvent une bonne remise.

– ***Bijoux*** **:** dans les boutiques du vieux *bazar (plan d'ensemble, B1),* notamment des bagues et des colliers en or et en argent, d'un style assez chargé. Les pierres proviennent surtout d'Inde et des hauts plateaux népalais. En dehors du *bazar,* dans des sites plus touristiques, ne vous laissez pas embobiner par les vendeuses de rue tibétaines, elles sont gentilles mais insistantes et vendent de la vraie camelote !

– ***Vêtements*** **:** les boutiques de broderie de tee-shirts pullulent sur Lakeside. Les soi-disant *pashminas* 100 % (pourquoi pas 150 % tant qu'on y est ?) sont bien sûr de la viscose, du coton, de la soie ou des mélanges de tout ça...

POKHARA

À voir

À vrai dire, pas grand-chose ! On vient à Pokhara avant tout pour les possibilités de trekking dans les environs, et particulièrement dans la chaîne des Annapurnas (voir la rubrique « Trekking » dans « Népal utile »).

👍👍 ***World Peace Stûpa*** *(hors plan d'ensemble par A3)* **:** *de l'autre côté du lac. Tlj 5h30-17h (dernière entrée) ; jusqu'à 17h30 en été. Accès en barque, à pied ou en taxi. Pour la 1re solution : depuis la rive de Lakeside jusqu'à l'autre rive (env 1 000 Rps l'A/R), puis un sentier montant vers le stûpa (une bonne heure de marche). Il est préférable d'y aller le matin et de ne pas partir seul en se joignant à un groupe ou d'en constituer un (risques minimes d'agression). Mieux vaut laisser ses valeurs en lieu sûr. 2e solution : en taxi pour env 1 000-1 200 Rps l'A/R depuis Lakeside par une piste, très chaotique vers la fin (ajouter 200 Rps si arrêt à Devi's Fall au retour). Compter 20 mn en voiture puis 10-15 mn de grimpette par les escaliers.*

C'est un stûpa tout blanc, construit par des Japonais juste après 1945. Il appartient à un réseau de près de 80 *peace pagodas* construites à travers le monde, dont l'ambition est de promouvoir la paix et l'amour entre les hommes... Les statues du Bouddha placées aux quatre points cardinaux proviennent de pays différents : du Japon pour celle en façade (à l'est), du Sri Lanka à l'ouest (posture méditative), celle en bronze côté nord a été offerte par la Thaïlande, tandis que celle du sud a été réalisée au Népal et symbolise la naissance du Bouddha.

De là, par temps très clair (en saison sèche), magnifique vue sur la chaîne des Annapurnas qui se reflète majestueusement dans les eaux du lac. Plusieurs cafés sur place.

On peut ensuite redescendre vers Damside, et en profiter pour voir en passant *Devi's Fall* (voir ci-après), avant de revenir en taxi à Lakeside.

👍 ***Devi's Fall*** *(plan d'ensemble, A3)* **:** *à env 2 km au sud-ouest de Lakeside sur la route de Butwal. Tlj 6h-18h. Entrée : 30 Rps.* Il s'agit d'une chute d'eau qui, pendant la mousson, se jette à grand fracas dans un gouffre profond. Sans beaucoup d'intérêt à la saison sèche. En revanche, on peut rejoindre ensuite l'autre côté du lac et grimper jusqu'au *World Peace Stûpa* (voir plus haut). Mais pas évident à trouver, demander son chemin en route.

☞ ***Le camp de réfugiés tibétains de Tashiling*** *(plan d'ensemble, A3)* **:** *env 500 m après Devi's Fall.* ☎ *46-04-47.* Pour ceux qui ont du temps. On peut y visiter un atelier de tissage de tapis et, bien sûr, investir dans l'une de ces œuvres, d'excellente qualité mais coûteuses. À part ça, monastère tibétain et boutiques d'artisanat. Le village, lui, avec ses maisons basses en dur, n'a pas beaucoup de caractère. Pour ceux qui veulent approfondir leur approche du monde tibétain, tours organisés avec ● *tibetan-encounter.com* ●

☞☞ ***International Mountain Museum*** *(hors plan d'ensemble par A3)* **:** *Rata Paira, près de l'hôtel* Shangri-La Village. ☎ *46-07-42.* ● *internationalmountainmuseum.org* ● *Pour s'y rendre depuis Lakeside, compter env 500 Rps en taxi, ou 40 Rps en bus. Tlj 9h30-16h30 (dernière entrée). Entrée : 500 Rps ; réduc.*
On recommande la visite de cet écomusée consacré à l'Himalaya népalais, ses habitants et ses sommets du toit du monde. À grand renfort de cartes, mannequins vêtus de costumes traditionnels et ustensiles du quotidien, on se familiarise avec les ethnies (thakali, tamang, gurung, sherpa...) vivant dans les montagnes. Également des infos sur la topographie, la géologie, la faune et la flore, et un quiz amusant, histoire de ne pas trekker idiot !
Puis on admire les 14 plus hauts sommets du monde (à plus de 8 000 m), et tous situés dans l'Himalaya népalais : photos panoramiques, histoire de leur « conquête ». On passe en revue les premiers binômes d'alpinistes internationaux, tels que Maurice Herzog et Ang Tharkay Sherpa lors de leur ascension de l'Annapurna en 1950, ou Edmund Hillary et Tensing Norgay Sherpa en 1953 pour l'Everest. Noter l'évolution du matériel utilisé (anoraks, sacs à dos, piolets, chaussures...), vraiment dérisoire à l'époque compte tenu des rudes conditions à affronter. On fait aussi connaissance de la première femme (une Japonaise) qui parvint au sommet de l'Everest en 1975.

UNE ASCENSION EXCEPTIONNELLE

À une époque où peu de Népalais s'intéressaient à l'alpinisme, Tensing Norgay participe à des expéditions dès 1935. Il a alors 21 ans. En 1953, il parvient au sommet de l'Everest avec Edmund Hillary. Né au Tibet, élevé au Népal, il ne savait ni lire, ni écrire, mais parlait plusieurs langues. Suite à son expédition victorieuse, il est devenu directeur de l'Institut de formation des alpinistes et a monté une agence de trek avec sa femme. Un parcours qui l'a conduit au sommet de la gloire.

Le musée n'oublie pas d'évoquer la créature emblématique de ces montagnes, le yeti, apportant même quelques preuves de son existence, mais si ! Enfin, les amas de déchets descendus du camp de base de l'Everest prouvent que certains n'accordent que peu de respect à une nature qui, soi-disant, les fascine... Une visite à ne pas manquer.
Mur d'escalade à la sortie du parking (il aurait besoin d'un coup de peinture) dédié à Maurice Herzog, le premier alpiniste à avoir conquis un 8 000 m.

☞ ***Gurkha Memorial Museum*** *(plan d'ensemble, B1)* **:** *Ki Singhpul Marg.* ☎ *44-17-62. Tlj 8h-16h30. Entrée : 200 Rps + droit photo. Brochure en anglais.*
Impressionnée par la bravoure des soldats népalais, dits gorkhas, durant la guerre anglo-népalaise, l'armée britannique décida de les recruter dès 1815. La tradition perdure encore aujourd'hui, où 230 Gorkhas intègrent chaque année – après de rudes sélections – les rangs des régiments d'élite anglais et de la police de Singapour. Leur arme emblématique : une redoutable machette appelée khukuri qu'ils

portent tous à la ceinture. Sur deux étages, dans une présentation vieillotte mais à travers une foule de photos, uniformes et autres accessoires militaires, ce musée évoque l'histoire de ces combattants qui font la fierté de leur pays. On passe en revue les différents régiments qu'ils composent et les théâtres d'opérations où leur bravoure a fait ses preuves : les deux guerres mondiales, Bornéo, les Malouines, les guerres du Golfe, le Kosovo, l'Afghanistan... À noter que leurs pilotes d'hélicoptère sont eux aussi équipés du khukuri.

***Le bazar de Pokhara** (plan d'ensemble, B1)* **:** au nord-est de la ville, entre le temple de Bhimsen, au sud, et le temple de Bindabasani, au nord. De part et d'autre de cette rue, on observe encore quelques façades de maisons anciennes, toutes avec leurs petites échoppes au rez-de-chaussée, fermées par d'antiques portes en bois. C'est tout ce qui reste du bazar de Pokhara, qui, jusqu'au début des années 1960, vivait essentiellement du commerce et du troc. Si le bazar a aujourd'hui perdu sa diversité, on déniche néanmoins quelques bijoux et objets en or et argent dans les ateliers d'orfèvres ouverts sur la rue.

À faire

➢ ***Balades en bateau sur le lac :*** en fin d'après-midi de préférence, mais prudence car le vent peut se lever rendant le retour un peu difficile. On peut louer des barques (et même des embarcations à pédales ou de petits voiliers) aux différents embarcadères situés sur Lakeside *(zoom A2 et A3)*. Les prix sont affichés sur un panneau : environ 300-400 Rps pour 1h et 700-750 Rps pour la journée complète, un peu plus avec un rameur. Sinon, aller louer un kayak chez *Ganesh Kayak Adventure* (*zoom A3,* ***7*** ; voir « Adresses utiles ») : c'est plus amusant, plus maniable et moins cher que les barques.

POKHARA

– ***Aller à la piscine :*** pour se détendre après un trek ou se rafraîchir en été. Compter autour de 650-700 Rps (réduc enfants). À deux pas de Lakeside, la meilleure option demeure la grande piscine de l'***Hotel Barahi*** *(zoom A3,* ***43****)*, accessible de 8h à 20h. Autre option, la petite piscine du ***Temple Tree Resort*** *(zoom A3,* ***44****)*. Enfin, l'hôtel ***Shangri-La Village*** *(hors plan d'ensemble par A3,* ***52****)*, un peu éloigné de Lakeside, dispose d'une piscine accessible de 7h à 19h (option brunch le week-end).

– ***Massages :*** même « punition » après un trek, soulager ses douleurs, détendre les muscles. Vous en rêviez sur les hauteurs ? Même si l'on n'a pas crapahuté avant, on recommande chaudement. Il existe de très nombreux « salons de massage » à Lakeside, à la réputation plus ou moins bonne, parfois douteuse. Demander conseil à votre hôtel.

■ ***Seeing Hands*** *(zoom A3,* ***100****)* **:** *au fond d'une petite ruelle, juste avt le* Fewa Lake Restaurant. ☎ *46-57-86.* • *seeinghandsnepal.org* • *Tlj 10h-17h30 ; sur résa en dehors de ces horaires. Compter 1 800-2 600 Rps selon massage et durée (1h ou 1h30).* Une adresse recommandée et réputée pour la qualité de ses soins. Cet organisme a été fondé en 2005 par des thérapeutes britanniques, qui ont formé de jeunes Népalais aveugles ou malvoyants, mis au ban de la société en raison de leur handicap. Cette activité leur offre un moyen de subsistance et une certaine autonomie. Ils pratiquent deux techniques : le *swedish massage* (relaxant) et le *sport massage* (thérapeutique). Ce dernier peut être douloureux, mais il est, en principe, efficace (on a testé !). Également de la réflexologie. Noter que les hommes peuvent masser hommes et femmes, mais que les femmes ne massent que les femmes. Pas d'ambiguïté.

Parapente

L'activité la plus pratiquée se déroule dans un cadre unique et grandiose, au-dessus du lac avec vue sur la chaîne de l'Himalaya. Inoubliable, mais pas donné : compter environ 8 500 Rps pour 20-30 mn et autour de 12 000 Rps pour 1h. Réserver de préférence la veille, en se renseignant sur les prévisions météo. Chaque agence pratique sa propre politique par rapport aux enfants. Certains peuvent voler à partir de 15 kg, d'autres demandent minimum 25 kg. Les départs s'effectuent généralement de Sarangkot, une colline à 8 km au nord de Pokhara. La plupart des touristes se limitent à une initiation en tandem, mais des cours de perfectionnement de plusieurs jours sont possibles.

■ ***Blue Sky Paragliding*** *(plan d'ensemble, A2, **101**) : Lakeside Marg. ☎ 46-47-37. • paragliding-nepal.com •* Agence népalo-suisse sérieuse et réputée, proposant des vols en tandem pour les débutants, mais aussi des *paratreks, parahawking* (vol avec un vautour), *cross-country flight* (seulement de février à mai ; durée : 1h30 environ) et autres *fly expeditions* (2-3 jours, minimum 3 personnes) pour les confirmés, sans oublier les cours dispensés par des instructeurs chevronnés.

■ ***Sunrise Paragliding*** *(zoom A2, **102**) : Lakeside Marg. ☎ 46-31-74. • sunrise-paragliding.com •* La plus vieille agence de parapente de Pokhara. Très fiable.

■ ***Avia Club Nepal*** *(zoom A3, **103**) : Lakeside Marg. ☎ 46-33-38 ou 46-59-44 (aéroport). • aviaclubnepal.com •* En plus de l'ULM (voir plus bas), la compagnie propose du parapente (25 ou 50 mn) et un combiné des deux.

■ ***Annapurna Paragliding*** *(plan d'ensemble, A2, **104**) : au nord de Lakeside, en face de l'agence* Blue Sky. *☎ 46-17-06. • annapurnaparagliding.com • ou • flyannapurna.com •* Là encore, une agence sérieuse. Cours de parapente pour débutants et vols en tandem de 15 à 60 mn.

Rafting, canyoning, kayak

Très populaire aussi, Pokhara se situant à la croisée de plusieurs rivières convenant à la pratique de ces sports. La plus empruntée est la rivière *Trisuli,* entre Pokhara et Kathmandu, mais il y en a beaucoup d'autres, comme le *haut Seti* (turbulent !) et le *bas Seti* (assez facile, et permet en plus de rejoindre le parc de Chitwan), la rivière *Kaligandaki* (venant des Annapurnas), et la terrifiante *Marshyangdi* (pour rafteurs confirmés). Les expéditions durent d'une demi-journée (haut Seti) à plusieurs jours, tout dépend de la longueur de la rivière et de la distance qui la sépare de Pokhara.

■ ***Paddle Nepal*** *(zoom A2, **105**) : Lakeside Marg. ☎ 46-57-30 ou 36. • paddlenepal.com • Compter 75 $ la journée de kayak et 51 $ la ½ journée de rafting non loin de Pokhara.* Agence très sérieuse tenue par un couple népalo-canadien, dont le capitaine de l'équipe nationale de rafting, rien que ça ! Pas la moins chère cela dit, mais avec eux, vous êtes entre de bonnes mains ! Loue aussi des kayaks, et organise des descentes en canyoning (85 $) et des expéditions en kayak de plusieurs jours.

■ ***Ganesh Kayak Adventure*** *(zoom A3, **7**) : voir plus haut « Adresses utiles ».*

ULM

■ ***Avia Club Nepal*** *(zoom A3, **103**) : Mustang Chowk ☎ 46-33-38 ou 46-59-44 (aéroport). • aviaclubnepal.com • Compter env 95-390 $ (+ taxes d'aéroport) de 15 à 90 mn de vol spectaculaire au cœur de l'Himalaya.* Toujours en tandem ou en ULM caréné, pour une découverte de la vallée et des sommets depuis les airs. Enfants acceptés à partir de 8 ans. Sensations garanties !

VTT

■ ***Pokhara Mountainbike Club*** *(zoom A2, **106**) : ☎ 46-12-24 📱 98-04-13-47-88. • nepalmountainbike.com •* Circuits de différents niveaux, tous accompagnés d'un guide. Une bonne façon de partir sportivement à la découverte des fabuleux paysages de la région.

■ ***Himalayan Frontiers*** *(plan d'ensemble, A2, **104**) : dans les locaux d'Annapurna Paragliding (voir plus haut le parapente). • himalayan frontiers.com.np •* Propose des treks de 4-5 jours à 18 jours dans la région des Annapurnas. Également des tours en VTT depuis la demi-journée jusqu'à 10 jours.

Tyrolienne

■ ***Zip-Flyer*** *(zoom A2-3, **107**) : Lakeside Marg. ☎ 46-63-49. • highgroundnepal.com • Tlj à 9h, 11h et 13h. Ne fonctionne pas le mer. Env 6 500 Rps ou 65 $ pour... 1 mn 30 de tyrolienne. Mais compter 2h30 en tt, le temps de rejoindre Sarangkot et de rentrer. Résa de préférence la veille.* Harnaché sur un siège, on file à 120 km/h le long d'un câble de 1,8 km et sur 600 m de dénivelée dans un paysage renversant (pas trop quand même). Enfants à partir de 14 ans. Propose également du saut (base-jumping) depuis une plateforme.

DANS LES ENVIRONS DE POKHARA

Outre le fameux *tour des Annapurnas* (voir la rubrique « Trekking » dans « Népal utile » en fin de guide), on peut faire de nombreux autres treks dans les environs proches de Pokhara.

➢ À environ 2h de marche au nord-ouest de Pokhara, sur la route de Naudanda, se trouve le village des réfugiés tibétains de ***Tarshi Palkhiel.*** On peut aussi y aller en bus (de la *Baglung Bus Station*) ou en taxi (environ 800 Rps l'aller-retour). Sur place, spécialité de tapis tibétains dont on peut voir la fabrication. Grand monastère. La campagne est très belle dans le coin.

➢ À faire aussi, au nord-ouest immédiat de Pokhara, l'excursion jusqu'à ***Sarangkot*** pour profiter du lever de soleil. Commander la veille un taxi (environ 1 000-1 200 Rps) pour 5h du mat' environ (5h30 en hiver) devant l'hôtel, et se faire déposer au début du chemin qui mène (en 30-45 mn de grimpette) à la plateforme de Sarangkot (accès : 30 Rps). Si les lieux ne sont pas trop embouteillés, le taxi vous dépose au parking, il ne reste alors que 5 mn de marche pour vous retrouver sur une terrasse d'observation. De là, vue formidable sur le Machapuchare et le lac Fewa bordant Pokhara. On insiste pour partir tôt car le ciel est alors clair, et il se bouche ensuite rapidement. Pour revenir sur Pokhara, on peut redescendre à pied vers le lac (en 2-3h). Sentier assez fréquenté.

➢ Dans le même genre mais plus long (compter la journée et prévoir un guide – environ 20 $; demander à n'importe quelle agence), on peut prendre le taxi (compter 1 200 Rps aller simple), tôt le matin toujours, jusqu'à ***Naudanda,*** à environ 25 km au nord-ouest de Pokhara. De là, à 1 430 m d'altitude, la vue est splendide lorsque le massif des Annapurnas est dégagé. On peut ensuite rentrer à pied vers Pokhara par les sentiers qui longent la crête des collines, parallèle au chemin qui va vers Sarangkot. On traverse alors des rizières, on fait des rencontres et, en plus, la vue est magnifique ! Après le petit village de ***Maula,*** grimpez jusqu'au temple ; là encore, panorama sublime ! Puis on arrive à Sarangkot, où l'on peut casser la croûte... Depuis Sarangkot, la descente sur Pokhara prend 2-3h.

➢ À 15 km à l'est de Pokhara, sur la route de Kathmandu, se trouvent les ***lacs de Begnas et Rupa,*** accessibles à vélo ou en taxi (environ 1 500 Rps l'aller-retour). Les bus vers Kathmandu (départ de *Prithivi Chowk Bus Park* ; *plan d'ensemble, B2,* ***2***) vous déposent, eux, à l'intersection, à 300 m des lacs. Mais si le bus ne vous inspire pas confiance, il est possible de chartériser un taxi ou de s'adresser à sa *guesthouse.* Le magnifique lac de Begnas est affecté à la pisciculture. On peut le traverser en barque pour pas cher. Négocier directement avec les habitants et pas à l'endroit où tous les passeurs attendent. Nombreux oiseaux : hérons, aigrettes, limicoles, etc. Possibilité de dormir et de se restaurer dans le village en surplomb, situé entre les deux lacs.

➢ À environ 10 km au nord de Pokhara, la ***vallée de la rivière Kali Khola*** vaut aussi le coup...

➢ ***Nirmal Pokhari :*** excursion d'une bonne demi-journée à faire avec un guide. Prendre un bus jusqu'au pied de la colline où se situe le village de Nirmal Pokhari, qu'on rejoint en 2h à travers rizières et forêts. Vue splendide sur Pokhara et les sommets ! Retour sur Pokhara par d'autres hameaux pour découvrir les pics sous de nouveaux angles. Balade très agréable d'environ 5h en tout. Vous ne le regretterez pas.

Pour ceux qui n'ont pas le temps de faire le trek du *tour des Annapurnas* mais qui souhaitent en avoir un aperçu

Possibilité de faire plusieurs petits treks en direction du sanctuaire des Annapurnas ou de Jomsom.

➢ ***Pokhara-Phedi-Dhampu-Tolka-Landruk-Jhinudanda-Nayapul (New Bridge)-Pokhara :*** *3 j. version rapide, 4 j. version plus longue (avec le village traditionnel de* ***Ghandruk****).* À l'aller, prendre, sur Baglung Bus Park *(plan d'ensemble B2,* ***3****),* un bus pour Phedi (ou taxi pour environ 1 000 Rps). Au retour, bus ou taxi de New Bridge (Nayapul). On trouve des auberges dans chaque village. Très conseillé de prendre un guide. Il sert d'interprète, donne plein de renseignements sur la vie des gens et, en haute saison, peut forcer l'allure pour arriver au lodge (afin d'y réserver des places) avant d'autres marcheurs. Ce n'est pas si cher que ça, et encore moins à plusieurs. Le petit déj devant les sommets de l'Annapurna et du Machapuchare est tout simplement fabuleux !

➢ ***Pokhara-Nayapul (New Bridge)-Ulleri-Ghorepani-Tadapani-Ghandruk-Nayapul-Pokhara :*** *4-5 j., selon votre allure.* Surnommé « le balcon des Annapurnas », il permet de découvrir le point de vue inoubliable sur les Annapurnas depuis ***Poon Hill*** (3 200 m), accessible depuis Ghorepani en 1h de montée. Y aller au petit matin. On peut aussi, de Ghorepani, pousser jusqu'à Tatopani (sources chaudes), mais il faut alors prévoir 2 jours de plus (à moins de rentrer directement de Tatopani à Pokhara par la route).

➢ ***Pokhara-Bhumdi-Bhanjyang (Panchase)-Bhadaure-Australian Camp-Astam-Pokhara :*** *en 5 j.* Aller en taxi à Naudanda. Première demi-journée très belle, avec visite de villages, maisons circulaires, une école, etc. Le soir, avant Bhumdi, loger au *Tea House* plutôt qu'au seul hébergement du village qui gonfle allègrement les prix... Le 2e jour, 5-6h de marche plus fastidieuse jusqu'au sommet du Panchase, puis dodo à Bhanjyang (plusieurs hébergements, dont le *Happy Heart Hotel*). Le 3e jour, marche de 4h jusqu'à Bhadaure (nuit au *Green Hill Guesthouse*) ou alors on prolonge jusqu'à l'*Australian Camp* pour les plus courageux. Le 4e jour, 5h de marche jusqu'à Astam (beau *lodge* mais un peu cher), d'où la vue est magnifique par beau temps (ou alors on gagne Damphus). Le 5e jour, retour à Phokara via Phedi.

Où dormir au cours de ces treks ?

On trouve des auberges dans chaque village. Voici néanmoins quelques recommandations :

À la sortie du village de *Phedi*, la très sympa ***Hilary Guesthouse*** est tenue par un joyeux luron. Vue splendide et agréable jardin.

À *Ghorepani,* on conseille la ***Hill Top Lodge,*** qui révèle une vue superbe sur la montagne. L'hôtel ***Snow Land*** est très bien aussi, propre et bon accueil.

À *Tatopani,* rendez-vous à la ***Dhaulagiri Lodge,*** tenue par un Français. Excellente cuisine et cadre fleuri (mandarinier dans le jardin). Sources d'eau chaude à proximité ; l'attraction du coin. Des Népalais y font leurs ablutions. Autre adresse à retenir sur place : la ***Trekker Lodge,*** plus chère que les autres, mais rien qu'un petit déj dans le jardin mérite qu'on y fasse halte !

À *Ghandruk,* où se trouve un intéressant écomusée, la ***Ghandruk Guesthouse,*** sur les hauteurs du village, très propre et eau chaude à toute heure. Leurs *momos* sont réputés.

À *Ghasa,* le beau jardin de la ***Florida Guesthouse*** vous tend aussi les bras, avec sa vue sublime sur le mythique Annapurna 1, conquis par Maurice Herzog en 1950.

Encore quelques heures de marche et *Kolpani* livre bientôt son ***See You Lodge,*** avec son accueil thakali généreux et sa vue sur le Dhaulagiri, tout proche.

À *Marpha,* un étonnant jardin planté de pommiers vous attend à la ***Paradise Guesthouse,*** aussi connue pour sa vue magnifique sur le Nilgiri. ***Dhaulagiri Guesthouse and Roof Top Restaurant*** n'est pas mal non plus. On y mange bien.

Ensuite, dans le village même de *Jomsom,* faites le choix du ***Omsoom Lodge.***

Puis, à *Kagbeni,* c'est l'***Hotel Shangri-La,*** en plein village aussi, qui pourvoit à toutes les fatigues.

Encore quelques enjambées et *Muktinath* se profile bientôt avec son ***Hotel Bombarli.*** Billard, musique pop-rock et formidable vue en rafale sur le Khatungkang, le Tilicho Peak et le Nilgiri.

Sur les hauteurs de *Thrungla Phedi,* repos conseillé à la ***Thrungla Guesthouse.*** Attention au mal d'altitude.

Puis redescente vers *Yak Kharka,* où la ***Ganggapuna Guesthouse*** est cernée par les yacks ! Une bonne occasion de s'initier à la cuisine au beurre... de yack.

À *Manang,* la ***Tilicho Guesthouse*** offre une vue originale sur le lac, pour changer un peu des montagnes.

À *Humde,* c'est l'***Annapurna Guesthouse*** qui a nos faveurs.

Dans le vieux village de *Pisang,* tout près de la rivière, aller à la ***Maya Guesthouse.***

Et enfin, à *Chame,* les guides sont emballés par la bonne table de la ***Komala Lodge.***

LE TÉRAÏ

LE TÉRAÏ DU CENTRE... 142
• Le parc national de Chitwan 142
• Sauraha • Meghauli
LE TÉRAÏ DE L'OUEST... 153
• Lumbini........................ 153
• Le parc national de Bardia 159

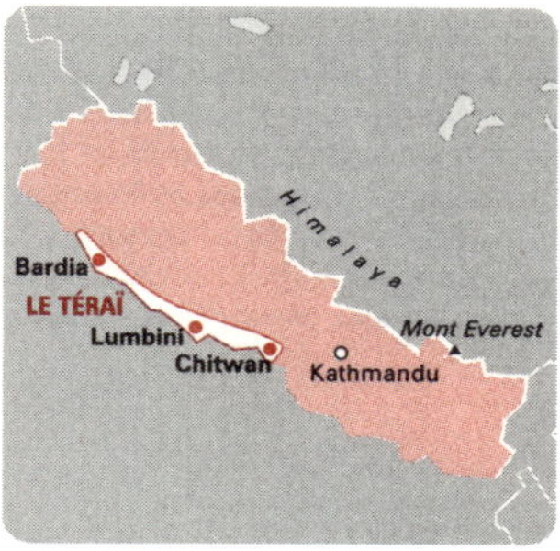

Limitée au nord par les contreforts de l'Himalaya, c'est une étroite plaine de 50 km de large qui borde tout le sud du Népal, juste à la frontière indienne. Le Téraï demeure la grande région agricole du pays, arrosée par de nombreux cours d'eau et jouissant d'un climat subtropical. Entre plantations, savanes, prairies marécageuses et forêts tropicales, le coin est parsemé de quelques villes, parfois industrielles, et de nombreux villages traditionnels perdus dans la campagne...

Au cœur du Téraï, le fameux *parc national de Chitwan,* classé au Patrimoine mondial de l'Unesco, très couru des touristes, abrite rhinocéros unicornes, tigres du Bengale, éléphants sauvages... Autant d'espèces en voie d'extinction que l'on peut aussi observer lors d'un safari dans le *parc national de Bardia,* plus à l'ouest. Moins facile d'accès, celui-ci demeure peu fréquenté, et donc plus agréable à explorer.

Autre temps fort du Téraï : *Lumbini,* le village natal du Bouddha, également classé au Patrimoine mondial de l'Unesco. Et puis, tous ceux qui peuvent prendre leur temps sortiront des sentiers battus car la région se révèle intéressante et riche en tranches de vie authentiques.

Ici, la plupart des ethnies du pays sont représentées, avec une majorité de Tharus (voir la rubrique « Population » dans « Hommes, culture, environnement »). Près de la moitié de la population du Népal vit dans cette province, et la courbe de croissance ne cesse d'augmenter.

Arriver – Quitter

➢ ***En voiture :*** par la route de Mugling, ou par celle plus directe qui relie Naubise (26 km de Kathmandu) à Hetauda via Daman. Une halte à Daman, avec sa tour d'observation, peut se révéler intéressante.

➢ ***En bus :*** nombreux départs de Kathmandu, desservant les principales villes de cette région. Se renseigner dans les agences et au *Central Bus Park* (voir « Quitter Kathmandu »). Les bus de *Greenline* desservent quotidiennement Sauraha (entrée du parc national de Chitwan) depuis la capitale et Pokhara.

➢ ***En avion :*** pour les plus fortunés, possibilité de rejoindre Bharatpur (parc national de Chitwan), Bhairahava (Lumbini) et Nepalgunj (parc national de Bardia). D'autres aéroports ne sont praticables qu'en dehors de la mousson.

LE TÉRAÏ DU CENTRE

LE PARC NATIONAL DE CHITWAN

IND. TÉL. : 056

• Carte *p. 143*

Autrefois domaine des chasses royales, ce site naturel d'exception devient le tout premier parc national du Népal en 1973. Avec ses 932 km² de forêt tropicale, savanes et plaines marécageuses le long des rivières Rapti, Reu et Narayani qui la traversent, cette réserve affiche une biodiversité très dense (lire ci-après) que l'on explore en saison à dos d'éléphant, en jeep, à pied ou en pirogue, obligatoirement accompagné d'un guide certifié.

UNE BIODIVERSITÉ D'UNE GRANDE RICHESSE, MAIS MENACÉE

Des recensements sont régulièrement effectués au sein de la réserve. Ainsi, on dénombre pas moins de 650 variétés de plantes, 569 types d'oiseaux, 22 variétés d'amphibiens (17 espèces de tortues, dont 5 d'eau) et 21 de reptiles (de charmantes bébêtes, telles que crocodiles, pythons, cobras ou varans jaunes – appelés *golden monitor lizard*). Mais la réserve est surtout connue pour abriter l'une des dernières populations mondiales de rhinocéros unicornes (503 individus), de tigres du Bengale (environ 130 spécimens... très discrets !), et d'ours lippus (autour de 200 *sloth bears*). On observe aussi daims, singes, éléphants sauvages, et plein d'autres animaux inhabituels dans nos régions.

Malgré la création de la réserve, certaines espèces restent menacées. C'est le cas des ours lippus, dont la population décroît en raison de la perte de leur habitat due aux incendies de forêt, et du braconnage : les Chinois, les Népalais et les Indiens sont en effet persuadés que les reins des ours possèdent des vertus thérapeutiques.

Le gavial du Gange est une des deux espèces de crocodiles existant dans le parc. Mais leur nombre demeure très restreint. Seulement 1 % de leurs œufs deviennent des reptiles adultes. En cause : les braconniers (qui récupèrent les œufs) et les prédateurs naturels, mais aussi leur fragilité (les œufs ont besoin d'une température constante de 31 °C pour arriver à éclore). Ce n'est pas faute d'avoir tenté leur réintroduction (voir encadré).

Plus généralement, la rivière Rapti qui traverse le parc est envahie par une espèce invasive :

RECHERCHE SAURIEN SACHANT NAGER

Pour lutter contre l'extinction des gavials, ces crocos à longue et étroite mâchoire, des milliers de petits sauriens ont été élevés avant d'être relâchés dans le fleuve. Mais aujourd'hui, le bilan est maigre. En cause, leur incapacité à s'adapter à la vie sauvage une fois habitués à recevoir la nourriture. Trop faibles, pas assez musclés, ils mouraient de faim faute de pouvoir attraper le poisson dans les eaux à fort courant. Ce programme de réintroduction a coûté une fortune pour une conclusion déroutante : la place du gavial est-elle désormais dans les parcs animaliers ?

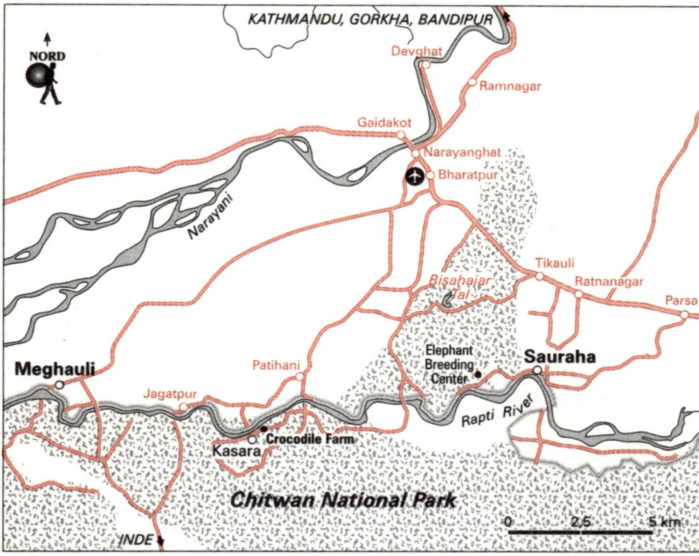

LE PARC NATIONAL DE CHITWAN

la *Mecania micrantha* (jacinthe d'eau). Cette plante originaire d'Amérique du Sud a été introduite en Asie au XIXe s pour orner les jardins d'eau. Très bien acclimatée, sa rapide prolifération pose aujourd'hui de sérieux problèmes environnementaux : l'écosystème se trouve profondément modifié car elle empêche le développement d'autres espèces et forme comme un écran à la surface de l'eau. Les rayons du soleil ne pénétrant plus, la photosynthèse d'espèces végétales à la base de la chaîne alimentaire ne se fait pas. Moins de poissons, moins de ressources pour les populations riveraines pour qui l'accès au cours d'eau et la navigation sont en plus devenus difficiles. Enfin, les larves de moustiques trouvent là un terrain idéal pour s'épanouir au risque d'engendrer de graves maladies, telles que le paludisme ou la bilharziose. Compliqué de venir à bout de cette plaie aquatique. L'arrachage est rendu inefficace du fait de sa croissance rapide. Et les moyens chimiques sont peu réalistes dans le cadre de la sauvegarde de la biodiversité. Reste à limiter les nutriments agricoles et industriels qui se déversent dans l'eau et favorisent son développement.

QUAND Y ALLER ?

Le parc est ouvert toute l'année. Octobre-mai demeure la meilleure période pour l'explorer. Le climat est alors bien agréable. Les mois de mars, avril et mai sont vraiment propices à l'observation de la faune car les herbes sont rases, et les animaux se regroupent autour des points d'eau à cause de la sécheresse. En automne, même si les herbes hautes ne facilitent pas le repérage, la nature est très belle, et l'on peut tout de même voir de nombreux animaux. Nous déconseillons d'y aller entre juin et septembre, car la mousson fait déborder les rivières, rendant les pistes du parc impraticables. Et puis, il fait très chaud et les animaux se cachent continuellement de la pluie.

– ***Attention :*** prévoir un répulsif antimoustiques. La dengue, maladie transmise par un moustique qui pique le jour, se développe sensiblement dans le Téraï, surtout en période de mousson, de fin avril à fin septembre-début octobre.

SAURAHA

• Plan *p. 145*

Principale porte d'entrée du parc national, ce gros village artificiel s'est développé au rythme du tourisme. Sa longue rue principale est bordée de nombreux hôtels à tous les prix, avec pêle-mêle, sans ordre apparent, boutiques, restos, agences d'excursions et... des éléphants qui déambulent nonchalamment guidés (heureusement) par leurs cornacs. Vision un peu surréaliste. Du village, on peut facilement organiser des balades dans le parc.

Arriver – Quitter

En bus

Sauraha Bus Park : *à env 1 km au nord du carrefour principal.* Attention aux rabatteurs à l'arrivée à la gare.

➢ ***Kathmandu :*** on conseille de prendre un *tourist bus* (une quinzaine de compagnies), plus confortable, plus rapide et plus sûr que les bus locaux. À Kathmandu, départs de la gare routière de Kanti Path. Dans l'autre sens, départs du *Bus Park* de Sauraha. Compter env 6h de voyage selon l'état de la route sinueuse (165 km) et l'importance du trafic. Au départ de la gare routière de Tridevi Marg à Kathmandu, on recommande volontiers les compagnies *Greenline* (☎ *602-67 ; • greenline.com.np •*) ou *Mountain Overland* (📱 *98-55-02-56-98 ; • mountainoverland.com •*), plus chères mais avec AC à bord et déjeuner inclus. Réserver 1 à 2 j. à l'avance dans n'importe quelle agence ou à l'hôtel. Pour le retour (départ le matin de Sauraha), il convient aussi d'anticiper la réservation.

➢ ***Pokhara :*** 1 bus direct le mat avec *Mountain Overland.* Également 1 bus *Greenline* le mat dans les 2 sens, mais il faut changer à Kurinta où l'on déjeune. Compter 5-6h de trajet.

En avion

✈ ***Aéroport de Bharatpur*** *(plan parc national de Chitwan)* ***:*** *à env 15 km au nord-ouest de Sauraha.* ☎ *52-02-54.* L'aéroport est desservi par les compagnies aériennes *Buddha Air* (☎ *52-49-75 ; • buddhaair.com •*), *Yeti Airlines* (☎ *52-31-36 ; • yetiairlines.com •*) et *Nepal Airlines* (☎ *53-04-70 ; • nepalairlines.com.np •*). Leurs bureaux se trouvent à l'aéroport ou en ville, mais n'importe quelle agence de Sauraha peut se charger de vos réservations.

– Ne pas oublier la taxe d'aéroport, sur les vols intérieurs, de 200 Rps.

– À partir de l'aéroport, compter 1 300 Rps en taxi pour rejoindre Sauraha. Sinon, prendre un bus local jusqu'à Tendi Bazar et de là une calèche jusqu'à Sauraha. Enfin, sachez que les hôtels de Sauraha viennent souvent vous chercher gratuitement.

➢ ***Kathmandu :*** selon saison, compter 3-10 vols/j. dans des avions à hélice de 15 à 20 places. Env 20 mn de trajet et 90 $ l'aller simple.

Adresses utiles

■ ***Banques, change*** *(plan B2)* ***:*** de part et d'autre du carrefour central de Sauraha, plusieurs banques (avec distributeur *Visa* et *MasterCard*) permettent de changer euros, dollars et chèques de voyage, ou encore de

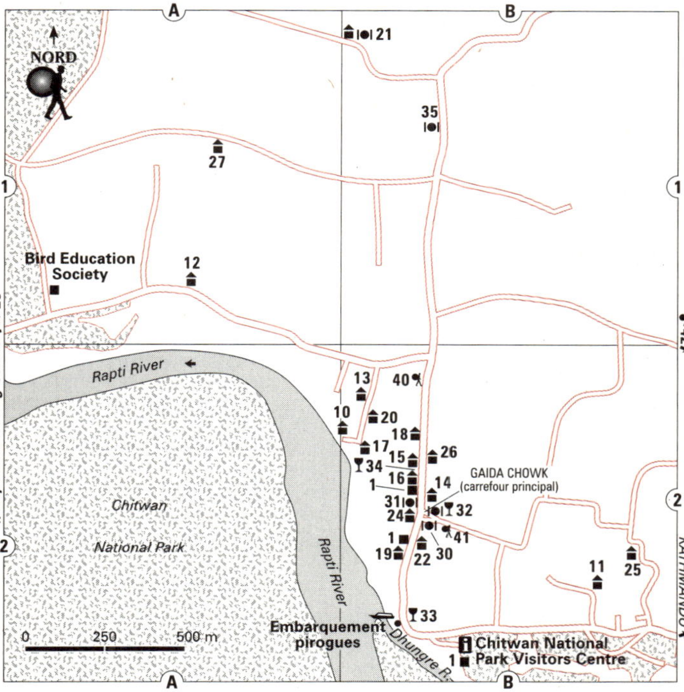

SAURAHA

■ **Adresses utiles**

1 United Jungle Guide Service

Où dormir ?

10 Jungle Wildlife Camp
11 Rainbow Safari Resort
12 Jungle Resort
13 Tharu Lodge
14 Family Guesthouse
15 River View Jungle Camp
16 Rhino Lodge and Hotel
17 River Bank Inn
18 Chitwan Resort Camp
19 Holy Lodge
20 Safari Club
21 Sapana Village Lodge
22 Royal Park Hotel
23 Green Mansions
24 Hotel River Side
25 Hotel Parkland
26 Travellers Jungle Camp
27 Sweet Home

Où manger ?
Où boire un verre ?

21 Resto du Sapana Village Lodge
30 Mustang Thakali Bancha Ghar
31 KC's Restaurant
32 Alfresco Restaurant
33 Sunset Bars
34 Accoustica Shisha Bar

À voir

40 Tharu Culture Programm
41 Sauraha Tharu Culture House
42 Tharu Cultural Museum

se faire envoyer de l'argent *(ouv tlj sf sam 10h-15h).* Ne pas oublier son passeport. Également des bureaux de change ouverts tard, mais pratiquant des taux moins avantageux que ceux des banques et même des hôtels. Possibilité de négocier.

@ ***Internet :*** pas mal d'endroits où

surfer, autour du carrefour central de Sauraha. Sinon, la plupart des hôtels disposent d'un accès gratuit et même du wifi.

■ ***Location de vélos :*** *plusieurs loueurs dans la rue principale. Env 200-350 Rps/j.* La meilleure manière de se déplacer ici.

Agences et associations

■ ***United Jungle Guide Service*** *(plan B2,* ***1****) : 3 bureaux, l'un à 20 m au nord du carrefour principal, un 2e en face du* Royal Park Hotel *et le dernier au Visitors Centre à l'entrée du parc. ☐ 98-45-10-94-52 ou 98-45-34-38-84. • unitedjungleguide.com* • Comme son nom l'indique, cette agence est le fruit de l'association des guides de Sauraha. Ces derniers, plutôt que d'errer dans les rues à l'affût de clients potentiels, ont décidé de se regrouper pour offrir un meilleur service. L'argent récolté est ensuite partagé à parts égales. Une bonne idée ! Propose tous types de tours, de la balade à dos d'éléphant de 1h à l'excursion de plusieurs jours avec nuits chez l'habitant (en bordure du parc), en passant par les safaris en jeep, l'observation d'oiseaux *(bird watching)* dans le parc et aux alentours, la descente de rivière en pirogue...

■ ***Bird Education Society*** *(plan A1) : à env 1,5 km du centre de Sauraha, sur la route de l'*Elephant Breeding Centre *; juste devant le champ de course des éléphants, au pied de l'antenne de communication. ☎ 58-01-13.* Pour les férus d'ornithologie. Cette vieille ONG aide le gouvernement à recenser les espèces d'oiseaux (569 à ce jour) et apprend bénévolement aux Tharus (l'ethnie locale), chaque samedi matin, à respecter et protéger leur habitat naturel, en les incitant, par exemple, à utiliser des pesticides naturels... Les touristes peuvent se joindre gratuitement aux groupes et aux projets. La meilleure période pour l'observation s'étend d'octobre à décembre.

Où dormir ?

Toutes nos adresses sont équipées de ventilo, moustiquaires et du wifi. La majorité fait resto, mais rien ne vous empêche d'aller manger ailleurs. Elles organisent aussi toutes les balades que vous souhaitez dans le parc. Il n'est plus possible de dormir à l'intérieur de la réserve. Certains *resorts* ont toutefois fait appel de cette décision.

Bon marché (moins de 900 Rps ; 8,20 €)

☗ ***Jungle Wildlife Camp*** *(plan A-B2,* ***10****) : sur la route de l'*Elephant Breeding Centre*, par un chemin sur la gauche (panneau). ☎ 58-00-93. Résa à Kathmandu : ☎ (01) 426-89-31. • nepaljunglesafari.com* • Au bord de la rivière Rapti, animée par les éléphants à l'heure du bain et où les animaux du parc viennent parfois boire. Quel spectacle ! Ces 2 bâtiments modernes verts renferment des chambres nickel avec salle de bains. Les plus chères (prix modéré), à l'étage, sont pourvues d'une terrasse et de la clim. Resto au-dessus de la rivière, avec transats sur le toit. Accueil pro sympa. Une bonne adresse à budget variable.

☗ ***Rainbow Safari Resort*** *(plan B2,* ***11****) : près du guichet du parc. ☎ 58-01-03. ☐ 98-55-05-83-39. Résa à Kathmandu : ☎ (01) 425-22-38. • rainbowsafariresort.com* • L'édifice principal abrite des chambres fonctionnelles impeccables avec salle de bains. Également des chambres du même tonneau dans un long bâtiment bas donnant sur le jardin frais et reposant, toutes avec terrasse privée. Accueil sympa.

☗ ***Jungle Resort*** *(plan A1,* ***12****) : sur la route de l'*Elephant Breeding Centre*, côté droit (panneau). ☎ 58-00-39. • jungleresort@hotmail.com* • Devant un petit jardin, cette rangée de maisons basses abrite des chambres sommaires bien tenues, toutes avec salle de bains. Les plus chères sont plus récentes. Un bon plan.

☗ ***Tharu Lodge*** *(plan B2,* ***13****) : sur la route de l'*Elephant Breeding Centre, *par un chemin sur la gauche (panneau). ☎ 58-02-55. • sunilchaudhary124@yahoo.com •* Non loin de la rivière, des bungalows de taille différente, tous équipés de salle de bains, d'un ventilo et d'une terrasse. Pas le grand luxe, mais très correct pour le prix. Possibilité de louer des vélos.

De prix modérés à prix moyens (10-40 $; 9-36 €)

Family Guesthouse *(plan B2,* ***14****) : dans la rue principale, à deux pas du carrefour central. ☎ 58-00-81. • oldandwild@hotmail.com • Plusieurs niveaux de confort, ts à prix modérés.* Les petites chambres toute simples, de plain-pied et un peu sombres, sont équipées de salle de bains et de ventilo. Très propres et pas chères. Sinon, rendez-vous dans le bâtiment au fond du jardin pour des chambres climatisées et spacieuses au rez-de-chaussée ou plus chères à l'étage. Accueil familial gentil. Très bon rapport qualité-prix.

River View Jungle Camp *(plan B2,* ***15****) : dans la rue principale, près du carrefour central. ☎ 58-00-96. • rvjcnepal.com •* Voici de jolies maisonnettes en brique abritant d'agréables chambres confortables et très propres, toutes avec salle de bains et terrasse donnant sur le superbe jardin en bord de rivière. Les plus chères appartiennent à la rubrique « Chic ». Bon resto sur place. Accueil chaleureux. Excellent rapport qualité-prix.

Rhino Lodge and Hotel *(plan B2,* ***16****) : dans la rue principale, à deux pas du carrefour central. ☎ 58-00-65. • rhinolodge.com.np •* Plusieurs bâtiments à étage enserrant un très beau jardin fleuri en bord de rivière, où les rhinocéros du parc viennent parfois boire. Chambres confortables et propres avec salle de bains, et AC pour les plus onéreuses. Bon accueil.

River Bank Inn *(plan B2,* ***17****) : sur la route de l'*Elephant Breeding Centre*, par un chemin sur la gauche (panneau). ☎ 58-04-50. 📱 98-55-06-25-12. • riverbankinn@gmail.com • Prix modérés.* Au bord de la rivière, donc idéal pour le coucher du soleil, le bâtiment abrite des chambres simples et propres, certaines vraiment grandes, toutes à la déco vieillottes. Une poignée profite d'une vue sur l'eau. Bon rapport qualité-prix-situation.

Sweet Home *(plan A1,* ***27****) : Ratnanagar, à 1,5 km du centre. ☎ 58-01-97. 📱 98-55-06-25-98. • sweethomechitwan.com • Transfert gratuit sur résa depuis l'arrêt de bus. Prix moyens. Petit déj inclus.* Un hôtel au calme, dans un environnement campagnard (rizières en saison, *mustard flowers* en décembre). Des chambres impeccables, certaines avec balcon, plus quelques familiales. Les plus chères possèdent la clim. Douche à l'italienne, ventilo et TV. Fait resto (terrasse sur le toit avec vue). Bon petit déj. Prêt de vélos. Arrange aussi les tours au parc et dans les environs. Bon accueil en anglais de Krishna, à la fois pro et très chaleureux.

Chitwan Resort Camp *(plan B2,* ***18****) : dans la rue principale, tt proche du carrefour central. ☎ 58-00-82. 📱 98-51-01-34-78. • chitwanresortcamp.com • Prix modérés.* Les bungalows (dont certains climatisés) entourent un jardin fleuri parsemé de petits kiosques. Environnement agréable pour des chambres simples, mais impeccablement tenues, toutes avec salle de bains et petite terrasse privée. Resto sur place.

Holy Lodge *(plan B2,* ***19****) : juste au sud du carrefour principal. ☎ 58-02-79. • holylodgechitwan.com • Prix moyens.* Chambres simples et propres, disposant toutes de salle de bains et de balcon. Certaines donnent directement sur la rivière. Idéal pour admirer le coucher de soleil. Resto et bar sur place.

Hotel River Side *(plan B2,* ***24****) : au bout de la rue principale, côté rivière. ☎ 58-00-09. Résa à Kathmandu : ☎ (01) 442-50-73. • thehotelriverside.com •* Une vingtaine de chambres fonctionnelles, propres et dotées de salle de bains réparties dans plusieurs bâtiments roses plantés dans un carré de verdure en bord de rivière. TV dans les plus chères, situées à l'étage, avec terrasse dominant les éléphants qui batifolent dans la rivière Rapti. Fait aussi resto. Accueil sympa. Une bonne adresse.

Safari Club *(plan B2, **20**) : à env 500 m du carrefour principal de Sauraha, sur la route de l'*Elephant Breeding Centre*, par un chemin sur la gauche (panneau). ☎ 58-04-81. • chitwan safariclub.com • Prix moyens.* Bâtiments kitsch à étage renfermant des chambres fonctionnelles avec salle de bains, TV et terrasse privée face à un carré de gazon fleuri. Très propre et à deux pas de la rivière. Mais prix tout de même un peu surévalués.

Chic (40-70 $; 36-64 €)

Sapana Village Lodge *(plan B1, **21**) : au nord du village, en pleine campagne. ☎ 58-03-08. • sapanalodge.com • Chambres doubles, triples et familiales, avec AC mais sans TV.* Cadre idyllique au bord de la rivière où les 2 éléphants du *lodge* viennent s'abreuver au petit matin. *Sapana* signifie « rêve » en népalais. C'est celui d'un homme, Dhruba, le sympathique proprio, qui, aidé par des amis néerlandais, a créé ce complexe. En plus de proposer des prestations de qualité, il soutient une coopérative de femmes tharus (centre d'artisanat sur place, développement du microcrédit) et aide à la scolarisation d'enfants de la communauté. Les différents bâtiments pourvus d'un étage sont décorés sobrement et avec goût (pas mal d'objets recyclés). Environnement calme, si ce n'est les bruits de la faune la nuit... Excellent resto sur place avec vue sur la rivière depuis la terrasse (voir plus loin « Où manger ? Où boire un verre ? »). On plébiscite !

Royal Park Hotel *(plan B2, **22**) : au bout de la rue principale, près de la rivière. ☎ 58-00-61. Résa à Kathmandu : ☎ (01) 441-29-87. • royal parkhotel.com.np •* Voici d'agréables maisonnettes plantées au cœur d'un grand jardin fleuri avec micropiscine. Plaisantes chambres nickel, confortables et aménagées avec soin en utilisant de beaux matériaux. Resto-bar avec terrasse. Accueil pro. L'un des hôtels « chic » du coin, qui ne vide pas pour autant le porte-monnaie.

Travellers Jungle Camp *(plan B2, **26**) : dans la rue principale. 📱 98-55-05-58-45. • nepaljunglecamp.com •* Autour d'un joli jardin fleuri, planté de manguiers, ces maisons basses ou à étage renferment des chambres propres avec salle de bains et terrasse ; AC et TV pour les plus chères, situées au 1er. Resto sur place et, au bout du jardin... un éléphant, prêt à vous emmener faire un p'tit tour !

Plus chic (70-120 $; 64-110 €)

Green Mansions *(hors plan par A1, **23**) : à env 2 km de Sauraha, sur la route de l'*Elephant Breeding Centre*, par une piste sur la droite (panneau). ☎ 58-00-88. Résa à Kathmandu : ☎ (01) 422-18-54. • greenmansionsresort.com •* Au beau milieu des champs agricoles parsemés de cahutes paysannes en terre et bambou, une trentaine de jolies chambres, distribuées dans plusieurs belles maisonnettes en dur. Eau chaude solaire et déco discrète de bon goût. Le tout dans un joli jardin fleuri, tout proche du parc. Resto sur place. Accueil prévenant.

Hotel Parkland *(plan B2, **25**) : dans la campagne, du côté du guichet du parc. ☎ 58-03-44. 📱 98-55-06-20-68. • parkland@gmail.com •* Plusieurs bâtiments à étage cernant un large jardin verdoyant, ombragé et fleuri. Chambres fonctionnelles, confortables et impeccables, toutes avec AC et terrasse privée. Agréable jardin. Fait aussi resto. Accueil serviable.

Où manger ? Où boire un verre ?

Plein de baraques à *momos* le long de la rue principale, au nord du carrefour principal. Ici, la spécialité ce sont les *momos* de buffle, qu'on trouve quasiment partout. Ça cale et ce n'est vraiment pas cher. On trouve aussi des petits restos de campagne chez l'habitant, très sympas, comme chez la famille *Godar (plan B1, **35**)...*

Mustang Thakali Bancha Ghar *(plan B2, **30**) : au carrefour central.* Cadre, genre cantine, moins charmant que ses voisins immédiats, certes, mais plats nettement plus goûteux (tout est relatif quand même), à prix très raisonnables. Cuisine ouverte.

KC's Restaurant *(plan B2, **31**) : au carrefour central. ☎ 58-03-09.* Le plus vieux resto de Sauraha. Le nom *KC's* vient du fait que le proprio appartient à l'ethnie des Khatris et à la caste Chhetri... La salle-terrasse ouvre sur un vaste et magnifique jardin donnant sur la rivière, avec balançoire. Grande cuisine ouverte où l'on mitonne un excellent poisson d'eau douce, servi avec de bons légumes. Également des plats internationaux de très bonne tenue, avec une petite préférence pour leur cuisine indienne. Excellent service.

Resto du Sapana Village Lodge *(plan B1, **21**) : à env 15 mn à pied au nord du village. Voir « Où dormir ? ».* Cuisine travaillée, bon poisson frais, goûteux *dal bhat,* le tout servi dans un cadre enchanteur, au bord de la rivière.

Alfresco Restaurant *(plan B2, **32**) : au carrefour central. ☎ 58-00-80.* Chaleureuse terrasse bardée de plantes grimpantes apportant un peu de fraîcheur. Bien pour boire un verre avec vue sur l'animation du village. En revanche, cuisine internationale moyenne.

Sunset Bars *(plan B2, **33**) : au bout de la rue principale, après le* Holy Lodge, *face à la rivière.* C'est ici qu'il faut venir boire un verre en fin d'après-midi pour admirer le coucher du soleil. Les cafés alignent leurs transats face à la rivière et au parc. On y observe parfois éléphants et rhinocéros se désaltérant.

Accoustica Shisha Bar *(plan B2, **34**) : au nord du principal carrefour, côté gauche en remontant la rue. Tlj 7h-22h.* À l'étage, on vient y boire un verre, tester une chicha, pipe à eau très répandue au Proche-Orient, plus inhabituelle sous ces latitudes, et écouter de la musique. Concerts régulièrement programmés en saison.

À faire : la visite du parc national de Chitwan

Le guichet du parc se trouve à l'extrémité de la rue principale, face à la rivière (plan B2). ☎ 62-10-69. • chitwannationalpark.gov.np • Tlj 6h-9h, 12h-16h. Billet : 1 700 Rps, valable 1 j. slt. Attention, il était question que le prix augmente.

– **Avertissement :** pour votre sécurité, il est INTERDIT de pénétrer dans le parc seul. Il est OBLIGATOIRE de prendre un guide pour le visiter.

À la tombée de la nuit, il faut être rentré au bercail, car les rhinos sillonnent la jungle à la recherche de leur nourriture et d'un point d'eau, tandis que les tigres voraces, d'ordinaire discrets, se mettent en chasse. Si un rhino charge, monter (si possible...) sur un arbre (solide de préférence) et attendre patiemment, ou alors courir sur le côté et jeter un vêtement assez loin pour détourner la bête qui, à défaut de bien voir, a un odorat particulièrement développé et sera attirée par l'odeur de l'habit. Ne pas prendre ces conseils à la légère car les rhinos font souvent des victimes ! Ils sortent parfois aussi du parc la nuit pour ravager les terres cultivées et viennent même jusque dans les jardins des hôtels ! Se méfier surtout des femelles flanquées de leur rejeton.

Mais l'animal le plus dangereux reste le *sloth bear,* un ours avec un collier de poils plus clairs autour du cou. Il s'attaque à l'homme et grimpe aux arbres. Si on le voit de loin, s'éloigner lentement, sans courir. Sinon, impossible de lui échapper, sauf, paraît-il, en frappant le sol ou (plus téméraire) en lui tapant sur le nez avec un bâton, ou encore en se livrant à un striptease, abandonnant un à un ses vêtements derrière soi. Entraînez-vous avant le départ !

Le tigre du Bengale, lui, est un grand prédateur d'un naturel peureux. Il s'attaque rarement aux hommes. Mais si cela arrive, sachez simplement que la chair humaine devient alors son mets favori ! Rassurez-vous, aucun problème si vous êtes à dos d'éléphant ou en jeep, et de toute façon, on en recense de moins en moins dans le parc.

– La visite se fait avec un guide (anglophone) certifié, qui accompagne les différentes activités : trek, descente de rivière en pirogue, balade à dos d'éléphant,

excursion en jeep, etc., et se charge aussi d'acheter le billet d'entrée. Selon la durée de votre séjour sur place, vous pouvez opter pour une ou plusieurs activités ; le plus simple étant de s'adresser à l'une des agences de Sauraha (voir plus haut « Adresses utiles »). Noter que le *Visitors Centre* pratique des tarifs gouvernementaux, plus chers que dans les *lodges* ou les agences.
Bien sûr, plus vous passerez de temps dans le parc, meilleures seront vos chances de rencontrer ses habitants, sachant que le tigre et l'ours lippu se font très discrets... Le matin à la fraîche et la fin de l'après-midi demeurent les meilleurs moments pour l'observation des animaux. On conseille de porter des vêtements de couleur neutre, de ne pas se parfumer et de ne faire aucun bruit. Par ailleurs, oublier les shorts et les sandales, inadaptés aux « virées dans la jungle ». Des jumelles vous seront très utiles, ainsi qu'une lotion antimoustiques.

Activités

➢ ***Descente de rivière en pirogue :*** *départ au sud de la route principale, près des cafés et du poste de l'armée (plan B2). On peut faire un tour de 1h (env 1 700 Rps/pers, plus l'entrée du parc) ou d'une demi-journée, cette dernière solution consistant à naviguer env 1h pour ensuite revenir à pied et ainsi voir le parc d'une autre manière.* La balade la plus sympa à faire dans le parc, même si elle est bien onéreuse. Les pirogues sont creusées d'un seul tenant dans des fromagers, ces arbres aux racines larges et impressionnantes. Proche de l'eau, on observe les oiseaux et surtout les crocodiles des marais (*mugger crocodile* en anglais), ainsi que des gavials endormis (sauf vers la fin de la mousson), qui ont vraiment l'air d'être empaillés. On reconnaît ces derniers à leur gueule fine et allongée, comparativement aux crocodiles des marais, bien mastoc. Par chance, ils n'ont pas l'air de vouloir attaquer les pirogues. Les pêcheurs sont parfois moins chanceux ! Néanmoins, une balade très sereine, qui permet aussi d'admirer une grande variété d'oiseaux.

➢ ***Excursion en jeep :*** *janv-mai slt. Compter env 2 000 Rps/pers pour une excursion de 4h dans de vieux 4x4 brinquebalants. Se rendre la veille dans une des agences du village pour former un petit groupe qui remplira la jeep (jusqu'à 7 places).* On parcourt environ 40-50 km, ce qui est assez long, sans garantie de voir beaucoup d'animaux, ce qui n'en fait pas notre balade préférée... Plus de chance de voir des daims que des rhinocéros, même si, heureusement, ça arrive. Éviter la place à côté du chauffeur, plus basse et donc à la visibilité moins bonne. Il est aussi possible de faire une balade d'une journée (environ 80 km), mais là, il faut vraiment être un acharné du 4x4 !

➢ ***Balade à dos d'éléphant*** *(Elephant riding)* **:** *pour réaliser cette sortie, réserver la veille dans une agence du village. Compter env 2 500 Rps/pers pour 1h à l'intérieur du parc (sans compter le billet d'entrée au parc), contre 1 700 Rps pour 1h30 de balade en dehors de la réserve, dans la forêt communale.* Un peu l'activité emblématique du coin. Pour qui n'est jamais monté sur un éléphant, c'est en soi une expérience originale : juché à environ 3 m du sol, on prend place à deux, trois ou quatre sur une nacelle en se laissant bercer par le doux roulis induit par la démarche du pachyderme. Les promenades, très touristiques, ont lieu tôt le matin et en fin d'après-midi. Elles se font dans le parc même ou dans la zone tampon juste au nord de celui-ci, moins sauvage que le parc mais protégée aussi, où il est possible de voir des rhinos unicornes, des singes et, moins exotique, des daims. Si au départ les éléphants chargés de touristes se suivent en file indienne, chaque cornac plonge ensuite dans la forêt pour suivre son chemin et débusquer les animaux qui se cachent dans les feuillages. Une balade chaloupée qui, même si l'on voit peu d'animaux, vaut le coup pour l'environnement et la découverte de la relation particulière qui existe entre le cornac et sa monture.

➢ ***Prendre un bain avec les éléphants*** *(Elephant bath ; plan A-B2)* **:** *tlj vers 10h30 ; accès par le chemin qui va à la rivière, à droite du* KC's Restaurant. *Env 100 Rps/pers. Pour grimper sur les éléphants, il faut revêtir un gilet de sauvetage.* Le jeu consiste à se faire asperger par le pachyderme avant qu'il ne vous fasse basculer en se laissant lui-même choir dans l'eau. On peut aussi se contenter de se baigner à côté d'eux. Très sympa, surtout avec des enfants, à condition, bien sûr, de maintenir une distance raisonnable.

➢ ***Observation des oiseaux*** **:** *compter env 4 500 Rps/pers pour une journée complète.* Les ornithologues en herbe (ou pas) ont de quoi scruter ; 569 espèces ont été recensées, dont les ibis noirs, aigrettes, hérons, petits cormorans, martins-pêcheurs pour ne citer qu'eux, sans compter les nombreux oiseaux migrateurs.

À voir

Visitors Centre (plan B2) **:** *à côté du guichet du parc, qui se trouve à l'extrémité de la rue principale, face à la rivière. Tlj 7h-17h. Entrée gratuite.* C'est une salle avec des panneaux explicatifs sur la faune, la flore et l'ethnologie locales. Un peu vieillot mais bien quand même si l'on se donne la peine de lire.

Elephant Breeding Centre *(centre de reproduction des éléphants ; hors plan par A1)* **:** *à env 3 km de Sauraha, dans la zone tampon. Compter 45 mn à 1h de marche depuis Sauraha, mais on peut y aller à vélo ou l'inclure dans la descente de rivière en pirogue. Tlj 6h-16h. Entrée : 100 Rps. Conseil : venir de 6h à 10h ou dès 16h jusqu'au coucher du soleil, car entre-temps, les éléphants sont dans la jungle pour se nourrir (min 250 kg de verdure/j. chacun !).*

POUR NE PAS SE TROMPER

Sur les 350 espèces d'éléphants qui existaient il y a 50 millions d'années, il n'en reste aujourd'hui plus que... deux : celle d'Afrique et celle d'Asie. L'éléphant d'Asie, de taille plus modeste, possède un seul doigt à sa trompe (deux chez le cousin africain), mais deux bosses sur son crâne et des oreilles plus petites. Par ailleurs, seuls certains mâles portent des défenses, et pas les femelles.

Ce centre a pour vocation d'augmenter le nombre d'éléphants domestiques au Népal. On en compte une centaine, le double en ajoutant ceux qui appartiennent aux *lodges.* Leur reproduction est ainsi encadrée ; la durée de gestation étant de 2 ans...

On observe ici, sous de hauts et longs auvents en tôle, des pachydermes de tous âges : nouveau-nés avec leurs parents, « ados », jumeaux... Dans une salle à l'entrée, quelques panneaux explicatifs (en anglais) renseignent sur les principales caractéristiques de ce deuxième plus grand animal terrestre après son cousin d'Afrique. Au Népal, on recense encore 130 éléphants sauvages, ainsi qu'un troupeau de 50 à 75 individus qui migrent chaque année au Népal en provenance d'Inde. À Chitwan, on en compte entre 25 et 30. La plupart se trouvent en fait à Bardia, une réserve à l'ouest du pays.

Sinon, il y a aussi l'*Elephant Stable,* près de l'entrée du parc, qui est le lieu où les pachydermes viennent se reposer après leur dure journée de balades touristiques, mais là, on ne voit pas d'éléphanteaux.

Tharu Culture Programm *(plan B2,* ***40****)* ***et Sauraha Tharu Culture House*** *(plan B2,* ***41****)* **:** *le 1er se trouve sur la route principale, au nord du carrefour central, le 2nd à l'est du carrefour principal. Entrée : compter 100-150 Rps. Ts les soirs ; début du spectacle entre 18h30 et 20h (selon saison). Durée : 1h.* Présentation des danses traditionnelles tharus, danse du paon et autre *stickdance.* Ambiance bon enfant. En revanche, éviter les visites des habitations tharus, organisées de façon pas toujours très respectueuse. Si vous logez en *lodge,* vous aurez aussi droit à ce genre de spectacles...

Tharu Cultural Museum *(hors plan par B1-2,* ***42****)* **:** *à l'est du village. Tlj 7h-18h. Entrée : 25 Rps.* Exposition d'objets usuels, d'outils agricoles appartenant à cette communauté principalement rurale, la première à s'être installée dans le Téraï et la plus importante ethnie du Népal. Plusieurs panneaux (en anglais) et quelques scènes, illustrées par des mannequins, expliquent les principales étapes qui rythment la vie des habitants (mariage, cérémonies liées à l'accouchement, fêtes religieuses, etc.). Modeste, mais permet d'en apprendre un peu plus sur le peuplement de la région.

Crocodile Farm *(plan parc national de Chitwan)* **:** *à* ***Kasara,*** *au milieu du parc, à env 18 km de Sauraha (nécessaire d'y aller en jeep). Ouv tlj du lever au coucher du soleil. Entrée : 100 Rps.* On y soigne les œufs de reptiles recueillis dans le parc et l'on y aide les petits à grandir, avant d'en relâcher certains dans le parc, à l'âge adulte. On peut ainsi voir plusieurs espèces dans des enclos, à différents stades de leur vie : le gavial, au museau étroit et allongé, peut atteindre 7 m, mais il ne mange que du poisson. Le *mugger,* lui, est plus court et trapu. En revanche, il dévore tout, y compris des hommes s'il en a l'occasion ! Ce lieu sert aussi de centre de soins pour les reptiles orphelins ou mal en point.

Fête

– ***Course internationale d'éléphants*** **:** *fin déc, dans la prairie face à la* Bird Education Society. D'étonnantes courses d'éléphants et d'insolites parties de football jouées par les pachydermes !

MEGHAULI

Avec l'interdiction désormais de dormir dans le parc et la forte densité d'hôtels à Sauraha, le village de Meghauli (prononcer « mégaoli »), situé à l'orée de la réserve offre une alternative pour qui recherche le calme en pleine nature. D'autant que l'environnement bucolique au bord de la rivière Batari est enchanteur.
Peu de choix dans les adresses pour l'instant, mais du coup, la région est tranquille. Ce point de départ permet aussi de visiter une autre partie de la réserve, moins fréquentée. Les hébergements organisent toutes les excursions dans le parc et s'occupent de l'achat du billet d'entrée.

Arriver – Quitter

Prévoir un transfert avec votre hébergement depuis les gares routières de Narayangadh ou Bharatpur. Compter env 1h30 de route et de piste depuis Bharatpur.

Où dormir ?

Les hébergements proposent en principe des forfaits de 2 nuits et 3 jours, qui comprennent, outre la pension complète, une journée et demie d'excursion dans le parc.

Chitwan Bamboo Lodge **:** *dans le village principal, avt la rivière, à gauche.* ☎ *69-27-83.* *98-45-42-00-51.* • *chitwanbamboolodge.com* • *Forfait 3 j./2 nuits 150 $/pers.* Petite marche le long de la rivière Batari avant d'accéder plus haut à 2 rangées de bungalows au milieu des champs. Architecture traditionnelle en roseau, qui ne sacrifie pas le

confort pour autant puisque chaque hutte dispose d'une salle de bains... carrelée ! Salle commune avec un bar, ambiance western. Très bon accueil.
Barahi Jungle Resort : ☎ *69-54-47.* • *barahijunglelodge.com* • *Prévoir 1 000 $ pour 2 le forfait de 2 nuits/3 j. (350 $ en pens complète pour 2, sans les activités).* Le resort de luxe au bord de la rivière Rapti, avec le parc national en ligne de mire. Bungalows au toit de chaume, construits sur pilotis (bas). Chambres tout confort à la déco tendance jungle avec, pour chacune, un balcon offrant une vue magnifique sur la rivière et le parc national. Spa et bar sur place.

LE TÉRAÏ DE L'OUEST

LUMBINI

5-7 avril 2018

IND. TÉL. : 071

• Plan *p. 154-155*

Petite par sa taille, cette ville, à la frontière indienne, revêt une importance capitale quant à l'histoire des civilisations : Lumbini est en effet le berceau du bouddhisme. C'est là que naquit Siddharta Gautama, encore appelé Sakyamuni – en un mot, le Bouddha. Héritier d'une famille royale, Siddharta découvre la misère du monde à l'âge de 29 ans au cours de quatre promenades à cheval dans la ville. Il décide alors de tout abandonner et de chercher la voie de la délivrance de toutes les souffrances humaines. Après des années d'ascèse et de méditation, il reçoit enfin l'Illumination qui fait de lui le Bouddha « Éveillé ». Lire aussi la partie consacrée au bouddhisme dans la rubrique « Religions et croyances » en fin de guide.
Si aujourd'hui la région est peuplée de musulmans, d'hindous et de bouddhistes, Lumbini reste un lieu de pèlerinage sacré pour les 600 millions de bouddhistes du monde entier. Le site, très ancien puisque les premières habitations remonteraient au VIe s av. J.-C., est également appelé *Rupandehi.* Il fut longtemps plus célèbre pour ses souvenirs que pour ses monuments. En 1967, le secrétaire général de l'ONU, le Birman U'Thant, bouddhiste convaincu, vient en pèlerinage à Lumbini. Il est choqué par l'état d'abandon du site sacré. Il lance alors « le plan Lumbini » et le place sous l'égide de l'Unesco. L'idée est de créer ici une capitale universelle du bouddhisme, dans le berceau même où naquit, il y a près de 2 500 ans, le fondateur de cette grande philosophie religieuse orientale.

Arriver – Quitter

En bus

La plupart des bus s'arrêtent devant l'entrée principale du site *(plan D1).*
➢ ***Sauraha (Chitwan) :*** bus locaux très fréquents jusqu'à Bhairahava (frontière indo-népalaise) ; de là, bus en début d'ap-m pour Sauraha. Env 4h30 de trajet pour parcourir 180 km.
➢ ***Kathmandu :*** trajet direct tôt le mat et le soir avec des bus touristiques (avec ou sans AC), locaux, et même un minibus le mat (avec AC). Prévoir 8-9h de trajet.
➢ ***Pokhara :*** la récente compagnie *Mountain Overland* (📱 *98-57-02-56-98 ;* • *mountainoverland.com* •) assure 1 départ/j., tôt le mat, dans les 2 sens. Sinon, bus local pour Bhairahava, et de là, bus touristique (sans AC).

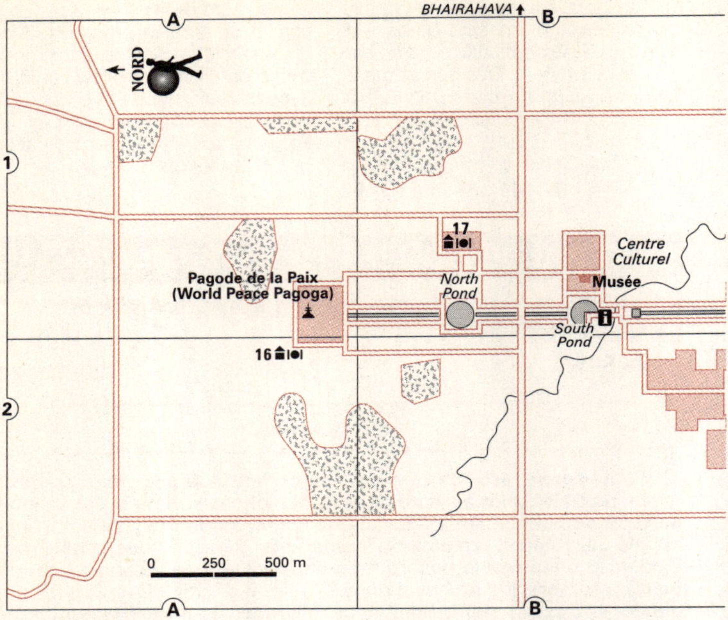

■ **Adresse utile**
1 Distributeurs automatiques

Où dormir ?
10 Lumbini Village Lodge
11 Buddha Bhoomi Guesthouse
12 Lumbini Guesthouse
13 Sunflower Travellers Lodge
14 Ananda Inn
15 Buddha Maya Gardens

En avion

➢ ***Kathmandu :*** plusieurs vols/j. avec *Buddha Air* (☎ 52-68-93 ou 52-28-93 ; ● buddhaair.com ●) et *Yeti Airlines* (☎ 52-75-27 ou 52-75-28 ; ● yetiairlines.com ●). Durée : 35 mn.

Adresse utile

■ ***Distributeurs automatiques*** (plan D1, **1**) **:** *de part et d'autre de la rue, face à l'entrée principale.*

Où dormir ?

Beaucoup d'hôtels se sont implantés dans le nouveau village, en bordure du complexe. Les adresses les moins chères se situent près de l'entrée principale, les catégories supérieures étant plus éloignées. N'hésitez pas à négocier, surtout en basse saison et dans les établissements haut de gamme.

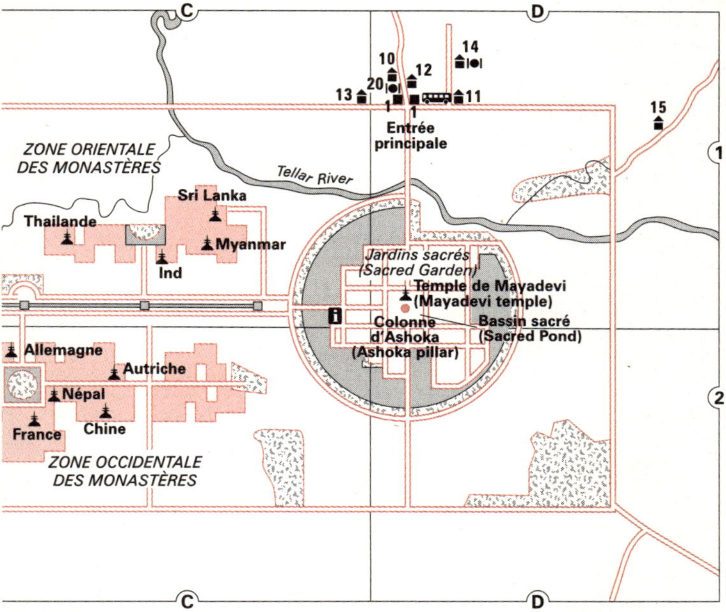

LUMBINI

16 Hotel Kasai	**16** Resto japonais de l'hôtel Kasai
17 Lumbini Hokke Hotel	**17** Resto de l'hôtel Hokke
Où manger ?	**20** 3 Fox Restaurant
14 Resto de l'hôtel Ananda Inn	

De bon marché à prix modérés (jusqu'à 1 100 Rps ; 10 €)

Lumbini Village Lodge *(plan D1,* ***10****) : quasi face à l'entrée principale du site. ☎ 58-04-32. 98-47-03-06-34. • lumbinivillagelodge@yahoo.com • Bon marché.* Les chambres sont distribuées autour d'un patio tout en longueur, ouvert en son extrémité sur la campagne. La plupart sont assez sombres et basiques, mais elles sont toutes équipées de ventilo et de salle de bains. Les plus chères profitent de plus d'espace. On aime bien les 2 terrasses agrémentées de plantes vertes qui surplombent la rue. Loue des vélos et organise une visite de Kapilavastu, à 28 km de Lumbini, ancienne capitale royale où vécut Siddharta Gautama avant de devenir Bouddha.

Buddha Bhoomi Guesthouse *(plan D1,* ***11****) : tt près de l'entrée principale du site. ☎ 58-03-26. • buddhabhoomiguesthouse@gmail.com • Entre « Bon marché » et « Prix modérés ».* Si l'environnement champêtre est jonché de détritus, les chambres simples, avec ventilo et aux salles de bains carrelées, sont correctes pour le prix. On peut y acheter ses tickets de bus. Bon accueil.

Lumbini Guesthouse *(plan D1,* ***12****) : dans la rue, face à l'entrée, quasi face au* Lumbini Village Lodge. *☎ 58-01-42. • lumbiniguesthouse.com • Prix* *modérés.* Le grand bâtiment blanc à l'arrière de la réception (sombre) abrite des chambres carrelées, avec salle de bains et ventilo. Pas mal pour le prix.

De prix moyens à chic (20-70 $; 18-64 €)

Sunflower Travellers Lodge *(plan C1, **13**) : non loin de l'entrée principale du site. ☎ 58-00-04. 📱 98-08-12-04-32. • sunflower-tl.com • Prix moyens.* 💻 Le petit jardin bien entretenu à l'avant lui donne un côté plaisant, tout comme la kyrielle de tournesols... en plastique, à l'intérieur. Cet hôtel, tenu par des Chinois, propose des chambres propres avec ventilo. Matelas bien fermes !

Ananda Inn *(plan D1, **14**) : dans une rue quasi face à l'entrée principale du site. ☎ 58-03-24. • hotelanandainn.com • Fourchette basse de la catégorie « Chic ».* Bâtiment en brique à l'intérieur plutôt moderne et au charme supérieur à la moyenne. Attention toutefois, la vingtaine de chambres est meublée de lits peu larges (taille népalaise), même les doubles. Les grands risquent de se sentir à l'étroit. En dehors de ça, très bon rapport qualité-prix et accueil à la hauteur. Fait également resto ; voir plus loin « Où manger ? ».

Très chic (plus de 120 $; 110 €)

Hotel Kasai *(plan A2, **16**) : au nord du complexe, près de la World Peace Pagoda. ☎ 40-40-36 ou 37. • lumbinihotelkasai.com • Double 150 $, sans taxes ni petit déj.* Chambres spacieuses et impeccables au charme toutefois classique. Les suites, dans un style japonisant, sont beaucoup plus chères. Sur place, 2 restos, un occidental et un japonais (voir plus loin « Où manger ? »).

Buddha Maya Gardens *(plan D1, **15**) : au sud-est du complexe monastique. Résa à Kathmandu : ☎ (01) 470-06-32. • ktmgh.com • Doubles 140-180 $ selon confort, petit déj inclus mais pas les taxes (23 %).* Les grands bâtiments en brique abritent 2 types de chambres : aux « moins chères », vieillottes et moquettées, d'un mauvais rapport qualité-prix, préférer les *super deluxe,* spacieuses, carrelées et dotées de belles salles de bains. La plupart ont vue sur le jardin et le bassin de lotus. Prix toutefois excessifs. Resto sur place.

Lumbini Hokke Hotel *(plan B1, **17**) : au nord du complexe, près de la World Peace Pagoda. ☎ 40-40-56 ou 57. • theroyalresidency.co • Double env 160 $.* Chambres au style occidental et japonais dans de petits bâtiments en brique autour d'un gazon impeccable. Les chambres orientales, avec matelas au sol, peuvent accueillir jusqu'à 4 personnes. Dommage que le mobilier soit aujourd'hui bien vieillot. Les « occidentales » sont plus petites. Au final, prix un peu surévalués.

Où manger ?

3 Fox Restaurant *(plan D1, **20**) : dans la rue des banques, sur la gauche. Resto à l'étage. Tlj 8h-21h. Bon marché.* Carte à rallonge avec essentiellement des plats chinois et indiens, mais aussi une bonne soupe tibétaine *(thanthuk).* Belle carte de thés-infusions (au gingembre, au citron et au miel, à la cannelle, au jasmin...). Bon rapport qualité-prix.

Resto de l'hôtel Ananda Inn *(plan D1, **14**) : dans la rue quasi en face de l'entrée principale du site. Voir plus haut « Où dormir ? ». Plats bon marché.* On peut se poser dans la salle ou dans le petit jardin à l'arrière avec des tables installées sous une paillote, ou sous un préau aménagé de coussins et tables basses pour manger à la japonaise. Plats, indiens pour la plupart, pas mauvais du tout, à prix très raisonnables. Très bon accueil.

Resto japonais de l'hôtel Kasai *(plan A2, **16**) : voir plus haut « Où dormir ? ».* Tables basses autour

LE TÉRAÏ DE L'OUEST

desquelles on mange en tailleur, à genou ou les pieds sous la table (un espace est prévu à cet effet, bien pratique pour ceux qui n'ont pas l'habitude). Cadre agréable, en bois et larges baies vitrées. *Teriaky, foilyaki* en *set* (avec soupe miso, riz et légumes). Bon et copieux. Service pro.

Voir aussi le ***resto de l'hôtel Hokke*** *(plan B1, **17**)* qui jouit d'une bonne réputation (catégorie « Chic »). Spécialités japonaises et thaïes.

À voir

Le site

Sur une vaste zone de 5 km², chaque pays abritant une communauté bouddhiste a la possibilité de financer et de bâtir une pagode ou un monastère, selon son style national. Les constructions ont commencé dans les années 1990 et se poursuivent encore aujourd'hui.
Le site a du charme : l'eau (le canal, l'étang qui entoure les jardins sacrés) et la verdure en font un lieu de promenade agréable pour les uns, de méditation privilégié pour les autres. Il est aussi animé par les nombreux bouddhistes venus souvent en famille... et surtout d'Inde (environ 70 %).

Infos pratiques

- ***Orientation :*** le complexe est divisé en plusieurs parties distinctes. Au sud, les jardins sacrés avec le temple de Mayadevi et la colonne d'Ashoka. Au nord, le centre d'information et le musée. Un canal relie les deux, s'étirant du sud au nord sur une longueur de 1,6 km. Il sépare la zone monastique en une partie orientale et occidentale.
- ***Guichets et tarif :*** il existe deux guichets, l'un au centre d'information, à l'extrémité nord du canal *(tlj 6h-18h)*, l'autre au niveau des jardins sacrés *(tlj 5h-20h). Entrée : 200 Rps.*
- ***Horaires :*** les monastères ouvrent en principe jusqu'à 19h et ferment entre 12h et 13h. Les prières se déroulent généralement le matin entre 5h30 et 6h30, en soirée vers 18h30-19h.
- ***Comment visiter le complexe ?*** À pied, mais compte tenu de la superficie, on marche beaucoup. En *tuk-tuk* : ils attendent tous à l'entrée principale.

Les jardins sacrés

Au sud du complexe. On se déchausse avt d'entrer dans l'enceinte des jardins.
C'est là que la reine Mayadevi mis au monde Siddharta Gautama. Entourés par un vaste étang circulaire, les jardins réunissent le temple de Mayadevi, la colonne d'Ashoka et le bassin sacré, témoins de cet événement fondateur.
Pour se mettre dans l'ambiance, il faut imaginer la reine qui fait route depuis Kapilvastu où elle réside (actuelle Tilaurakot, à 23 km de Lumbini) vers son village natal de Devadaha pour accoucher. En chemin, elle se repose dans les jardins de Lumbini où elle ressent les premières contractions. Elle se baigne et se purifie dans le bassin avant de donner naissance au Bouddha.
- ***La colonne d'Ashoka*** *(Ashoka Pillar ; plan D1)* **:** l'empereur indien Ashoka opte pour la non-violence et se convertit au bouddhisme au IIIe s av. J.-C., après la sanglante bataille de Kalinga, dans l'actuel État de l'Orissa, en Inde. Il visite Lumbini en 249 av. J.-C. et va contribuer jusqu'à la fin de son règne à répandre cette philosophie à travers tout le continent. Il engage même des officiers, qui sont chargés d'insuffler au peuple droiture et vertu. Il érige plus de 84 000 stûpas renfermant des reliques du Bouddha, et plusieurs colonnes sur lesquelles il fait inscrire des règles

de moralité, telles que le respect envers les anciens, l'amour à l'égard de toutes les créatures terrestres, l'honnêteté, etc.
Sur celle de Lumbini, on peut lire : « 20 ans après son couronnement, le roi Piyadasi (Ashoka) visita en personne Lumbini, lieu de culte, car c'est ici que le Bouddha, le sage des Sakyas est né. Il construisit un mur pour délimiter précisément le lieu de la naissance du Bouddha et érigea une colonne pour commémorer sa visite. Parce que le Bouddha est né ici, il a exempté le village de taxes religieuses et a soumis les habitants au paiement de seulement un huitième des impôts habituels sur leurs revenus agricoles. »
La colonne ne fut redécouverte qu'en 1896 par le gouverneur de la province, Khadga Shumsher, qui précéda de peu un archéologue allemand, Aloïs Führer. Le site avait été laissé à l'abandon pendant plus de cinq siècles pour des raisons encore inconnues. L'inscription trouvée sur la colonne apporta la preuve qu'il s'agissait bien du lieu de naissance du Bouddha.
– ***Le temple de Mayadevi*** *(Mayadevi Temple ; plan D1)* **:** le temple fut érigé au IIIe s av. J.-C. après la visite de l'empereur Ashoka. Lumbini demeura un important lieu de pèlerinage pendant plusieurs siècles. Il fut restauré au moins jusqu'au XIVe s, puis il sombra dans l'oubli. Lorsque le gouverneur Shumsher et l'archéologue Führer redécouvrirent Lumbini, ils trouvèrent un modeste édifice construit sur les ruines du premier temple. Mais les fouilles menées successivement depuis la fin du XIXe s mirent au jour deux vestiges majeurs pour les bouddhistes : l'empreinte du Bouddha et la sculpture de la nativité.
La pierre en grès avec l'empreinte du Bouddha *(The marker stone)* fut excavée sous trois couches de vestiges à l'endroit le plus sacré du temple. Selon la tradition, elle désigne là où le Bouddha posa son pied pour la première fois après sa naissance. Elle est aujourd'hui protégée par une plaque de verre.
Placée juste au-dessus, la sculpture de la nativité *(The nativity sculpture)* date, quant à elle, du IVe s apr. J.-C. Il s'agit de la sculpture la plus ancienne et la mieux conservée du subcontinent, témoignage de l'art ancien, même si l'on ne voit plus les visages, la couche supérieure de la pierre ayant disparu. Elle représente la reine Mayadevi mettant au monde Siddharta, agrippant la branche d'un arbre de sa main droite et posant sa main gauche sur sa hanche. Sa sœur, Prajapati l'aide à accoucher, tandis que Brahma et Indra, portant des couronnes coniques, adoptent une attitude de dévotion face à la reine. En bas, on distingue (à peine) le nouveau-né, debout sur une fleur de lotus, dont la tête est surmontée d'un halo.
– ***Le Bassin sacré*** *(Sacred Pond ; plan C-D-1-2)* **:** selon la tradition, c'est ici que la reine Mayadevi se serait baigné alors qu'elle était prête à accoucher, et que Siddharta Gautama aurait pris son premier bain. Derrière le bassin, magnifiques arbres entre lesquels sont étendus une kyrielle de drapeaux de prières. Entre le bassin et le temple, les vestiges de 31 stûpas et de 2 monastères témoignent de l'époque à laquelle Lumbini était un important lieu de pèlerinage et un complexe religieux actif, essentiellement entre le IIIe s av. J.-C. et le VIIIe-IXe s apr. J.-C.

La zone des monastères

La zone est située entre le nouveau village de Lumbini (au nord) et les jardins sacrés (au sud). On se déchausse avt l'entrée de chaque monastère : prévoir donc des chaussures pratiques.
Le canal sépare les monastères mahayanistes (Grand Véhicule), à l'est, de ceux du Theravada (Petit Véhicule), à l'ouest. Il existe actuellement une quinzaine de monastères, dont plusieurs encore en construction. Parmi les plus intéressants à visiter, citons :
– À l'ouest, le ***monastère allemand*** (le stûpa du Grand Lotus) qui se réfère au bouddhisme tibétain. Très coloré. Au centre de la pièce principale, un mandala (un cercle symbolisant l'eau, entouré de carrés – la terre – et de plusieurs cercles extérieurs), qui incite à la méditation, des dessins du Bouddha au mur. Autour du stûpa, un chemin circonvolutoire jalonné de grands moulins à prières.

LES POLÉMIQUES DE LUMBINI

Le coût exorbitant du complexe religieux a fait hurler certaines personnes, sceptiques quant à l'utilité de pareilles dépenses dans une nation où la majorité des habitants ne dispose que du minimum pour vivre. D'autres reprochent à ce gigantisme de favoriser les nations les plus riches (Japon, Corée, Chine) au détriment des pays les plus pauvres (Népal, Sri Lanka). En outre, la présence évidente de puissantes sectes japonaises exaspère ceux qui prônent au contraire, le respect et non la division entre les différentes branches et écoles du bouddhisme.

– Juste à côté, en continuant le tour du petit bassin vers la gauche, on arrive au ***monastère français.*** Puis, le ***monastère népalais,*** modeste et sobre. Pas grand-chose à voir à l'intérieur.
– Plus loin, le ***monastère chinois*** en impose avec son architecture propre à la dynastie Qing. Dans le premier temple, quatre rois-gardiens du bouddhisme sino-tibétain sont postés aux quatre points cardinaux de la pièce : le gardien de l'est tient une mandoline, celui de l'ouest est représenté à côté d'un dragon, celui du nord a un parapluie pour se protéger des tempêtes, tandis que le gardien du sud, à l'air féroce, porte un précieux sabre. On pratique ici le chán, une des formes de bouddhisme les plus populaires en Chine, introduite au Japon au VIIe s pour devenir le bouddhisme zen, aujourd'hui très répandu en Occident.
– À l'est, dans cette partie plus boisée, voir le ***monastère thaï,*** le plus élégant avec son architecture typique, d'une blancheur autrefois immaculée, mais qui s'écaille aujourd'hui un peu.
– Celui ***du Myanmar,*** avec son stûpa doré, renferme une relique du Bouddha. La nonnerie et son petit café ombragé adjacent se trouvent dans un cadre (presque) rafraîchissant. Les nonnes enseignent dans différentes écoles de la région.
– Au nord, le ***musée*** *(tlj sf mar 10h-17h ; entrée 50 Rps + droit photo)* abrite pour l'essentiel des photos de fresques murales et de temples, des copies de statues ou des photocopies de manuscrits sacrés. Ne vaut pas une roupie (alors 50 !). Seule l'architecture tubulaire (type Beaubourg à Paris) reste intéressante. Le bâtiment abrite également l'*Institut international de recherches sur le bouddhisme,* financé par la secte japonaise Reiykai. Le tiers des ouvrages de la bibliothèque est en japonais. Devant le musée, au bout du canal, une colonne rappelle que des reliques du Bouddha ont été rapatriées de Corée par 108 pèlerins.

À l'extérieur du site

La pagode de la Paix *(World Peace Pagoda ; plan A1)* **:** *au nord du complexe.* D'une blancheur immaculée, la pagode, offerte par une organisation bouddhique japonaise, a été inaugurée en 2001. Son coût : plus de 760 000 €. Elle mesure 41 m de haut, ce qui dépasse largement les 18 m réglementaires prévus pour ne pas faire ombrage à la colonne d'Ashoka et au temple de Mayadevi ! Les quatre statues du Bouddha, dorées à la feuille d'or, sont dirigées vers les quatre points cardinaux. Elles illustrent sa naissance, son Éveil, le premier sermon et sa mort.

LE PARC NATIONAL DE BARDIA

IND. TÉL. : 084

• Carte *p. 161*

Situé à l'ouest du Téraï et 500 km de Kathmandu, Bardia se développe peu à peu, attirant les amateurs de safaris et/ou ceux qui trouvent Chitwan

surpeuplé. Le parc, une ancienne réserve royale de chasse, se visite à pied, à dos d'éléphant, sur un raft ou en jeep. La faune et la flore y sont d'une grande richesse et rareté, puisque c'est l'un des rares endroits du sous-continent indien où l'on a de vraies chances de voir des tigres du Bengale (dont la population d'une cinquantaine d'individus croît depuis quelques années) et des dauphins d'eau douce, mais aussi des rhinocéros unicornes (une trentaine), des léopards, des hyènes, des ours paresseux, des éléphants, des gavials, des singes, des cerfs des marais, des chevreuils, des sangliers, des cobras, ainsi qu'une importante avifaune. À la différence de la réserve de Chitwan, les animaux, peu habitués à la présence des hommes, ont conservé un comportement un peu farouche. Impossible bien sûr de garantir l'observation d'une espèce en particulier, mais les probabilités restent bonnes. L'idéal est de prévoir au moins 3 jours de visite pour optimiser ses chances.
Se rendre en premier au village de Thakurdwara, à l'entrée du parc, au *Visitors Information Centre,* dans les locaux du *United Nature Guide Service* (lire les « Infos utiles » plus bas) qui propose quelques panneaux explicatifs sur le parc et sa faune, un petit élevage de crocodiles, ainsi qu'un modeste musée de la communauté tharu, majoritaire dans la région. Quant aux « écuries » des éléphants, elles se trouvent à 15 mn de là.

Arriver – Quitter

Pour ceux qui voyagent entre l'Inde et le Népal, Bardia peut constituer une halte entre Kathmandu et Delhi.
➢ ***En bus :*** les budgets serrés et/ou accros des transports en commun prendront le bus de Kathmandu (13h à 16h de trajet) ou de Lumbini (7h de route) en direction de Dhangadhi ou Mahendranagar (l'ouest du pays, à la frontière indienne). S'arrêter à Ambassa. De là, il reste 13 km de piste pour arriver à Thakurdwara et à l'entrée du parc de Bardia. Depuis Ambassa, peu de bus passent en soirée. Mieux vaut avoir pris contact à l'avance avec un hébergement qui s'occupera de votre transport (compter env 1 000 Rps/jeep).
➢ Le moyen le plus pratique et rapide (mais plus cher) est, depuis Kathmandu, l'avion jusqu'à Nepalgunj (1 vol/j. ; durée : 1h). Pas de liaison directe depuis Pokhara. De l'aéroport, prévoir 3h de bus et quelques changements : à l'aéroport, monter dans un cyclo-pousse jusqu'à la route principale (Rajha Chowk). Et de là, prendre un bus pour Ambassa (puis voir plus haut pour rejoindre Thakurdwara). Si vous avez réservé votre hébergement, on viendra vous chercher à l'aéroport (compter 2h de trajet et env 6 000 Rps pour le véhicule).

Infos utiles

– Le parc de Bardia, qui fait tout de même 968 km², se visite toute l'année, mais la meilleure saison va de fin septembre à début juin (en été, la mousson limite les possibilités de visite), la période optimale allant de mars à mai.
– L'accès se fait du lever au coucher du soleil.
– Permis pour le parc : 1 000 Rps/j., à se procurer dans le bureau, à 20 m de l'entrée.
– À Thakurdwara, à l'entrée du parc, se trouve le ***United Nature Guide Service*** *(ouv du lever au coucher du soleil),* à la fois centre d'infos *(Visitors Information Centre),* agence de voyages et association de guides. Il est interdit de s'aventurer seul dans le parc sans être accompagné d'un guide. Bien vérifier que celui-ci est titulaire d'une licence délivrée par le *Nature Trust for Conservation (NTC).* Compter 1 000 Rps la journée. Il peut être aussi plus pratique de passer par son hébergement qui se charge alors d'organiser toutes les activités. Par ailleurs, leurs guides ont généralement une grande expérience du parc.

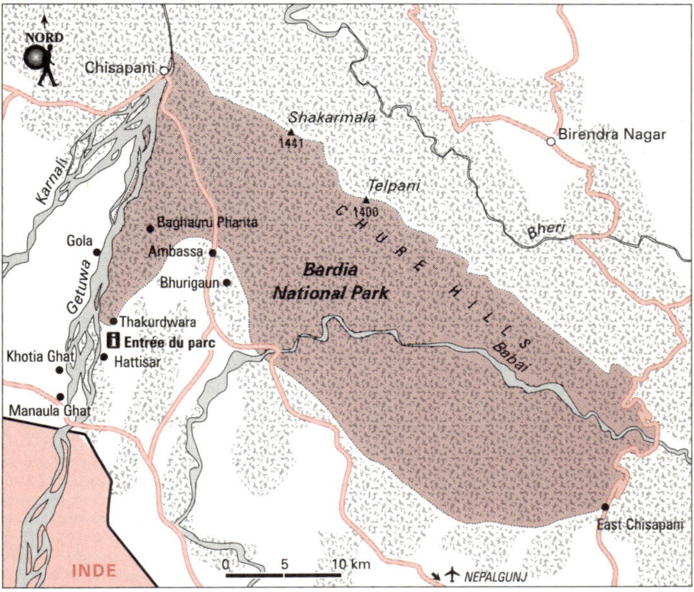

LE PARC NATIONAL DE BARDIA

– Pas de paiement par carte, uniquement en roupies, dollars ou euros. En dépannage, on peut changer ses devises auprès de certains hôtels.

Où dormir ?

La vingtaine d'hébergements, situés dans le village de Thakurdwara, sont répartis sur deux zones, au nord et au sud de l'entrée du parc. La gamme est large, du petit budget au luxe. Tous proposent des forfaits comprenant la nuit et l'excursion ou des *packages* incluant la pension complète et les excursions dans le parc sur plusieurs jours. Les prix dépendent des sorties et de leur durée. L'hébergement inclut rarement le petit déj.

De bon marché à prix modérés (moins de 20 $; 18 €)

Jungle Base Camp : *au nord de l'entrée du parc. 97-48-004-40-67. • junglehukum.blogspot.com* • Petit *lodge* rustique tenu par Hukum, un guide de jungle très expérimenté. Constructions en style tharu traditionnel, chambres simples et propres, avec salle de bains et petite véranda à l'avant. Joli jardin.

Bardia Wildlife Resort : *à 1,5 km au sud de l'entrée du parc, le long de la rivière. ☎ 40-20-41. • bardiawildlife resort.com* • Chambres avec bains dans des petits bungalows très simples mais propres, de style tharu, au milieu des papayers. Grande salle à manger. Shankar, le propriétaire et Hira, son épouse, seule femme guide de brousse du village, se mettent en quatre pour organiser le séjour.

Racy Shade Resort : *au nord de l'entrée du parc. ☎ 40-20-20.*

97-48-00-40-02. • *racyshaderesort.com* • *Petit déj inclus.* Christophe (un Français), et Shreedhar, deux copains passionnés de voyages et de vie sauvage, ont construit ce charmant *lodge,* dans un jardin aux arbres fruitiers face à une rivière où l'on peut se baigner. Ils proposent 14 chambres dans le style local avec salle de bains et eau chaude alimentée par des panneaux solaires. Ambiance chaleureuse et familiale dans la grande paillote où l'on se retrouve ensemble à l'apéro et pour dîner. Terrasse et hamacs. Le personnel parle un peu le français. Le *lodge,* impliqué depuis longtemps dans la vie locale et le développement durable, organise notamment des excursions de 2 jours avec nuit en camping. Guides anglophones très compétents et 4 bateaux équipés pour le rafting.

Mango Tree Lodge : *au nord de l'entrée du parc, près du village de Bhetani.* *98-68-12-69-85 ou 97-48-02-13-83.* • *mangotreelodge.com* • *Lodge* de 4 cottages en style traditionnel, tous avec bains et eau chaude, moustiquaire et ventilo, le tout tenu par un naturaliste et sa femme. Fournit les guides et toutes les prestations possibles à l'intérieur du parc. Cuisine à base de produits bio dans une vaste paillote en rotonde au milieu des bananiers.

Forest Hideway : *au nord de l'entrée du parc.* *98-58-02-64-14 ou 98-58-40-20-16.* • *foresthideaway.com* • Un des plus anciens *lodges* du coin, très populaire. Les bungalows de style tharu sont perdus dans un grand jardin. Gamme de prix assez large. Les chambres les plus chères, dans un bâtiment récent en dur, sont plus confortables mais possèdent moins de charme. 2 tentes safaris sont également disponibles. Salles de bains rudimentaires mais impeccables. Bonne cuisine. Guides naturalistes très compétents.

À faire

➢ ***Balade à dos d'éléphant :*** *à faire de préférence à l'aube ou au crépuscule. Compter 2 500 Rps/h par pers (plus le permis individuel) ; réduc enfants.* Il existe une centaine d'éléphants domestiqués dans la réserve, mais votre monture sera toujours une femelle... Le pachyderme et son cornac vous font traverser la rivière et pénétrer au cœur de la forêt où s'ébrouent les hardes de cervidés. Vue optimale depuis la nacelle qui surplombe les hautes herbes.

➢ ***Les treks :*** *sur une demi-journée (mat ou ap-m), ou une journée pleine (compter 6h).* Cette dernière formule permet bien sûr, de parcourir des étendues plus importantes : brousse, bords de rivière ou forêt, et dans ce cas un pique-nique est prévu, de préférence à un poste d'observation propice à la rencontre de la faune. Au cours de la rando dans la savane, prévoir de se couvrir les bras et les jambes et de se vêtir de couleurs neutres. Les guides ne sont armés que de bâtons, mais leur expérience et leur prudence rendent la randonnée tout à fait sécurisée. Ils vous montreront les différentes traces d'animaux (excréments, empreintes de tigres ou de rhinos dans le sable). S'ils aperçoivent des traces de petits, la prudence sera de mise et il faudra renoncer à une approche jugée à risques.

➢ ***Les safaris en jeep :*** *prévoir 4h.* Ils permettent de se rendre plus loin dans la forêt, en s'épargnant la marche, sauf pour de petites incursions vers des points d'observation. On peut avoir de bonnes surprises, comme celle de suivre la trace au sol laissée par un python parti se réchauffer sur une grosse branche au soleil ou, coup de chance, de repérer (de loin) sa majesté le tigre du Bengale au moment où il vient s'abreuver à la rivière à la tombée du jour.

– ***Le rafting en eaux lentes :*** *en canot de 4 pers.* Il permet d'aller à la rencontre du très rare dauphin du Gange et de croiser plus souvent le sillage du gavial, ce crocodile asiatique au curieux museau allongé. À défaut de faune aquatique, singes et oiseaux peuplent les rives.

- ***Pêche :*** les pêcheurs peuvent s'adonner à leur passion en espérant ferrer la carpe géante qui peut faire jusqu'à 80 kg ! Permis de pêche requis, et de toute manière, le poisson est relâché après la capture.

- ***Le camping*** dans la zone tampon, entre la réserve et les villages, est un autre moyen d'allier en deux jours la rencontre avec la faune et la découverte de la vie quotidienne de la population, qui vit au rythme ancestral des travaux des champs. On peut faire une promenade en chars à bœufs et se retrouver le soir autour d'un feu de camp à danser avec les locaux.

ARRIVER – QUITTER

LES LIGNES RÉGULIÈRES

▲ AIR FRANCE

Rens et résas au ☎ 36-54 (0,34 €/mn – tlj 6h30-22h), sur • airfrance.fr •, dans les agences Air France et dans ttes les agences de voyages. Fermées dim.

➢ Au départ de Roissy-Charles-de-Gaulle, Air France dessert Kathmandu via Bombay (en partage de code avec *Jet Airways*) ou via Abu Dhabi (en partage de codes avec *Etihad Airways*) avec 2 vols/j.

Air France propose des tarifs attractifs toute l'année. Pour consulter les meilleurs tarifs du moment, allez directement sur la page « Meilleures offres et promotions » sur *• airfrance.fr •* *Flying Blue,* le programme de fidélisation gratuit d'Air France-KLM, permet de cumuler des *miles* et de profiter d'un large choix de primes. Cette carte de fidélité est valable sur l'ensemble des compagnies membres de *Skyteam.*

▲ QATAR AIRWAYS

– Paris : 19, rue de Ponthieu, 75008. ☎ 01-43-12-84-40. • qatarairways.fr • Ⓜ Franklin-D.-Roosevelt. Lun-ven 9h-17h.

➢ Qatar Airways propose 2 vols/j. entre Roissy-Charles-de-Gaulle et Kathmandu avec d'excellentes connexions à Doha. Des départs sont également possibles de Genève, de Bruxelles et des 19 villes en France proposées grâce au programme TGV AIR. Franchise bagages de 30 kg en classe éco.

▲ ETIHAD AIRWAYS

– Paris : 27, rue de Berri, 75008. ☎ 01-47-42-20-00. • etihad.com • Ⓜ George-V. Lun-ven 9h-17h30.

➢ La compagnie des Émirats arabes unis assure 2 vols/j. au départ de Roissy-Charles-de-Gaulle, terminal 2C, à destination de Kathmandu via Abu Dhabi (avec changement d'appareil).

▲ JET AIRWAYS

Infos et résas au ☎ 01-49-52-41-15, sur • jetairways.com • et auprès des agences de voyages.

➢ Jet Airways propose 1 vol/j. au départ de Paris-CDG vers Kathmandu via Mumbai. Au départ de Lyon, Toulouse et Marseille, la compagnie indienne assure des vols quotidiens pour Kathmandu, soit via Amsterdam et Delhi (ou Mumbai) en partage de code avec KLM, soit via Paris et Mumbai en partenariat avec Air France, soit via Londres Heathrow et Delhi, en partage de codes avec British Airways.

▲ OMAN AIR

– Paris : 90, rue de Courcelles, 75008. ☎ 01-47-64-21-50. • omanair.com •

➢ La compagnie dessert Kathmandu 6 fois/sem au départ de Roissy-Charles-de-Gaulle, via Mascate. Départ possible de Bordeaux, Lyon, Marseille, Montpellier, Nice et Toulouse grâce à un accord de pré-acheminement avec Air France. Oman Air, plusieurs fois récompensée sur le plan international, propose à tous ses passagers un service à bord haut de gamme.

Comment aller à Roissy et à Orly ?

Toutes les infos sur le site *• routard.com •*, à l'adresse suivante : *• bit.ly/aeroports-routard •*

Glacier Safari Treks
www.gstreksnepal.com
VOTRE GUIDE AU NÉPAL
Agence franco-népalaise plus de 20 ans d'expérience au NÉPAL
Nous vous accueillons à votre arrivée et organisons votre séjour à la carte. Possibilité de se joindre à nos groupes, voir les prochains départs sur le site.
Treks classiques ou plus secrets, expéditions, visite culturelle, safari, résa. hôtel, guides francophones
NEPAL, TIBET, INDE et BOUTHAN
5% de remise lors de votre première demande et sur présentation du guide de l'année en cours
Kusunti, Jawalakhel, Patan
POBox 2238, Tél. 00977 1 5522850 / 5546710 / 5546211
Email : gst@wlink.com.np ou glacier@mos.com.np

LES ORGANISMES DE VOYAGES

EN FRANCE

▲ ALLIBERT TREKKING

– Paris : 37, bd Beaumarchais, 75003. ☎ 01-44-59-35-35. • allibert-trekking.com • Ⓜ Chemin-Vert ou Bastille. Lun-ven 9h-19h, sam 10h-18h.

– Agences également à Chamonix, Nice, Chapareillan et Toulouse.

Née en 1975 d'une passion commune entre trois guides de montagne, Allibert propose aujourd'hui 1 100 voyages aux quatre coins du monde tout en restant une entreprise familiale. Découvrir de nouveaux itinéraires en respectant la nature et les cultures des régions traversées reste leur priorité. Pour chaque pays, différents niveaux de difficulté. Allibert est le premier tour-opérateur certifié Tourisme responsable.

▲ ASIA

– Paris : Asia, 1, rue Dante, 75005. ☎ 01-44-41-50-10. • asia.fr • Ⓜ Maubert-Mutualité. Lun-ven 9h-18h30 ; sam 10h-13h, 14h-17h.

– Lyon : 46, rue du Président-Herriot (entrée 10, rue Saint-Nizier), 69002. ☎ 04-78-38-30-40. Lun-ven 9h30-12h30, 13h30-18h30 ; sam 10h-13h, 14h-17h.

– Marseille : 424, rue Paradis, 13008. ☎ 04-91-16-72-32. Lun-ven 9h30-12h30, 14h-18h30 ; sam 9h30-12h30.

– Nice : 23, rue de la Buffa, 06000. ☎ 04-93-82-41-41. Lun-ven 9h-12h30, 14h-18h30 ; sam 9h30-12h30.

– Toulouse : 5, rue Croix-Baragnon, 31000. ☎ 05-61-14-51-50. Lun-ven 9h30-18h30 ; sam 10h30-13h, 14h-17h.

Asia est leader des voyages en Asie et propose des voyages personnalisés en individuel ou en petits groupes. Dans chaque pays, Asia met son expertise au service de ses clients pour réaliser le voyage de leurs envies. Connaissance du terrain et du patrimoine culturel, respect de l'environnement et authenticité, c'est au plus près des populations et toujours dans l'esprit des lieux qu'Asia fait partager ses créations « maison ». Mais aussi *Air Asia* : le plus vaste choix de vols de l'Asie Mineure au Pacifique aux meilleures conditions.

▲ COMPTOIR DES VOYAGES

• comptoir.fr •

– Paris : 16-18, rue Saint-Victor, 75005. ☎ 01-53-10-30-15. Ⓜ Cardinal-Lemoine. Lun-ven 9h30-18h30, sam 10h-18h30.

– Lille : 76, rue Nationale, 59160.

– Lyon : 10, quai Tilsitt, 69002. ☎ 04-72-44-13-40. Ⓜ Bellecour. Lun-sam 9h30-18h30.

– Marseille : 12, rue Breteuil, 13001. ☎ 04-84-25-21-80. Ⓜ Estrangin. Lun-sam 9h30-18h30.

– Toulouse : 43, rue Peyrolières, 31000. ☎ 05-62-30-15-00. Ⓜ Esquirol. Lun-sam 9h30-18h30.

– Bordeaux : 26, cours du Chapeau-Rouge, 33800. ☎ 05-35-54-31-40. Lun-sam 9h30-18h30.

Comptoir des Voyages s'impose comme une référence incontournable dans le voyage sur mesure, avec 80 destinations couvrant les 5 continents. Ses voyages s'adressent à tous ceux qui souhaitent vivre un pays de façon simple en s'y sentant accueilli. Les conseillers privilégient des hébergements typiques, des moyens de transport locaux et des expériences authentiques pour favoriser l'immersion dans la vie locale. Comptoir vous offre aussi la possibilité de rencontrer des francophones habitant dans le monde entier, des *greeters,* qui vous donneront, le temps d'un café, les clés de leur ville ou de leur pays. Comptoir des Voyages propose aussi une large gamme de services : échanges par visioconférence, devis web et carnet de voyage personnalisés, assistance téléphonique 24h/24 et 7j/7 pendant votre voyage...

▲ DESTINATIONS QUEYRAS ET AILLEURS

– Aiguilles : pl. Jean-Léa, 05470. ☎ 04-92-45-04-29. • randoqueyras.com • Lun-sam 9h-12h, 14h-18h.

L'agence propose différents circuits au Népal : vallée du Tsum, montagnes du Paldor et du Ganesh Himal, pays tamang, vallée Naar Phu... accompagné d'un guide local et d'un professionnel de la montagne français, spécialiste de la destination (avec téléphone satellitaire et caisson hyperbare pour la sécurité selon le trek).

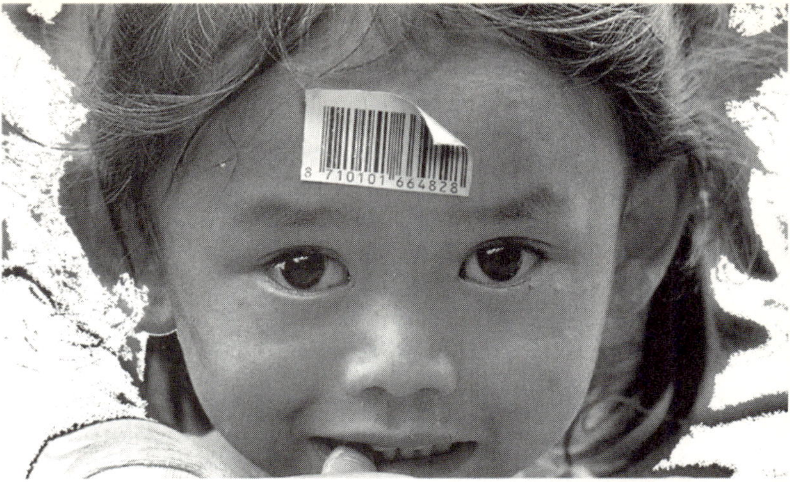

Les séjours se déroulent dans une démarche basée sur le respect et les rencontres en partage avec l'équipe locale.

▲ HUWANS – CLUB AVENTURE

☎ 04-96-15-10-20. • huwans-clubaventure.fr •
– Paris : 18, rue Séguier, 75006. ☎ 01-44-32-09-30. Ⓜ Saint-Michel ou Odéon. Lun-sam 9h-19h.
– Lyon : 38, quai Arloing, 69009. ☎ 04-96-15-10-52. Ⓜ Bellecour ou Ampère. Lun et sam 10h-13h, 14h-18h ; mar-ven 9h-19h.
– Marseille : 4, rue Henri-et-Antoine-Maurras, 13016. ☎ 04-96-15-10-20. Lun-sam 9h-18h30 (18h sam).
Spécialiste du voyage d'aventure, ce tour-opérateur privilégie la randonnée en petits groupes, en famille ou entre amis pour parcourir le monde hors des sentiers battus. Leur site propose près de 1 000 voyages dans 90 pays différents, à pied, en pirogue ou à dos de chameau. Ces voyages sont encadrés par des guides locaux et professionnels.

▲ NOMADE AVENTURE

☎ 0825-701-702 (service 0,15 €/mn + prix appel). • nomade-aventure.com •
– Paris : 40, rue de la Montagne-Sainte-Geneviève, 75005. ☎ 01-46-33-71-71. Ⓜ Maubert-Mutualité. Lun-sam 9h30-18h30.
– Lyon : 10, quai Tilsitt, 69002. Lun-sam 9h30-18h30.
– Marseille : 12, rue Breteuil, 13001. Lun-sam 9h30-18h30.
– Toulouse : 43, rue Peyrolières, 31000. Lun-sam 9h30-18h30.
Nomade Aventure propose des circuits inédits partout dans le monde, à réaliser en famille, entre amis, avec ou sans guide. Également la possibilité d'organiser, hors de groupes constitués, un séjour libre en toute autonomie et sur mesure. Spécialiste de l'aventure avec plus de 600 itinéraires (de niveau tranquille, dynamique, sportif ou sportif +) faits d'échanges et de rencontres avec les habitants, Nomade Aventure donne la priorité aux expériences authentiques à pied, à VTT, à cheval, à dos de chameau, en bateau ou en 4x4.

▲ NOSTAL'ASIE

– Paris : 19, rue Damesme, 75013. ☎ 01-43-13-29-29. • ann.fr • Ⓜ Tolbiac. Lun-sam 10h-13h, 15h-18h.
Parce qu'il n'est pas toujours aisé de partir seul, Nostal'Asie, un tour-opérateur indépendant, propose de véritables voyages sur mesure en Asie, notamment au Népal, des lieux les plus connus jusqu'aux contrées les plus reculées, en individuel ou en groupe déjà constitué. Deux formules au choix : *Les Estampes* avec billets d'avion, logements, transferts entre les étapes, ou *Les Aquarelles* avec en plus un guide et une voiture privée à chaque étape. Vous trouverez sur le site internet des idées d'itinéraires que vous pourrez ensuite personnaliser et adapter selon vos envies avec Ylinh, la chaleureuse directrice, grande connaisseuse de l'Asie, et son équipe de jeunes passionnés qui vous donneront des conseils avisés pour réussir votre voyage.

▲ LA ROUTE DES INDES ET DE L'ASIE

– Paris : 7, rue d'Argenteuil, 75001. ☎ 01-42-60-60-90. • laroutedesindes.com • Ⓜ Palais-Royal ou Pyramides. Lun-jeu 10h-19h, ven 10h-18h, sam sur rdv.
La Route des Indes et de l'Asie s'adresse aux voyageurs indépendants et propose des voyages individuels organisés, sur mesure, à travers l'Asie du Sud-Est et l'Extrême-Orient, adaptés au goût et au budget de chaque voyageur. Les itinéraires sont construits par des spécialistes après un entretien approfondi. La librairie offre un large choix de guides, de cartes et de littérature consacrée à l'Asie du Sud-Est et à l'Extrême-Orient. Des expositions sont régulièrement organisées dans la galerie photo et des écrivains sont invités à venir signer leurs ouvrages.

▲ TERRES D'AVENTURE

☎ 0825-700-825 (service 0,15 €/mn + prix appel). • terdav.com •
– Paris : 30, rue Saint-Augustin, 75002. Ⓜ Opéra ou Quatre-Septembre. Lun-sam 9h30-19h.
– Agences également à Bordeaux, Grenoble, Lille, Lyon, Marseille, Nantes, Rennes, Rouen, Strasbourg et Toulouse.
Depuis 1976, Terres d'Aventure,

spécialiste du voyage à pied, propose aux voyageurs passionnés de marche et de rencontres des randonnées hors des sentiers battus à la découverte des grands espaces de notre planète. Voyages à pied, à cheval, en bateau, en raquettes... Sur tous les continents, des aventures en petits groupes ou en individuel encadrées par des professionnels expérimentés sont proposées. Les hébergements dépendent des sites explorés : camps d'altitude, bivouac, refuge ou petits hôtels. Les voyages sont conçus par niveaux de difficulté : de la simple balade en plaine à l'expédition sportive en passant par la course en haute montagne.
En province, certaines de leurs agences sont de véritables *Cités des Voyageurs* dédiées au voyage. Consulter le programme des manifestations sur leur site internet.

▲ VOYAGEURS DU MONDE

Voyageurs en Inde et dans les Himalaya
• voyageursdumonde.fr •
– Paris : La Cité des Voyageurs, 55, rue Sainte-Anne, 75002. ☎ 01-42-86-16-90. Ⓜ Opéra ou Pyramides. Lun-sam 9h30-19h. Avec une librairie spécialisée sur les voyages.
– Également des agences à Bordeaux, Grenoble, Lille, Lyon, Marseille, Montpellier, Nantes, Nice, Rennes, Rouen, Strasbourg et Toulouse. Également à Bruxelles et Genève.
Parce que chaque voyageur est différent, que chacun a ses rêves et ses idées pour les réaliser, Voyageurs du Monde conçoit, depuis plus de 30 ans, des projets sur mesure. Les séjours proposés sur 120 destinations sont élaborés par leurs 180 conseillers voyageurs. Spécialistes par pays et même par région, ils vous aideront à personnaliser les voyages présentés à travers une trentaine de brochures d'un nouveau type et sur le site internet, où vous pourrez également découvrir les hébergements exclusifs et consulter votre espace personnalisé. Au cours de votre séjour, vous bénéficiez des services personnalisés Voyageurs du Monde, dont la possibilité de modifier à tout moment votre voyage, l'assistance d'un concierge local, la mise en place de rencontres et de visites privées et l'accès à votre carnet de voyage via une application iPhone et Androïd. Voyageurs du Monde est membre de l'association ATR (Agir pour un tourisme responsable) et a obtenu sa certification Tourisme responsable AFAQ AFNOR.

EN BELGIQUE

▲ AIRSTOP

Pour ttes les adresses Airstop, un seul n° de tél : ☎ 070-233-188. • airstop.be • Lun-ven 9h-18h30, sam 10h-17h.
– Bruxelles : bd E.-Jacquemain, 76, 1000.
– Anvers : Jezusstraat, 16, 2000.
– Bruges : Dweersstraat, 2, 8000.
– Gand : Maria Hendrikaplein, 65, 9000.
– Louvain : Mgr. Ladeuzeplein 33, 3000.
Airstop offre une large gamme de prestations, du vol sec au séjour tout compris à travers le monde.

▲ CONTINENTS INSOLITES

– Bruxelles : rue César-Franck, 44A, 1050. ☎ 02-218-24-84. • continents-insolites.com • Lun-ven 10h-18h, sam 10h-16h30 sur rdv.
Continents Insolites, organisateur de voyages lointains sans intermédiaire, propose une gamme étendue de formules de voyages détaillées dans leur guide annuel gratuit sur demande.
– *Voyages découverte sur mesure :* à partir de 2 personnes. Un grand choix d'hébergements soigneusement sélectionnés, du petit hôtel simple à l'établissement luxueux et de charme.
– *Circuits découverte en minigroupes :* de la grande expédition au circuit accessible à tous. Des circuits à dates fixes dans plus de 60 pays en petits groupes francophones de 7 à 12 personnes. Avant chaque départ, une réunion est organisée. Voyages encadrés par des guides francophones, spécialistes des régions visitées.

▲ PAMPA EXPLOR

– Bruxelles : av. du Parc, 10, 1060.

☎ 02-340-09-09. • pampa.be • Lun-ven 10h (13h lun)-19h, sam 10h-18h. Également sur rdv, dans leurs locaux ou à votre domicile.
Spécialiste des voyages « à la carte », Pampa Explor propose plus de 70 % de la planète bleue, selon les goûts, attentes, centres d'intérêt et budgets de chacun. Pampa Explor privilégie des découvertes authentiques et originales. Pour ceux qui apprécient la jungle et les Pataugas ou ceux qui préfèrent les voyages de luxe, en individuel ou en petits groupes, mais toujours « sur mesure ».

▲ SERVICE VOYAGES ULB

• servicevoyages.be • 25 agences, dont 12 à Bruxelles.
– Bruxelles : campus ULB, av. Paul-Héger, 22, CP 166, 1000. ☎ 02-650-40-20
– Bruxelles : pl. Saint-Lambert, 1200. ☎ 02-742-28-80.
– Bruxelles : chaussée d'Alsemberg, 815, 1180. ☎ 02-332-29-60.
Service Voyages ULB, c'est le voyage à l'université. Billets d'avion sur vols charters et sur compagnies régulières à des prix compétitifs.

▲ TERRES D'AVENTURE

– Bruxelles : chaussée de Charleroi, 23, 1060. ☎ 02-543-95-60. • terdav.com • Lun-sam 10h-19h.
Voir texte dans la partie « En France ».

▲ VOYAGEURS DU MONDE

– Bruxelles : chaussée de Charleroi, 23, 1060. ☎ 02-543-95-50. • voyageurs dumonde.com •
Le spécialiste du voyage en individuel sur mesure.
Voir texte dans la partie « En France ».

EN SUISSE

▲ ASIA

– Genève : c/o Fert et Cie Voyages, rue Barton, 7, CP 2364, 1211 Genève 2. ☎ 022-839-43-92. • asia.fr •
Voir texte dans la partie « En France ».

▲ L'ÈRE DU VOYAGE

– Nyon : Grand-Rue, 21, 1260. ☎ 022-365-15-65. • ereduvoyage.ch • Mar-ven 8h30-12h30, 13h30-18h ; sur rdv en dehors de ces heures.
Agence fondée par quatre professionnelles qui ont la passion du voyage. Elles pourront vous conseiller et vous faire part de leur expérience en Asie (au Népal, entre autres). Des itinéraires originaux, testés par l'équipe de l'agence : voyages sur mesure pour découvrir un pays en toute liberté en voiture privée avec ou sans chauffeur, guide local et logements de charme.

▲ HORIZONS NOUVEAUX

– Verbier : rue de Medran, 6, CP 196, 1936. ☎ 027-761-71-71. • horizons nouveaux.com • Lun-ven 9h-12h, 14h-18h ; sam sur rdv.
Horizons Nouveaux est le tour-opérateur suisse spécialisé dans les régions qui vont de l'Asie centrale à l'Asie du Sud en passant par le Népal. Nicolas Jaques et Paul Kennes, qui voyagent dans ces régions depuis plus de 20 ans, organisent principalement des voyages à la carte, des voyages culturels à thème, des trekkings souvent inédits et des expéditions.

▲ HUWANS – CLUB AVENTURE

– Genève : 51, rue Prévost-Martin. • huwans-clubaventure.fr •
Voir texte dans la partie « En France ».

▲ JERRYCAN

– Genève : 11, rue Sautter, 1205. ☎ 022-346-92-82. • jerrycan-voyages.ch • Lun-ven 9h-12h30, 13h30-18h.
Tour-opérateur de la Suisse francophone spécialisé dans l'Afrique, l'Asie (dont le Népal) et l'Amérique latine. Trois belles brochures proposent des circuits individuels et sur mesure. L'équipe connaît bien son sujet et peut vous construire un voyage à la carte.

▲ TERRES D'AVENTURE

– Genève : 19, rue de la Rôtisserie, 1204. ☎ 022-518-05-13. • geneve@terdav.com • Lun-ven 10h-19h, sam 9h30-18h30.
Voir texte dans la partie « En France ».

AU QUÉBEC

▲ CLUB AVENTURE VOYAGES

– Montréal : 759, av. Mont-Royal, H2J 1W8. ☎ 514-527-09-99. • club aventure.com •
Club Aventure développe une façon

NOUVEAUTÉ

NOS 52 WEEK-ENDS COUPS DE CŒUR DANS LES VILLES D'EUROPE (paru)

Partir à la découverte des grands canaux à Amsterdam. Se rendre dans le plus vieux pub de Dublin. Sonder l'âme andalouse de Séville. Suivre la trace des écrivains russes à Saint-Pétersbourg. Pénétrer dans le bouillonnant marché du Capo à Palerme. Découvrir le design finlandais à Helsinki. Tester la scène électro à Vienne ou s'offrir une folle nuit dans les boîtes branchées de Barcelone… Que vous partiez en amoureux, entre amis ou bien en famille, vos pieds vont battre le macadam ! Entre culture, itinéraires secrets, gastronomie, *street food* et lieux tendance, voici un nouveau livre de photos. Notre best of des 52 plus belles villes d'Europe. On vous propose aussi bien les grands classiques que les suggestions les plus branchées, voire les plus inattendues. Bref, tous les éléments pour choisir votre prochain week-end *low cost*. Vous saurez tout sur ces villes mythiques, le temps d'une escapade.

de voyager qui lui est propre : petits groupes, contact avec les populations visitées, utilisation des ressources humaines locales, visite des grands monuments, mais aussi et surtout ouverture de routes parallèles. Ces circuits ont reçu la griffe du temps et de l'expérience ; ils sont devenus les « circuits griffés » du Club Aventure.

▲ EXOTIK TOURS

Rens sur • exotiktours.com • ou auprès de votre agence de voyages.

Exotik Tours offre une importante programmation en été comme en hiver. Dans la rubrique « Grands Voyages », le voyagiste suggère des périples en petits groupes ou en individuel au Népal.

▲ EXPÉDITIONS MONDE

• expeditionsmonde.com •

Expéditions Monde est à l'avant-garde du voyage d'aventure, de découverte, de trekking, de vélo et d'alpinisme sur tous les continents. Les voyages en petits groupes facilitent les déplacements dans les régions les plus reculées et favorisent l'interaction avec les peuples locaux pour vivre une expérience authentique. Expéditions Monde offre aussi la possibilité de voyager en Europe à pied, ou à vélo en liberté.

▲ EXPLORATEUR VOYAGES

Rens : ☎ 514-847-1177. • explorateurvoyages.com •

Cette agence de voyages montréalaise propose une intéressante production maison, axée sur les voyages d'aventure en petits groupes (5 à 13 personnes) ou en individuel. Ses itinéraires originaux, en Amérique latine, en Asie, en Afrique et au Moyen-Orient, se veulent toujours respectueux des peuples et des écosystèmes. Ils sont guidés par un accompagnateur de l'agence. Intéressant pour se familiariser avec ces différents circuits : les soirées Explorateur (gratuites), avec présentation audiovisuelle.

▲ KARAVANIERS

– Montréal : 4035, rue Saint-Ambroise, local 220N, H4C 2E1. ☎ 514-281-0799. • karavaniers.com • et • detournature.com • Lun-ven 9h-18h, sam 10h-15h.

L'agence québécoise Karavaniers du Monde a pour but de rendre accessible des expéditions aux quatre coins de la planète. Toujours soucieuse de respecter les populations locales et l'environnement, Karavaniers favorise la découverte d'une quarantaine de destinations à pied, en petits groupes accompagnés d'un guide francophone et d'un guide local, avec hébergement en auberge ou sous la tente.

UNITAID

UNITAID a été créé pour lutter contre le VIH/sida, le paludisme et la tuberculose, les trois principales maladies meurtrières dans les pays en développement. UNITAID intervient dans 94 pays en facilitant l'accès aux médicaments et aux diagnostics, et en en baissant les prix, dans les pays en développement. Le financement d'UNITAID provient principalement d'une contribution de solidarité sur les billets d'avion mise en place par six pays membres dont la France. Les financements d'UNITAID ont permis à près d'un million de personnes atteintes du VIH/sida de bénéficier d'un traitement et de délivrer plus de 19 millions de traitements contre le paludisme. Moins de 5 % des fonds sont utilisés pour le fonctionnement du programme, 95 % sont utilisés directement pour les médicaments et les tests. Pour en savoir plus : • *unitaid.eu* •

QUITTER LE NÉPAL

Attention, sachez que les conditions météo sont souvent mauvaises en période de mousson, soit entre juin et septembre. Donc, éviter de prendre un vol intérieur en provenance d'un aéroport de montagne (comme Lukla

NOS NOUVEAUTÉS

AUSTRALIE CÔTE EST + AYERS ROCK (mai 2016)

Le pouvoir attractif de l'Australie est évident. Des terres arides à l'emblématique Ayers Rock, cet immense « rocher » émergeant au milieu de rien, des îlots paradisiaques sur la Grande Barrière de corail... Les animaux, parfois cocasses – kangourous, koalas, crocodiles, araignées Redback... –, côtoient la plus vieille civilisation du monde, celle du peuple aborigène. Pour les adeptes de la mer, il faudrait 27 ans pour visiter toutes les plages du pays, à raison d'une par jour ! La plus longue autoroute du monde suit 14 500 km de côtes, sans jamais lasser. Pour les accros de culture, l'Opéra de Sydney s'impose, avant de découvrir de fabuleux musées. Sans oublier l'ambiance des cafés de Melbourne, véritable petite San Francisco locale. Vous saurez tout sur le fameux Programme Vacances Travail (Working Holiday Visa), permettant d'alterner petits boulots et voyage au long cours. Mais le plus important se trouve dans la franche convivialité du peuple australien.

LA VÉLODYSSÉE (ROSCOFF-HENDAYE ; mai 2016)

De Roscoff à Hendaye, tout au long de la façade Atlantique, la plus longue véloroute de France dévale du nord au sud sur plus de 1 200 km. Choisissez votre parcours parmi 12 itinéraires divisés en étapes de 20 à 40 km, essentiellement en voies vertes fléchées et sécurisées. Un parcours nature, caractérisé par la diversité de ses paysages : eau salée de l'Atlantique et eau douce des lacs aquitains, forêts bretonnes et pinèdes landaises, marais salants, parcs à huîtres, plages de sable fin et marécages où viennent nicher les oiseaux... La Vélodyssée prend racine dans les genêts du Finistère, suit les agréables berges du canal de Nantes à Brest, puis se confond avec le littoral atlantique pour finir en beauté au Pays basque. Les plages à perte de vue et le charme des villes qui jalonnent le parcours sont autant de haltes à ne pas manquer.

Un guide pratique : à chaque étape sa carte en couleurs. Avec un carnet d'adresses pour louer un vélo, se loger et, bien sûr, se restaurer.

ou Jomsom) à cette période si le temps est incertain, ce peut être dangereux. Quoi qu'il en soit, ne prenez jamais un vol la veille du retour à la maison, car ils sont parfois annulés pour les mêmes raisons. Et il s'agit de petits appareils prenant à bord peu de passagers... Mieux vaut prévoir une marge de plusieurs jours.

- S'il vous reste des roupies népalaises, vous pouvez obtenir 10 % de la somme changée lors de votre séjour contre des dollars au bureau de change de l'aéroport. Pour cela, il faut montrer les bordereaux de change délivrés par les banques.

VERS L'INDE

Pour les formalités d'entrée en Inde, se reporter aux *Routard* correspondants.

En avion

C'est la meilleure solution.

➢ ***Pour Delhi :*** par *Nepal Airlines, Jet Airways, Air India,* vols tlj. Durée : 1h45. Demander un siège sur la gauche de l'appareil pour voir les montagnes.

➢ ***Pour et Varanasi (Bénarès) et Kolkata (Calcutta) :*** par *Air India,* plusieurs vols/sem. Durée : respectivement 1h et 1h30.

➢ ***Pour Darjeeling :*** 2 vols/j. avec *Yeti Airlines* pour Bhadrapur. De là, louer une jeep pour faire les derniers 122 km de piste (environ 4-5h).

Par voie terrestre

Il existe une dizaine de postes frontaliers entre l'Inde et le Népal, mais la moitié est fermée pour des raisons de sécurité. Bhairahava (le plus pratique), Kakarbhitta, Nepalganj, Dhangadhi et Mahendraganar, eux, sont en principe toujours ouverts. ***Cela dit, attention : renseignez-vous avant de vous déplacer en raison des tensions politiques récurrentes entre les deux pays.***

Les agences, vendant des billets de bus et train pour toute destination en Inde, avec réservation couchette, fonctionnent sérieusement si l'on s'y prend au moins 3 ou 4 jours à l'avance. Le billet de train est fourni à Kathmandu même. Sinon, par un contact à la frontière. Ce qui évite de rester bloqué plusieurs jours dans une ville indienne, faute de place en couchette, en particulier pour Mumbai (Bombay) et Madras, pour lesquelles les trains sont pris d'assaut.

Depuis le poste-frontière de Bhairahava (Népal)-Sonauli (Inde), on peut rejoindre, entre autres, Vanarasi (Bénarès) et Delhi. Attention, des lecteurs continuent de nous signaler les ***agissements frauduleux d'une bande organisée à Sonauli,*** qui détourne les voyageurs de la vraie gare routière pour leur revendre des billets de bus plus chers, puis les rackette une fois à bord pour les bagages.

Bhairahava est accessible depuis Kathmandu en bus de *Central Bus Park (hors plan d'ensemble Kathmandu par B1),* à Gongabu. Prévoir 8h de trajet. De Pokhara, les bus partent tôt le matin pour Bhairahava (compter 8-9h de trajet) de la *Tourist Bus Park (plan d'ensemble Pokhara, B3,* ***1****).*

➢ ***Pour Vanarasi (Bénarès) :*** en principe, on passe la nuit à Sonauli (ville-frontière indienne pas folichonne), avant de prendre le bus direct le matin pour Bénarès. Compter 7h de trajet entre Sonauli et Bénarès.

Éviter de prendre le train car il faut changer 3 ou 4 fois.

➢ ***Pour Delhi :*** en principe, bus direct l'ap-m de Swayambu (ouest de Thamel) avec la compagnie *Loyal Travels & Tours (☎ 426-78-90 ; • loyaltours.com •).* Compter 32-35h de voyage. Sinon, bus ttes les heures de Sonauli à Gorakhpur (7 à 8 départs/j. de Gorakhpur, arrivée après 15-16h de trajet), puis en train.

➢ ***Pour Darjeeling :*** prendre le bus *Super Express* (bureau sur Kicha Pokhari à Kathmandu) pour Kakarbhitta, ville-frontière à l'extrême est du pays. Compter 20h en tout pour arriver à Darjeeling. Réserver la veille, de préférence les places à l'avant, à cause des cahots et du plafond bas du bus. De Kakarbhitta, bus pour Siliguri, puis Darjeeling (4h en bus ou en Land Rover).

➢ ***Pour Patna :*** par le poste-frontière de Birganj (Népal)-Raxaul (Inde). Possibilité de rejoindre Birganj depuis Kathmandu en bus (de *Central Bus Park*). Nombreux départs le matin. Prévoir env

10h de trajet pour 200 km. Réserver sa place la veille pour le lendemain. Le paysage est impressionnant. De Birganj, passage de la frontière à pied jusqu'au poste-frontière de Raxaul. De là, bus tlj jusqu'à Patna.

VERS LE TIBET

Formalités

Prévoir un voyage au Tibet est souvent compliqué. D'ores et déjà, préférer l'avion car les séismes de 2015 ont endommagé les routes et provoqué la fermeture des frontières (avec une date de réouverture prévue pour 2016, sans plus de précision)... De plus, en temps « normal », la Chine ferme celles-ci au moment des dates anniversaires et autres commémorations tibétaines. En principe, on ne peut s'y rendre entre mi-février et fin mars (compter plutôt mi-avril, le temps d'effectuer les démarches). Sans compter que les formalités changent assez souvent... Voilà ce qu'on peut dire à l'heure où nous bouclons ce guide, mais renseignez-vous impérativement avant le départ.
Un visa chinois obtenu en Europe ne vous sera d'aucune utilité. En effet, il faut passer par une agence pour pouvoir aller du Népal au Tibet, et il faut être au minimum 2 personnes pour obtenir les papiers indispensables (attention, cela peut changer aussi !). Prévoir 12-15 jours de démarches administratives, effectuées par l'agence avec copies du passeport, puis 2 à 4 jours supplémentaires après la remise du document original à l'ambassade de Chine (voir coordonnées dans les « Adresses utiles » de Kathmandu). Pour les régions plus reculées, comme le lac Manasarovar, prévoir un délai plus long (minimum 15 jours). Pour le mont Kailash (Tise, en tibétain), ne pas écouter la méchante rumeur qui dit que celui-ci serait interdit aux ressortissants français, sans d'ailleurs que l'on sache pourquoi, et prendre vos informations auprès d'une agence sérieuse.
Le visa coûte autour de 85 $ et permet un séjour de 20 jours, 25 maximum. Aucune prolongation n'est possible sur place. Pour ceux qui veulent ensuite continuer sur la Chine, ça se complique.
– ***Agences basées à Kathmandu qui organisent des voyages au Tibet :*** *Glacier Safari Treks ; Nepal Trekking & Expeditions ; Mandala Trekking.* Pour plus de détails sur ces agences, reportez-vous à la rubrique « Adresses utiles » de Kathmandu.

En avion

Le moyen de transport le plus facile. Du ciel, la vue sur l'Himalaya est magnifique. Environ 1 vol/j. avec *Air China* et *Sichuan Airlines* depuis Kathmandu. Pour les raisons expliquées plus haut (problème des visas), il faut s'adresser à une agence spécialisée.

Par la route

En raison des importants dégâts causés par les séismes de 2015, la frontière terrestre avait été fermée en 2016 et devait peut-être rouvrir en 2016 ; renseignez-vous avant. Si elle ouvre à nouveau quand vous êtes sur place, sachez que cette route, la *Friendship Highway,* longue de 900 km entre Kathmandu et Lhassa, nécessite au minimum 3 jours de voyage, mais ce serait dommage de ne pas prévoir 5, ou mieux, 8 jours de périple.
Les agences de Kathmandu peuvent organiser des séjours à la carte, avec moins d'une semaine de délai (3 jours minimum). C'est assez onéreux, mais moins cher qu'à partir de votre pays d'origine. La route est fatigante à cause de l'altitude, et poussiéreuse quand elle devient piste. Le passage de 3 à 5 cols autour des 5 000 m peut occasionner le *mal aigu des montagnes.* Prévoir le nécessaire (voir la rubrique « Santé »). Attention, les inondations de la saison des pluies (juillet-août) ou la neige en hiver (janvier-février) peuvent interrompre ou ralentir singulièrement le trafic.
➢ Suggestion d'itinéraire sur 8 jours : Nyalam, Tingri, camp de base de l'Everest, Shegar, Sakya, Shigatsé, Gyantsé et Lhassa.

HOMMES, CULTURE, ENVIRONNEMENT

ACHATS

Les Népalais sont un peuple d'artistes, mais le tourisme a un peu nui à leur production, passée du stade artisanal à une fabrication « en série » souvent bâclée. En sachant bien choisir, vous trouverez cependant des objets originaux et bien travaillés. Attention, il est interdit d'exporter des objets certifiés de plus de 100 ans. Comparez toujours avant d'acheter, et n'oubliez jamais de marchander, cela fait partie du jeu.

– ***Les khukuri :*** couteaux souvent employés comme serpes et que l'on voit quelquefois à la ceinture des Népalais. Vous en trouverez de magnifiques, surtout parmi les anciens, très onéreux. Ceux utilisés par l'armée possèdent deux mini-couteaux insérés dans l'étui. Une petite rigole est généralement creusée sur la lame pour éviter que le sang ne se répande sur le manche durant le sacrifice... Cependant, il vaut mieux éviter d'acheter tout ce qui ressemble à des antiquités, car vous avez de forts risques de vous faire avoir. À Kathmandu, éloignez-vous de Durbar Square et de Thamel, allez plutôt dans les boutiques d'Asan Tole qui en proposent de fort beaux et réellement utilisés par les habitants. De plus, vous les obtiendrez à des prix très abordables. Si vous partez en trek, attendez. Vous en trouverez d'aussi intéressants les jours de marché. Les *khukuri* décoratifs se reconnaissent à leur lame collée.

– ***Les saranghi :*** petites violes dont jouent les chanteurs ambulants. Elles sont toutes taillées dans le même morceau de bois et comportent quatre cordes en boyau de chèvre. L'archet, très court, est fait en crin de cheval. Vous entendrez peut-être des paysans descendus de leurs villages en jouer. Parfois, ils vendent leur instrument.

– ***Les moulins à prières :*** attention, ceux que l'on vous proposera comme anciens sont toujours faux. Possibilité d'en acheter de belles copies fabriquées de façon artisanale. Vérifiez juste qu'ils contiennent bien les textes sacrés à l'intérieur et apportez-les dans un monastère pour que les prières soient entendues, selon la croyance des Népalais.

– ***Les bols chantants*** tibétains sont vendus dans la plupart des bazars du Népal. Envoûtant ! Achetez-les de préférence dans un magasin de musique. Certaines boutiques proposent même des *healing therapy,* censées vous réharmoniser, à partir des sons et vibrations émis par ces *singing bowls*.

– ***Les tapis :*** ils sont en pure laine et les couleurs sont à base de teintures végétales. Voir à Patan, dans le quartier de Jawalakhel. Reproductions de modèles anciens de grande qualité. Attention, vous n'avez le droit d'entrer en France qu'avec un tapis par personne, les excédents sont taxés...

AVEC DU BOL... VOUS TROUVEREZ LE VÔTRE !

Les bols chantants tibétains sont constitués d'un alliage de sept métaux représentant sept astres du système solaire. Ils produisent un tintement sec quand on les frappe, puis une résonance impressionnante lorsqu'on effleure leur bord avec un morceau de bois. Chaque bol possède un son de base, soit une note. Il faut toujours les « faire chanter » avant de les acheter, le son étant très différent d'un bol à l'autre.

– ***Les bijoux :*** de toutes formes et à tous les prix, ce ne sont pas les boutiques qui manquent ! Dans certaines, vous pourrez vous composer votre propre collier. Les Népalaises comme les Indiennes aiment se parer, elles créent un heureux alliage d'or et de bijoux fantaisie. Le plus grand choix de colliers traditionnels se trouve à Indra Chowk, à Kathmandu. Les femmes s'y bousculent pour acheter leurs bracelets et colliers multicolores. Ce ne sont pas des pierres précieuses mais des perles en plastique ou en verre fabriquées au Japon. Un cadeau néanmoins original et très apprécié.
Les bagues et colliers en argent ne sont pas chers, mais il faut se méfier des poinçons, certains sont trafiqués. Achat délicat tant l'arnaque règne. Préférez les boutiques sérieuses et demandez à comparer avec d'autres bijoux de qualité inférieure.
Pour les adeptes du piercing, même si les règles d'hygiène se sont améliorées (notamment à Thamel, à Kathmandu), la prudence s'impose toujours. Mieux vaut acheter ses bijoux, mais se faire percer en Europe.
– ***Les pierres :*** proposées à partir de 1 $ le carat et jusqu'à 100 $ (et plus). La plupart des pierres semi-précieuses (aigue-marine, tourmaline, etc.) proviennent du Népal. En revanche, corail, turquoise et lapis-lazuli viennent d'Inde et du Tibet.
– ***Les vêtements :*** on en trouve partout, à des prix défiant toute concurrence. Attention à la finition, pas toujours parfaite. Les tailleurs népalais, très habiles, peuvent vous en confectionner sur mesure dans des délais très courts. Des modèles originaux et fonctionnels sont repris par tous les tailleurs. On ne peut résister aux tee-shirts brodés à la machine sur commande d'après des modèles exposés. Les « Tintin in Nepal » ou encore « Yak-Yak-Yak » ont beaucoup de succès ! Les pantalons de coton sont très agréables quand il fait chaud. Grand choix de pulls avec des motifs originaux tricotés. Idéal pour le trek, mais prendre la meilleure qualité car le poil de yack... ça gratte terriblement !
Les châles appelés ***pashmina,*** en duvet de chèvre provenant des régions d'altitude, sont vendus à tous les coins de rue. Il existe trois qualités différentes : 70 % *pashmina* et 30 % soie, 50 % *pashmina* et 50 % soie, et 100 % *pashmina*. Mais ceux qu'on essaiera de vous vendre seront plutôt proches de 0 % : viscose, laine, coton, soie, tout y passe. Il faut être doué pour démêler le vrai du faux. Sachez que les *pashminas* purs, beaucoup plus chers, ne se trouvent que dans certaines boutiques de luxe (voir la rubrique « Achats » de Kathmandu).
Large choix de vêtements de trek à Kathmandu et Pokhara. Toutes les marques sont des copies (attention à la douane en rentrant). Les tissus en Gore-Tex viennent de Corée et de Chine, mais la confection, elle, est réalisée au Népal. Vérifiez l'étanchéité en versant un verre d'eau dessus. Seules les coutures, véritables maillons faibles, ne sont pas imperméables. Les coupe-vent, moufles et blousons sont de bon rapport qualité-prix, tout comme les sacs de couchage en polaire. Vêtements polaires de bonne qualité et bon marché. On peut acquérir de vrais vêtements et autres équipements dans les boutiques officielles *The North Face* et *Mountain Hard Wear* ; également la marque *Sherpa,* 100 % népalaise et d'excellente qualité (voir la rubrique « Adresses utiles. Trekking » à Kathmandu).
– ***Les masques en bois :*** sur Durbar Square à Kathmandu, à Patan et dans de nombreuses boutiques à Bhaktapur.
– ***Les bronzes, cuivres, étains, laitons à la cire perdue :*** les plus beaux et les moins chers se trouvent chez les artisans de Patan (autour du temple de Mahabouddha). Pour marchander, consacrez au moins une bonne heure car ils sont durs en affaires. Avec humour et persuasion, on peut obtenir de grosses réductions.
– ***Les thangkas ou paubha :*** plein de boutiques (pour touristes), mais les vraies peintures artisanales sont à commander. Si vous avez besoin de conseils, passez, à Kathmandu, à la *Kumari Shop (☎ 426-17-65),* Hanuman Dhoka, sur Durbar Square, boutique nº 4. Ratna KJ Shakya parle le français et vous expliquera la signification des différents symboles. Autre adresse intéressante, *Tara Thangka*

Center à Thamel, où Bipin vous permettra de distinguer une peinture neware d'une tibétaine, tamang, etc. Accueil vraiment sympa et collection exceptionnelle. Voir aussi, à Changu Narayan, la *Champak Thangka Painting School,* avant le temple, près du *lodge Changu.* Prix très intéressants et bon accueil. Sinon, plusieurs écoles de peinture se visitent, notamment à Bhaktapur : passionnant !

– ***Les papiers népalais :*** on les appelle à tort « papiers de riz », car il s'agit en fait de papiers élaborés à partir de l'écorce d'un arbre *(daphné).* La majorité de ces papiers est fabriquée à Bhaktapur. D'autres peuvent être issus de matériaux bien plus insolites, tels le jute, le chanvre ou bien encore l'ortie. On en trouve absolument partout. Cahiers, carnets, albums photo, calendriers, sacs, autant de cadeaux légers et faciles à emporter. De même les objets peints en papier mâché, boîtes, animaux, coupes. Décoratifs et bon marché.

– ***Les épices et thés :*** la demande est croissante et de nouvelles boutiques s'ouvrent tous les mois. Vous trouverez les mêmes produits à un prix très inférieur, mais pas sous plastique, dans les boutiques d'Asan Tole et Indra Chowk à Kathmandu. Véritable safran (sous forme de stigmates) importé bien souvent du Cachemire et conditionné obligatoirement dans de petites boîtes de plastique scellées, gingembre, noix de muscade, badiane, cardamome, etc.

– ***Les timbres :*** en devanture de nombreuses boutiques, en provenance du Népal bien sûr, mais aussi du Bhoutan, du Tibet, etc. Pour votre information de lecteur toujours curieux, le plus vieux timbre du Népal date de 1907. Auparavant, l'acheminement du courrier (essentiellement royal) était assuré par des messagers.

– ***Les pièces de monnaie :*** si vous êtes numismate, vous ne serez pas déçu, on en propose aussi un peu partout. En cherchant bien, il est possible d'en dénicher des périodes *licchavi, thakuri, malla,* ainsi que de l'époque *shah.*

ACTIONS HUMANITAIRES

Le Népal est l'un des pays les plus pauvres du monde. Comme vous le savez, il a beaucoup souffert des séismes de 2015, mais il connaît d'autres problèmes chroniques qui ne font pas la une de l'actualité. Le Népal se trouve toujours dans une situation politique, économique et sociale précaire et le développement du tourisme, avec « l'industrie » du trekking, a entraîné une augmentation considérable du coût de la vie.

Une situation sociale difficile

Globalement, le niveau de vie des Népalais a peu progressé (hormis une petite frange de la population). Les bidonvilles s'étirent de plus en plus le long de la rivière Bagmati, à Kathmandu, et les enfants des rues sont toujours plus nombreux. Bien sûr, il faut laisser parler son cœur, mais on conseille de ne pas céder à la ***mendicité*** « professionnelle ». Ceux qui veulent aider les enfants des rues peuvent leur acheter de la nourriture périssable qui ne sera pas revendue contre de la drogue. À ce propos, il est utile aussi de connaître le pouvoir d'achat réel des Népalais : le salaire mensuel moyen tourne autour de 10 000 Rps, et un porteur de trek gagne environ 1 200 Rps par jour. Il faut donc abandonner nos réflexes et relativiser en fonction de ces données.

Par ailleurs, le pays est marqué par une ***grande inégalité devant le droit à l'éducation,*** selon le sexe, la caste, l'ethnie ou la localisation géographique. La vallée de Kathmandu, avec ses multiples établissements d'enseignement publics et privés, fait en quelque sorte figure de « privilégiée ». Toutefois, près des trois quarts des enfants (et notamment les filles) ne fréquentent que l'enseignement primaire, et parfois de façon irrégulière. Le travail des enfants reste une réalité. Lorsqu'on visite le pays, on s'aperçoit rapidement qu'ils sont au travail dès leur plus jeune âge.

Les écoles publiques, gratuites, dites *Nepali schools,* sont très faiblement équipées et les élèves y étudient sur des nattes. Les maoïstes ont toutefois relevé le salaire des instituteurs passant de 2 400 Rps par mois à 8 000 Rps dans les montagnes et à Kathmandu, et 6 000 Rps dans les collines... Et puis, il y a les *Boarding schools,* basées sur le système anglais. Tout y est payant (jusqu'au document d'inscription), la qualité de l'enseignement y est supérieure et la langue anglaise obligatoire. La plupart des Népalais désireux d'entreprendre des études supérieures quittent le pays, notamment pour l'Inde, où le système éducatif est de meilleure qualité.

Les ***violences envers les femmes*** sont une des plaies du Népal. Leurs formes sont innombrables, depuis la privation d'éducation jusqu'à des tortures barbares comme le « burning » (la femme est brûlée vive) en passant par la violence ordinaire que représentent les vexations et les coups quotidiens. Les études d'ONG montrent que la quasi-totalité des femmes se sentent ou se sont senties un jour victimes de violences, le plus souvent physiques.

À l'origine de celles-ci, bien sûr, la société traditionnelle, extrêmement patriarcale, mais également un système social : la pratique de la dot rend les filles coûteuses (la dot est versée aux parents du mari) et inutiles (une fois mariée, la femme s'installe dans sa belle-famille et s'occupe de ses beaux-parents). Un proverbe indien résume bien cette réalité : « Élever une fille, c'est arroser le jardin du voisin. » Ne pas avoir de fils est considéré comme une malédiction.

Une loi sévère contre les violences faites aux femmes a été promulguée en 2009, mais elle reste méconnue et largement inappliquée.

Une situation aggravée depuis la fin de la guerre, en 2006, par les méfaits de l'exode rural. En ville, comme toujours, les plus vulnérables, femmes et enfants, sont les premières victimes d'abus en tout genre : prostitution, travail forcé, trafics d'enfants. En 2010, une étude du gouvernement a révélé que le suicide était la première cause de mortalité chez les femmes. La précarité découlant des séismes de 2015 n'a rien arrangé !

Le trafic des êtres humains

Parlons maintenant d'un douloureux problème, celui du trafic des êtres humains : de femmes, de très jeunes filles, mais aussi de jeunes garçons. Le plus insupportable est que les victimes sont parfois vendues par leurs propres parents. Des rabatteurs opèrent aussi dans les villages, promettant bien évidemment une vie meilleure, ou attendent tranquillement que leurs proies débarquent à Kathmandu ou passent la frontière népalo-indienne à la recherche d'un emploi. Les petits garçons, comme les petites filles, peuvent finir dans des cirques, ou comme esclave domestique d'une famille, ou encore exploités dans des ateliers de broderie. Les filles et les femmes sont souvent vendues aux propriétaires de maisons closes, à Mumbai, à Kolkata ou New Delhi, moyennant une somme de 40 à 500 $. Leur calvaire ne s'arrête pas là, car certaines sont renvoyées au Népal après avoir contracté le sida ou d'autres MST. Par ignorance, elles sont alors rejetées de leurs villages... Les autres resteront en Inde, prostituées à vie.

Les chiffres sont monstrueux : entre 100 000 et 200 000 Népalaises « travailleraient » dans l'industrie du sexe, majoritairement en Inde, mais aussi dans la vallée de Kathmandu, où il y aurait aujourd'hui entre 20 000 et 40 000 prostituées (la prostitution est pourtant officiellement interdite au Népal).

Plus alarmant encore, des dizaines de milliers d'hommes, de femmes et d'enfants continuent de passer la frontière chaque année. Quand leur périple ne s'est pas arrêté en Inde, on les retrouve en quête de l'eldorado en Malaisie, au Liban ou dans les pays du golfe Persique. Là, ils sont enrôlés de force sur des chantiers, ce qui s'apparente à de la traite d'esclaves. Le Qatar est souvent montré du doigt depuis qu'il a besoin de ces ouvriers dociles pour préparer le Mondial de foot de 2022. Selon une enquête réalisée par le *Guardian* en 2014, leur passeport est confisqué,

les empêchant de quitter le pays, et ils ne peuvent rompre leur contrat d'embauche qu'avec l'accord... de leur employeur. Ils perçoivent un salaire bien inférieur à celui stipulé dans leur contrat et les conditions sanitaires sont effroyables. Ils y meurent par dizaines, ramenés dans leurs villages dans des cercueils, parfois plusieurs semaines après leur décès. Le gouvernement de l'émirat a réagi en édictant une charte plus respectueuse des droits des travailleurs et que les sociétés de construction doivent signer et respecter.
Certaines ONG nationales ou internationales *(Saathi, Maiti Nepal, Planète Enfants...)* tentent d'enrayer ce trafic. Malgré leurs appels au secours, l'Inde continue de fermer les yeux, et de son côté, le gouvernement népalais ne déborde pas d'une grande énergie pour résoudre ce grave problème.

ONG et « volontourisme »

Logiquement, des centaines d'associations et d'ONG ont éclos dans le pays pour apporter leur soutien aux populations en difficulté. Si vous voulez profiter de votre voyage pour vous impliquer financièrement ou collaborer au sein d'une organisation, renseignez-vous à l'avance. Par exemple, une ONG comme *Saathi,* précurseur de la lutte contre la violence faite aux femmes, se bat pour faire appliquer les lois et en premier lieu les droits des femmes, mais la tâche est immense.
Plus délicat, car il demande un engagement sur plusieurs années, est le parrainage d'un enfant. Bien réfléchir avant de s'engager, car trop nombreux sont les touristes qui laissent tomber après un an. Les conséquences peuvent alors être dramatiques pour les gamins.
Nous citons plus loin des organisations sincères et compétentes, au travail efficace (voir « Avant le départ. Associations humanitaires »). Enfin, n'omettez pas de lire le paragraphe suivant pour comprendre pourquoi nous vous mettons en garde...
Par ailleurs, pour ceux qui souhaitent allier tourisme et volontariat, il existe désormais des organismes de « *volontourisme* ». Par exemple, après les séismes de 2015, de nombreux jeunes volontaires étrangers sont venus immédiatement prêter main-forte à la population au sein de l'ONG *All Hands (● hands.org ●).*
Rapprochez-vous des professionnels des chantiers et congés solidaires (*SCI, Concordia, Solidarités Jeunesse, Planète Urgence,* par exemple). Recevoir un volontaire ou travailler avec des enfants en détresse ne s'improvise pas. Certaines structures d'accueil cherchent trop souvent à arrondir leur budget et exploitent les bonnes volontés, sans prendre les précautions de base pour protéger les jeunes des abus. Il existe aussi d'autres associations qui viennent en aide aux habitants de villages reculés, aux réfugiés tibétains, etc.

Abus et effets pervers

Au Népal, plus de 11 000 enfants vivent dans des orphelinats. Or, sur les 800 structures existantes, 90 % sont enregistrées dans des lieux touristiques : Kathmandu, Bhaktapur, Patan et Chitwan. D'après l'UNICEF et le CCWB *(Central Child Welfare Board),* entre 60 % et 85 % des enfants ne sont pas orphelins (au moins un des deux parents est encore en vie). On peut alors s'interroger sur le nombre croissant de ces institutions « charitables ».
La réalité est encore plus sordide que celle mise en avant : la plupart des orphelinats, avec les dons qu'ils suscitent, sont devenus un véritable business. Les responsables cherchent à tout prix à attirer la sympathie des visiteurs de passage. Touchés par cette situation, certains paient pour apporter leur aide (jusqu'à 200 $ par semaine auprès d'une association ou directement auprès d'un orphelinat) et s'engagent soit à faire des dons réguliers, soit à lever des fonds au retour (parfois les deux). Les sommes en jeu peuvent être considérables. D'où ce besoin de « fournir » les orphelinats en enfants, engendrant l'effet pervers qui consiste à acheter des jeunes à des familles dans le besoin, sans qu'elles sachent qu'elles

ne les reverront pas. Elles sont d'ailleurs souvent persuadées d'offrir à leur progéniture une éducation et une vie meilleure. Or, seulement 10 % des orphelinats répondent aux standards gouvernementaux sur les conditions d'accueil. De nombreux enfants sont victimes de maltraitance et d'abus, qui leur laissent de graves séquelles physiques et psychologiques. Voilà pourquoi nous vous demandons de passer par des organismes reconnus pour leur compétence et leur honnêteté.

BOISSONS

– Ne pas boire d'***eau*** qui n'ait été dûment bouillie ou purifiée. Éviter les glaçons (sauf dans les endroits chic, où ceux qui sont troués sont, en principe, sans danger), car les amibes résistent au froid. Acheter de l'eau en bouteille, minérale ou purifiée (l'*Aqua Hundred* est de meilleure qualité). Le prix peut varier du simple au quadruple, selon le lieu de vente (elle est plus onéreuse dans les *lodges* de montagne isolés évidemment). Vérifier aussi l'intégrité de la capsule de protection.
– Se méfier des ***lassis*** (boissons à base de yaourt), pendant la période de la mousson. Ils doivent être préparés dans de bonnes conditions d'hygiène et sans glaçons.
– Le ***thé*** (prononcer « tchya ») est la boisson nationale. Dans les gargotes, il sera servi à l'indienne, brûlant, sucré et avec du lait. Le *nepali tea* est l'équivalent du *masala tea* indien, c'est-à-dire avec des épices comme des clous de girofle, de la cardamome, etc. Le thé tibétain est très différent ; il est salé et agrémenté d'un peu de beurre de *nak* (la femelle du yack). Dans les hôtels et restos, on ne sert que du *black tea* en sachet, sans aucun goût.
– Il faut goûter une fois au ***chang,*** cette bière tibétaine produite par la fermentation de grains d'orge, au goût de cidre fermier. Bien qu'assez peu alcoolisée, elle fait vite tourner la tête. La ***thomba,*** tibétaine également, est une bière à base de millet mais... servie chaude ! Sinon, il y a la ***bière*** classique, dont l'*Everest* (comme ça, vous pourrez dire que vous l'avez descendu...), la *Gorkha,* la *Nepal Ice,* la *Kathmandu,* ou encore les marques internationales *San Miguel, Carlsberg* et *Tuborg.* Servies dans des bouteilles de 65 cl, elles sont vendues au prix d'un plat.
– Le ***rhum*** de fabrication népalaise n'est pas mauvais ; mélangé au *Coca,* il facilite la digestion.
– Le ***rakshi*** est l'alcool de riz népalais. Parfait pour égayer l'atmosphère...
– Il existe aussi des productions locales de ***whisky*** et de ***vodka,*** ainsi que tous les alcools importés.
– On trouve désormais du ***vin*** dans les supermarchés, à prix abordable, ainsi que dans les grands hôtels (mais là, il est bien plus cher).
– Enfin, pour les amoureux du ***café,*** la mode est au café « bio » servi dans de petits *coffee shops* équipés de véritables percolateurs italiens. La qualité est là, si vous êtes prêt à payer votre *espresso* ou votre cappuccino à un prix presque européen. Ailleurs, n'attendez pas grand-chose d'autre que du café soluble. De même, celui servi dans nombre d'hôtels est souvent délayé...

CUISINE

Le plat national, servi midi et soir, est le ***dal bhat,*** qui se compose d'un plat de riz blanc *(bhat)* et d'un bouillon de lentilles *(dal),* que l'on mélange au riz pour en relever le goût. Il s'accompagne d'un curry de légumes *(tarkari),* souvent du chou-fleur d'ailleurs, et d'un mélange d'ingrédients divers et épicés *(achars).* Le plus souvent végétarien, il peut néanmoins être servi avec du poulet ou du mouton (plus cher). Outre que c'est souvent délicieux (surtout dans les petites cantines populaires), l'autre avantage c'est qu'il est servi à volonté (sauf pour la viande) !
Dans la ***cuisine neware,*** du nom de la communauté la plus florissante culturellement, la grande différence, c'est que le *dal bhat* est à base de pétales de

riz séchés, aplatis, et de haricots secs, le tout craquant sous la dent ! Sinon, le principe est le même, avec curry de légumes, feuilles vertes et divers accompagnements. Des dizaines d'autres préparations, comme le *alu parautha* (galette de pommes de terre), le *alu tama* (pommes de terre et pousses de bambou), etc.
En gros, la cuisine népalaise (tout comme l'indienne) se divise en deux catégories :
- ***La cuisine végétarienne.*** Elle est variée, excellente et très répandue pour des questions religieuses (les brahmanes observent un régime végétarien strict) mais aussi économiques. La viande reste un produit cher.
- ***La cuisine non végétarienne*** se compose de poulet ou de mouton (parfois de chèvre). On ne trouve pas de bœuf, vache sacrée oblige, bien que certains intouchables en consomment. En revanche, on peut consommer du buffle, qui n'est pas sacré...

S'il y a une constante dans la cuisine népalaise, c'est l'utilisation des épices. Et même du « mélange des épices » (qui se dit *masala*) car chaque cuisinier compose une alchimie savante et personnelle d'épices différentes (au minimum 10), faisant ainsi le charme et la magie de sa cuisine. Attention, si vous mangez un plat dit ***garam masala,*** préparez-vous à cracher du feu ! Vous pourrez toujours vous rabattre sur la cuisine chinoise, nettement moins épicée que la cuisine indienne ou népalaise...

CHAUD DEVANT !

Les cuisines népalaise et indienne sont généralement épicées. Le « piquant » n'est pas une saveur car il n'agit pas sur les papilles mais sur les nerfs. La sensation est donc une douleur dont l'intensité est graduée de 1 à 10 selon l'échelle de Scoville. Le piment est très utilisé dans les cuisines tropicales car c'est un bactéricide, qui a pour effet de réduire les infections intestinales. Pour l'atténuer, ni eau ni pain mais... du lait.

L'autre cuisine à découvrir est la ***cuisine tibétaine.*** Avec, au premier chef, les ***momos,*** des raviolis fourrés à la viande ou aux légumes que l'on sert à la vapeur, frits ou *kothey,* soit frits seulement d'un... côté (facile à retenir !). C'est souvent excellent et très bon marché. Également des soupes de nouilles accommodées de légumes et de viande, comme le ***thukpa*** et le ***thanthuk*** (nouilles plus grosses). Pour un festin traditionnel, opter pour le ***gyacok,*** mais il n'est en général servi que sur commande et pour la table entière. Il se compose de nouilles de riz, de légumes, de champignons de montagne, de viande, le tout accompagné de riz, de pain tibétain et de *momos.*
Dès que l'on quitte la ville, la viande se fait rare. Celle que l'on trouve en montagne est séchée et en lambeaux ***(sukuti).*** Bannissez-la en altitude car elle provient souvent de viandes avariées où les mouches aiment bien pondre...
Pour changer un peu du régime népalais et tibétain, il vous reste la variété des ***cuisines chinoise et indienne*** servies dans les restos de Kathmandu et Pokhara, où figurent souvent aussi, sur la même carte, des ***plats internationaux*** (steak-frites, etc.), ***italiens*** (pâtes et pizzas omniprésentes) et même ***mexicains.***
Le manque d'hygiène suscite toujours une certaine appréhension, mais les restos à vocation touristique ont fait d'énormes progrès. Il existe aussi des supermarchés où l'on trouve un choix de plus en plus vaste de produits, y compris du vin et du fromage.

DROITS DE L'HOMME

Il aura peut-être fallu ce tremblement de terre d'avril 2015 et ses répliques pour que le projet de Constitution voit enfin le jour au Népal. Depuis 2008 et la chute de la monarchie, la transition politique n'en finissait pas, l'instabilité empêchant la moindre perspective de mise en place d'un État de droit. Le texte, instaurant le fédéralisme et la laïcité, n'est toutefois pas passé sans encombre.

De nombreuses minorités, dont l'une des plus virulentes est la communauté madhesi, des intouchables d'origine indienne, très présente dans le sud du pays (Téraï), ont protesté, notamment contre un allègement des articles de la Constitution intérimaire de 2007, qui défendaient la discrimination positive et les droits accordés aux minorités. Ainsi, les intouchables n'avaient plus la garantie d'être représentés au sein des institutions politiques « proportionnellement à leur poids dans la population ». Au cours de l'été 2015, des manifestations ont souvent dégénéré en affrontements avec les forces de l'ordre, faisant plus de 45 morts de part et d'autre. Au final, les Madhesis devaient voir une partie de leurs revendications acceptée, grâce à un amendement à la Constitution déposé au Parlement. Ce dossier a fortement détérioré les relations avec le puissant voisin indien, accusé par Kathmandu de faire pression pour faire passer cette modification.
Au-delà, l'impunité demeure sans doute le pire danger qui menace la fragile démocratie népalaise. En 2011, un accord avait bien abouti à la formation d'une « commission de paix et réconciliation » pour enquêter sur les crimes commis pendant la guerre civile (1996-2006). Toutefois, celle-ci a été largement dévoyée par l'Assemblée constituante qui, dans les textes, facilite le processus d'amnistie. L'intégration des ex-rebelles maoïstes à l'armée régulière s'est poursuivie. Des milliers d'autres devraient se voir offrir une subvention (entre 500 000 et 800 000 Rps) pour se réinsérer dans la société. L'impunité des forces de police, accusées de pratiquer la torture, est encore quasi généralisée, et certaines manifestations pacifiques ont été gravement réprimées en août 2015 ; des défenseurs des Droits de l'homme ont été battus et/ou arrêtés.
Amnesty dénonce encore la condition des femmes et jeunes filles, dont les droits à la contraception sont entravés. Largement favorisée par la crise politique, et dramatiquement accentuée par le tremblement de terre, la paupérisation de la population est toujours à l'origine d'un trafic humain important (voir plus haut la partie consacrée au trafic des êtres humains dans la rubrique « Actions humanitaires »).

■ ***Fédération internationale des Droits de l'homme (FIDH) :*** *17, passage de la Main-d'Or, 75011 Paris. ☎ 01-43-55-25-18. • fidh.org • Ⓜ Ledru-Rollin.*

■ ***Amnesty International*** *(section française) : 76, bd de la Villette, 75940 Paris Cedex 19. ☎ 01-53-38-65-65. • amnesty.fr • Ⓜ Belleville ou Colonel-Fabien.*

N'oublions pas qu'en France aussi, les organisations de défense des Droits de l'homme continuent de se battre contre les discriminations, le racisme et en faveur de l'intégration des plus démunis.

ÉCONOMIE

Un quart de la population népalaise vit ***en dessous du seuil de pauvreté*** et le Népal figure dans le peloton de tête des pays les plus pauvres de la planète. Le revenu moyen par habitant se situe autour de 730 $/an. Sa forte croissance démographique (8 millions d'habitants en 1951 pour plus de 30 millions aujourd'hui, et 40 millions prévus en 2025), associée à un faible développement économique, contribue au plafonnement sinon à la dégradation du niveau de vie d'une grande partie de sa population. Tout comme l'inflation (autour de 10 %). L'insurrection maoïste de 1996 a aggravé cette tendance de sorte que nombreux sont les jeunes Népalais qui émigrent, notamment vers les pays du Golfe, pour remédier à un ***chômage massif,*** atteignant 46 % de la population active. Sous-payés, parfois maltraités, ces émigrants envoient au pays des devises, qui représentent environ 26 % du PNB. Elles ont sans aucun doute permis une amélioration du revenu moyen népalais, même si, depuis 2009, le Népal souffre durement de la crise.
Les gouvernements ont tenté de dynamiser l'économie et d'attirer les investissements étrangers mais ont été contrariés par une forte ***corruption.*** L'organisation

Transparency International plaçait en 2014 le Népal parmi les États les plus corrompus de la planète (à la 126e place sur 175). Accéder à un quelconque niveau de pouvoir permet de servir d'abord ses propres intérêts et ceux de son réseau.

Une économie dépendante de l'Inde et de la Chine

Le Népal dépend largement, pour sa survie, de l'aide internationale, d'autant plus après les séismes éprouvés en 2015. La reconstruction s'élèverait à 4,5 milliards de dollars selon le gouvernement. Il faut reconstruire les bâtiments, semer les champs dans des campagnes dévastées, attirer les touristes... Une situation qui rend le pays encore plus dépendant de ses voisins : plus de la moitié du commerce extérieur népalais reste dépendante de l'***Inde.*** Les deux pays sont liés par un traité de Paix et d'Amitié signé en 1950 et encore en vigueur. Mais la nouvelle Constitution népalaise, élaborée en 2015, n'est pas du goût de l'Inde, qui a aussitôt imposé la même année un blocus sur le carburant en guise de représailles...

Du coup, c'est avec la ***Chine*** que les échanges ont considérablement progressé (+ 75 % depuis 2009) dans les domaines de l'hydroélectricité, l'industrie, la santé, les infrastructures routières (nouvelles routes vers la province autonome du Tibet). Le tourisme en provenance de Chine devrait prochainement connaître une forte croissance avec le projet de construction d'un aéroport international à Pokhara, accessible aux gros porteurs.

Les ressources naturelles

Le Népal possède des ressources naturelles en minerai (mica et lignite), mais leur exploitation demeure non rentable eu égard au relief. Les seules ressources énergétiques consistent en fuel importé d'Inde, bois de chauffage, et bouse séchée. De nouveaux projets hydroélectriques sont en cours, mais le risque sismique de la zone fait courir un risque élevé pour la construction de grands barrages. Car le Népal a le privilège d'être un pays réservoir d'eau : il détient 0,3 % des réserves mondiales. On mesure mieux les rivalités indiennes et chinoises pour l'eau et son potentiel en ***énergie hydraulique.***

L'agriculture

L'agriculture compte pour un tiers dans le PIB, mais occupe plus des deux tiers de la population. Cependant, vu le relief, les terres cultivées ne représentent guère plus de 17 % de la surface du sol. Il s'agit majoritairement d'une ***agriculture de subsistance,*** et seule la région du Téraï (le grenier du Népal) dégage des surplus. Si 80 % des paysans cultivent leurs propres terres, leur superficie ne dépasse que rarement l'hectare et ne leur assure pas toujours un revenu suffisant. Ils doivent souvent se « louer » à de grands propriétaires. Le système est ainsi proche d'un ***système féodal,*** marqué par la grande propriété (5 % de la population détient encore 40 % des terres) et par l'exploitation des paysans les plus pauvres. Il a été ainsi facile pour les maoïstes de faire de la réforme agraire un de leurs chevaux de bataille.

La diversité se réduit si l'on passe des régions les plus basses, productrices de riz, légumes, fruits, maïs, canne à sucre... aux régions les plus élevées, où les cultures se limitent à la pomme de terre, au sarrasin ou à l'orge, faisant la part belle à l'élevage de chèvres et de moutons. Dans les zones de collines, durant des générations, les hommes ont construit des rizières en terrasses, chaque marche étant alimentée par un ingénieux système d'irrigation.

L'absence d'une politique agricole suivie et efficace (réformes agraires, fertilisation, irrigation), les glissements de terrain, la ***pression démographique,*** l'usure des sols, puis l'insurrection maoïste, qui, en vidant les campagnes, a porté un rude coup à l'agriculture, font que le Népal, ancien exportateur de céréales jusque dans les années 1960, dépend désormais de l'***aide alimentaire*** internationale pour se nourrir. De nombreuses zones du pays connaissent encore la ***famine.*** D'autant que la mousson peut sévèrement compromettre les récoltes.

Les autres secteurs

Le Népal compte trois grands secteurs industriels : l'agroalimentaire (sucre, cigarettes, savon), les matériaux de construction (briqueteries) et l'industrie textile, représentée par l'industrie des tapis, importée par les Tibétains en exil. Ainsi, la quasi-totalité des produits semi-manufacturés ou manufacturés vient du voisin indien et de plus en plus du voisin chinois. Du coup, la ***balance commerciale*** népalaise reste déficitaire, les importations représentant encore cinq fois la valeur des exportations. Cependant, le volume des échanges a considérablement augmenté, avec des exportations qui se déploient maintenant vers les États-Unis et l'Europe, même si l'Inde demeure le principal client.
L'un des problèmes majeurs du pays est son enclavement sans débouché sur la mer, ce qui permet à l'Inde de brandir la menace du blocus, comme ce fut le cas en 2015 avec le fuel et le gaz, lorsque son tout petit voisin n'agit pas dans le sens voulu.
Les ***devises*** envoyées par les Népalais émigrés représentent environ 26 % du PIB. Avec 500 000 à 800 000 visiteurs par an, le ***tourisme*** représente une source de revenus essentielle pour le pays, directement par l'apport de devises, mais aussi indirectement en entraînant l'essor de la construction et de l'emploi dans l'hôtellerie, surtout dans la vallée de Kathmandu. Après l'insurrection maoïste, qui a un temps divisé par deux le nombre de touristes, ces derniers avaient retrouvé le chemin de Kathmandu. Mais les séismes de 2015 ont dégradé l'image du pays en termes de sécurité, et la nouvelle Constitution, qui a fortement déplu à l'Inde, entraînant un blocus de l'énergie, a achevé de faire de 2015 une véritable *annus horribilis* en termes de tourisme.

ENVIRONNEMENT

Déchets : n'en jetez plus !

La forte croissance démographique, l'extension de la pauvreté et les diverses méthodes employées pour tenter d'y remédier expliquent que l'environnement naturel au Népal a été soumis à une rapide dégradation. Résultat : Kathmandu est l'une des villes les plus polluées du monde. 20 % des habitants y circulent munis d'un masque. Mais on se dit qu'avec une vingtaine d'espaces naturels protégés (*National Parks, Wildlife Reserves* et *Conservation Areas*), soit plus de 10 % de la surface totale du pays, la pollution par le mazout ou les gaz d'échappement devrait au moins être inexistante sur les sentiers de trekking.
Pourtant, elle est omniprésente, frappante, mais apparaît sous des formes diverses : la déforestation due aux exigences de chauffage des *lodges,* ainsi que les papiers gras et bouteilles en plastique qui restent toujours la pollution favorite des touristes. Chaque année, on en ramasse près de 100 t ! Sans parler des bouteilles d'oxygène non dégradables jetées par les aspirants à l'ivresse des hauteurs. Lassés de voir des tonnes de détritus s'accumuler vers les sommets, des alpinistes ont entrepris de les nettoyer. Leurs expéditions ont permis de récupérer plus de 3 t de déchets, placardant par la même occasion dans tous les *lodges* une charte du trekkeur. Dans la région de l'Everest, les *lodges* doivent désormais redescendre toutes leurs bouteilles par porteurs. Cette réglementation est contrôlée très sévèrement par une association népalaise (KEEP). À noter également qu'une caution est dorénavant exigée avant toute expédition en haute montagne. Elle n'est restituée que si les participants rapportent tous leurs déchets. À quand une généralisation à l'ensemble des treks ? Si vous partez avec une agence ou un

guide, demandez à ce que les déchets soient brûlés ou redescendus s'ils ne sont pas combustibles.
Ajoutons que les Népalais se soucient encore moins de ce problème. Dans et sur les bords de la rivière Bagmati à Kathmandu, les déchets s'amoncellent au milieu de bidonvilles en développement. Avec ces rives insalubres et la densité de population, les maladies transmissibles par l'eau prolifèrent : choléra, malaria, dengue. Kathmandu se dégrade plus vite que ses montagnes. Et ce n'est pas peu dire !

Déforestation massive

Le problème de la déforestation est particulièrement aigu. Un tiers de la forêt népalaise a été rasé entre 1964 et 1975, et 840 km^2 ont disparu chaque année entre 1980 et 1985. Cette déforestation résulte essentiellement de deux phénomènes : la nationalisation des forêts de 1957, qui a mis un terme à la désignation de certaines zones de forêts comme espaces communautaires ou sacrés, et la croissance démographique accompagnée de l'expansion de l'agriculture et du rythme des incinérations. La construction de barrages, de centres d'extraction miniers et de routes fait peser de sévères menaces sur l'environnement. Il en résulte une réduction notable de la biodiversité, une accélération de l'érosion, une plus grande fréquence des inondations, ainsi que des fluctuations microclimatiques anormales.

Quelques conséquences du réchauffement climatique

La région himalayenne est en première ligne : sa température augmente huit fois plus vite que partout ailleurs, occasionnant la fonte des glaciers. Sur le territoire népalais, ils ont baissé de 21 % depuis les années 1980. Or, cette vaste étendue représente une réserve vitale pour les régions arides qui ne profitent pas de la mousson. Le dégel entraîne aussi la formation de lacs glaciaires, retenus par les moraines jouant le rôle de digues. Parfois, la pression de l'eau est telle que les moraines cèdent, libérant des millions de mètres cubes d'eau et de roches qui se déversent dans les vallées, détruisant tout sur leur passage. Il faudrait consolider ces retenues et installer des dispositifs d'alerte mais sur le millier de lacs concernés un seul a été aménagé, financé par les Pays-Bas, qui se sont ensuite retirés.
La hausse du mercure bouleverse aussi les saisons, avec l'apparition de phénomènes extrêmes lorsque les inondations alternent avec les sécheresses. Sur le plan agricole, les récoltes deviennent moins abondantes, irrégulières tant en qualité qu'en quantité. Des villages perdent leur autosuffisance, entraînant l'exode rural. C'est là qu'intervient ***Monsanto,*** la très controversée firme américaine spécialiste des OGM, qui, en partenariat avec le gouvernement et USAID, a décidé de lancer un maïs hybride pour, dit-on, améliorer les rendements agricoles. Un contrat qui rend du même coup les petits producteurs dépendants des coûteuses semences de la puissante multinationale, au risque de les appauvrir (eux et leurs sols). Levée de boucliers aussi bien de la part de la population que (plus étonnant) d'une partie de la classe politique. Mais sans succès : Monsanto s'est installé, tandis que les opposants continuent de mener campagne.

FAUNE ET FLORE

Outre le légendaire *yeti,* le Népal abrite une très grande variété de mammifères, d'oiseaux et de reptiles. Bien sûr, vous ne tomberez pas nez à nez avec un tigre du Bengale au détour de chaque chemin. Léopards des neiges, rhinocéros unicornes de l'Inde (le plus gros de tous les rhinocéros d'Asie), éléphants, deux espèces de macaques, ours paresseux, loups, chacals, cervidés, crocodiles, serpents, mais aussi plus de 500 variétés d'oiseaux peuplent ces territoires sauvages. Emblème national, le *danphe* (ou *monal*) est une variété de faisan vivant au-dessus de 3 500 m d'altitude. C'est un spécimen superbe aux couleurs vert et rouge métalliques étincelant au soleil. Vous pourrez l'apercevoir si vous prévoyez un trek dans le parc national du Sagarmatha (Everest). Enfin, s'il vous arrive un jour, au cours d'une de vos promenades, d'entendre un hurlement suraigu et très bref, ne soyez pas surpris, il s'agit sans doute du cri d'un *muntjac,* encore appelé cerf aboyeur, à moins que ce ne soit celui d'un *pika,* ou lièvre criard.

SANS BOMBONNE D'OXYGÈNE !

La seule créature ailée (avec la grue demoiselle) capable de franchir la barrière de l'Himalaya est l'oie à tête barrée, qui, lors de sa migration annuelle entre les plaines mongoles et l'Inde, vole à plus de 7 000 m. Grâce aux particularités de son hémoglobine qui fixe l'oxygène, elle peut fournir l'effort nécessaire dans un air où celui-ci est raréfié. On en a même aperçu à 10 000 m d'altitude !

Bien que le pays soit peu étendu, tous les climats y sont représentés, donnant naissance à une flore exubérante et une végétation exceptionnellement diversifiée, tout en renforçant le petit parfum de mystère et d'exotisme qui flotte sur le pays. Rhododendrons – *laligura* en népali – (la fleur nationale, qui atteint plus de 15 m de haut !), iris, orchidées, orpins, saxifrages, primevères, edelweiss, mais aussi forêts d'acacias, de chênes, de pins, de sapins et d'épicéas : sachez que l'on ne compte pas moins de 6 500 espèces d'arbres, d'arbustes et de fleurs sauvages...

UNE MYSTÉRIEUSE CRÉATURE

Le yarsagumbu est un champignon qui pénètre le corps d'un insecte et le dévore pour se nourrir. Mi-végétal mi-animal, il est très recherché pour ralentir le vieillissement, et surtout pour ses vertus aphrodisiaques. N'existant qu'à partir de 3 500 m, ce produit mystérieux se vend en Chine à des prix extravagants.

GÉOGRAPHIE

Entre deux géants

Sur les cartes, le pays se présente comme une étroite bande de terre de 145 à 241 km de large qui s'étire d'est en ouest sur 800 km. C'est une bien mince frontière pour séparer deux blocs aussi puissants que l'Inde et la Chine. Heureusement, l'Himalaya, ensemble montagneux unique au monde par ses sommets et par ses différences de niveau, constitue un rempart de premier ordre. Sur une distance de 25 km, l'altitude peut varier de 6 000 m. De plus, cette chaîne constitue une barrière climatique avec tout ce que cela comporte comme conséquences écologiques.

En raison de sa position géographique délicate, le Népal doit veiller avant tout sur ses frontières. Ses rapports avec l'Inde ne sont pas toujours au beau fixe. N'ayant pas d'ouverture sur la mer, le Népal se trouve lié à son voisin tandis qu'il occupe une importante fraction du glacis himalayen face à la Chine. Or, ce glacis est en partie rendu perméable depuis la construction de la route chinoise qui permet de relier Kathmandu à Lhassa puis de poursuivre jusqu'à Pékin par le train. L'Inde n'est plus qu'à un mois de Pékin en camion et, de ce fait, le Népal est devenu un point stratégique important sur la carte politique du monde.

Cinq régions naturelles

On a souvent comparé le Népal à un gigantesque escalier débutant au piémont de la plaine gangétique et dont le sommet forme le toit du monde. Sur une superficie de 147 180 km², un peu plus du quart de celle de la France, on observe un des phénomènes géographiques les plus curieux du globe terrestre. L'armature géologique du pays s'organise en bandes longitudinales formant cinq grandes régions naturelles correspondant à cinq paliers : le Téraï, les Siwalik, le Mahabharata Lekh, le plateau népalais et le grand Himalaya.

– ***Le Téraï,*** ou région basse, est une terre d'alluvions formant le piémont de la grande plaine du Gange, et était considéré autrefois comme un enfer en raison du paludisme. Les terres cultivables en bordure des affluents du Gange sont régulièrement inondées, durant la mousson, où le niveau des eaux peut monter de plusieurs mètres en une seule journée. Jungle, marais et forêt vierge repaires des tigres constituaient une frontière naturelle entre l'Inde et le Népal. Aujourd'hui, elle contient les deux tiers des surfaces cultivées, la culture des céréales (maïs, colza et jute) en constituant la principale ressource. Près de 20 % de la récolte de riz sont exportés vers l'Inde, et les nouvelles entreprises traitant la canne à sucre, le riz et le bois ont attiré une bonne partie de la main-d'œuvre du pays. Du coup, 40 % de la population népalaise y sont établis. Côté industrie, Biratnagar est devenue la deuxième ville du Népal.

Jadis délaissé, le Téraï redevient un enjeu important entre l'Inde et le Népal. La population, extrêmement indianisée, est au centre des récents affrontements (mortels) provoqués par la nouvelle Constitution (lire à ce sujet les rubriques « Droits de l'homme » et « Histoire »). Les grands projets d'irrigation, maintes fois retardés, risquent de gêner l'irrigation d'une partie de la plaine du Gange.

La malaria, qui y avait pratiquement disparu grâce aux efforts de l'OMS, connaît un retour en force avec l'arrivée d'un moustique particulièrement résistant.

– ***Les Siwalik,*** situés juste au-dessus du Téraï, voient l'amorce des premiers sommets de 1 500 m environ. Cette formation montagneuse se compose de crêtes séparées par de larges vallées appelées *doon,* dans lesquelles pénètre la forêt vierge. C'est là que les plaques indiennes et tibétaines se rencontrent. Cette région est peu habitée.

– ***Le Mahabharata Lekh,*** en revanche, est une véritable chaîne de montagnes dont les sommets atteignent parfois 3 000 m et forment un rempart entre le Téraï et le plateau népalais. Des vallées transversales découpent ces gorges profondes et sauvages au fond desquelles s'écoulent les eaux des rivières descendant jusqu'à la plaine du Gange.

– ***Le plateau népalais,*** le cœur du pays, constitue le quatrième et plus important niveau. Cette bande de 100 km de large se trouve protégée au sud par le Mahabharata Lekh et au nord par l'Himalaya. Des fleuves transversaux viennent partager ce plateau en neuf bassins naturels. C'est la partie la plus riche du pays, et celle où se trouvent les plus grandes villes (Kathmandu, Patan, Bhaktapur et Pokhara). Quoique ne couvrant que le quart de la superficie du pays, cette région est habitée par la moitié de la population. Le climat y est tempéré.

– ***La chaîne himalayenne :*** sur les 14 sommets de la terre dépassant les 8 000 m, 9 sont situés au Népal ou sur ses confins : l'Everest, de son vrai nom *Sagarmatha* en népali (8 848 m selon les Népalais, 8 844 m d'après les Chinois et 8 850 m selon la *National Geographic Society* et le musée des Sciences de Boston qui ont effectué un relevé en 1999), le Kanchenjunga (8 586 m), le Lhotsé (8 516 m), le Makalu (8 463 m), le

CHEMIN DE CROIX

Au-dessus de 8 000 m, la zone vers le sommet de l'Everest devient hyper dangereuse. Manque d'oxygène, matériel déficient ou amateurisme, plus de 200 cadavres visibles jalonnent le chemin. Il est techniquement impossible de redescendre les corps dans la vallée. Certains servent de points de repère.

Cho Oyu (8 201 m), le Dhaulagiri I (8 167 m), le Manaslu (8 163 m), l'Annapurna I (8 091 m) et le Shisha Pangma (8 027 m). Ils sont entourés de plus de 100 sommets de 7 000 m et plus constituant une muraille géante. Entre 60 et 70 pics de plus de 6 000 m n'ont pas reçu de nom. Cette chaîne, beaucoup plus récente que les Alpes, appartient cependant au même système montagneux. Selon le géologue suisse Toni Hagen, la plus jeune des chaînes de la terre aurait pris sa forme actuelle il y a environ 50 millions d'années, lorsque « les blocs continentaux se heurtèrent ».

L'Himalaya est formé de massifs bien individualisés, parfois reliés entre eux par des chaînes secondaires moins élevées. Le système d'écoulement des eaux est très particulier ; ce sont des torrents, comme le Kali Gandaki qui naît au Mustang et se faufile entre le Dhaulagiri et l'Annapurna, passant par une des gorges les plus profondes du monde : le Thak-Khola. Étant donné la différence de latitude par rapport aux Alpes, les neiges éternelles ne commencent qu'à 6 000 m sur les versants exposés au sud. On trouve des forêts et des cultures à 4 000 m, des pâturages à 5 000 m, et on a même pu voir des plantes à fleurs à plus de 6 000 m !

Pour les Népalais, ces montagnes sont sacrées : elles appartiennent à la mythologie populaire et sont considérées comme la demeure des dieux. L'Everest est appelé en tibétain « Déesse Mère du Pays » *(Chomo Lungma).*

Aujourd'hui, grâce aux progrès technologiques, les calculs s'affinent de plus en plus. Ainsi, fin 1999, une équipe de scientifiques américains, bardée d'instruments de mesure ultra-sophistiqués, a annoncé une révision de la hauteur du mont Everest. La montagne mesurerait donc 8 850 m, soit 2 m de plus que la hauteur reconnue depuis 1954. Toutefois, le gouvernement népalais refuse encore de reconnaître cette nouvelle donnée.

AND THE WINNER IS...

En 1849, des officiers anglais, dirigés par Sir John Everest, étudiaient les pics népalais qui ne portaient pas encore de nom. On les désignait par des chiffres romains et l'un des sommets fut répertorié comme pic XV. En 1852, lorsque son altitude fut précisée, on découvrit qu'il était le plus élevé ; il reçut alors le nom de mont Everest.

La conquête des sommets

Durant des années, des hommes ont tenté de vaincre ces fantastiques blocs de pierre et de glace. Entre 1921 et 1948, les Anglais lancèrent huit expéditions à l'assaut de l'Everest par son versant tibétain. Entre 1950 et 1951, nouvelles tentatives par le versant népalais, suivies de deux expéditions suisses en 1952. Finalement, le toit du monde est atteint le 29 mai 1953 par deux hommes, le Néo-Zélandais Sir Edmund Hillary et Sardar Tensing Norgay Sherpa, au cours d'une expédition dirigée par Sir John Hunt et qui dura plus de 7 semaines (voir plus loin, dans la rubrique « Livres de route », le récit de cette aventure dans *Victoire sur l'Everest*).

DUEL AU SOMMET

Qui a vaincu le premier l'Everest ? Le mystère reste entier : en mai 1999, on a retrouvé, à 600 m du sommet de l'Everest, les traces d'une expédition britannique partie en 1924 qui aurait pu avoir touché au but malgré un équipement des plus dérisoire : vêtements de tweed et bouteilles à oxygène primitives. Hélas, l'appareil photo des alpinistes Mallory et Irvine, disparus dans la descente, qui aurait pu prouver le succès de la cordée, est resté introuvable. Edmund Hillary, décédé en 2008, avait déclaré qu'il reconnaîtrait de bon cœur que son expédition aurait pu n'avoir été que la deuxième sur le toit du monde, belle preuve du légendaire fair-play britannique (bien qu'il fût néo-zélandais).

Trois ans auparavant, les Français Herzog et Lachenal avaient réussi une première en atteignant le sommet de l'Annapurna de 8 091 m (voir plus loin, dans la rubrique « Livres de route », le récit de Maurice Herzog *Annapurna premier 8000*). Aujourd'hui, la plupart des sommets ont été vaincus. Les expéditions recherchent maintenant la difficulté en empruntant des voies nouvelles ou en faisant des concours de rapidité : en 2004, le record de l'ascension de l'Everest est tombé à... 8h10 ! Toutefois, une partie de la population considère encore ces ascensions comme sacrilèges. L'expédition qui partit à l'assaut du Machhapuchhare, en 1957, s'arrêta à 50 m du sommet pour respecter les croyances locales et ne pas profaner la demeure des dieux.

Une zone sismique majeure

Comme l'ont malheureusement démontré les séismes de l'année 2015, le Népal se situe dans une zone à risque sismique très élevé. Il faut dire que le pays se trouve sur la faille himalayenne, au point de friction entre les plaques indienne et eurasienne. Ces deux plaques entrent régulièrement en collision depuis plus de cent millions d'années. Entre la plaque indienne, située à l'origine à la latitude de Madagascar, et la plaque eurasienne, il existait même une mer, aujourd'hui disparue, la mer de Thétys. Les scientifiques estiment que la plaque indienne a progressé vers le nord à une vitesse d'environ 10 cm par an jusqu'à il y a 50 millions d'années. Puis elle a commencé à s'enfoncer sous la plaque eurasienne (phénomène de subduction), créant ainsi une collision majeure à l'origine de la chaîne himalayenne et du plateau tibétain. Aujourd'hui, ce chevauchement de plaques se poursuit à la vitesse d'environ 2 cm par an, ce qui explique les séismes récents.

Si l'on procède à un historique des tremblements de terre dans la région, il nous faut signaler celui de 1934, qui était de 8,4 sur l'échelle de Richter et avait fait 17 000 morts. En septembre 2011, un séisme à la frontière indo-népalaise, d'une magnitude de 6,9 sur l'échelle de Richter, a fait 53 morts en Inde, au Tibet et au Népal. Et puis, bien sûr, ceux de 2015 : magnitude de 7,8 le 25 avril (suivi d'une réplique majeure de 6,6 le même jour et d'une réplique de 6,4 le lendemain) et de 7,4 le 12 mai (réplique de 6,3 le jour même), avec un bilan de plus de 8 500 morts...

Par ailleurs, les inondations et glissements de terrain en période de mousson sont fréquents (en mai 2012, 60 personnes ont trouvé la mort dans la région de l'Annapurna). Évidemment, il s'en est produit également après les séismes de 2015.

DÉPLACER LES MONTAGNES

Selon l'administration chinoise de cartographie, l'Everest bouge verticalement de 0,3 cm de haut par an, et latéralement de 4 cm par an vers le nord-est. Or, le séisme survenu le 25 avril 2015 lui a fait faire un « bond » en direction opposée de 3 cm. Il a regagné la place qu'il occupait à l'été 2014 en quelque sorte. Drôle de valse pour ce géant !

HISTOIRE

Les premiers occupants

L'histoire du pays commence par une légende. Il était une fois le Népal... qui se résume alors à la vallée de Kathmandu, soit un immense lac habité par un serpent. Un sage venu de Chine, qui s'y arrête pour méditer, décide de vider le lac pour y construire une cité. Il tranche alors la montagne pour assécher la vallée, et ainsi naît la ville de *Manju Pattana,* ou Kathmandu. Bon, pour les hindous, c'est Shiva qui fendit la montagne ; pour d'autres encore, elle se confond avec la fondation de Swayambunath (voir le texte consacré à ce temple).

Les premiers envahisseurs sont les Kirats, venus de l'est de l'Himalaya en 700 av. J.-C., puis, en 300 apr. J.-C., les Licchavis, dynastie indienne chassée par les Moghols. L'ère des Licchavis est un âge d'or. Après leur chute, autour de 700 apr. J.-C., s'ensuit une période plus confuse jusqu'à l'arrivée de la dynastie des Mallas, qui règne à partir de la fin du XIIe s.

De l'éclatement du royaume à sa réunification

Les querelles dynastiques, l'arrivée de princes indiens fuyant l'invasion musulmane, mais aussi la pratique du pouvoir partagé (entre le roi et ses frères, ministres, ou tout membre de sa famille) vont conduire à un morcellement du territoire en une soixantaine de petits États. À la fin du XVe s, le royaume de la vallée se divise en trois : Bhaktapur, Lalitpur et Kantipur.

Milieu XVIIIe s, Prithivi Narayan, roi de Gorkha, se lance dans une politique de réunification. Dès 1745, ses troupes sont aux portes de la vallée, mais les trois royaumes ne se soumettent qu'en 1769, Bhaktapur étant le dernier à se rendre. Dans le reste du pays, il procède à l'annexion en utilisant soit la ruse soit la force. Malgré leurs faibles moyens, Prithivi et ses successeurs réunifient plus de 60 États. De 1814 à 1816, une guerre avec l'Inde britannique aboutit au traité de Ségauli qui donne au Népal des frontières proches de celles actuelles, tout en imposant le tutorat d'un résident anglais à Kathmandu, sans grand pouvoir cependant.

Mais à la mort de Prithivi Narayan, il règne une atmosphère de complots, parfois émaillée de massacres. Le Premier ministre Jang Bahadur s'empare du pouvoir en 1848, écarte le roi et coupe quelques têtes au passage. L'oligarchie des Rana va durer jusqu'en 1951.

L'ère des Rana

Les Rana ferment le pays à toute influence extérieure, le considérant comme une propriété privée dont ils tirent des revenus. C'est néanmoins sous leur règne que l'indépendance du Népal est formellement reconnue, en 1923, par l'Inde britannique et la guerre définitivement écartée.

Cependant, le régime prend fin en 1951, sous la pression des opposants exilés en Inde, et soutenus par le géant voisin nouvellement indépendant. Élément déclencheur, le roi Tribhuvan, enfermé par les Rana, trompe en 1950 la surveillance de ses gardiens et se réfugie à l'ambassade indienne, qui parvient à l'exfiltrer quelques jours plus tard.

Un mouvement insurrectionnel se déclenche alors dans tout le pays. Mais l'Inde s'inquiète de l'influence des idées communistes sur la population. Elle fait rapidement signer le compromis de Delhi entre les Rana et Tribhuvan, par lequel ce dernier s'engage à instaurer une démocratie. Le roi revient triomphant à Kathmandu en février 1951. Après 1955, ses deux successeurs, Mahendra et Birendra, soutenus par la communauté internationale, vont plutôt se focaliser sur le développement du pays que sur sa démocratisation. La manne étrangère devient très vite une source d'enrichissement pour les notables.

UN DRAPEAU UNIQUE AU MONDE

Adopté en 1962, c'est le seul au monde à n'être ni carré ni rectangulaire, mais composé de deux triangles superposés, évoquant l'Himalaya et les deux religions du pays, l'hindouisme et le bouddhisme. Les bords bleus, couleur de paix, délimitent un fond rouge, couleur de bon augure et du rhododendron (la fleur nationale). Présents dans tous les mantras, la lune et le soleil, symbolisant l'origine de la nation et les familles régnantes, font de ce drapeau un support de prières pour tous les Népalais.

Périodes troublées

À la fin des années 1990, sous la pression de la rue, le roi Birendra accepte l'idée d'une monarchie parlementaire sur le modèle britannique. Cette constitution, promulguée en novembre 1990 mais rédigée à la va-vite, ignore certaines demandes comme la rédaction du texte par une assemblée constituante élue ou encore la laïcité de l'État. Quelques voix évoquent déjà une république. La période qui suit est marquée par l'instabilité gouvernementale, la corruption, le népotisme et le clientélisme. La déception est grande parmi le peuple. C'est dans ce contexte qu'éclate l'insurrection maoïste, en février 1996. Mais un autre événement obscurcit encore le ciel népalais : en juin 2001, le roi et sept membres de sa famille sont assassinés dans leur palais à Kathmandu. Le seul rescapé est Gyanendra, frère du roi, absent la nuit du drame. Ce dernier, que les Népalais dénoncent comme l'instigateur du massacre (avec l'aide de l'Inde et des États-Unis), est à son tour intronisé. Très impopulaire, hindou orthodoxe, il n'a jamais été favorable à la démocratie. Prenant prétexte de l'insurrection maoïste pour déclarer l'état d'urgence fin 2002, il dissout alors l'assemblée et s'attribue les pleins pouvoirs en 2005.

Le mouvement maoïste

Issu du « United People Front », le mouvement maoïste n'est qu'un petit parti d'extrême gauche crédité de quelques sièges aux premières élections de 1991. Très vite, sa branche radicale s'en détache en rejetant le parlementarisme et en labourant le terrain des districts isolés et pauvres de l'extrême ouest, négligés par tous les gouvernements. De plus, les forêts denses conviennent aux opérations de guérilla.

En 1995, le mouvement devient le *Nepal Communist Party (Maoïst).* À sa tête, Pushpa Kamal Dahal, alias Prachandra, qui commande les opérations sur le terrain, et Babu Ram Bhattarai, la tête pensante. Au programme : la terre aux paysans, la fin du système de castes, l'égalité entre les femmes et les hommes, la prise en compte des différentes ethnies et langues et la fin de la monarchie. Il faut dire que la corruption est une institution et que la « démocratie » de façade n'a rien apporté aux laissés-pour-compte, le fossé entre riches et pauvres s'étant creusé...

Le mouvement est réprimé par la police, qui massacre les populations civiles, viole les femmes et détruit les villages ; une violence qui, en réaction, favorise logiquement le recrutement des maoïstes. En 1996, le mouvement lance la « guerre du peuple », ciblant ses attaques sur la « classe ennemie » : policiers, fonctionnaires, notables et usuriers. Rackets, enrôlements forcés et exécutions sauvages s'ensuivent et la police poursuit la répression.

Dans les zones contrôlées par les maoïstes, les femmes jouent un rôle prépondérant : les « guérilleras » représentent un tiers des troupes, que ce soit comme simples sympathisantes ou comme officiers. Les Népalaises, souvent illettrées et opprimées par la culture hindoue, très machiste, sont sensibles aux projets égalitaires des maoïstes : pas de mariage avant 18 ans, éducation, suppression de l'alcool et des jeux de cartes qui conduisent souvent les maris à la violence et à la ruine. Les femmes assurent la survie et la sécurité des familles quand les hommes ont dû s'exiler dans la jungle, dans les grandes villes ou en Inde afin d'échapper à la police ou éviter de se faire enrôler de force. Le recrutement maoïste se fait également chez les intellectuels et les jeunes diplômés privés d'emploi, et parmi les éternels sacrifiés : les ethnies et les basses castes.

En 2001, le pouvoir tente de rétablir le dialogue, mais l'espoir de conciliation est anéanti par le massacre de la famille royale. Au contraire de son prédécesseur, le roi Gyanendra fait intervenir l'armée, avec l'appui de l'Inde et des pays occidentaux (argent, armes, etc.), dont les USA, qui traquent le terrorisme après les attentats du 11 Septembre. En 2002, le parti maoïste est classé, comme Al-Qaïda, sur la liste des organisations « terroristes ».

Face à une police mal équipée et mal-aimée, les maoïstes frappent de grands coups en 2004 et en 2005, en contrôlant près de 75 % du territoire et en bloquant l'accès à Kathmandu. Des deux côtés, on kidnappe, on torture et on assassine, bafouant ouvertement les Droits de l'homme. Près de 13 000 Népalais ont trouvé la mort ou ont disparu, mais d'après la Croix-Rouge et Amnesty International, les deux tiers des victimes sont imputables à la police et à l'armée...

La rupture en marche

Ni les maoïstes ni l'armée népalaise ne parviennent à prendre le dessus au plan militaire. Des pourparlers conduisent néanmoins à un accord, en 2005, entre les maoïstes et les sept partis politiques représentés au parlement. L'accord prévoit le désarmement de l'armée maoïste sous le contrôle de l'ONU, l'élection d'une assemblée constituante et l'arrêt des opérations de la police et de l'armée. Mais un dialogue de sourds s'installe et les maoïstes reprennent leurs activités. Le roi radicalise sa position, tente de contrôler les médias et le travail des ONG, réprimant des manifestations, de plus en plus fréquentes. On assiste à une mobilisation sans précédent de la rue, mais aussi de journalistes et d'avocats contre ces mesures liberticides. Dans cette ambiance insurrectionnelle, le roi organise des élections municipales en 2006. Sans véritable liberté d'expression et sous la pression des maoïstes, elles tournent à la farce avec un taux de participation de 21 %.

Face à la rue et à l'opinion internationale de plus en plus critique, le roi rétablit le parlement. Celui-ci accède à l'une des revendications des maoïstes : la convocation d'une assemblée constituante. Le nouveau pouvoir prend alors des décisions majeures. Le Népal devient un État laïc et les pouvoirs du roi sont considérablement réduits. Il perd le commandement de l'armée, le pouvoir de promulguer les lois, et même son immunité. En 2006, le gouvernement et les maoïstes demandent officiellement l'aide de l'ONU pour désarmer et rétablir la paix.

Le nouveau gouvernement de coalition et les élections tant attendues...

En 2006, Prachandra finalise, avec le Premier ministre Girija Prasad Koirala, un accord qui intègre les combattants maoïstes dans l'armée régulière. En 2007, un gouvernement d'intérim est mis en place, sous la direction du vieux leader du *Nepali Congress* G. P. Koirala, avec pour mission de préparer les élections à l'assemblée constituante. Fin 2007, les maoïstes remportent une victoire : la chambre intérimaire approuve majoritairement l'abolition de la monarchie.

En avril 2008, les élections créent la surprise : les maoïstes arrivent en tête avec 236 députés sur 601 sièges (dont 40 % de femmes et 20 % de Dalits, les intouchables). Le parti du *Nepali Congress,* principale formation d'opposition, arrive en seconde position... Les maoïstes n'ont cependant pas la majorité absolue. En mai, le Népal devient une République démocratique fédérale. En juillet, Ram Baran Yadav, pourtant issu du *Nepali Congress,* est élu Président de la jeune République. Les maoïstes fulminent, mais au final, l'un des leurs, Prachandra, est élu Premier ministre. Mais une cohabitation instable rend d'autant plus périlleuse la mission du parlement de rédiger une constitution.

Les points de discorde sont nombreux, parmi lesquels : l'indépendance des pouvoirs, l'intégration des combattants maoïstes à l'armée régulière, le retour aux propriétaires d'origine des biens confisqués durant le conflit, les frontières des États fédéraux... L'assemblée annonce la rédaction d'une nouvelle Constitution pour 2010, alors qu'une nouvelle crise se profile déjà : Katawal, le chef des armées, s'oppose à l'intégration des maoïstes. Prachandra décide alors de le limoger, au prétexte qu'il avait été nommé par le roi et avait commandé la répression lors de l'insurrection. Le président du Népal annule la décision de son Premier ministre, qui démissionne en mai 2009 !

Dans la foulée, une nouvelle coalition excluant les maoïstes propulse Madhav Kumar Nepal, chef historique de l'UML (Union marxiste léniniste), au poste de Premier ministre. Les maoïstes mènent alors des actions de rue, et des grèves générales éclatent dans un contexte à nouveau explosif. La population vit des heures sombres : en août 2009, un barrage indo-népalais, en construction sur la Kosi River, cède. Plus de 300 000 personnes sont touchées par la catastrophe, 500 morts, une dizaine de milliers d'animaux emportés, des centaines de milliers d'hectares de terres fertiles sous les eaux et des habitations détruites. La population est plongée dans le noir, l'eau des puits est impropre à la consommation. Une situation d'urgence que doit gérer le gouvernement, tout en faisant face aux velléités des maos.

Au sein du parti maoïste, deux courants se révèlent : celui de Prachandra, adepte de la voie parlementaire, et un autre plus radical, partisan de la lutte armée jusqu'à la victoire finale, qui a le vent en poupe... La situation est à nouveau incertaine ; les maos boycottent le Parlement et négocient âprement leur retour. De plus, on note un regain de tension dans le Téraï, où prolifèrent des groupes armés soutenus par l'Inde...

Dans ce pays mosaïque aux forts sentiments identitaires, la rédaction de la Constitution s'avère difficile. Fin 2009, le gouvernement signe un accord sur la libération et la réhabilitation des combattants maoïstes, qui lèvent du coup le blocage du Parlement. Mais le pays doit faire face à une grave crise alimentaire (en raison d'une météo défavorable) et énergétique (pénurie d'essence et coupures électriques). Le pouvoir se livre à des jeux politiques de plus en plus déconnectés de la dure réalité quotidienne des Népalais qui poursuivent les manifestations pour exprimer leurs revendications. En 2010, le Premier ministre Madhav Kumar Nepal démissionne sous la pression des maoïstes.

En attente d'une nouvelle constitution...

En 2011, gouvernement et partis s'accordent pour que les observateurs de l'ONU soient remplacés par une force népalaise composée de membres de l'armée régulière, de la police et de l'armée populaire maoïste. Cette dernière passe sous le commandement du « comité chargé des intégrations et réhabilitations » ; une étape capitale dans le processus de paix et de réconciliation nationale.

Au terme d'une crise politique de 7 mois, en février 2011, les parlementaires népalais élisent au poste de Premier ministre Jhalanath Khanal, président de l'UML, soutenu par les maoïstes. Son ambition : parvenir à un consensus politique sur le processus de paix et achever la rédaction de la fameuse nouvelle Constitution. Mais c'est un échec. Il démissionne finalement en août 2011, remplacé par le maoïste Baburam Bhattarai.

Ce dernier s'engage dans le désarmement des rebelles maoïstes, dénouant ainsi l'un des principaux points d'achoppement du processus de paix. Un accord est signé entre le gouvernement et le leader maoïste Prachanda, qui prévoit d'intégrer un tiers des ex-rebelles dans l'armée nationale (soit 7 000 combattants sur 16 500), les autres retournant à la vie civile, empochant au passage un pécule conséquent (ce que dénoncent certains leaders maoïstes...).

Ces désaccords ravivent les tensions, alors que le pays attend toujours une nouvelle constitution, prévue pour mai 2012. Mais les différents groupes ethniques font pression, craignant la prédominance de certains d'entre eux. Une grève générale fragilise l'Assemblée, que le Premier ministre dissout fin mai, le jour prévu de la promulgation de la nouvelle Constitution. C'est reparti pour un tour ! Le gouvernement dirige désormais sans parlement. La tenue de nouvelles élections législatives, annoncée pour novembre, est reportée faute d'accord entre la majorité et l'opposition. Les institutions sont figées. Finalement, le peuple est convoqué en novembre 2013 pour élire une énième assemblée constituante. Le *Nepali Congress* arrive en tête, mais le résultat est contesté par les maoïstes de

Prachanda parvenus à la troisième position, derrière la branche dissidente radicale, le parti communiste du Népal maoïste (CPN-M). Aucune formation n'ayant la majorité absolue – sans compter la tenue d'une enquête pour fraude –, c'est encore l'impasse politique. Finalement, en février 2014, à l'issue de plusieurs mois de tractations, le président du *Nepali Congress* devenu Premier ministre forme un gouvernement de coalition avec l'UML, deuxième force politique du pays. Le 22 janvier 2015, date limite fixée pour l'établissement de la nouvelle Constitution, une bagarre générale au sein du Parlement met un terme au processus. C'est l'impasse totale. Il faudra encore attendre...

2014 : l'avalanche et le statut des sherpas

Tandis que les dirigeants et l'opposition s'enlisent dans une impasse politique, le 18 avril 2014 une terrible avalanche ensevelit 16 guides népalais dans le massif de l'Everest. Un triste record dans l'histoire de l'ascension du plus haut sommet du monde. Cet accident met en lumière les risques pris par ces guides dévoués qui transportent les tentes, apportent l'approvisionnement, réparent les échelles et fixent des cordes pour aider les alpinistes étrangers à atteindre le sommet et réaliser leur fantasme absolu.
À la suite de cette tragédie, un mouvement de revendications voit le jour parmi les sherpas. Ces derniers menacent de ne plus gravir l'Everest faute d'un soutien financier solide du gouvernement pour les familles des sherpas tués. Les sherpas, qui gagnent entre 3 000 et 6 000 $ par saison, semblent avoir un certain impact sur une économie qui repose en grande partie sur les recettes du tourisme. Malheureusement, ils ont du mal à obtenir satisfaction.

11h56, le 25 avril 2015...

Les scientifiques avaient prédit un « big one » pour ce début de siècle. Certains avaient même annoncé qu'il se produirait environ 80 ans après le dernier séisme d'envergure, celui de 1934, qui avait atteint 8,4 sur l'échelle de Richter et avait fait 17 000 morts. À la mi-avril 2015, à Kathmandu, un congrès de sismologues jouait de nouveau les oiseaux de mauvais augure.
Une semaine plus tard, le 25 avril 2015, à 11h56, un séisme de magnitude 7,8 se déclenche dans la région de Gorkha, à environ 80 km au nord-ouest de Kathmandu. La secousse, particulièrement longue (jusqu'à 2 mn par endroits), est ressentie dans tout le pays et même jusqu'au Bihar (Inde) et au Tibet, qui déploreront plus d'une centaine de victimes. Mais c'est la vallée de Kathmandu, soit la région la plus dense du Népal, qui est frappée de plein fouet par le tremblement de terre. Dans la capitale et les villes alentour, tout tremble : les routes, les rues, les bâtiments en béton et les maisons en brique les plus fragiles s'écroulent sur leurs occupants. Un certain nombre de temples qui faisaient la fierté des superbes Durbar Square de Kathmandu (le plus touché), de Patan et de Bhaktapur s'écroulent comme des châteaux de cartes ou subissent des affaissements.
Dans le Langtang, au nord de la capitale, une région de trekking très fréquentée à cette période de l'année, c'est une avalanche de pierres et de rochers qui s'abat, on le saura tardivement, sur le village du même nom, rasé, sur des camps militaires et des dizaines de *guesthouses* pour touristes. Sur l'Everest, une avalanche hors normes (l'équivalent d'un immeuble de 50 étages, d'après les rescapés) dévale du mont Pumori et s'abat sur le camp de base situé à 5 500 m, où séjournent et travaillent 1 000 personnes, prenant la vie de 18 d'entre elles et coupant la communication avec les camps 1 et 2 situés plus haut.
Le bilan de la catastrophe s'alourdit de jour en jour, pour aboutir, sans certitude compte tenu des difficultés d'accès à certaines régions reculées, à plus de 8 500 morts (dont 10 Français), au moins 18 000 blessés et des dizaines de milliers de sans-logis (quelque 500 000 maisons ont été détruites ou endommagées). Au

total, on estime que 8 millions de Népalais sont touchés de près ou de loin par la tragédie, sur un total de 30 millions d'habitants, soit plus de 25 % de la population.

Aide internationale et carences d'État

La communauté internationale se mobilise, notamment la Chine, Israël et l'Inde (qui n'avait jamais apporté un tel soutien à son minuscule voisin), mais paraît bien plus rapide et plus efficace que l'armée népalaise. Car, de toutes parts, la colère monte. Le gouvernement est accusé d'impréparation totale et de désorganisation, et la population redoute le détournement de l'aide humanitaire qui, d'ailleurs, tarde à arriver, quand elle n'est pas soumise à un flot interminable de paperasses. Il faut dire que le seul aéroport international du pays, celui de Kathmandu, fermé pendant près de 2 jours, est vite saturé : il ne possède qu'une seule piste ! Ce sont les hélicoptères privés, mandatés par les assurances, qui volent au secours des trekkeurs piégés dans la région de l'Everest. Au passage, la polémique enfle sur cette assistance à deux vitesses, celle des riches et celle des pauvres.

La région du Langtang, au nord de Kathmandu, ressemble à un cauchemar. Le paysage est recouvert d'un amas de pierres d'une épaisseur de 70 à... 300 m, dit-on, par endroits. Une vraie tragédie. On déplore une centaine de trekkeurs disparus et les secours tardent à accéder à la vallée, comme partout, faute de moyens suffisants. Une dizaine de jours après le jour J, les États-Unis entrent en scène avec avions et hélicoptères pour tenter de gagner les villages les plus reculés, toujours sans assistance.

Côté français, le ministère des Affaires étrangères annonce la mort de plusieurs ressortissants (on en recensera finalement une dizaine) et s'active à rechercher les nombreux disparus, souvent difficiles à localiser. Mais une polémique naît de la quasi-fermeture de l'ambassade de France à Kathmandu quelques mois plus tôt, transférée à New Delhi, en Inde, pour des raisons économiques. Certains touristes français viennent raconter devant les caméras comment ils ont trouvé porte close et ont dû s'adresser à l'ambassade britannique ou à des agences de voyages privées, avant que l'ambassade et l'École française ne rouvrent finalement leurs portes.

Un deuxième séisme

Avant même le temps du deuil, c'est toujours le temps de l'insécurité. Au total, on comptera plus de 300 répliques de plus de 4 sur l'échelle de Richter dans les semaines qui suivent le séisme ! Un cauchemar au quotidien. Revenant à intervalle régulier, elles maintiennent les habitants à l'extérieur de leurs habitations, tous réfugiés sous des tentes et des bâches installées dans les parcs et jardins, notamment dans l'immense Ratna Park. Bref, toute une population maintenue dans une angoissante insécurité psychologique.

Une crainte malheureusement justifiée puisque le 12 mai, soit plus de 2 semaines après le premier, un nouveau séisme majeur de magnitude 7,3 se produit cette fois à l'est de Kathmandu, vers l'Everest. Le cauchemar continue. De nouveau des morts – même s'ils sont cette fois beaucoup moins nombreux –, des glissements de terrain et puis encore des habitations qui s'écroulent ou se fissurent. Même les édifices gouvernementaux, dont le palais de Singha Durbar, à Kathmandu, sont touchés. Dépassé par les événements, le gouvernement tente de coordonner l'aide depuis des abris de fortune !

Quelle reconstruction ?

À terme, bien sûr, se pose la question de la reconstruction. Depuis des années, les sismologues avaient annoncé la tragédie, et demandent que l'on impose des normes de construction antisismiques. Mais comment le gouvernement, déjà peu crédible aux yeux de la population, pourrait-il imposer de telles normes dans une vallée si densément urbanisée qu'elle semble échapper à tout contrôle ? N'oublions pas que le Népal est l'un des pays les plus pauvres au monde et que la corruption gangrène l'administration. Va-t-on, quand et avec quel argent, reconstruire les habitations des plus pauvres ou faudra-t-il, comme souvent ici, ne compter que sur soi-même, la solidarité communautaire et les ONG ? Côté économie et tourisme, combien de temps prendra la communauté internationale, et au premier chef l'Unesco, pour aider à rebâtir ce qui, parmi l'extraordinaire patrimoine culturel et religieux de la vallée, a été englouti par le séisme ? Enfin, les touristes et trekkeurs du monde entier vont-ils revenir rapidement ? On ne peut qu'espérer une aide et une reconstruction rapides, même s'il faudra sûrement un peu de temps avant que les habitants ne retrouvent des logements décents, avant que les touristes n'effacent ce mauvais souvenir et que les temples détruits ne se relèvent de leurs ruines.

Autres événements en 2015

Au milieu de cette actualité brûlante, le gouvernement népalais finit par accoucher d'une nouvelle constitution, sans doute pour apaiser politiquement les esprits. Celle-ci est de nature fédérale (avec sept États). Le nouveau Premier ministre est communiste (et non maoïste, nuance), en attendant de nouvelles élections. Mais pas de chance (ou plutôt calcul politique ?), cette constitution met en émoi la communauté madhesi du Téraï, d'origine indienne, furieuse sur deux points cruciaux. D'abord, la nouvelle loi pour obtenir la nationalité népalaise (et les droits qui vont avec) impose que le père soit népalais ou le devienne, pour que l'enfant le soit à son tour. Or, les Madhesis pratiquent fréquemment le mariage mixte avec le voisin indien. De plus, le nouveau découpage des États ne leur donne pas l'autonomie souhaitée. Le géant indien fronce les sourcils avec, en toile de fond, les importants contrats portant sur l'eau et l'électricité, dont l'Inde est friande et que la Chine convoite. Résultat : des affrontements faisant plusieurs dizaines de morts et un blocus indien sur l'énergie.

Fin 2015, la population, qui n'a pas besoin de ça, est prise en otage : plus d'essence pour circuler, ni de gaz pour cuisiner. Certes, Kathmandu est devenue momentanément nettement moins polluée, mais ça n'aide pas au retour des touristes... Et malgré les négociations avec la Chine, vu l'état catastrophique des routes entre le Népal et le Tibet à la suite des séismes, on se demande comment cet autre géant pourrait envoyer ses camions de pétrole et de gaz via des cols à 5 000 m d'altitude...

Dans ce contexte épineux, le 28 octobre 2015, l'ancienne ministre communiste de la Défense, Bidhya Bhandari, devient la première femme présidente du Népal.

MÉDIAS

Radio

La radio est très populaire au Népal, surtout dans les zones rurales où les radios privées ou communautaires sont de plus en plus écoutées. On peut citer *Kathmandu FM* (100 Mhz) et *Metro FM* (106,7 Mhz). Les Népalais sont également très fidèles aux programmes en népalais de la *BBC.* La station publique *Radio Nepal* donne des informations en anglais sur ondes moyennes et ondes courtes. Le pays compte environ 300 stations indépendantes, et 200 stations communautaires. Ces dernières ont joué un rôle primordial dans le renforcement de la liberté d'expression, de l'accès à l'information et aux services publics pour les populations défavorisées.

Télévision

La télévision nationale *Nepal TV* offre peu d'intérêt, hormis un journal d'informations en anglais chaque soir. Mais suite au déploiement généralisé du réseau satellite et au lancement du système DTH (Direct to Home), il existe aujourd'hui une dizaine de chaînes de télévision privées telles que *Kantipur Televison* et *Image Channel,* qui proposent des programmes d'informations. Les Népalais sont aussi très friands de la *BBC World* et des chaînes de télévision indiennes.

Presse

Vous trouverez dans les quotidiens *The Kathmandu Post, The Republica, The Himalayan Times,* ou les hebdomadaires *Nepali Times, Himal* et *Spotlight* toute l'actualité nationale et internationale, ainsi que des articles de fond sur la situation du Népal, le tourisme et l'environnement. Selon le Conseil de la presse népalais, 500 journaux et magazines sont régulièrement publiés dans le pays. À noter qu'un nombre croissant de journaux locaux sont désormais possédés par des partis politiques, en particulier le parti maoïste. En dehors de Kathmandu, la presse est bien distribuée et il existe des douzaines de journaux locaux, tous en népali.
Par ailleurs, les librairies de Kathmandu et Pokhara proposent quelques magazines internationaux, en anglais pour la plupart, mais aussi, parfois, *Le Monde* ou des hebdos en français.
Enfin, vous trouverez sur la toile de nombreux sites d'informations très actualisés, notamment • *nepalnews.com* • ou • *kantipuronline.com* •

Liberté des médias

En dépit de l'augmentation du nombre de publications, les journalistes népalais considèrent qu'ils manquent d'indépendance vis-à-vis du pouvoir, à l'instar du Conseil de la presse, dont les membres sont nommés par le gouvernement. Leur liberté est entravée par la nécessité pour la presse écrite de posséder une licence. De plus, certains médias sont poussés à l'autocensure. Ils craignent en effet la suspension de leurs partenariats publicitaires fournis par l'État, en cas d'article considéré hostile au pouvoir.
Quant à l'audiovisuel, en l'absence d'autorité indépendante de régulation des médias, ces derniers sont entièrement contrôlés par l'État, qui attribue les licences de diffusion et régule leurs programmes.
Enfin, les menaces et violences à l'encontre des acteurs de l'information sont courantes, et souvent liées aux tensions politiques. Les manifestations organisées en marge des débats autour de la nouvelle Constitution du Népal aux mois d'août et septembre 2015 ont occasionné de nombreuses attaques contre les journalistes et les médias. Locaux vandalisés, reporters tabassés tour à tour par des agents de police et des manifestants, menaces dirigées contre les journalistes : l'information était ciblée de toutes parts.
Les médias népalais ont été sévèrement touchés par le tremblement de terre d'avril 2015, qui a fortement impacté le flux d'information, en particulier dans les régions rurales. Certaines zones ont été entièrement déconnectées des réseaux de communication nationaux. Près d'une quarantaine de radios ont été fermées à cause de la destruction de leurs locaux. Le quotidien *Nepal Samacharpatra* et trois chaînes de télévision ont dû interrompre leur travail d'information. Par ailleurs, un journaliste a perdu la vie au cours du tremblement de terre, et plusieurs ont été blessés.
Ce texte a été réalisé en collaboration avec ***Reporters sans frontières.*** Pour plus d'informations sur les atteintes aux libertés de la presse, n'hésitez pas à contacter :

■ ***Reporters sans frontières :*** *CS 90247, 75083 Paris Cedex 02.* ☎ *01-44-83-84-84.* • *rsf.org* •

POPULATION

Une mosaïque d'ethnies

Le Népal compte 30 millions d'habitants. Sa population a plus que triplé en 80 ans. Elle augmente encore de 1,5 % par an, avec de grandes disparités de densité suivant les régions : 2,4 hab./km² à Manang et 1 710 à Kathmandu. Les montagnes et les collines se dépeuplent au bénéfice de la plaine du Téraï et de la vallée de Kathmandu.

Aucun pays au monde n'offre une telle mosaïque d'ethnies (75 langues ou dialectes différents) dans un espace aussi restreint. C'est pourquoi le Népal est considéré comme la « plaque tournante ethnologique de l'Asie ». Les origines de ces ethnies sont très complexes et les spécialistes eux-mêmes ne sont pas d'accord. Deux grands groupes : le groupe « tibéto-birman-népalais » et le groupe « indo-népalais ». Ce dernier occupe surtout les plaines et la vallée du Téraï, alors que les populations de souche tibétaine sont plutôt établies dans les montagnes. Mais il est difficile d'établir une carte précise de la répartition des ethnies, tant les groupes sont mélangés. Le climat et les problèmes de nutrition liés aux cultures ont aussi contribué aux migrations ; de plus, la guerre civile, le racket maoïste et le manque de travail ont incité les ruraux à s'exiler massivement vers la capitale.

Voici les quatre ethnies les plus connues (mais pas les plus importantes) :

– ***Les Newars :*** les plus anciens habitants de la vallée de Kathmandu, divisés en 84 sous-castes (très différentes du système des castes népalais). Ils représentent autour de 5-6 % de la population et parlent une langue qui n'a rien à voir avec le népali. Doués pour l'organisation, ils sont avant tout des artistes, comme ceux qui ont rempli la vallée d'œuvres architecturales inestimables, maîtrisant la sculpture de la pierre, le travail du bois ou la fonderie du bronze avec un talent affirmé. D'ailleurs, les seules régions privées d'œuvres d'art sont justement celles où les Newars ne sont jamais allés, comme au Téraï. Une maison neware, avec ses fenêtres si délicatement sculptées, est reconnaissable entre toutes.

PAS *GOD*, MAIS PRESQUE

Araniko (1245-1306), un artiste newar né dans la vallée de Kathmandu, est considéré comme l'inventeur de la pagode. Au Tibet, en compagnie d'autres artisans, il participa à la construction de nombreux monastères. Invité par l'empereur Kubilaï Khan, il se rendit en Chine et y édifia, entre autres, la pagode de Beijing, et le stûpa blanc du temple Miaoying. Le « style pagode » était né et allait se répandre dans toute l'Asie.

Les Newars sont très attachés à leurs coutumes religieuses, célébrant leurs fêtes traditionnelles avec intensité tout au long de l'année, mais aussi à leurs traditions. Sacrifices tantriques d'animaux, profonde vénération de la *kumari* et rites très codifiés du passage de l'enfance à l'état adulte (voir à Bhaktapur), mariage symbolique des filles prépubères avec Vishnu, etc. Ils sont aussi très superstitieux.

– ***Les Sherpas :*** à ne pas confondre avec la fonction de *sherpa* au sein d'une équipe de trek, fonction qui est d'ailleurs le plus souvent occupée par un membre d'une autre ethnie, en particulier les Gurungs (l'ethnie sherpa ayant longtemps assumé cette fonction de « sherpa de trek » a massivement émigré !). L'ethnie des Sherpas compte encore environ 150 000 membres. Ce sont des individus de type mongol venus du Tibet aux XIIIe et XIVe s. *Sher* signifie « Est » et *pa,* « peuple », d'où leur nom. Isolés dans des villages de haute montagne, leurs caractéristiques physiques et leurs traditions sont demeurées quasi intactes.

Longtemps éloignés des influences étrangères, ils ont établi entre eux des rapports basés sur la discussion, l'arbitrage des conflits et la répartition des tâches en fonction des intérêts de la communauté. L'idéal d'un Sherpa est la non-violence, marquée aussi bien par le refus de faire pleurer les enfants que de tuer les animaux. Ainsi, pour égorger les bêtes, ils ont recours à d'autres ethnies.

Par ailleurs, avant le mariage, la liberté des relations amoureuses est totale chez les Sherpas. Les femmes disposent des mêmes droits que les hommes (divorce, etc.). Mais l'adultère est interdit aux deux membres du couple, et l'époux coupable est passible d'une amende *(dhijal)*. Bien qu'excellents guides, il est rare de les voir escalader les montagnes pour eux-mêmes, car celles-ci revêtent un caractère sacré. Dans *Tragédie à l'Everest*, Jon Krakauer raconte comment une relation amoureuse entre un Sherpa et une grimpeuse pendant l'ascension du toit du monde provoque l'effroi et la superstition parmi les guides juste avant que l'expédition ne tourne au drame... Pour les Sherpas, l'essentiel n'est pas d'acquérir des connaissances ou de l'argent, mais de garder le cœur pur et de rester sage et maître de soi (exception faite pour les Sherpas du Solo, à qui le business a fait tourner la tête). Cette recherche explique sans doute leur désintéressement, leur gaieté et leur dévouement.

– ***Les Gurungs :*** comme leurs proches cousins les Tamangs, les Gurungs sont de souche tibétaine. On en compte environ 540 000 (2 % de la population totale), installés dans les régions de Pokhara, de Gandrung et de la vallée de Kali Gandaki. Ils ont gardé leur religion d'inspiration tibétaine, malgré l'hindouisation du pays. Intéressant système de travail collectif, où toute la population d'un village s'unit pour cultiver la terre. Les groupes vont ainsi d'un champ à l'autre, mettant en commun leur force et leur enthousiasme. Moins connus que les Sherpas, ils les ont progressivement remplacés, devenant ainsi d'excellents montagnards et des guides hors pair.

– ***Les Tharus :*** c'est la population majoritaire du Téraï, avec une forte concentration dans le Centre et l'Ouest. Ils représentent 5 % de la population, soit 1,5 million de personnes (11 % d'après les Tharus eux-mêmes, avec 3,5 millions d'habitants). Écologistes et fermiers par nature, si l'on ose dire, peu d'entre eux néanmoins possèdent leur propre terre. La plupart sont encore exploités par les *zemindar* (collecteurs d'impôts) et englués pour des générations dans un système de dettes qu'ils remboursent par leur travail. Les mariages sont célébrés de manière archaïque. Les garçons sont mariés très jeunes, vers l'âge de 7 ou 8 ans. À Chitwan, il n'est pas rare que le prétendant travaille plusieurs années au service de sa belle-famille avant que le mariage ne lui soit accordé.

Les Tharus pratiquent le syncrétisme de certaines divinités hindoues avec les esprits hantant les forêts. Les hameaux d'une dizaine de maisons, en général des huttes en bambou recouvertes de glaise, de bouse et de toits de chaume, possèdent en leur centre un autel de bois ouvragé, lieu de sacrifices des animaux. Selon les castes, on enterre ou on brûle les morts. Les affaires personnelles du défunt sont alors jetées à l'extérieur du village.

Comme chez d'autres ethnies, des changements profonds apparaissent, du fait des programmes d'aide au développement et à l'éducation, bouleversant quelque peu les traditions et les coutumes religieuses.

Les castes et leurs statuts

Il s'agit d'un système d'origine religieuse, fondamental pour le fonctionnement de la vie sociale. La société népalaise est profondément inégalitaire. Le monde y est appréhendé d'une manière « naturellement » hiérarchique en fonction de la naissance. Dans cet ordre, chacun appartient à un groupe, et ce groupe a une position bien définie sur l'échelle de la société.

Héritage des trois ordres indo-européens (prêtres-magiciens, guerriers, paysans), quatre *varnas* (castes) composent grosso modo la société-religion hindouiste. Les prêtres ou brahmanes appartiennent à la classe la plus élevée ***(bahum),*** celle des instituteurs et des ministres du Culte, qui respectent les règles des Écritures saintes. Ils représentent environ 12,5 % de la population. La caste des guerriers et des officiels, à laquelle appartenaient, entre autres, les membres de la famille royale, s'appelle ***chhetri*** (ou *kshatriya* ; autour de 15,5 % de la population). Dans la classe des ***vaishya,*** on trouve les marchands et les agriculteurs. Celle des ***shudra*** regroupe les artisans, les paysans et de nombreux groupes socio-professionnels. Les ***intouchables*** (ou parias) sont hors caste. Dans cette dernière catégorie sont rassemblés les bouchers, cordonniers, joueurs de tambours et tous ceux qui ont un contact avec la peau des animaux, considérée comme impure.

L'HABIT NE FAIT PAS LE BRAHMANE

Les castes ne reflètent pas forcément un secteur d'activité ou un degré de richesse. On retrouve ainsi chez les brahmanes des industriels, mais aussi des agriculteurs. Un intouchable peut s'enrichir en dirigeant, par exemple, une usine de tannerie (le cuir est impur), et un brahmane rester pauvre toute sa vie en préparant la nourriture pour d'autres hindous.

Bien qu'abolies en 1953 par le roi Tribhuvan, les castes n'ont pas disparu. Elles continuent de régir les rapports humains, la nourriture, le mariage, etc., selon des règles strictes. C'est ainsi que le riz cuit ne peut se consommer que dans la maison, de peur d'être pollué par le regard d'un membre de caste inférieure. Un brahmane (caste supérieure) ne mangera en principe que la cuisine végétarienne préparée par un autre membre de sa caste, sous peine de consommer une nourriture impure. De plus, celle-ci aura été cuisinée au *ghee* (beurre clarifié), matière supérieure à l'huile et à l'eau, du fait des notions de pureté et d'impureté qui lui sont chères. Ce qui explique pourquoi un étranger ne peut jamais, chez les gens de caste supérieure, pénétrer dans la cuisine, placée généralement dans la partie la plus inaccessible de la maison.
Il est difficile de se marier entre castes différentes, mais certains couples, en milieu urbain, le font. Il existe aussi des institutions pour former des intouchables à d'autres professions. Les choses bougent petit à petit : en 2011, le Parlement a voté une loi interdisant toute discrimination fondée sur les castes et « l'intouchabilité ». Reste à sensibiliser la population et la police à ces nouveaux rapports de société.

L'émigration des Tibétains

L'invasion du Tibet par la République populaire de Chine, en octobre 1950, provoque un important mouvement d'exode de la population tibétaine, fuyant la « rééducation » chinoise, quand ce n'est pas tout simplement la famine, issue des désastreuses mesures économiques imposées par Pékin. Ces premiers émigrants sont rejoints par une seconde vague après l'annexion définitive de mars 1959 et l'exil du dalaï-lama. Pendant les années qui suivent, ce sont quelque 160 000 Tibétains qui quittent leur pays, en raison de la répression chinoise. Plus de 20 000 vivent aujourd'hui au Népal.
De nombreux monastères tibétains ont été construits dans la vallée de Kathmandu, la plupart à Bodnath. Les Tibétains sont d'excellents *businessmen,* mais leur réussite dans la fabrique de tapis et le commerce suscite l'hostilité des Népalais. Les Tibétains immigrés n'ont pas tous le même statut ; certains, déjà riches chez eux, ont rapatrié leurs biens ; ceux des camps de réfugiés, en revanche, vivent dans des conditions très précaires. Même l'attitude de certains moines est parfois ambiguë : il n'est pas rare, par exemple, de croiser des moines bien en chair, portable à l'oreille, alors que des enfants affamés dorment à la porte de leurs monastères !

Les réfugiés bhoutanais

Peu visibles, les réfugiés bhoutanais sont relégués dans des camps à l'extrême est du pays, dans le district de Jhapa, entassés dans des cabanes de fortune et

dépendants de l'assistance internationale car ils n'ont pas le droit de travailler à l'extérieur. En 2007, la situation a fini par évoluer à l'initiative des États-Unis et plusieurs pays ont accepté d'accueillir les réfugiés. Mais ils sont encore nombreux à rester bloqués là, faute de visa, avec le sentiment d'être abandonnés.
Pourquoi cet exode ? En 1988, le roi du Bhoutan, Jingme Singhe Wangchuk, a édicté de nouvelles lois sur la citoyenneté, et proclamé un slogan tristement célèbre : « Une seule nation, un seul peuple ». Le port du costume national devint alors obligatoire, et il fut interdit de parler une autre langue que le bhoutanais et de pratiquer l'hindouisme. La forte communauté népalaise installée dans le sud du Bhoutan protesta, devenant l'objet d'un véritable acharnement de la part des autorités et ses manifestations pacifiques furent violemment réprimées. Une milice fut même créée pour les forcer à quitter le pays, pratiquant allègrement rapts, viols, tortures, destruction des maisons et des champs, etc. Un an plus tard, l'exode commença.

RELIGIONS ET CROYANCES

Les dieux occupent une place fondamentale dans la vie des Népalais. La religion principale est l'hindouisme (80 % de la population), mais le pays compte aussi des bouddhistes (10 %), quelques musulmans (4 %) et une poignée de chrétiens. L'hindouisme et le bouddhisme coexistent et parfois même se confondent, les fidèles participant souvent aux fêtes des deux religions. Un bouddhiste népalais ne voit d'ailleurs aucune difficulté à vénérer les dieux hindous et réciproquement.

EXIT LES PROSÉLYTES

Le Népal est un des rares pays au monde à n'avoir jamais connu de guerre de religion. L'expulsion systématique des missionnaires n'y est certainement pas étrangère ! Début 1998, l'Église américaine des Mormons, au prétexte d'aide humanitaire, avait entrepris une conversion forcée, moyennant finances. Ses membres ont été expulsés manu militari !

L'hindouisme

L'hindouisme n'a ni fondateur ni clergé officiel. Il repose sur deux principes. La première idée-clé est que l'univers se fonde sur un ordre, la Vérité, qui le maintient en existence. Toute transgression de l'ordre se répercute sur l'ensemble du cosmos. Si la mousson arrive en retard ou si les pluies provoquent des inondations catastrophiques, la croyance populaire attribue volontiers ces désordres à une faute, et particulièrement à la faute principale du XXᵉ s : avoir rompu les équilibres traditionnels et donc perturbé l'ordre cosmique (le *dharma*).
La seconde idée est que l'homme est fait d'un corps périssable et transitoire, et d'une âme éternelle qui se réincarne indéfiniment d'un corps à l'autre en gardant une espèce de casier judiciaire des fautes et des bonnes actions commises dans ses différentes vies : le karma. Comme la vie n'apporte, c'est bien connu, que souffrances et accablement, le but de tout bon hindou est d'en finir au plus vite avec ce cycle de réincarnations, pour atteindre enfin la *moksha*. On ne se réincarne pas au hasard : on renaît dans une caste qui correspond très exactement à son casier religieux. À chaque réincarnation, donc, chacun peut, grâce à sa conduite, se rapprocher de l'état de pureté, condition nécessaire à la délivrance finale. Les premiers voyageurs européens s'étonnaient de ce peuple « qui ne trouve rien de plus désirable que l'anéantissement ».

Les principales croyances de l'hindouisme sont illustrées dans le *Mahabharata* et le *Ramayana*. Ces deux épopées mettent en évidence le système des castes, en fonction desquelles s'établit le karma, somme des actions passées qui conditionne la réincarnation de l'âme *(samsara)*.
Rédigé au IIe s av. J.-C., le *Mahabharata* est la plus longue épopée de toutes les littératures. Jugez-en plutôt : 90 000 versets. Il relate le combat entre les cinq frères Pandava et leurs cousins les Kaurava, soit la lutte entre le Bien et le Mal. Dans le sixième livre, on trouve l'Évangile des hindous, la *Bhagavad-gita* : Krishna (avatar de Vishnou) encourage le chef des Pandava à obéir au devoir de sa caste, celle des guerriers, et à combattre contre ses cousins dans un but désintéressé, afin d'atteindre la récompense suprême, la délivrance *(moksha)*.
Le *Ramayana*, composé à partir du IVe s av. J.-C., conte l'histoire merveilleuse de Rama à la recherche de son épouse Sita, enlevée par le démon Ravana.
Les ***castes*** reflètent cette conception du monde. Lire plus haut, dans la rubrique « Population », le texte consacré aux castes et à leurs statuts.

Le temple

Le temple est toujours la demeure d'une ou plusieurs divinités. Un dieu, par exemple, avec sa compagne, leurs montures sacrées et leurs multiples avatars, cela fait parfois du monde !
Rendez-vous au temple, au coucher du soleil, au moment de l'offrande de la lumière. Agitant une clochette de la main gauche, le « prêtre » offre à la divinité les cinq éléments : l'eau, la terre (symbolisée par une fleur), le feu (sous forme d'une lampe à huile), l'air (une queue de yack faisant éventail). Le cinquième élément, « celui qui enveloppe tout », est représenté par une pièce de tissu. Dans chaque maison traditionnelle, cette cérémonie se déroule au rythme des gongs, des clochettes et des tambours, sous la responsabilité du chef de famille.
Les couleurs utilisées pour les cérémonies hindoues (dans les vêtements, sur le corps et sur le visage) sont l'orange, le rouge vermillon et le jaune safran.
Chaque jour est placé sous le signe d'une divinité et considéré comme propice ou néfaste à certains travaux. Partout, sur chaque autel, vous verrez des offrandes de riz, de fleurs, de monnaie, d'encens, de fruits, de gâteaux...

Les principaux dieux hindous et leurs avatars

Le panthéon offre une multiplicité assez déroutante. À chaque dieu ou déesse sont attribués plusieurs noms, dont il change, en plus, à chaque réincarnation. Sans parler de son côté féminin *(shakti)* qui possède aussi sa propre appellation. Tous ces êtres mythiques sont représentés par des images et des attributs différents. Avec des milliers de noms à retenir, difficile, même pour les fidèles, de s'y retrouver ! Nous nous contenterons de vous indiquer les principaux dieux. La triade hindoue est composée de *Brahma, Vishnu* et *Shiva*.
– ***Brahma*** est le créateur, reconnaissable à ses quatre têtes (il voit tout !) et ses quatre bras. Bien qu'essentiel dans la mythologie hindoue, il est beaucoup moins représenté que *Vishnu* ou *Shiva*. Sa forme féminine *(shakti)* est *Saraswati*, déesse des Arts, des Lettres et des Sciences. Le véhicule de Brahma est le cygne.
– ***Vishnu*** est le conservateur de la vie et du monde. Il a vécu sous 10 incarnations. Au Népal, il est surtout vénéré sous l'incarnation de *Narayan*, représenté avec de multiples bras et entouré par un cercle. Plus rarement, on le trouve sous la forme d'un homme-lion. Il est alors appelé *Narsingh*. Sous la forme d'un nain, il se nomme *Vikrantha* ou *Vamana*. Sa *shakti* est *Jaya Varahi* ou *Lakshmi*, représentée sous la forme d'une hure. Sous sa septième réincarnation, il s'appelle *Rama*, héros principal du Ramayana. Son épouse, *Sita*, représente l'idéal de la féminité. Le roi est considéré comme l'incarnation vivante de Vishnu, dont le véhicule est le *Garuda*, oiseau mi-aigle mi-griffon. Au Népal, il a souvent un corps d'homme lorsqu'il est représenté sous la forme d'une statue. En bas-relief, c'est l'image de l'oiseau aux ailes déployées qui domine.

– ***Shiva*** est la puissance transformatrice, à la fois destructeur et créateur, immobile et changeant. C'est un dieu bivalent souvent représenté avec un trident *(trisul).* Sous sa forme destructrice et féminine *(shakti),* c'est *Kali.* Sa forme masculine et terrifiante est *Bhairav,* dieu sombre à six bras, yeux exorbités, crocs protubérants, cou entouré d'un collier de serpent et coiffé d'une tiare avec une guirlande de crânes. L'une de ses mains lève un glaive, l'autre une tête coupée. Il se manifeste en tant que dieu de la Danse sous le nom de *Nriteshwar.* Sous sa forme protectrice, c'est *Pashupati* (d'où le nom du village Pashupatinath). L'épouse de Shiva, qui est également sa *shakti* (vous suivez ?), s'appelle *Durga* sous sa forme redoutable, et parfois *Parvati* sous sa forme bienveillante. Le véhicule de Shiva est le taureau sacré *Nandi* considéré comme le symbole de la fécondité et présent à l'entrée de tous les temples shivaïstes.

– ***Hanuman*** est le personnage clé du *Ramayana* (conte épique) et chef de l'armée des singes. Il est vénéré au Népal comme un dieu. Il est le symbole de la loyauté et du courage. On le voit souvent à l'entrée des palais, recouvert d'une pâte orangée.

– ***Rudrayani*** ou ***Shikali Mai :*** déesse de la Nature, protectrice de la vallée de Kathmandu.

– ***Indra :*** dieu de la Guerre et de la Foudre.

– ***Surya :*** dieu du Soleil.

– ***Durga :*** divinité suprême et d'une beauté inaccessible, rattachée à la fois à Vishnu et à Shiva. Son origine est des plus étonnante : les dieux ont réuni leurs pouvoirs pour donner naissance à une divinité ayant toutes leurs caractéristiques. Incarnation de la puissance, de la force guerrière, elle est souvent représentée avec une multitude de bras, combattant le démon-buffle.

– ***Kali*** ou ***Chamunda :*** déesse de la Destruction et de la Mort, elle fréquente les champs de crémation, boit du vin et du sang, et est souvent représentée la langue pendante, un bâton orné d'une guirlande de crânes à la main. Les cheveux hirsutes, le visage émacié et grimaçant, elle piétine des jambes coupées et des restes humains : la femme idéale, quoi ! Elle est notamment vénérée à Dakshin Kali au sud de Kathmandu.

– On ne vous parlera pas de la déesse de la Variole ni du dieu des Maux de dents... Mais n'oublions pas ***Ganesh,*** le sympathique et débonnaire dieu à tête d'éléphant, rejeton de *Shiva* et de *Parvati.* Dieu de la Sagesse, de la Prospérité et de l'Intellect, car il est partout. On doit l'invoquer avant chaque épreuve. Son véhicule est le rat.

UN ÉLÉPHANT, ÇA TROMPE...

Selon certains mythes, Ganesh doit sa célèbre tête d'éléphant au tempérament caractériel de son père, Shiva, qui, en rentrant de voyage, trouva Parvati, son épouse, en compagnie d'un jeune homme. Sans penser une seconde que son fils pouvait avoir grandi pendant sa longue absence, il lui trancha la tête. Shiva promit de rattraper le cou(p) en remplaçant la tête de Ganesh par celle du premier être vivant qu'il croiserait en chemin. Malheureusement pour lui, ce fut un éléphant ! En compensation, Ganesh est un dieu extrêmement vénéré et populaire.

Les vaches sacrées

Les Occidentaux sont surpris de la place de la vache dans l'hindouisme... À y regarder de plus près, elle fait pourtant à peine partie du panthéon. Vous ne verrez que très peu de temples dédiés à cet animal, sous le nom de *Surabhi* ou *Kamadhenu,* à la différence du singe (Hanuman) ou du dieu-éléphant (Ganesh). Ne pas confondre la vache sacrée avec le taureau, que l'on trouve parfois à l'entrée des temples : il s'agit de Nandi, la monture de Shiva.

Vous en verrez quelques-unes errer dans les rues. Elles ne sont pas abandonnées ! Leurs propriétaires ont tout simplement compris que les pelouses municipales (et les poubelles !) constituent, somme toute, un fourrage particulièrement bon marché.

Le respect de la vache est le signe de l'*ahimsa,* de l'absence de volonté de tuer. C'est aussi un signe de respect envers la « mère universelle », cette vache qui symbolise la maternité, la charité, la pitié. Plus pieux et plus pratique encore : la vache est l'animal qui permet au défunt de traverser le fleuve *(Vaitarani)* qui le sépare du paradis. En offrant au prêtre une vache lors des funérailles, le défunt pourrait ainsi s'accrocher à sa queue et traverser le *Vaitarani* vers la félicité.

Les Népalais ne mangent pas sa chair, mais se nourrissent de viande de *buffalo* (buffle d'eau). Les gens de haute caste se contentent, eux, de poulet ou de chèvre, quand ils ne sont pas simplement végétariens.

VACHEMENT IMPORTANTE

Les économistes affirment que 60 % de ces bovins sont totalement improductifs, que les autres sont sous-productifs, et que c'est un non-sens absolu de les nourrir et les soigner jusqu'à leur mort... En fait, la vache sacrée trouve justement son origine à l'époque où les famines étaient fréquentes. Seul le lait de vache est consommé par le petit de l'homme. En faisant de la vache la mère de l'homme et en lui donnant son rôle religieux, les sages ont donc assuré la survie des enfants.

Petit lexique hindouiste

– *Avatar :* incarnation d'un dieu ou réincarnation.
– *Brahmane :* la caste supérieure, celle des prêtres. On les reconnaît au cordon en bandoulière qu'ils portent à même le corps.
– *Chakra :* c'est la roue de Vishnu.
– *Dharma :* tout ce qui se rapporte au devoir et à l'ordre cosmique.
– *Dharmasala :* auberge pour pèlerins.
– *Ganga :* déesse incarnant le Gange.
– *Ghâts :* gradins. Mais aussi les marches d'accès aux bassins, aux lacs ou aux fleuves sacrés (par exemple, les ghâts de Varanasi ou de Pushkar, en Inde).
– *Guru :* maître spirituel.
– *Karma :* ensemble des bonnes et mauvaises actions qui décident de l'orientation de la prochaine réincarnation.
– *Lingam :* emblème phallique, symbole de Shiva, généralement encastré dans un *yoni.*
– *Paria :* intouchable.
– *Puja :* offrande régulièrement faite aux dieux hindous. Elle est composée de riz, lait, petites pièces ou pétales de fleurs et toujours de poudre rouge. L'offrande peut être faite aux temples ou dans la rue sur une pierre, ce qui explique le nombre considérable de pierres rouges à Kathmandu.
– *Sadhu :* celui qui a renoncé aux plaisirs matériels pour la prière. Ces ascètes itinérants sont nombreux à Pashupatinath. Quelques-uns se sont « reconvertis » en mannequins pour touristes.
– *Samsara :* ce n'est pas un parfum, mais le cycle de la réincarnation.
– *Sanskrit :* langue indo-européenne utilisée par quelques érudits brahmanes pour la lecture de textes religieux et à l'occasion des cérémonies hindoues. Elle daterait de 2 500 ans av. J.-C.
– *Tikka :* c'est la marque rouge qu'ont les hindous sur le front, symbole de la présence divine. Elle est composée d'une parcelle des offrandes du jour ou *puja* (pétale, riz et rouge carmin) mélangée à de la glaise.
– *Yatra :* voyage, par extension pèlerinage, rassemblement.
– *Yoni :* symbole de l'organe sexuel féminin représenté par une pierre ronde sur laquelle vient s'encastrer un *lingam.*

Le bouddhisme

Le prince Siddharta Gautama (dit le Sage, l'Éveillé, le Bouddha) est né à Lumbini, au Népal en 623 av. J.-C. Il n'est ni prophète, ni fils de dieu, seulement un homme « normal », qui mena une vie d'ascète et fut d'abord bodhisattva, c'est-à-dire futur bouddha. Il tint tête à Mara, le démon, assis 4 jours sous un figuier, les jambes croisées dans la fameuse position que nous connaissons. Il atteignit ainsi l'Éveil et réussit à se libérer de toute souffrance. Dès lors, il parcourut tout le continent asiatique proclamant la loi du karma, loi universelle selon laquelle toute action, bonne ou mauvaise, est punie ou récompensée dans la réincarnation de l'âme.
Le bouddhisme s'inscrit dans un mouvement de réaction au brahmanisme. Il ne tient aucun compte du système des castes, ni des rites et s'appuie sur une démarche strictement individuelle, ou voie de libération.

La doctrine

La pensée du Bouddha vise à se libérer de la douleur (lire son premier sermon à Bénarès, « À l'origine de la douleur universelle est la soif d'exister »). Les Quatre Nobles Vérités éclairent bien la « mécanique bouddhique » :
- l'attachement conduit à la souffrance ;
- l'origine de l'attachement est dans les passions ;
- pour se libérer de la souffrance, il faut maîtriser les passions ;
- pour maîtriser les passions, il faut suivre une discipline.

Pas facile tout ça, mais le Bouddha a été assez précis sur la façon d'accéder au nirvana : le bouddhiste doit parcourir successivement les huit nobles entraînements présentés dans l'Octuple Noble Sentier, seule façon d'éviter de se voir renaître en rat ou en grenouille. Les bouddhistes attendent la venue d'un cinquième Bouddha (quatre ont déjà été « révélés ») qui marquera la fin de ce monde et le début d'un autre. Ce peut être n'importe qui. En suivant l'enseignement du Bouddha, on peut – théoriquement – devenir bouddha à son tour.
Pour ceux qui voudraient essayer, nous vous donnons les clés du nirvana : contrôler sa parole, sa volonté, ses actions, son mode de vie, ses aspirations, sa pensée et sa concentration.
Attention, le nirvana n'est pas le paradis, mais plutôt le bonheur, le moment où l'esprit de l'homme se purifie des passions et atteint la fin du cycle des renaissances (samsara). En bref, le bouddhisme est une voie du bonheur spirituel.

MISOGYNES, LES BOUDDHISTES ?

Pour « avancer » dans l'échelle des réincarnations, une femme devra d'abord se réincarner en... homme ! Elles ne sont pas autorisées à toucher les bouddhas sacrés, ni à coller les petits carrés d'or. Elles ne peuvent pas non plus toucher les moines, et leurs oboles doivent être enveloppées d'un papier ou d'un tissu. En général, les espaces interdits aux femmes sont indiqués par des pots de fleurs. Si vous les transgressez, mesdames, on vous le fera vite comprendre !

Le bouddhisme theravada

Au Népal, le bouddhisme se réclame de trois écoles principales : les bouddhismes tibétain, newar et theravada, dit du « Petit Véhicule ». Les moines s'astreignent à suivre 227 règles contenues dans leur texte canonique : le *Vinaya.*
La doctrine du Bouddha n'existant pas sous forme écrite, les textes sacrés devaient être appris par cœur à la suite des récits faits par Ananda, le cousin du Bouddha, lors du premier concile bouddhique. Ces textes psalmodiés et chantés en commun ne furent codifiés que vers l'an 100 de notre ère par les moines de

Ceylan. Ce canon bouddhique est la base du bouddhisme theravada. C'est la doctrine la plus ancienne.
Les adeptes utilisent le pali comme langue sacrée (on dit que c'était la langue de Gautama, le prince Siddharta) et suivent un enseignement légèrement différent des paroles du Bouddha. Le theravada ne reconnaît aucun dieu créateur. C'est une doctrine non théiste qui ne nécessite pas la présence d'intermédiaire entre l'homme et son salut ; donc point de prêtre ni de brahmane. L'homme peut parvenir seul à l'état de nirvana. Pour cela, il n'a pas à transformer son environnement. La libération du désir, cause de toutes ses souffrances, s'obtiendra par des actes individuels, la discipline (mais non l'ascétisme, jugé inutile et dangereux !) et la contemplation. De plus, le fidèle ne pense pas que le bouddhisme theravada puisse expliquer tous les mystères de la nature. Pour un adepte de cette voie theravada, le repli dans la contemplation et l'abstinence demeure la voie royale de la libération.
Cette voie diffère du *bouddhisme mahayana* ou « Grand Véhicule » (du Nord), la deuxième branche du bouddhisme, qui s'est propagé en Chine, au Tibet, en Mongolie, en Corée et au Japon, sans oublier le Vietnam et l'Indonésie. Les pratiquants utilisent le sanskrit comme langue sacrée. Au contraire du theravada, le bouddhisme mahayana cherche à transformer le monde non par l'abstention mais par l'action. Pour les adeptes du mahayana, il faut aider son prochain à parvenir à la délivrance afin de suivre les paroles du Bouddha : « Délivré, délivre. Arrivé sur l'autre rive, fais-y parvenir les autres. »

L'iconographie du Bouddha

Jusqu'au IIe s de notre ère, le Bouddha était surtout représenté par des symboles (en terme savant, l'aniconisme) : son siège, l'échelle de la descente du Ciel aux 33 dieux, le ficus de l'Illumination, la roue de la Loi, et les empreintes de son pied aux 108 caractères. Au fil du temps, les images et les statues firent leur apparition, régies par des règles strictes et précises dont les sculpteurs s'écartent rarement. Ces règles définissent l'apparence du Bouddha, ses vêtements et ses gestes. La liste de ces règles est mentionnée dans le canon bouddhique.

> **LOTUS ET BOUCHE COUSUE**
>
> *Le lotus est emblématique du Bouddha, souvent représenté assis sur une fleur de lotus. Contrairement au nénuphar, c'est une plante aquatique dont la superbe fleur, grâce à sa longue tige, s'élève avec légèreté au-dessus de l'eau. Elle puise sa substance vitale dans la boue – qui représente les souffrances et les péchés – pour ensuite s'épanouir au-dessus de l'eau, comme l'âme doit pouvoir se détacher de ses préoccupations terrestres.*

Le Bouddha devait avoir 32 marques principales auxquelles s'ajoutaient 80 marques secondaires. Aux 13 marques concernant la tête (protubérance du crâne, excroissance des poils entre les yeux) s'ajoutent les 11 marques du corps et les 8 marques des membres, dont les doigts et les orteils, qui ont tous, pour ces derniers, la même dimension. Les lobes distendus des oreilles ne font pas partie des signes particuliers mentionnés dans le canon bouddhique. Ils sont un rappel de son appartenance princière. Quant aux cheveux bouclés et au drapé de sa tunique, leur origine aurait pour source l'influence de la statuaire grecque auprès de l'école de sculpture bouddhique du Gandhara (ancienne région couvrant une partie de l'Inde, du Pakistan et de l'Afghanistan). Les vêtements sont également codifiés, ainsi que les positions des membres (voir les dessins des positions méditatives). Après la fabrication, une cérémonie spéciale consacre les statues, qui deviennent « sacrées ».

- **Bhumisparshaa ou « Geste de la prise de la terre à témoin »**

Position assise ou debout, la main droite pointe vers le sol, tandis que la gauche repose sur les jambes ou le long du corps, paume tournée vers le ciel. Ce geste représente l'Éveil de Bouddha. Il est le symbole de la victoire sur Mâra (la mort, le démon, le grand dieu des Désirs). Mâra tenta d'interrompre la méditation du Bouddha, en lui présentant toutes les distractions possibles. Bouddha, en réponse, toucha la terre, faisant appel à la nature pour témoigner de sa résolution.

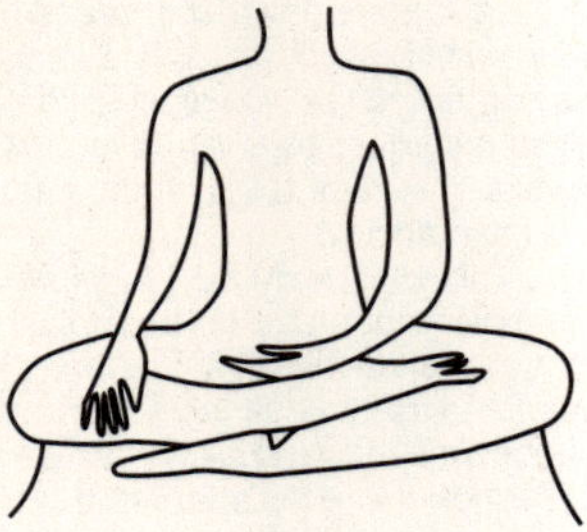

- **Dhyana ou « Attitude de méditation »**

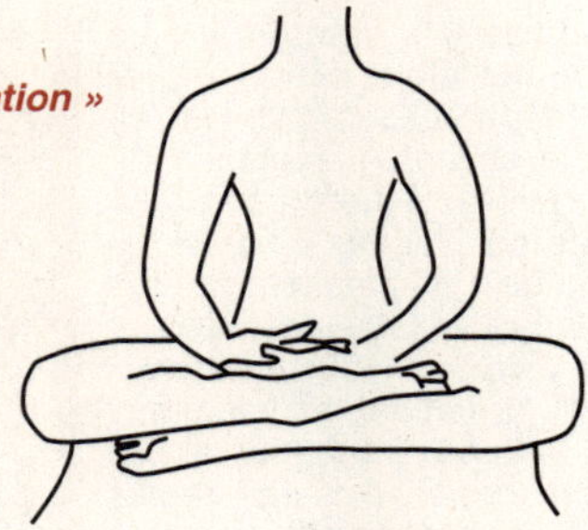

Les deux mains reposent l'une sur l'autre, paumes vers le ciel, la main droite sur la main gauche. Les jambes sont pliées en tailleur, dans la position du lotus.

- **Vitarka ou « Geste de l'argumentation »**

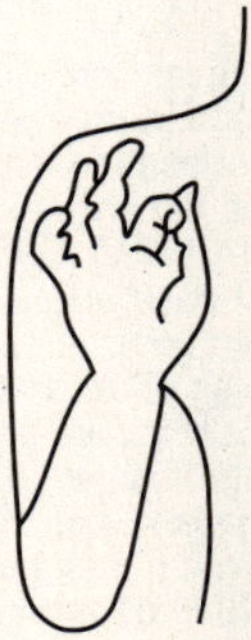

Position debout ou assise, le bras droit est levé, main à demi ouverte pour que le pouce et l'index se joignent et forment un cercle (la roue, symbole de l'enseignement). Peut être fait de la main droite ou gauche.

Dharmachakra

Les deux mains sont levées, paumes face à face, pouce et index se joignant pour former un cercle. Geste de tourner la roue de Dharma, qui rappelle le premier sermon de l'enseignement du Bouddha.

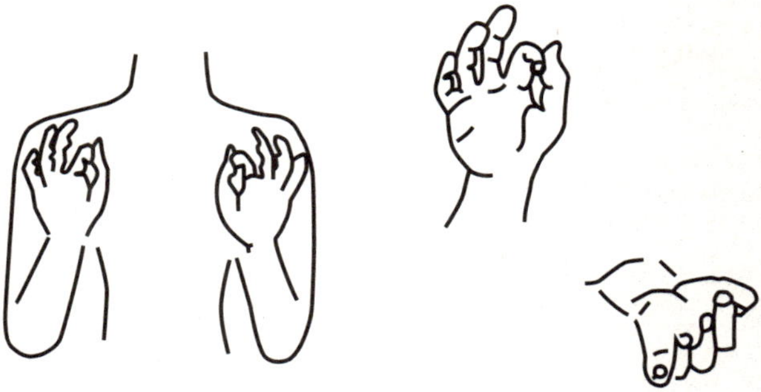

Varada ou « Geste du don »

Assis ou debout, main droite ouverte et offerte, bras allongés, ce geste est celui du don, de la charité, des faveurs répandues.

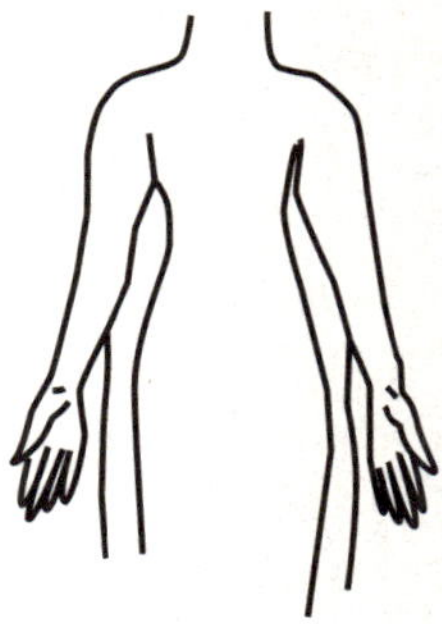

Abhaya ou « apaisant les querelles »

Position debout ou en marche, une ou deux mains levées, paume en avant. C'est le geste de l'absence de crainte et de l'apaisement.

Petit lexique bouddhique

– *Bahal :* monastère bouddhique.
– *Bahil :* idem mais plus petit.
– *Bodhisattva :* dans le bouddhisme mahayana, c'est celui qui renonce à la félicité nirvanique pour aider ses semblables.
– *Chaitya :* petit stûpa contenant des *mantras.*
– *Chhorten :* stûpa contenant des statuettes en forme de bouddhas.
– *Gompa :* un complexe bouddhiste (un monastère, par exemple).
– *Lama :* prêtre bouddhiste.
– *Mandala :* diagramme sacré de forme circulaire, pour la méditation.
– *Mantra :* syllabes sacrées psalmodiées pendant les prières.
– *Moulin à prières :* instrument rituel contenant le mantra « Om mani padme hum ». *Om* et *hum* sont deux syllabes à signification mystique. *Om* en son ininterrompu représente l'idée d'éternité. Il symbolise les trois mondes (le Ciel, la Terre et l'Espace intermédiaire). *Mani* et *padme* désignent, quant à eux, le joyau (notre nature de bouddha, que nous avons tous en nous) et le lotus (qui naît de la boue mais reste pur et beau).
– *Mudra :* gestes des mains lors des cérémonies bouddhiques et des danses.
– *Nirvana :* libération lors de la sortie du cycle des réincarnations.
– *Stûpa :* monument commémoratif en forme de dôme, contenant parfois une relique de Bouddha.

SAVOIR-VIVRE ET COUTUMES

Quelques règles de savoir-vivre local :
– Se déchausser avant d'entrer dans tous les monuments religieux et dans les maisons, en prenant soin de placer ses semelles sur la terre.
– Ne jamais pénétrer dans une cuisine sauf si l'on y est invité.
– Tourner autour des stûpas dans le sens des aiguilles d'une montre.
– Le feu est sacré, éviter d'y jeter des détritus.
– Ne pas manger dans l'assiette ni boire dans le verre d'autrui, considéré comme *jutho,* c'est-à-dire rituellement pollué. Dans le cas d'une bouteille commune, boire « à la régalade », sans contact avec le rebord du goulot.
– Pour ceux qui décident de suivre la coutume locale en mangeant le plat national *(dal bhat)* avec la main, utiliser la droite.
– Il est discourtois de désigner quelqu'un ou même une statue du doigt.
– S'asseoir en tailleur, en tout cas éviter d'étendre ses jambes et de diriger ses pieds vers quelqu'un.
– Le « merci » n'existe pas au Népal, ne soyez donc pas surpris ! Par ailleurs, si vous offrez un cadeau, il ne sera jamais ouvert devant vous, cela pour vous éviter une déception si ce cadeau ne plaît pas. Lors d'un mariage, tous les présents offerts sont mis en commun, pour éviter d'exposer les disparités du budget de chacun. Excellente idée dont nous pourrions nous inspirer...
– Les hommes peuvent se déplacer en short et tee-shirt, mais jamais torse nu. Les routardes éviteront les tenues trop sexy et les shorts. Il y a des bermudas très sympas et des pantalons légers. La population ne comprend pas toujours notre tenue débraillée.
– Pour un couple, les démonstrations d'affection en public ne sont pas de mise.
– Les Népalais sont très curieux et posent plein de questions, n'en soyez pas offensé.
– Ne pas oublier que, comme en Inde, un hochement de tête de gauche à droite (ou le contraire) signifie « oui, d'accord ».
– Les Népalais ne disent jamais « non ». Inutile de leur demander si telle adresse est bien dans cette direction, on vous répondrait invariablement oui, que vous montriez le nord ou le sud. Essayer plutôt de savoir où se trouve tel endroit, en laissant la réponse ouverte.

– Comme un peu partout en Asie, l'habitude est de se lever tôt et de se coucher tôt ; même dans la grouillante Kathmandu les soirées sont très calmes et les grasses matinées inconcevables...
– Enfin, une habitude assez gênante : le crachement bruyant.
En résumé, essayez de vous conduire avec intelligence et amabilité : vous ne le regretterez pas et vous éviterez peut-être que le Népal ne soit trop pollué par le tourisme. Dans les endroits touristiques et sur certains itinéraires de trek, les enfants ont déjà appris à échanger leur sourire contre « *one roupie* » ou « *a school pen* ». Surtout, pitié cher lecteur, évitez absolument de donner des bonbons ! La carie était pratiquement inconnue avant les hordes de joyeux pourvoyeurs...

SITES INSCRITS AU PATRIMOINE MONDIAL DE L'UNESCO

Organisation des Nations Unies pour l'éducation, la science et la culture

En coopération avec le centre du patrimoine mondial de l'UNESCO

Pour figurer sur la liste du Patrimoine mondial, les sites doivent avoir une valeur universelle exceptionnelle et satisfaire à au moins un des 10 critères de sélection. La protection, la gestion, l'authenticité et l'intégrité des biens sont également des considérations importantes. Le patrimoine est l'héritage du passé dont nous profitons aujourd'hui et que nous transmettons aux générations à venir. Nos patrimoines culturel et naturel sont deux sources irremplaçables de vie et d'inspiration. Ces sites appartiennent à tous les peuples du monde, sans tenir compte du territoire sur lequel ils sont situés. Pour plus d'informations : • *whc.unesco.org* •
– Au Népal, sont inscrits : la ***vallée de Kathmandu*** (1979, étendu en 2006, soit Durbar Square à Kathmandu, Patan et Bhaktapur, les stûpas bouddhistes de Swayambunath et Bodhnath, ainsi que les temples hindous de Pashupatinath et Changu Narayan), le ***parc national de Chitwan*** (1984), le ***parc national de Sagarmatha*** (Everest ; 1979), sans oublier ***Lumbini,*** lieu de naissance du Bouddha (1997).

NÉPAL UTILE

AVANT LE DÉPART

Adresses utiles

En France

■ ***Ambassade et consulat du Népal :*** *45 bis, rue des Acacias, 75017 Paris. ☎ 01-77-16-52-57 ou 01-46-22-48-67. • fr.nepalembassy.gov.np • Ⓜ Charles-de-Gaulle-Étoile ou Argentine. Service des visas lun-ven 10h-13h.* Le consulat ne délivre qu'un visa touristique à entrées multiples mais à durée de validité variable : pour 15 jours, compter 25 € ; pour 30 jours, 40 € ; et pour 90 jours, 100 €. Payable uniquement en espèces. N'oubliez pas d'apporter une photo ainsi que votre passeport valable encore au moins 6 mois après la date de retour du Népal. Plus un formulaire à remplir sur place (ou à télécharger sur leur site). Délai d'obtention : 5 jours ouvrables, en principe. Envoi possible par correspondance. Le visa peut également être obtenu à l'aéroport de Kathmandu et aux postes-frontières terrestres (voir plus loin la rubrique « Formalités »). Noter que les visas autres que touristiques (et officiels) s'établissent à l'arrivée au Népal.

■ ***Consulat honoraire du Népal :*** *BP 40257, 76004 Rouen Cedex 2. ☎ 02-35-07-18-12. • consulat.nepal@wanadoo.fr • consulat-nepal.org • Mar 18h-20h. Contact par e-mail préalable pour les personnes ne résidant pas en France.* L'obtention du visa sur place est immédiate et prend 10 jours maximum par correspondance (sauf problème postal). Établir un chèque à l'ordre du consulat du Népal d'un montant de 33 € pour un séjour de 1 à 15 jours, de 48 € pour un séjour de 16 à 30 jours et de 108 € pour un séjour de 31 à 90 jours. Tous les visas sont à « entrées multiples ». Pièces à fournir : passeport, un formulaire de demande de visa, une photo d'identité et une enveloppe affranchie en timbres au tarif « recommandé sans avis de réception » pour le retour. Possibilité de télécharger les formulaires de demandes de visa et la procédure d'obtention par correspondance sur le site internet (assez complet sur le pays, notamment sur les recommandations sanitaires).

En Belgique

■ ***Ambassade du Népal :*** *av. Brugmann, 210, Bruxelles 1050. ☎ 02-346-26-58. • nepalembassybrussels.be • Service consulaire lun-ven 9h30-12h30.* Pour l'obtention du visa, apporter une photo, un formulaire à télécharger sur le site ou à remplir sur place, le passeport valable encore 6 mois après la date de demande de visa. Retrait du visa 48h après. Il coûte 25 € pour 15 jours, 40 € pour 30 jours et 100 € pour 90 jours (entrées multiples dans tous les cas). La demande de visa peut aussi se faire par correspondance, par lettre recommandée ; ajouter alors environ 10 € aux prix indiqués pour un passeport (ou une enveloppe en recommandé). Téléphoner au préalable pour se faire confirmer les documents à envoyer. Voir également plus loin la rubrique « Formalités ».

En Suisse

■ ***Ambassade du Népal :*** *81, rue de la Servette, 1202 Genève. ☎ 022-733-26-00 ou 21. • nepalmission geneva.org • Service consulaire lun-ven 9h-13h, 14h-17h.* Le visa (à entrées multiples uniquement) coûte 35 Fs pour une validité de 15 jours, 60 Fs pour 30 jours et 130 Fs pour 90 jours. Prévoir une photo, un formulaire à remplir sur place, et le passeport valable encore 6 mois après la date d'entrée dans le pays. Sur rendez-vous, le visa peut être délivré immédiatement ; sinon, compter une semaine. Envoi par correspondance possible.

Au Canada

■ ***Ambassade du Népal :*** *408 Queen St, Ottawa (Ontario), K1R 5A7.* ☎ *613-680-5513.* ● *nepalembassy.ca* ● *Lun-ven 10h-16h.* Visa à entrées multiples uniquement. Prévoir une photo, le passeport valable encore 6 mois après la date d'entrée dans le pays, une enveloppe timbrée à son adresse en cas de demande par correspondance, 35 $Ca pour un visa de 15 jours, 55 $Ca pour 30 jours et 135 $Ca pour 90 jours. Paiement par mandat ou chèque bancaire certifié. Le formulaire peut être téléchargé sur leur site. La demande est, en principe, traitée le jour même.

Formalités

Un ***visa*** est nécessaire, et le ***passeport*** doit être valable encore au moins 6 mois après le retour (ou après la date de demande de visa ou d'entrée dans le pays, selon les nationalités ; voir plus haut les « Adresses utiles »). Le visa s'obtient soit avant le départ dans son pays d'origine (ou à l'ambassade du Népal à Delhi), soit très facilement à chaque poste-frontière et à l'aéroport de Kathmandu (prévoir une photo d'identité et un peu d'attente). Sur place, compter 25 $ pour le visa de 15 jours, 40 $ pour celui de 30 jours et 100 $ pour celui de 90 jours (entrées multiples pour tous les visas). Payable en devises. Gratuit pour les enfants de moins de 10 ans.

Le visa touristique permet un séjour maximum de 3 mois. Il peut être ensuite prolongé chaque mois jusqu'à un total de 150 jours de présence cumulée dans le pays sur une année. Pour obtenir une extension, rendez-vous à l'*Immigration Office* de Kathmandu ou de Pokhara (voir la rubrique « Adresses utiles » de ces villes). Infos sur ● *nepalimmigration.gov.np* ● Faites toutes vos démarches par vous-même, refusez fermement toute aide que pourraient vous proposer (moyennant finances, bien sûr) certaines personnes pour que vous obteniez votre visa plus rapidement. De même, ne faites rien, dans la mesure du possible, qui encourage la corruption.

Le visa vous autorise à circuler partout où il y a des routes ou des pistes. Néanmoins, un ***droit d'accès*** dans certaines zones (Mustang, Dolpo, Manaslu...) est nécessaire, et un ***permis de trek*** toujours demandé (voir la rubrique « Trekking »). La réglementation de ce permis est souvent modifiée. Elle peut encore changer, on aura donc intérêt à se renseigner sur place.

> Pensez à scanner passeport, visa, carte bancaire et *vouchers* d'hôtel. Ensuite, adressez-les-vous par e-mail, en pièces jointes, avec votre billet électronique. En cas de perte ou vol, rien de plus facile pour les récupérer dans un cybercafé. Les démarches administratives en seront bien plus rapides.

Ariane, le fil à suivre

Ariane est un service gratuit mis à disposition par le *Centre de crise du ministère des Affaires étrangères et européennes.* Il permet aux voyageurs français qui le souhaitent de s'enregistrer durant leurs séjours à l'étranger. Les informations déposées sur Ariane sont utilisées en cas de crise, par exemple pour contacter des voyageurs dans l'hypothèse où des opérations de secours sont organisées, ou encore pour joindre rapidement les familles ou les proches en France si une situation le nécessite. Pour en savoir plus : ● *pastel.diplomatie.gouv.fr/fildariane* ●

Vaccinations

Se reporter plus loin à la rubrique « Santé ».

Associations humanitaires

■ ***Association Samdo Avenir :*** *rue du Barri-Lincel, 04870 Saint-Michel-l'Observatoire.* ● *samdoavenir.org* ● Association loi 1901 et ONG au Népal, Samdo Avenir a pour principale mission le développement économique, éducatif et sanitaire des communautés villageoises himalayennes. Le projet a commencé en 2007 au village de Samdo, à 3 800 m d'altitude, au pied du Manaslu, et s'étend aujourd'hui à l'ensemble de la vallée. Le développement économique passe par le tissage et la vente de l'artisanat local. Sur le plan sanitaire, une aide financière au fonctionnement du dispensaire de 2 villages est apportée, tandis qu'un poste de secours est en construction à Samdo. Au niveau éducatif, l'école de Samdo a pu être bâtie, et le parrainage d'enfants mis en place ; des enfants de forgerons (caste des intouchables) ont été scolarisés et des cours du soir prodigués aux femmes du village. Après le séisme d'avril 2015, Samdo Avenir s'est engagé dans le soutien aux villages tamangs de Kavré dévastés, assurant une aide d'urgence, ainsi qu'un soutien à la reconstruction. Vous pouvez soutenir les différents projets grâce à des parrainages collectifs, dons, adhésions et toutes actions bénévoles en faveur de l'association.

■ ***Planète Enfants :*** *53, bd de Charonne, 75011 Paris.* ☎ *01-53-34-86-32.* ● *planete-enfants.org* ● Cette petite ONG française consacre depuis 1997 tous ses efforts à protéger les enfants du Népal contre les violences, et plus spécifiquement contre le trafic à des fins de travail forcé ou d'exploitation sexuelle. Connaissant parfaitement le pays, elle prend en charge des enfants très défavorisés dans des maternelles, par exemple, tout en mettant en place des actions pour que les Népalais agissent eux-mêmes contre ce fléau : alphabétisation des femmes, création de réseaux de bénévoles pour informer et secourir les victimes, formation des pouvoirs publics, etc. Depuis le tremblement de terre d'avril 2015, elle a apporté de l'aide d'urgence et du soutien psychologique dans des villages sinistrés. Elle a aussi mis en place des centres d'accueil pour enfants dans des écoles détruites. Plus de 70 % de ses ressources proviennent des dons des particuliers, et elle en a désespérément besoin.

■ ***Association culturelle franco-népalaise :*** *18, rue du Languedoc, 30133 Les Angles.* ☎ *04-90-85-63-03.* ● *acfn.avignon.free.fr* ● Cet organisme met en œuvre de nombreux projets en vue d'un développement harmonieux et loin de toute assistance. Il parraine dans une région montagneuse plusieurs villages népalais (canton de 8 000 habitants) et a pu construire et assurer le fonctionnement d'un dispensaire grâce aux fonds collectés lors des différentes manifestations : randonnées, expos, conférences, etc. L'association a aussi contribué à ouvrir et à équiper des écoles primaires et, grâce à un parrainage collectif, assure le fonctionnement de l'école secondaire. Elle s'est engagée aussi dans un programme agricole qui doit permettre le développement économique du canton. Un journal, destiné aux adhérents, est édité tous les 3 mois. L'association ne recrute pas, même des bénévoles. Tous les emplois sont occupés par des Népalais.

■ ***Assistance Médicale Toit du Monde :*** *81, av. du Maréchal-Joffre, 92000 Nanterre.* ☎ *01-47-24-78-59.* ● *amtm.org* ● *RER A : Nanterre-Ville.* Créée en 1992, Assistance Médicale Toit du Monde a effectué ses premières missions pour répondre à l'appel des Tibétains réfugiés au Népal et en Inde (sur le plan sanitaire et culturel), puis a étendu son action auprès des populations défavorisées de ces 2 pays. AMTM intervient selon 3 axes : l'action médicale (des équipes médicales se rendent plusieurs fois par an sur le terrain, afin d'apporter médicaments et vaccins et d'assurer une meilleure prévention) ; l'aide au développement (l'absence d'eau potable étant la cause de sérieuses pathologies, AMTM installe des filtres à eau et soutient des travaux de réfection et de construction) ; les parrainages (plus de 1 000 enfants et adultes, laïcs et religieux en bénéficient ; l'argent et les courriers sont remis en mains propres au filleul ou à l'adulte responsable du site). Afin de poursuivre sa mission, AMTM recherche sans cesse de généreux donateurs. Alors on fait passer le mot.

ARGENT, BANQUES, CHANGE

Monnaie, change

La ***monnaie*** est la *roupie népalaise* (Rp) différente, bien sûr de la roupie indienne. Début 2016, pour 1 €, on obtenait environ 110 Rps, et 100 Rps pour 1 US$. Les hôtels d'une certaine catégorie, les billets d'avion, les permis de trek et les prestations des agences de voyages se paient en US$. D'ailleurs, il n'est pas inutile de prévoir des billets verts pour toutes ces dépenses, même si, au bout du compte, vous pourrez souvent les régler en roupies ou en euros (ou même par carte de paiement).
Aucun problème pour ***changer*** vos euros en roupies népalaises, on trouve des bureaux de change et des banques dans tous les endroits touristiques, à commencer par Kathmandu et Pokhara. N'acceptez pas de billets troués ou déchirés. En revanche, si vous partez en trek, mieux vaut changer suffisamment pour toute la durée de ce dernier car, bien sûr, en montagne, vous ne trouverez rien et certains services seront à payer sur place (compter environ 1 000 roupies par jour de trek). À noter que les banques proposent un taux souvent plus intéressant que les *money changers,* même si certaines prennent une petite com'. En revanche, les bureaux de change sont ouverts tous les jours, avec des horaires plus étendus (souvent 9h-21h). Dans les banques, prévoir le passeport pour la transaction. Partout, on vous remet des reçus qu'il faut conserver car, à la sortie du pays, s'il vous reste des roupies, vous pourrez les rechanger contre des euros (ou des dollars) en présentant vos bordereaux. Les roupies népalaises ne sont pas négociables en dehors du Népal, et surtout pas en Inde.

Cartes de paiement

Avertissement

Si vous comptez effectuer des retraits d'argent aux distributeurs, il est **très vivement conseillé d'avertir votre banque avant votre départ** (pays visité et dates). En effet, **votre carte peut être bloquée dès le premier retrait** pour suspicion de fraude. C'est de plus en plus fréquent. Bonjour les tracasseries administratives pour faire rentrer les choses dans l'ordre et on se retrouve vite dans l'embarras !

Les banques de Kathmandu et sa vallée ainsi que celles de Pokhara sont généralement ouvertes de 10h à 16h en hiver (15h en été) et ferment à 15h le vendredi. Elles possèdent toutes des distributeurs de billets en façade, acceptant les cartes *Visa* et *MasterCard.* Ailleurs, n'en attendez pas ! Attention, vous serez prélevé d'une ou deux commissions à chaque retrait, une commission locale et/ou une de votre banque (ce qui revient cher à la longue !) ; mieux vaut donc retirer une grosse somme d'un seul coup que de petits montants tous les 2 jours.
Bon à savoir, on peut aussi régler sa note avec une carte *Visa, MasterCard* ou *Amex* dans les hôtels un peu chic, ainsi que dans certains magasins et agences de voyages. ATTENTION toutefois aux cas d'arnaque possibles dans certaines boutiques de Kathmandu. Ne pas quitter le vendeur des yeux lorsque vous lui confiez votre carte ; et conservez votre facturette.

Avant de partir, notez bien le numéro d'opposition propre à votre banque (il figure souvent au dos des tickets de retrait, sur votre contrat, ou à côté des distributeurs de billets), ainsi que le numéro à 16 chiffres de votre carte. Bien entendu, conservez ces informations en lieu sûr et séparément de votre carte.

N'oubliez pas aussi de VÉRIFIER LA DATE D'EXPIRATION DE VOTRE CARTE BANCAIRE avant votre départ !
Rappelons par ailleurs que l'assistance médicale ne couvre que les 90 premiers jours du voyage, et ne comprend pas le secours en hélicoptère.
– ***Carte Visa :*** *numéro d'urgence* (Europ Assistance) *au* ☎ *(00-33) 1-41-85-85-85 (24h/24).* • *visa.fr* •
– ***Carte MasterCard :*** *numéro d'urgence au* ☎ *(00-33) 1-45-16-65-65.* • *mastercardfrance.com* • La *MasterCard* est acceptée à la *Standard Chartered Bank,* l'*Himalaya Bank* et à la *Nabil Bank*.
– ***Carte American Express :*** *numéro d'urgence au* ☎ *(00-33) 1-47-77-72-00.* • *americanexpress.com* •

Petite mesure de précaution : si vous retirez de l'argent dans un distributeur, utilisez de préférence les distributeurs attenants à une agence bancaire. En cas de pépin avec votre carte (carte avalée, erreurs de code secret...), vous aurez un interlocuteur dans l'agence, pendant les heures ouvrables du moins.

Union Money Transfert

En cas de besoin urgent d'argent liquide (perte ou vol de billets, chèques de voyage, carte de paiement) vous pouvez être dépanné en quelques minutes grâce au système *Western Union Money Transfer.* Pour cela, demandez à quelqu'un de vous déposer l'argent en euros dans l'un des bureaux *Western Union* ; liste sur • *westernunion.fr* • L'argent vous est transféré en moins de 15 mn. La commission, assez élevée, est payée par l'expéditeur. Possibilité d'effectuer un transfert en ligne 24h/24 par carte de paiement (*Visa* ou *MasterCard* émise en France).

BUDGET

Hébergement

Nos fourchettes de prix s'entendent ***pour 2 personnes*** partageant une chambre double ***en haute saison,*** c'est-à-dire, en gros, de fin septembre à avril, mais surtout en avril, octobre et novembre (la pleine saison touristique). Le reste de l'année, les prix sont revus à la baisse. Quoi qu'il en soit, n'hésitez jamais à négocier (avec le sourire), même en haute saison si vous sentez que l'hôtel n'est pas complet. Les voyageurs en solo peuvent s'attendre à payer un peu moins que ce qui est indiqué ci-dessous.
Le petit déjeuner n'est presque jamais inclus pour les hôtels pas chers, mais l'est parfois dans les plus chic. À noter aussi, les tarifs, dès que l'on sort de la

catégorie « Bon marché », sont le plus souvent annoncés en dollars US, ce qui n'empêche pas de payer en roupies si on le souhaite. Nous vous indiquons, sauf exception, les prix ***taxes incluses*** car elles sont assez élevées (lire plus loin la rubrique « Pourboire et taxes »).
Nombreux aussi sont les établissements proposant des chambres de différentes catégories et, donc, à des prix différents. Dans ce cas, nous les plaçons dans la catégorie correspondant au prix demandé pour la majorité des chambres.
- ***Bon marché :*** moins de 900 Rps (8,20 €).
- ***Prix modérés :*** de 10 à 20 $ (9-18 € env).
- ***Prix moyens :*** de 20 à 40 $ (env 18-36 €).
- ***Chic :*** de 40 à 70 $ (env 36-64 €).
- ***Plus chic :*** de 70 à 120 $ (64-110 €).
- ***Très chic :*** plus de 120 $ (plus de 110 €).

Restos

Un peu difficile d'établir des catégories précises, la plupart des restos proposant en fait une large gamme de plats à prix assez variables. Les prix que nous vous indiquons sont ceux d'un ***plat unique,*** souvent assez copieux néanmoins pour pouvoir se passer d'autre chose.
- ***Bon marché :*** moins de 300 Rps (2,75 €).
- ***Prix moyens :*** de 300 à 600 Rps (2,75-5,50 €)
- ***Chic :*** plats au-dessus de 600 Rps (5,50 €).

Sites et treks

Dans la vallée de Kathmandu, l'accès à certaines villes est payant, le record étant détenu par Bhaktapur avec 1 500 Rps par personne (près de 14 €) ! Assez cher, donc, mais espérons que cet argent collecté depuis plusieurs années servira concrètement à la reconstruction du patrimoine... Attention, si vous restez plusieurs jours ou si vous revenez plus tard au cours de votre séjour, faites immédiatement valider votre ticket pour la semaine ou même pour la durée de votre visa (dans ce dernier cas, apporter son passeport et une photo).
Pour les permis de treks, se reporter plus loin à la rubrique « Trekking ».

CALENDRIER

Il existe plusieurs calendriers au Népal, établis en fonction de la lune.
Toujours en usage, le calendrier newar *(Nepal Sambat)* remonte à la fondation de Bhaktapur et commence en 879.
Le calendrier officiel *(Vikram Sambat)* est, lui, utilisé dans toutes les administrations. Il débute en 57 av. J.-C. À la mi-avril 2016, nous passons donc à l'an 2073, et l'on célèbre la nouvelle année népalaise *(Bisket Jatra).* Comme en Europe, ce calendrier comporte 12 mois, dont la durée varie de 29 à 32 jours. Chaque mois est divisé en deux quinzaines ; la quinzaine claire correspondant à la période de la lune montante et la quinzaine sombre à la lune décroissante. La pleine lune *(purnima,* en népalais) est chaque fois l'occasion d'un festival.
Le tableau ci-dessous devrait vous aider à mieux vous y retrouver.

Mois européens	Mois népalais	Saisons népalaises
Avril/mai	*Baisakh*	été
Mai/juin	*Jeth*	été
Juin/juillet	*Asar*	saison des pluies
Juillet/août	*Saun*	saison des pluies
Août/septembre	*Bhadra*	premier automne
Septembre/octobre	*Ashwin*	premier automne
Octobre/novembre	*Kartik*	second automne

Novembre/décembre	*Marg*	second automne
Décembre/janvier	*Push*	hiver
Janvier/février	*Magh*	hiver
Février/mars	*Phalgun*	printemps
Mars/avril	*Chaitra*	printemps

CLIMAT

Le climat du Népal permet des séjours presque en toute saison. Mais pour voir les montagnes et s'y balader à pied, il faut impérativement y aller entre octobre et avril, correspondant à la période sèche et ensoleillée. Les meilleurs mois sont en fait ***octobre et novembre (l'automne),*** lorsque le ciel est particulièrement bien dégagé et que les températures sont encore clémentes. De plus, comme la saison des pluies vient d'avoir lieu, les pâturages sont bien verts. Viennent ensuite ***mars et avril (le printemps).*** Là, les rhododendrons sont en fleur et le soleil toujours bien présent. ***De décembre à février, c'est l'hiver*** et il peut faire très froid. Du coup, à cause de la neige, certains cols sont fermés, de même que la plupart des *lodges* en altitude. Enfin, c'est ***la mousson de juin à septembre*** surtout (mai n'est pas encore très pluvieux, quoique déjà assez nuageux). Elle coiffe en permanence les sommets de nuages et amène des pluies fortes et violentes, particulièrement en juillet et août, sans compter les milliards de sangsues qui se promènent dans les herbes.

À noter que tous les climats sont présents au Népal et changent avec l'altitude : tropical dans les jungles du Téraï, tempéré dans les vallées, et polaire en haute montagne. Noter aussi qu'avec le changement climatique mondial, il y a toujours des exceptions imprévisibles... Enfin, un petit rappel : la météo en montagne peut changer très rapidement et n'est donc pas simple à prévoir, soyez donc assez prudent. En altitude, toujours penser à un pull et un imperméable pour les soirées et un bon sac de couchage pour la nuit, même en été.

DANGERS ET ENQUIQUINEMENTS

Le Népal n'est pas considéré comme un pays dangereux, il ne faut pas tomber dans la paranoïa mais, comme partout, il convient de prendre certaines précautions.

– Donnez une préférence aux ***compagnies de bus*** officielles délivrant des billets de transports en bonne et due forme. Si vous êtes embarqué dans un véhicule privé douteux, notez ou photographiez le numéro de sa plaque.

– Il est conseillé aux ***trekkeurs*** de ne pas partir seuls et de passer par une agence reconnue, notamment sur certains treks où des cas d'agressions ont été rapportés. Vérifier absolument les dernières infos et réglementations sur le site de l'ambassade de France *(• ambafrance-np.org •)* et du ministère des Affaires étrangères *(• diplomatie.gouv.fr •).* De plus, inscrivez-vous sur le portail *Ariane (• pastel.diplomatie.gouv.fr/fildariane •)* ; en cas de problème, le consulat retrouve facilement et rapidement les coordonnées personnelles (numéro de passeport) de ses ressortissants, celles de leur assurance et les noms de leurs proches. N'emportez avec vous en rando que des copies de vos documents (passeports) et laissez les originaux en sécurité à l'hôtel.

– ***Le vol :*** avec l'accroissement du tourisme, la tentation du vol est réelle. Ne pas la provoquer en laissant son sac sans surveillance. Des larcins se produisent parfois sur les toits des bus. L'idéal est d'avoir un sac cadenassé. Dans les hôtels, toujours fermer portes et fenêtres et laisser les objets de valeur à la réception. Attention aussi sur certains treks, des randonneurs ont déjà été dévalisés. En règle générale, soyez discret avec votre argent, surtout lorsque vous effectuez un achat ou sortez de la banque, le portefeuille bien plein. En cas de mésaventure (vol ou

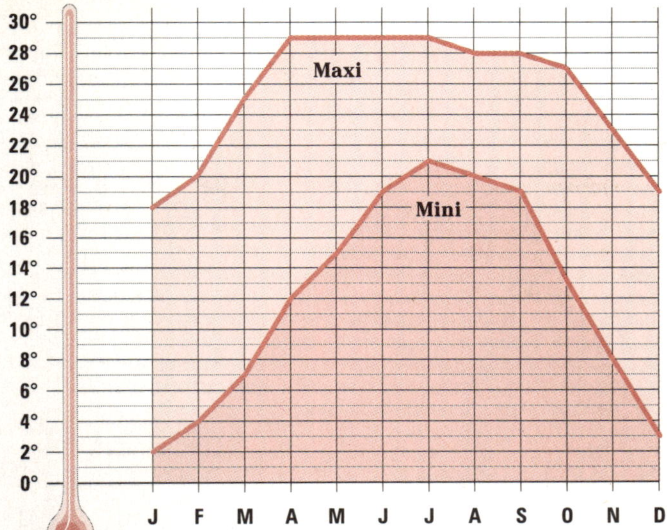

Moyenne des températures atmosphériques

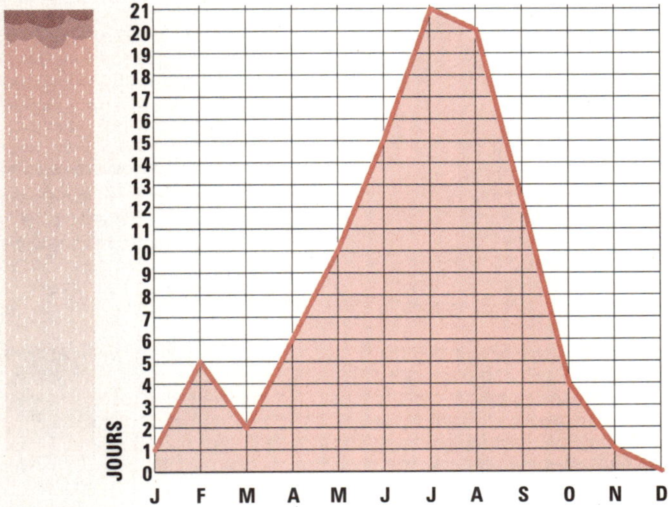

Nombre de jours de pluie

NÉPAL (Kathmandu)

autre), adressez-vous à la *Tourist Police* (*à Kathmandu : ☎ 424-70-41 ; à Pokhara : ☎ 46-27-61 ; ou, en cas d'urgence : ☎ 100).*

– Respectez le mode de vie et les coutumes locaux.

– Enfin, méfiez-vous de certains ***bijoutiers*** qui vous demandent de transporter des bijoux en Europe ou qui vous proposent carrément une association. Arnaque assurée et problèmes à la douane garantis !

– ***La drogue du violeur :*** faits assez récents et rares – mais en augmentation – qui touchent le plus souvent les filles seules, à Thamel (Kathmandu). Une drogue mise à leur insu dans un verre ou une bouteille d'alcool (d'où les effets décuplés) annihile toute résistance, désinhibe et entraîne une amnésie partielle chez les victimes. Il est donc conseillé de ne jamais laisser son verre sans surveillance et de toujours se faire ouvrir une bouteille ou une canette devant soi.

– ***Les inondations :*** en période de mousson, évitez de pique-niquer sur les berges des rivières. Un torrent d'eau et de boue peut rapidement se former en amont et tout emporter sur son passage. Des accidents se sont déjà produits.

– ***Le risque sismique :*** annoncés par les scientifiques, les séismes de 2015 ont malheureusement confirmé les prédictions les plus alarmistes (lire la rubrique « Géographie » dans la partie « Hommes, culture, environnement »).

– ***Les coupures de courant :*** elles peuvent durer 16h par jour ! En période de sécheresse, le faible niveau d'eau des barrages ne permet pas d'assurer une production suffisante, si bien que lorsqu'il pleut, les coupures sont moins fréquentes. C'est un véritable casse-tête pour la population, qui doit jongler selon un planning remis par la municipalité (souvent indiqué dans les hôtels). La plupart des hôtels possèdent un générateur (bruyant) ou des batteries qui pallient l'absence d'électricité pendant les heures de pointe (en principe le soir) pour assurer un éclairage minimum et la connexion Internet (mais pas les prises de courant !). Certains ont aussi des installations solaires. Mais mieux vaut recharger les batteries de ses appareils dès que c'est possible. En revanche, dans les rues, pas d'éclairage public et souvent, dès 19h, c'est la nuit noire. Moralité, n'oubliez pas votre lampe de poche ou frontale, très utile même dans des villes comme Kathmandu ou Pokhara. On trouve très facilement des piles.

COURT-JUS

Il peut paraître surprenant que la gigantesque réserve hydroélectrique du Népal ne soit pas suffisante pour ce petit pays ! La raison est simple : le Népal dispose de plusieurs barrages construits avec l'aide de l'Inde. Mais celle-ci récupère plus de la moitié de la production, cela en fonction de vieux accords qui perdurent. Voilà pourquoi le Népal est tenté de se tourner désormais vers la Chine pour négocier de meilleurs accords. À suivre...

– ***La blanchisserie :*** évitez de donner du linge fragile, si vous ne voulez pas qu'il vous revienne déformé ou passé de la taille S à XXL... Dans les bons hôtels, la lessive est sans reproche, mais le repassage rarement effectué (demandez le *ironing*). À Thamel et Pokhara, les laveries avec machines se développent. Prix au kilo vraiment bon marché. Toujours prévoir un délai d'au moins 2 jours.

– ***Les contrefaçons :*** comme dans la plupart des pays asiatiques, vous trouverez des copies de toutes les grandes marques mondiales. Vêtements et articles de trekking, mais aussi montres, matériel électronique, etc. Le prix peut être attractif, la qualité beaucoup moins, mais, surtout ATTENTION : rapporter des contrefaçons en Europe peut vous coûter très cher (confiscation pure et simple des produits à la douane et forte amende). Alors, réfléchissez-y à deux fois !

– ***Les geckos :*** sorte de lézards, aux petits cris semblables à des ricanements, que vous apercevrez fatalement à un moment ou un autre dans votre chambre. Ne les tuez pas, ce sont de précieux alliés contre les moustiques. De plus, ils ne viendront jamais vous déranger car ils sont très craintifs.

– ***Les araignées :*** certaines sont très étranges, avec une forme de disque ou de soleil. Leurs piqûres, sans être dangereuses, peuvent occasionner de fortes démangeaisons. Leur chasse est difficile parce que, très plates, elles se faufilent dans des endroits inimaginables. De plus, elles sautent et résistent aux insecticides. Une seule solution : un bon gros bouquin comme votre *Routard* !

DÉCALAGE HORAIRE

L'heure officielle est en avance de 5h45 sur celle du méridien de Greenwich, et de 15 mn sur l'heure indienne. Quand il est midi en France en horaire d'hiver, il est 16h45 au Népal et 16h30 en Inde. Et respectivement 15h45 et 15h30 en heure d'été.

DROGUE

Finie la période des babas cool et des hippies qui partageaient leur temps entre Goa et Kathmandu, ce qui leur conférait un mode de vie de lords anglais : Nice l'hiver, Deauville l'été. La drogue est interdite depuis 1973. De nombreux dealers continuent cependant à en proposer aux touristes, surtout dans les quartiers de Thamel à Kathmandu et de Lake Side à Pokhara. Il s'agit de haschisch ou d'herbe de mauvaise qualité, et les vendeurs sont, pour la plupart, des indicateurs. On vous proposera parfois à Pokhara des champignons hallucinogènes à déguster dans des omelettes. Attention, là encore, aux conséquences...
La drogue fait des ravages auprès des Népalais. Ils ne se contentent plus de fumer quelques joints mais sont désormais dépendants des drogues dures importées, ou se rabattent sur la colle. Des contrôles sont dorénavant effectués dans les bus et sur les sentiers de trek. Les sacs peuvent être fouillés par la police aux différents *checkpoints.* Soyez donc vigilant. Les prisons népalaises n'ont pas vraiment bonne réputation... Lire l'effrayant récit qu'en fait Charles Duchaussois dans *Flash ou le grand voyage* dans la rubrique « Livres de route ».

FÊTES ET JOURS FÉRIÉS

Le Népal est souvent en fête. On dit même qu'il y a plus de fêtes que de jours de l'année... L'office de tourisme de Kathmandu édite chaque année un calendrier très complet des festivités. Nous ne vous signalerons donc que les principales. Vous en découvrirez des tas d'autres liées à la position de la lune, aux équinoxes, aux anniversaires des divinités et selon l'humeur du moment. Notez que le samedi correspond à notre dimanche : il est toujours chômé. Cela concerne toutes les administrations mais aussi certains commerces, sauf dans les zones touristiques.

Les principales fêtes

Seul le calendrier de l'année en cours est disponible au Népal.
– ***Losar*** *(janvier-février)* **:** le Nouvel An tibétain, célébré également par les Sherpas, Tamangs et Gurungs. À découvrir absolument à Bodnath et Swayambunath. Occasion unique de voir des lamas en grande tenue, portant des drapeaux et des portraits du dalaï-lama.
– ***Fête nationale*** *(février)* **:** célébration de l'avènement de la démocratie suite à la révolution de 1951 et au renversement du régime Rana. Parades, défilés, flonflons et feu d'artifice le soir. Cela ne vous rappelle rien ?
– ***Shiva Ratri*** *(février-mars)* **:** très spectaculaire à Pashupatinath, avec une concentration exceptionnelle de *sadhu,* mendiants aux cheveux longs et couverts de cendre venus honorer le dieu Shiva.

– ***Holi Purnima*** ou ***Fagu Purnima*** *(février-mars)* **:** comme en Inde, cette fête termine l'année à la pleine lune du mois de *phalgun.* On se jette de la poudre et de l'eau colorée partout. Kathmandu devient un champ de bataille incroyable. Cette fête est prétexte à certains abus et il est préférable d'éviter le centre-ville ce jour-là. Évitez de porter des vêtements auxquels vous tenez si vous voulez quand même faire une petite balade.

– ***Nayabarsa*** ou ***Bisket Jatra*** *(avril)* **:** Nouvel An népalais. En avril 2016, le Népal est entré dans sa 2 073e année. À Bhaktapur, ce festival dure une semaine et l'atmosphère y est vraiment extraordinaire. Deux imposants chariots, de taille différente, sont de sortie pour y recevoir, dans le premier, les dieux Bhairav et Betal et, dans le second, Ajima. Une rivalité est alors engagée entre les équipages de quartiers différents, ceux-ci tirant sur les cordes des deux chariots pour les rapporter dans leur fief. Puis on les fait dévaler jusqu'à la rivière. Un mât haut de 25 m est alors érigé et, le soir même, les hommes grimpent aux cordes attachées au mât pour prouver leur vaillance. Le lendemain, la compétition recommence pour abattre ce mât. Lorsqu'il est à terre, la nouvelle année débute. En 1997 et 1998, le mât s'est brisé en deux, signe de mauvais présages pour l'année nouvelle. Les nombreux maux dont souffre le Népal sont volontiers attribués à cet événement. Cette célébration donne lieu à de sérieux excès. L'alcool y coule à flots : jets de briques, batailles rangées le soir avec la police sont devenus une habitude. Nous conseillons un peu de prudence à nos lecteurs ce jour-là après la tombée de la nuit.

– ***Buddha Jayanti*** *(mai)* **:** c'est l'anniversaire de la naissance du Bouddha. À Patan, Bodnath, et plus encore à Swayambu, on expose des *thangkas* et des mandalas rares, habituellement conservés à l'intérieur des monastères. Danses particulièrement colorées des lamas.

– ***Janaï Purnima*** *(août)* **:** pendant la pleine lune, la foule se rend au temple de Kumbeshwar à Patan. Pour les brahmanes, les personnages de haute caste, c'est le jour du changement du cordon sacré qu'ils portent en travers du torse. À Pashupati, les gens font bénir par les prêtres un petit cordonnet qu'ils se nouent au poignet. Il est considéré comme un porte-bonheur. Tous les étrangers présents sont invités à faire de même.

– ***Gaï Jatra*** *(août)* **:** fête de la Vache, qui dure 8 jours. Ceux qui ont perdu un enfant pendant l'année défilent déguisés en vache dans les rues. Pour ceux qui ont perdu un proche adulte, on érige une pyramide de bambou, parfois très haute, recouverte de coton et avec la photo du défunt. Le tout est porté par la famille sur un brancard. En commémoration d'une très ancienne légende, cette fête revêt l'aspect d'un véritable carnaval, avec les personnalités politiques comme cible privilégiée. C'est merveilleux. À ne pas manquer.

– ***Krishnastami*** *(août-septembre)* **:** anniversaire de la naissance de Krishna. On vous recommande chaudement une visite à Patan ce jour-là. Autour du temple de Krishna, la foule des dévots, des femmes en particulier, arborant leur plus beau sari rouge de cérémonie, vient apporter ses offrandes. Plus tard, elles chantent et dansent en l'honneur du dieu.

– ***Teej*** *(septembre)* **:** c'est la fête des Femmes, elle dure 3 jours. L'occasion des retrouvailles entre les femmes de la famille et de faire la paix avec sa belle-mère ! L'apothéose se déroule à Pashupati. Y aller le troisième jour, de préférence tôt le matin, chants et danses accompagnent le bain rituel. Vraiment magnifique. Attention toutefois, les hommes n'y sont pas admis et doivent patienter en dehors de l'enceinte.

– ***Indrajatra*** ou ***fête de la kumari*** *(septembre-octobre)* **:** fin de la mousson. On fête Indra, le dieu de la Pluie. La mythologie hindoue raconte que ce dieu avait l'habitude de descendre sur terre pour y voler ses fleurs et légumes favoris. Les villageois, las de voir leurs récoltes constamment pillées, le capturèrent et l'attachèrent solidement. Ils ignoraient alors que c'était un dieu. Vous verrez dans toutes les villes des croix avec une représentation du dieu en leur milieu rappelant cette légende. Pour cette occasion, de nombreuses danses masquées sont exécutées. Durbar Square à Kathmandu est transformé en théâtre. Le troisième jour de la fête est le plus important : c'est là qu'on sort la *kumari* de sa maison. La *kumari* est une déesse vivante, une petite fille impubère qui incarne la déesse Taleju, enfermée dans une maison et qui n'apparaît que quelques fois par an, notamment lors de cette fête. Elle doit consacrer le roi en lui apposant la *tikka* sacrée sur le front. Très spectaculaire.

– ***Dasain*** *(septembre-octobre)* **:** fête nationale du Népal. Dès la fin septembre, les premiers cerfs-volants font leur apparition dans le ciel. Le neuvième jour, on assiste au sacrifice de béliers, boucs et buffles, coqs et canards. Attention, c'est vraiment sanglant ! Cela dit, les non-hindous n'ont pas le droit de pénétrer dans les temples où ont lieu les sacrifices, mais on croise souvent des têtes de biquettes posées devant les autels de rue... Ensuite, on bénit, au moyen d'offrandes, tous les objets essentiels à la vie quotidienne : livres pour les étudiants, par exemple, mais surtout les véhicules, tracteurs, vélos, motos et avions compris ! Il arrive aussi qu'on les asperge du sang des animaux sacrifiés. Les dieux ainsi rassasiés d'hémoglobine n'ont plus besoin, paraît-il, de provoquer des accidents...

– ***Laxmi Puja*** *(octobre-novembre)* **:** fête des Lumières, qui marque la nouvelle année pour les Newars. On honore les corbeaux, les chiens, les vaches, les taureaux et... aussi les frères, en leur mettant des colliers de fleurs. C'est la fête pour tout le monde, et les gamins sont bien décidés à vous le faire savoir en vous bombardant de pétards. Les Occidentaux deviennent des cibles privilégiées, il est préférable de ne pas être cardiaque. On observe aussi une célébration propre à Bhaktapur, avec une procession d'enfants, le matin et le soir, portant des lampes à huile à la main, sur les épaules et la tête. Le tout accompagné de musiciens. Spectacle de toute beauté. Le dernier soir, les habitants, souvent les plus anciens, réalisent des « tableaux » faits de différentes graines en face de chaque temple et autel, et dont ils sont souvent la réplique parfaite. Un peu plus tard vient l'apothéose avec l'allumage de milliers de lampes à huile à travers la ville.

LANGUES

Il y a, au Népal, autant d'idiomes que d'ethnies, et presque autant de dialectes que de villages. La langue officielle est le *népali,* d'origine indo-européenne, assez proche de l'hindi, la langue indienne. Il existe toutefois deux autres langues parlées qui bénéficient d'une grande tradition écrite et littéraire : le *newari,* qui n'a strictement rien à voir avec le népali, et le *tibétain.*

Le népali n'est pas une langue très difficile à apprendre. Essayez de baragouiner quelques phrases, les gens en seront très flattés. Pour avoir quelques notions, procurez-vous : *Parlons népali,* de Pascal Chazot (éd. L'Harmattan) ou, plus sérieux, si vous comprenez bien l'anglais, *Basic Course in Spoken Nepali,* tous deux en principe disponibles à la librairie *Pilgrims Book House* de Kathmandu (voir les « Adresses utiles » dans cette ville).

NAMASTE À TOUTES LES SAUCES

On l'entend partout, mais qui connaît le sens exact de namaste ? Cela veut dire aussi bien « Bonjour », « Heureux de vous rencontrer », « Au revoir » ou encore « À bientôt ». Mais sa signification littérale est : « Que l'ensemble de vos qualités soient bénies et protégées des dieux » ! À prononcer mains jointes levées (plus elles sont hautes, plus on montre du respect) et en s'inclinant très légèrement. Si vous voulez marquer une plus grande déférence, dites alors namaskar.

Prononciation

– Les voyelles sont tantôt brèves tantôt longues : a-aa ; i-ii ; u-uu (se prononce « ou ») ; e-ai (se prononce « aï ») ; o-aou.
– Les consonnes se prononcent comme en anglais : ch, « ts » ; chh, « tch » ; j, « dj ».
– Les r sont roulés.
Quelques mots et formules usuels pourront se révéler utiles au cours de votre voyage.

Les nombres

Un	*Ek*	Dix	*Dosse*
Deux	*Doui*	Vingt	*Biss*
Trois	*Tin'*	Trente	*Tiss*
Quatre	*Tchar*	Quarante	*Tchalis*
Cinq	*Pantch*	Cinquante	*Patchas*
Six	*Tcha*	Cent	*Ek sé*
Sept	*Saat*	Deux cents	*Doui sé*
Huit	*Aath*	Mille	*Hajar*
Neuf	*Naou*	Deux mille	*Doui hajar*

La famille

Père	*Bua*	Fils	*Tchora*
Mère	*Ama*	Fille	*Tchori*
Sœur aînée	*Didi*	Sœur plus jeune	*Bahini*

Le temps

Aujourd'hui	*Aja*	Nuit	*Raat*
Hier	*Hijo*	Matin	*Bihana*
Demain	*Bholi*	Après-midi	*Diuso*
Après-demain	*Parsi*	Soir	*Beluka*
La semaine prochaine	*Arko hapta*	Maintenant	*Ahilé*
Jour	*Din*	Quand ?	*Kahilé ?*

Le trekking

Carte	*Naska*	Rivière	*Khola*
Guide	*Sirda*	Village	*Gaon*
Porteur	*Kulli*	Pluie (eau)	*Pani*
Chemin	*Bato*	Soleil	*Surhya*
Montagne	*Pahar, himal*	Lune	*Chandrama*
Forêt	*Jangal*	Chien	*Kukur*
Sangsue	*Tsuga*		

Quelques expressions usuelles

Bonjour, bonsoir, au revoir	*Namaste*
À bientôt	*Féri vétaula*
Quelle heure est-il ?	*Koti badjé ?*
Oui	*Ho*
Non	*Hoïna*
D'accord	*Huntcha*
Pas d'accord	*Hundeïna*
Merci	*Dhanyabad*
Il y a	*Tcha*

Il n'y a pas	*Tchaïna*
Peut-être	*Hola*
Je ne parle pas népali	*Man népali boldeïna*
Je ne comprends pas	*Man boudjeina*
Quel est votre nom ?	*Tapaïko naam ké ho ?*
Je m'appelle	*Mero naam... ho*
Où habitez-vous ?	*Tapaïko ghar kahanho ?*
Comment allez-vous ?	*San tché tcha ?*
L'addition SVP	*Krepaya bill dinous*
Combien ?	*Kati vayo ?*
C'est bon	*Mitho tcha*
Épicé, fort	*Piro*
J'ai faim	*Malaaï boglagyo*
J'ai soif	*Malaaï tirkha lagyo*
Où allez-vous ?	*Tapaï kahau januhuncha ?*
Quelle route ?	*Kun bato ?*

L'anglais est enseigné aux enfants dès l'âge de 5 ans (mais avec une efficacité toute relative pour les écoles publiques) et demeure assez bien parlé par tous les Népalais en contact avec les touristes.
Le français n'est guère pratiqué, excepté par quelques Népalais qui travaillent en partie avec des touristes francophones ou qui ont décidé de prendre des cours à l'Alliance française. Nous vous signalons le plus possible les agences et services où le personnel parle notre langue.

LEXIQUE

Arak : alcool à base de pomme de terre ou de céréales.
Chapati : galette de farine de blé.
Chowk : cour d'un palais.
Damaru : petit tambour.
Hiti : citerne ou fontaine creusée dans le sol.
Jhad : bière à base de riz.
Juga : sangsue.
Mandapa : sanctuaire népalais.
Momos : raviolis à la vapeur (parfois frits) fourrés à la viande ou aux légumes.
Pipal : banian, arbre sacré souvent entouré de cordelettes blanches (offrandes aux dieux pour une guérison).
Saranghi : petite viole à quatre cordes souvent présente dans les boutiques de souvenirs.
Sikhara : tour en forme de pain de sucre couronnant parfois des sanctuaires.
Sudra (shudra) : la plus basse classe des castes.
Thangka : peintures qui servent, en principe, à la méditation.
Vajra : objet rituel aussi bien dans l'hindouisme que dans le bouddhisme formé par une boule située au milieu de deux sceptres. Aux lignes convexes. Symbole d'Indra, il est censé détruire toutes les ignorances.
Voir aussi, plus haut, dans la rubrique « Religions et croyances », les lexiques propres à l'hindouisme et au bouddhisme.

LIVRES DE ROUTE

Récits

– ***Flash ou le grand voyage,*** de Charles Duchaussois (1971 ; Le Livre de Poche n° 3730). Charles Duchaussois, borgne depuis l'âge de 4 mois (à cause d'un obus allemand en 1940), véritable pied-nickelé, escroc et jouisseur infidèle, trafique le haschich et les armes au Liban, dirige une boîte de nuit au Koweït et finit par rejoindre (par amour) la mythique Kathmandu. Là, toutes les drogues, y compris les plus dures, sont en vente libre et à prix dérisoire. Sa longue descente aux enfers peut commencer... Un récit saisissant de la période hippie dans les années 1960. En vente à Kathmandu.

– ***Tragédie à l'Everest,*** de Jon Krakauer (1997 ; éd. Presses de la Cité, coll. « 10-18 », 2009). Au printemps 1996, Jon Krakauer, envoyé spécial d'un magazine américain (et futur auteur du best-seller *Into the Wild*), se lance à l'assaut de l'Everest dans l'une des nombreuses expéditions commerciales aux intérêts divergents. Au milieu de professionnels et de néophytes, il fait partie des rares élus à atteindre le toit du monde. Mais soudain, la météo tourne et la belle histoire vire au tragique... En vente à Kathmandu. Adapté au cinéma en 2015 (*Everest,* de Baltasar Kormákur).

– ***Le Léopard des neiges,*** de Peter Matthiessen (1991 ; éd. Gallimard, coll. « L'Imaginaire », 2005). En compagnie d'un zoologiste, P. Matthiessen partit au Népal en 1973 pour un voyage qui se transforma en aventure spirituelle au Dolpo.

– ***Au cœur des Himalayas, Sur les chemins de Katmandou,*** d'Alexandra David-Néel (Petite Bibliothèque Payot, 2004). Publié en 1949, ce récit de voyage relate le pèlerinage, entrepris en 1912-1913, de la célèbre orientaliste française sur les lieux saints du bouddhisme.

– ***Annapurna premier 8 000,*** de Maurice Herzog (1951 ; éd. Arthaud, coll. « Classiques Arthaud », 2010). Le récit de la fameuse expédition du Club alpin français en 1950. Maurice Herzog et Louis Lachenal sont les premiers alpinistes au monde à gravir un sommet de plus de 8 000 m. Herzog ne nous épargne aucun détail, et pourtant son récit haletant et passionné se boit comme de l'eau fraîche. En vente à Kathmandu et Pokhara.

– ***Prisonnier de l'Annapurna,*** de Jean-Christophe Lafaille (éd. Guérin, coll. « Terra Nova », 2003). L'histoire vraie d'un alpiniste d'exception qui, en 1992, perd son compagnon de cordée au cours de l'ascension de la face sud de l'Annapurna. Il lui faudra 5 jours, puis 10 ans pour surmonter cette épreuve, physiquement et psychologiquement. L'auteur a disparu à son tour en 2006 en gravissant le Malaku, un autre sommet de l'Himalaya.

– ***Victoire sur l'Everest,*** de John Hunt et Sir Edmund Hillary (éd. Actes Sud, coll. « Babel », 1996). Le récit de la conquête de l'Everest par une équipe britannique. Au final, c'est Edmund Hillary et le sherpa népalais Tensing qui atteignent le sommet, donnant à l'alpinisme sa consécration absolue.

Fiction

– ***Les Chemins de Katmandou,*** de René Barjavel (1969 ; éd. Pocket, 2012). L'auteur retrace les différentes routes initiatiques, séduisantes mais dangereuses, qui mènent à Kathmandu en mettant en scène plusieurs jeunes gens, dont Jane et Olivier, et leur quête de liberté à travers (ou contre) la drogue. Ce roman est tiré du film (et non l'inverse) d'André Cayatte, avec Jane Birkin et Renaud Verley et dont René Barjavel fut le coscénariste.

– ***Les Criminels de Katmandou,*** de Satyajit Ray (éd. Kailash, coll. « Mystère et boule d'opium », 1997). Le réalisateur indien est aussi l'auteur de nombreux romans. Celui-ci commence à Calcutta, alors que le détective Feluda (un personnage récurrent dans l'œuvre de Satyajit Ray) reçoit un étrange coup de fil. Son enquête le conduira jusqu'à la capitale népalaise.

– ***Dieu en prison à Katmandou,*** de Samrat Upadhyay (éd. Mercure de France, 2003). Première œuvre de ce jeune écrivain népalais, immigré aux États-Unis, ce recueil de nouvelles raconte le Kathmandu moderne qui tente de concilier modernité et traditions. Et du même auteur (et éditeur), ***Le Maître de l'amour*** (2005). Dans les années 1990, alors que gronde la révolte contre la monarchie, une femme propose à son mari, professeur, d'accueillir chez eux sa jeune maîtresse. Un ménage à trois singulier dans ce pays aux traditions séculaires.

Essais

– ***Histoire politique du Népal, aux origines de l'insurrection maoïste,*** de Michelle Kergoat (éd. Karthala, 2008). Cet ouvrage montre de façon claire la difficile construction démocratique et la naissance d'une insurrection maoïste dans ce pays mosaïque construit dans l'urgence. Il permet également de relativiser la vision souvent idéalisée que rapporte le trekkeur, conquis par les habitants, qui cachent le plus souvent des situations d'extrême pauvreté et de grande détresse.
– ***Le Népal : étude historique d'un royaume hindou, 2 vol.,*** de Sylvain Lévi, préface Marc Gaborieau (éd. Kailash, 2004). Une bonne étude historique et ethnographique.
– ***Les Tambours de Katmandou,*** de Gérard Toffin (2002 ; éd. Payot, 2007). L'ethnologue a vécu parmi les Newars pour tenter de comprendre la structure complexe de leur société.
– ***L'Hindouisme,*** de Louis Renou (1983 ; éd. PUF, coll. « Que sais-je ? », 2001). Pour se retrouver quelque peu dans les dédales du panthéon hindou, peuplé des avatars des trois dieux fondateurs, Brahma, Vishnu et Shiva. Une bonne synthèse.

POSTE

Les bureaux de poste, comme les banques et tous les services administratifs, sont fermés le samedi et les jours fériés.
Le courrier est très lent, et son acheminement plus que variable ; compter 2 semaines à 1 mois pour l'arrivée à destination d'une carte postée à Kathmandu. Si vous voulez être sûr(e) que votre courrier arrive à bon port, allez dans un bureau de poste et assurez-vous que les timbres sont bien tamponnés devant vous. Une lettre venant de France met le même temps pour être distribuée au Népal. Compter moins de 50 Rps (0,45 €) pour une carte (un peu plus pour une lettre) vers l'Europe.
Vous pouvez vous faire expédier du courrier en poste restante, mais il est indispensable de demander à votre correspondant d'écrire votre nom en majuscules, suivi de votre prénom. Ne vous faites jamais envoyer d'argent dans une lettre, il y a de gros risques de ne jamais le trouver. Si vous souhaitez envoyer un colis au Népal, n'envoyez qu'une chose à la fois. C'est fastidieux, mais sachez que même en recommandé, certains employés peu scrupuleux n'hésiteront pas à se servir.

POURBOIRE ET TAXES

Le pourboire dans les restaurants n'est pas obligatoire, mais il a tendance à se généraliser. En gros, si le service n'est pas déjà inclus dans la note, il est d'usage de laisser 5 à 10 % du montant de l'addition. Pour les autres services, quelques roupies suffisent largement.
Les hôtels et restos des catégories « Prix moyens » et « Chic » annoncent souvent leurs prix hors taxes. Ils ajoutent donc souvent à l'addition finale 10 % de service et, sur le total obtenu, encore 13 % de TVA (sauf dans les *lodges* accessibles en cours de trek), ce qui fait donc quand même un supplément de 23 %... C'est pour cette raison que, sauf mention particulière, nous vous indiquons dans ce guide les prix taxes incluses. Évidemment, on vous proposera régulièrement de payer sans facture, donc sans la TVA (mais le service de 10 % s'appliquera sans doute). Pas sûr que ce soit très civique, surtout dans un pays où l'on se plaint du gouvernement et du service public, mais à vous de voir...
Si vous partez ***en trek*** avec guide et porteurs, ceux-ci s'attendront (si les prestations ont été correctes) à ce que vous leur laissiez un pourboire à la fin. Un pourboire collectif raisonnable est de l'ordre de 300 Rps par porteur et par jour et de 500 Rps par guide et par jour. À noter que le pourboire est généralement plus

conséquent pour les treks en tentes que pour ceux en *lodge*. N'oubliez pas que les porteurs endossent des charges de 30 à 40 kg et que ça grimpe raide...

RAFTING ET CANYONING

Rafting

Il n'est pas nécessaire d'en avoir déjà fait, mais une bonne condition physique est recommandée. Le rafting peut se pratiquer toute l'année. Toutefois, l'idéal est d'en faire en octobre-novembre : il fait chaud, et comme la mousson vient de finir, le débit des rivières est important. Cela rend le parcours plus mouvementé. Amateurs de sensations fortes, optez pour cette période ! En hiver (de décembre à février), l'eau peut être très froide. Au printemps (de mars à mai), il fait chaud mais le niveau des rivières est plus bas qu'en automne. Enfin, en été (de juin à septembre), le niveau des rivières est particulièrement élevé, sans compter qu'il pleut beaucoup, ce qui ne rend pas les virées en raft des plus agréables.
Les rivières les plus fréquentées sont la Trisuli (entre Kathmandu et Pokhara), la Sun Kosi (à l'est de la vallée de Kathmandu) et la Kaligandaki (à l'ouest de Pokhara), mais il y en a d'autres.
Pour la rivière Trisuli, l'une des plus pratiquées, il faut avoir un peu de temps devant soi ou l'intégrer dans un parcours vers Pokhara. Elle suit en effet la route de Pokhara jusqu'à Mugling puis bifurque au sud vers le Téraï. C'est une rivière calme, surtout dans la partie basse. Elle offre la possibilité de rejoindre le parc national de Chitwan en 2-3 jours de navigation. Attention cependant, de mars à mai, les eaux de la Trisuli sont très basses... et l'on rame beaucoup.
Si vous êtes à Pokhara et plutôt pressé dans votre parcours, vous pouvez prévoir une demi-journée pour descendre le haut Seti, ça vaut le coup ; même si on ne passe que 1h30 sur l'eau, on s'en souvient !
La Sun Kosi, plus difficile à naviguer que la Trisuli, s'adresse aux amateurs avertis ; attention aux accidents (parfois mortels !) pour ceux qui préféreront ignorer cette mise en garde. À certains endroits, par ses gorges profondes, cette rivière évoque... le Colorado ! Réservée donc aux amateurs de sensations fortes qui ont de l'expérience. Compter une petite dizaine de jours pour la descendre.
La Kaligandaki, qui part de Kusma et descend à Tansen (rapides importants) pour rejoindre aussi le Téraï, fera le bonheur des passionnés de nature et d'ornithologie. Prévoir 3 ou 4 jours suivant la saison, plus les délais de transport.
Il existe deux types de rafts : avec pagaies, où tout le monde participe à la navigation ; ou avec rames, où seul le guide dirige le raft, plus reposant mais moins grisant !
Il est indispensable de confier la logistique à une agence qui se chargera de tout le matériel de rafting comme les gilets de sauvetage, casques, containers étanches pour vos affaires personnelles, et du matériel de camping (tentes, matelas, duvets...), ainsi que de l'organisation des repas, prise en charge par un cuisinier. L'acheminement aller-retour jusqu'à la rivière a lieu en voiture, en minibus ou par les transports locaux. Les groupes comprennent en moyenne 8 personnes, plus un guide, un cuisinier et des porteurs. Prévoyez un bagage minimum comprenant, bien sûr, un maillot de bain, des chaussures supportant l'eau, ainsi qu'une autre paire pour le soir, des vêtements de rechange et des sacs en plastique. Maintenez vos lunettes, chapeau, etc., avec une ficelle ou un élastique. Vous devez fournir quatre photos d'identité pour le permis.
Nous avons sélectionné, à Kathmandu, quelques agences qui organisent des descentes pour tous les niveaux :

■ ***Glacier Safari Treks*** *(plan d'ensemble Kathmandu, D1, **18**) : Damodar Marg, Kusunti, Jawalakhel, à Patan.* ☎ *500-16-91 ou 552-28-50.* 📱 *98-51-02-46-03 ou 98-51-06-31-03.* ● *gstreksnepal.com* ● Rafting de 2 à

5 jours sur la Kaligandaki, de 2 à 3 jours sur la Seti et une descente découverte de 1 à 2 jours sur la Trisuli. Voir aussi « Adresses utiles » à Kathmandu.

■ ***Borderlands Eco Resort*** *(zoom I Kathmandu, C2,* ***24****)* **:** *J.P. School Rd, à Thamel. ☎ 470-12-95 ou 438-12-14. • borderlandresorts.com •* Propose des programmes de rafting encadrés par des professionnels avertis, dans le respect de la nature et des habitants. Confiance et sécurité sont leur devise. Leur centre, situé non loin de la frontière chinoise, est de toute beauté, avec confort et nourriture saine. Voir aussi « Adresses utiles » à Kathmandu.

■ ***Ultimate Rivers*** **:** *Mandala St, à Thamel. ☎ 470-05-26. • ultimaterivers.com.np • Dans la ruelle du resto Or2K (zoom couleur I Kathmandu, C2,* ***106****).* Agence fiable proposant du rafting sur les principales rivières du pays.

Également deux agences à Pokhara :

■ ***Paddle Nepal*** *(zoom Pokhara, A2,* ***105****)* **:** *Lakeside Marg. ☎ 46-57-30 ou 36. • paddlenepal.com •* Agence sérieuse tenue par un couple népalo-canadien. Le mari, Nim Magar, est le capitaine de l'équipe nationale de rafting du Népal. Propose aussi du canyoning et des stages de kayak.

■ ***Ganesh Kayak Adventure*** *(zoom Pokhara, A3,* ***7****)* **:** *Lakeside Marg. ☎ 46-26-57. 📱 98-56-03-90-80. • ganeshkayak.com •* Agence tenue par Charly, un Français spécialisé notamment dans le kayak (location et excursions) et le rafting.

Canyoning

Très pratiquée en Europe, cette discipline a aussi fait son apparition au Népal. Elle consiste à cheminer dans des gorges, souvent le long de cascades et cours d'eau, en s'aidant de cordes (pas mal de descentes en rappel). Si cela vous tente, on vous recommande en particulier deux des agences reprises ci-dessus : *Borderlands Eco Resort* (à Kathmandu) et *Paddle Nepal* (à Pokhara).

SANTÉ

Vaccinations

Le Népal n'exige aucune vaccination à l'entrée de son territoire. Toutefois :
– Les ***vaccins « universels »*** (tétanos, polio, diphtérie, coqueluche et hépatite B) doivent être à jour.
– Le vaccin contre l'***hépatite A*** (par exemple *Avaxim*) est fortement recommandé par l'OMS, car c'est une des maladies qui se contracte le plus facilement (par l'alimentation). Pour la même raison, il est également conseillé de se faire vacciner contre la ***typhoïde*** *(Typhim Vi)* ou vaccin combiné fièvre typhoïde/hépatite A : *Tyavax.*
– Pour ceux qui vont vivre au Népal pour une longue période, sont instamment conseillés les vaccins contre la rage (lire plus loin) et la ***méningite*** (en particulier pour les moins de 40 ans et toute personne qui part en trek et va loger en campement ou en refuge ; la maladie se propage d'autant plus que la promiscuité est grande).
– Il est aussi important de s'immuniser contre l'***encéphalite japonaise*** lorsqu'on se rend dans le Téraï pendant la mousson, d'autant plus si le séjour est prolongé. Cette maladie sévit en permanence mais surtout par épidémies en période de mousson. C'est une maladie grave (un tiers de décès, un tiers de séquelles neurologiques). Il existe un vaccin *(Ixiaro®),* bien toléré, qui consiste en deux injections (J0-J28), disponible en centres de vaccinations internationales et en pharmacie (sur prescription) : environ 90 € chaque dose ! Plus d'infos sur *• astrium.com/encephalite-japonaise.html •* Sachez également qu'un court séjour en Inde ou au Pakistan (avec nuitées en zone rurale) suffit pour contracter la maladie.

Réfléchissez donc bien avant de partir et souvenez-vous que deux précautions valent mieux qu'une (on prend soin de nos lecteurs). Notez toutefois que la maladie est absente à haute altitude (au-delà de 1 800 m). N'hésitez pas à prendre conseil auprès d'un centre de vaccinations internationales.

Centres de vaccinations

Pour les centres de vaccinations partout en France, dans les DOM-TOM, en Belgique et en Suisse, consulter le site internet • *astrium.com/centres-de-vaccinations-internationales.html* •

Conseils généraux

Un certain nombre de précautions s'imposent, en plus des vaccins, d'autant que la situation sanitaire du Népal ne s'améliore pas tellement d'une année sur l'autre.
– Il est indispensable de suivre un ***traitement antipaludique*** si vous comptez vous rendre ***dans les régions les plus reculées du Téraï népalais,*** près de la frontière indienne, entre mai et octobre (pas de problème pour le parc de Chitwan). Le traitement consiste à prendre un comprimé de *Malarone* par jour. À commencer la veille de l'arrivée et à poursuivre pendant 7 jours après le retour. Le moustique, vecteur de la maladie, ne survit pas en altitude au-delà de 1 800 m. Risque minime à nul à Kathmandu et dans sa vallée, ainsi qu'à Pokhara.
Utilisez des répulsifs en vérifiant que ceux-ci sont véritablement efficaces sur les moustiques exotiques (par exemple, les produits de la gamme *Insect Ecran*). Dans tous les cas, s'enduire les parties découvertes du corps toutes les 4h environ et dormir sous moustiquaire imprégnée d'insecticide.
Les systèmes de plaquettes que l'on branche directement sur une prise de courant ne sont utiles que dans la vallée. Les *mosquito coils* que l'on fait brûler la nuit sont aussi très efficaces, mais ils ne doivent pas être utilisés dans de petites pièces closes.
Les précautions prises contre les moustiques permettent également de se protéger contre la ***dengue*** (prononcez « dingue »), une maladie qui affecte principalement le Téraï (sud du pays), surtout en période de mousson (de fin avril à septembre-octobre). Le virus est transmis par une espèce de moustique qui pique le jour. Les symptômes sont sensiblement les mêmes que pour le paludisme (fièvre, migraine, douleurs musculaires, fatigue intense, et en prime, parfois une éruption cutanée), à cette différence près que cette maladie est très rarement mortelle. Heureusement car on ne lui connaît pas encore de traitement. Une raison de plus pour éviter de se faire piquer.
– ***L'eau*** du robinet et des rivières n'est jamais potable, surtout à Kathmandu (c'est là qu'elle est la plus dangereuse). Se munir éventuellement d'une gourde et purifier l'eau suspecte grâce à un procédé individuel et économique : *Lifestraw*®. Il s'agit d'une sorte de paille qui filtre bactéries, virus et parasites (à hauteur de 99,99 % : du jamais vu) avec une capacité de 1 000 litres, soit la consommation d'une personne sur une année. En revanche, se rincer les dents à l'eau minérale paraît un peu excessif. Méfiance avec les légumes et les fruits qui ne s'épluchent pas, sauf s'ils sont cuits ou lavés abondamment avec de l'eau propre ou bouillie. Dans certains restaurants pour touristes, les salades sont lavées avec de l'*Iodine* (équivalent du *Micropur*), du moins elles sont censées l'être si l'on en croit les cartes... Attention, les dysenteries sont fréquentes au Népal.
– ***Se laver souvent les mains,*** sources d'infections intestinales. Prévoir des lotions hydroalcooliques, bien pratiques, à acheter avant le départ ou sur place, dans les pharmacies des grandes villes.
– ***Les diarrhées*** sont très fréquentes au Népal, en raison du manque d'hygiène dans beaucoup d'établissements. Elles arrivent plus souvent au début du séjour et sont normalement sans gravité. Toutefois, un traitement adapté doit être entrepris dès les premiers symptômes. Prévoir un antibiotique, type azithromycine

(*Zithromax*® ; deux comprimés en une seule prise, une seule fois), allié à un ralentisseur du transit intestinal, tel que l'acécadotril (*Tiorfan*® ; une gélule d'emblée, puis une gélule trois fois par jour, si possible avant les trois principaux repas ; durée maxi : 7 jours). Se réhydrater fréquemment, manger du riz et boire de l'eau de riz, du thé ou des boissons de préférence sans bulles. La présence de sang ou de pus ainsi que la coexistence d'une fièvre imposent une consultation rapide. Contactez le médecin de l'ambassade qui vous conseillera.

– Se méfier des ***laitages,*** sauf du lait dûment bouilli et du *jujudhau* (ou *dahi*), le délicieux yaourt de Bhaktapur. Attention au *lassi,* la boisson lactée, surtout en période de mousson, le lait fermenté supportant mal la chaleur et l'humidité.

– Se protéger du ***soleil.*** Attention aux yeux. Prévoir une crème solaire d'indice maximal et un chapeau.

– Boire beaucoup en cas d'efforts, de chaleur, de diarrhée.

– Ne jamais marcher pieds nus.

– Ne pas se baigner en lac et rivière.

– ***Les sangsues*** sévissent pendant la mousson dans le Téraï et dans toutes les zones boisées (dans les petits chemins que l'on emprunte lors de treks dans la vallée), notamment dans la région de Pokhara. Pour extraire ces vampires qui grimpent sur vos chaussures (même hautes !) et s'insinuent à l'intérieur (suçant ensuite le sang au travers de la chaussette), il n'y a pas 36 solutions : il faut les couvrir de gros sel. Elles se décrocheront d'elles-mêmes. SURTOUT, ne pas les arracher : cela peut créer des infections très graves ! Désinfecter la plaie ensuite car les sangsues provoquent des surinfections traînantes. Votre guide de trek vous indiquera sans doute le type de mousse naturelle qui permet de cicatriser la plaie.

– Kathmandu se caractérise par la très forte ***pollution*** des véhicules à moteur. Pour les fragiles des bronches, nous conseillons l'achat de masques spéciaux (norme FFP2) avant le départ. Ceux disponibles au Népal ne sont vraiment pas efficaces.

– ***La rage :*** attention aux chiens, souvent porteurs de la maladie. En cas de morsure, les symptômes n'apparaissent pas avant 10 à 15 jours, mais l'issue est alors toujours fatale. Il est donc conseillé de se faire vacciner avant le départ. C'est indispensable pour les séjours longs et en zones rurales. Le vaccin peut être délivré par tout pharmacien et les trois injections (J0, J7, J28) peuvent être réalisées par tout médecin. Même lorsqu'on est déjà vacciné, il faut se faire injecter aussi vite que possible le rappel, puis une autre dose 24h après. Si l'on est mordu, que l'on soit vacciné ou non, laver immédiatement et abondamment la plaie avec du savon. Puis, contacter en urgence l'ambassade qui doit pouvoir vous délivrer (ou vous conseiller sur la meilleure façon d'obtenir) des doses de vaccin curatif ou vous faire rapatrier en urgence.

Vérifiez aussi votre ***vaccination antitétanique,*** et consultez le plus vite possible si elle n'est pas à jour. Désinfectez plusieurs fois par jour la moindre plaie car la cicatrisation est longue en raison de l'impureté de l'eau des douches.

– ***Le sida*** se développe via les nombreuses prostituées népalaises enrôlées de force en Inde, ou travaillant dans la vallée de Kathmandu. Prudence donc, il faut absolument sortir « couvert » ! Évitez toute transfusion et toute piqûre avec une seringue douteuse.

– Votre ***trousse médicale*** devra comporter au minimum : un antipaludique (*Malarone*) pour tout séjour au-dessous de 1 800 m d'altitude (sauf à Kathmandu, sa vallée et à Pokhara) et dans le Téraï de mai à octobre, un antalgique du type paracétamol, un antiseptique intestinal, un antidiarrhéique, un antibiotique à large spectre, un antispasmodique, de la crème solaire, des pansements antiseptiques cutanés, une bande de contention, du sparadrap, des seringues neuves et du matériel stérile, sirop ou pastilles contre les irritations de gorge et la toux (on tousse beaucoup au Népal). N'oubliez pas d'y joindre aussi de quoi traiter rhinites et bronchites, très fréquentes à cause de la poussière, de la pollution des véhicules et des tas d'ordures qui dégagent des milliards de bactéries. De la

vitamine C pourra vous être très utile. S'il vous reste des médicaments à la fin de votre séjour (nous l'espérons pour vous), ne les donnez pas aux habitants. Ce geste généreux peut engendrer des catastrophes. Déposez-les plutôt à l'ambassade de France ; ils seront distribués aux différentes associations et aux dispensaires.
– Lire également plus loin le paragraphe sur le ***mal d'altitude*** dans la rubrique « Trekking ».

■ ***Catalogue Santé Voyages (Astrium) :*** les produits et matériels utiles aux voyageurs, assez difficiles à trouver, peuvent être achetés sur le site de santé-voyages • *sante-voyages.com* • Infos complètes sur toutes les destinations, boutique web, paiement sécurisé, expéditions Colissimo Expert ou Chronopost. ☎ *01-45-86-41-91 (lun-ven 14h-19h).*

En cas de pépin

Voir les contacts médicaux dans la rubrique « Adresses utiles » de Kathmandu. Seuls quelques hôpitaux sont recommandables. Ils assurent les urgences 24h/24. S'il vous arrive quelque chose de sérieux, on vous conseille les cliniques privées, mieux équipées et travaillant généralement avec un personnel plus qualifié que les hôpitaux publics, même réputés. Quelle que soit la structure, hôpital ou clinique, les médicaments sont payables d'avance et doivent être achetés par le malade lui-même ou une personne l'accompagnant. Cela est également valable pour la nourriture. Il est difficile, sinon impossible dans certains hôpitaux, de contacter une personne hospitalisée, le réseau téléphonique se résumant souvent à un seul poste pour tout l'établissement.
Voir aussi le paragraphe consacré à « l'assurance » dans la rubrique « Trekking ».

SITES INTERNET

Informations générales et culture

• ***routard.com*** • Rejoignez la plus grande communauté francophone de voyageurs ! Échangez avec les routarnautes : forums, photos, avis d'hôtels. Retrouvez aussi toutes les informations actualisées pour choisir et préparer vos voyages : plus de 200 fiches pays, une centaine de dossiers pratiques et un magazine en ligne pour découvrir tous les secrets de votre destination. Enfin, comparez les offres pour organiser et réserver votre voyage au meilleur prix. Routard.com, le voyage à portée de clics !
• ***welcomenepal.com*** • En anglais et en français. Le site officiel du *Nepal Tourism Board.* Assez complet et plutôt bien fait.
• ***explorenepal.com*** • En anglais. Moteur de recherche. Liens vers des sites sur l'actualité, le sport, l'environnement, la culture, la cuisine, les loisirs, l'économie, le climat, les hôtels, les treks, agences de voyages, etc.
• ***nepalnews.com*** • En anglais. Site sur l'actualité népalaise. On peut y lire toutes les nouvelles concernant le Népal, avec des liens vers la radio *BBC Nepali.* Mis à jour quotidiennement ou presque.
• ***ekantipur.com*** • En anglais. Là encore, site à vocation journalistique prodiguant des nouvelles du pays.
• ***namaste.thanaka.org*** • En français. Site sur la culture népalaise, et asiatique en général : des conseils sur le savoir-vivre et les comportements à adopter, ainsi que des infos sur la cuisine, les transports, etc. Également une belle collection de photos.

Albums photo

• ***photoslagarde.com*** • En français. Reportages photo de Michel Lagarde sur différents pays, dont le Népal (paysages, fêtes, etc.).

Treks et montagnes

Les agences de trekking à Kathmandu possèdent pour la plupart un site internet avec des infos générales sur le trekking au Népal et une description des différents treks proposés.
• *zonehimalaya.net* • En français. Site assez complet sur le trekking au Népal, des préparatifs aux précautions à prendre, en passant par les différents types et zones de trek.
• *cryptozoo.pagespersoorange.fr/vedettes/abominab.htm* • En français. Infos et vérité (s'il en est une !) sur le fameux yeti, dit « l'abominable homme des neiges », créature légendaire des montagnes du Népal.

TÉLÉPHONE ET TÉLÉCOMS

Téléphone

Il fonctionne très bien, le Népal disposant de liaisons satellites. Il existe un peu partout dans le pays des échoppes de téléphone-fax (avec parfois aussi quelques ordinateurs reliés à Internet). Celles indiquant *ISD* assurent les communications internationales (*STD* pour les liaisons locales).
Aujourd'hui, la formule la plus économique consiste à communiquer par *Netphone,* téléphone par Internet, ou par *Skype,* proposé par certaines boutiques Internet à Kathmandu et Pokhara.
- On obtient les ***renseignements*** en composant le ☎ 197 (attention, ce numéro est très souvent occupé, insistez !).
- Pas de possibilité d'appeler en PCV, mais le système du *call back* (le correspondant rappelle le centre téléphonique) fonctionne presque partout.
- ***L'indicatif des villes*** est précisé dans le bandeau de titre de chaque ville du guide.
- ***Appels intérieurs :*** composer le numéro du correspondant précédé de l'indicatif.
- ***France → Népal :*** composer le 00, puis le 977 suivi de l'indicatif de la ville (sans le 0) et enfin le numéro de votre correspondant.
- ***Népal → France :*** composer le 00, puis le 33 suivi du numéro (à 9 chiffres, sans le 0 initial) de votre correspondant.
- Pour la ***Suisse,*** faire le 00-41 ; pour la ***Belgique,*** le 00-32. Dans les deux cas, le code est suivi du numéro du correspondant sans le 0 initial.
- ***De et vers un portable népalais :*** on ne compose aucun indicatif de région avant un numéro de portable. En revanche, il faut toujours le faire en appelant un fixe depuis un portable, même si vous vous trouvez dans la même ville.

Les téléphones portables

Le pays possède un bon réseau national, même sur la zone de certains treks ! En principe, il n'est pas utile d'avoir un téléphone tri-bande ou quadri-bande. Pour être sûr que votre appareil soit compatible avec votre destination, renseignez-vous auprès de votre opérateur.
- ***Activer l'option « international » :*** envisageable si vous explorez les zones couvertes. Pour les abonnés récents, elle est en général activée par défaut. En revanche, si vous avez souscrit à un contrat depuis plus de 3 ans, pensez à contacter votre opérateur pour souscrire à l'option (gratuite). Attention toutefois à le faire au moins 48h avant le départ. Mais gare à la note salée au retour !
- ***Le « roaming » :*** c'est un système d'accords internationaux entre opérateurs. Concrètement, cela signifie que lorsque vous arrivez dans un pays, au bout de quelques minutes, le nouveau réseau s'affiche automatiquement sur l'écran de votre téléphone. Vous recevez rapidement un SMS de votre opérateur qui

propose un ***pack voyageurs*** plus ou moins avantageux, incluant un forfait limité de consommations téléphoniques et de connexion Internet. À vous de voir...

– ***Tarifs :*** ils sont propres à chaque opérateur et varient en fonction des pays (le globe est découpé en plusieurs zones tarifaires). ***N'oubliez pas qu'à l'international, vous êtes facturé aussi bien pour les appels sortants que les appels entrants.*** Ne papotez donc pas des heures en imaginant que c'est votre interlocuteur qui payera !

– ***Internet mobile :*** utiliser le wifi à l'étranger et non les réseaux 3G ou 4G. Sinon, on peut faire exploser les compteurs, avec au retour de voyage des factures de plusieurs centaines d'euros ! Toutefois, de plus en plus de fournisseurs de téléphonie mobile offrent des journées incluses dans votre forfait, avec appels téléphoniques, SMS, voire MMS et même connexion Internet en 3G limitée pour communiquer de l'étranger vers la France. Il s'agit de l'offre Origami Play et Origami Jet chez Orange, des Forfaits Sensation 3Go, 8Go, 16Go ou encore du Pack Destination chez Free. Les destinations incluses dans votre forfait évoluant sans cesse, ne manquez pas de consulter le site de votre fournisseur.

Sinon, le plus sage consiste à ***désactiver la connexion*** « données à l'étranger » (dans « Réseau cellulaire »). Il faut également penser à ***supprimer la mise à jour automatique de votre messagerie*** qui consomme elle aussi des octets sans vous avertir (option « Push mail »). Opter pour le mode manuel. Cependant, des opérateurs incluent de plus en plus de *roaming data* (donc de connexion Internet depuis l'étranger) dans leurs forfaits.

Bons plans pour utiliser son téléphone à l'étranger

– ***Acheter une carte SIM/puce sur place :*** une option très avantageuse, que l'on vous conseille au Népal. Il suffit d'acheter à l'arrivée une carte SIM locale prépayée chez l'un des opérateurs locaux. La meilleure compagnie s'appelle *Ncell,* suivie par *Nepal Telecom (NTC),* la compagnie d'État. Toutes deux disposent de boutiques officielles dans les principales villes du pays et même à la sortie de l'aéroport de Kathmandu, à côté du comptoir des taxis. En revanche, il faut remplir un formulaire, présenter son passeport, fournir une copie du visa et une photo d'identité ! Mais pour environ 100-150 Rps, on vous attribue un numéro de téléphone local, auquel il faut ajouter un crédit de communication. *Ncell* propose différentes formules avec ou sans Internet (mais pas encore de 3G ici), notamment un *Traveller's Pack* dans les 1 000 Rps, comprenant un crédit de communications locales et internationales, plus un accès Internet. Cela dit, on vous conseille plutôt le forfait de base le moins cher, l'accès à Internet étant pour le moins aléatoire, voire inopérant... Avant de signer le contrat et de payer, essayez donc, si possible, la carte SIM du vendeur dans votre téléphone – préalablement débloqué – afin de vérifier si celui-ci est compatible. Ensuite, les cartes permettant de recharger votre crédit de communication s'achètent dans les kiosques de rue et autres petites épiceries pour 100 à 1 000 Rps. ***En trek,*** la carte *Ncell* passe bien sur le tour des Annapurnas et le camp de base de l'Everest. Notez que les cartes françaises ne sont pas toujours utilisables en montagne (cela dit, beaucoup de *lodges* ont une connexion wifi).

– ***Se brancher sur les réseaux wifi*** est le meilleur moyen de se connecter au Web gratuitement ou à moindre coût. La plupart des hôtels, restos et bars disposent d'un réseau gratuit. Certes, plus ou moins performant, n'espérez pas le haut débit... Une fois connecté grâce au wifi, à vous les joies de la ***téléphonie par Internet*** ! Le logiciel ***Skype*** vous permet d'appeler et de voir vos correspondants gratuitement s'ils sont eux aussi connectés, ou à coût très réduit si vous voulez les joindre sur leur téléphone. Autre application qui connaît un succès grandissant, ***Viber*** permet également d'appeler et de se voir, d'envoyer des SMS, des photos et des vidéos aux quatre coins de la planète, sans frais. Il suffit de télécharger – gratuitement – l'appli sur son smartphone. Même principe, ***WhatsApp*** est une messagerie pour smartphone qui permet d'appeler, de recevoir ou envoyer des messages photos, notes vocales et vidéos.

Urgence : en cas de perte ou de vol de votre téléphone portable

Suspendre aussitôt sa ligne permet d'éviter de douloureuses surprises au retour du voyage ! Voici les numéros des quatre opérateurs français, accessibles depuis la France et l'étranger :
- ***SFR :*** *depuis la France,* ☎ *1023 ; depuis l'étranger,* 📱 *+ 33-6-1000-1023.*
- ***Bouygues Télécom :*** *depuis la France comme depuis l'étranger,* ☎ *+33-800-29-1000.*
- ***Orange :*** *depuis la France comme depuis l'étranger,* 📱 *+ 33-6-07-62-64-64.*
- ***Free :*** *depuis la France,* ☎ *3244 ; depuis l'étranger,* ☎ *+ 33-1-78-56-95-60.*

Vous pouvez aussi demander la suspension de votre ligne depuis le site internet de votre opérateur.
Avant de partir, notez (ailleurs que dans votre téléphone portable !) votre numéro IMEI utile pour bloquer à distance l'accès à votre téléphone en cas de perte ou de vol. Comment avoir ce numéro ? Il suffit de taper sur votre clavier *#06# Puis reportez-vous au site • *mobilevole-mobilebloque.fr* •

Internet

Avec l'avènement du wifi dans tous les hôtels et restos du pays, les cybercafés deviennent presque des denrées rares... Cela dit, on en trouve encore, notamment dans les quartiers très touristiques comme à Thamel (Kathmandu) et Lakeside (Pokhara). Compter environ 100 Rps/h, contre moins de 50 Rps/h dans le reste du pays (ou dans les autres quartiers des deux villes précitées)... Bonnes liaisons en général, en particulier dans les cybercafés les plus modernes, où l'on peut généralement aussi communiquer par *Skype,* en payant ou non un supplément.

TRANSPORTS INTÉRIEURS

L'anarchie règne au niveau de la circulation routière. Il n'existe pas de code de la route ! Piétons et deux-roues sont à la merci des chauffards, mot synonyme de chauffeurs au Népal. C'est la loi du plus fort, camions et bus notamment !
De plus, les véhicules sont en majorité dépourvus de signalisation (feux stop, clignotants, quand ce ne sont pas tout simplement les phares !). Cela dit, il y a peu de chances que vous conduisiez vous-même, les locations de voitures se faisant en général avec un chauffeur qui, lui, sait faire face au chaos du trafic local.
- ***Le bus :*** voyager en bus local n'est pas cher du tout et permet de côtoyer de près les Népalais. De très très près, même... Sachez donc que c'est amusant la première fois, mais souvent inconfortable : les bus sont généralement vétustes et bondés, au point que parfois on a du mal à respirer, de quoi s'inquiéter un peu en cas d'accident... De plus, ils sont lents (arrêts fréquents pour prendre et laisser descendre des passagers). Ensuite, la durée du voyage est fonction des aléas de la route : crevaisons, surchauffe du moteur (ça arrive moins avec les *Tourist Buses*), inondations saisonnières, éboulements... Dans tous les cas, évitez de voyager la nuit. Bref, pour les longues distances, comme Pokhara et le parc national de Chitwan, par exemple, on vous conseille vivement de prendre des *Tourist Buses,* plus confortables et plus rapides (ils ne s'arrêtent que rarement pour prendre des passagers). Bien sûr, ils sont un peu plus chers, mais pas tant que ça, sauf si l'on opte pour le top : la compagnie *Greenline* qui, pour environ trois à cinq fois plus cher, propose en plus la clim et inclut le repas dans le prix du billet. Voir les rubriques « Arriver – Quitter » des différents chapitres pour plus de détails. Les prix sont parfois annoncés à la tête du client ; n'hésitez pas à demander à votre hôtel le prix normal... même si certains prennent une petite commission.
- ***La location de voitures :*** on roule à gauche (enfin, en théorie !). Comme on l'a dit, la location de voitures (possible dans toutes les agences et auprès des hôtels de Kathmandu) se fait en général avec chauffeur (et vu les conditions de conduite, c'est préférable). Les prix à la demi-journée ou à la journée sont fixés par

l'association *Nata,* reconnue par le gouvernement. Mais assez peu de voyageurs, finalement, louent un véhicule car on vient au Népal avant tout pour marcher, et pour se rendre au lieu de départ du trek depuis Kathmandu, on prend plutôt le bus ou l'avion. À l'intérieur des villes (notamment dans la capitale !), et même entre les villes de la vallée de Kathmandu, mieux vaut utiliser des taxis, cela revient moins cher que de louer une voiture.

– ***Le taxi :*** justement, parlons-en ! Les taxis sont plutôt bon marché, à condition de savoir négocier un peu car ils n'utilisent pas les compteurs, devenus des objets de décoration. En ville, compter environ 50-100 Rps du kilomètre, et le double la nuit. C'est aussi la meilleure formule pour rallier les différents points de la vallée de Kathmandu : on évite l'inconfort des bus locaux et le coût reste raisonnable si l'on a bien négocié et surtout si on est plusieurs ! Cela dit, certaines routes deviennent parfois des pistes difficiles, alors tenez-en compte si votre chauffeur ne veut vraiment pas baisser le prix de sa course. On peut aussi négocier un forfait à la journée.

– ***Le vélo :*** vraiment déconseillé à Kathmandu (peu de loueurs), à cause de la démence du trafic et de la forte pollution. À Pokhara et à Sauraha (parc national de Chitwan), en revanche, c'est déjà beaucoup moins risqué (on y trouve d'ailleurs plus de loueurs), et même agréable.

– ***Le scooter et la moto :*** on déconseille ce mode de locomotion vraiment dangereux, en raison de l'intensité du trafic et de l'absence de règles de conduite. En deux-roues, les accidents sont toujours graves. Ils sont aussi, souvent, mortels, compte tenu de l'insuffisance des structures de secours routier. À bon entendeur !

– ***L'avion :*** dans un pays au relief aussi accidenté que le Népal, c'est évidemment un moyen de transport des plus appréciable, et même le seul possible pour certaines destinations comme Lukla (départ du trek de l'*Everest base camp*) ou l'ouest du Népal. En revanche, évitez vraiment de les utiliser en période de mousson, il y a régulièrement des accidents mortels. Il s'agit le plus souvent d'avions à hélice de 15-20 places, affrétés par plusieurs compagnies, principalement *Buddha Air, Yeti Airlines, Nepal Airlines* et *Sita Air.* Pas spécialement bon marché mais pas prohibitif non plus. Les billets s'achètent dans n'importe quelle agence de voyages. Parfois les vols sont annulés (ou plutôt reportés) pour des raisons climatiques.

TREKKING

Le mot *trek* est un mot anglais d'Afrique du Sud qui signifie « faire route ». Au Népal, le trekking dans les plus belles montagnes du monde vous laissera, sans aucun doute, des souvenirs inoubliables !

Cela étant dit, il y a des règles importantes à connaître. Donc, tout ce qui va suivre s'adresse à tout le monde, même à ceux qui ont l'impression de déjà savoir. On conseille même aux skieurs et « varappeurs » alpins de ne pas trop se fier à leur expérience européenne et de jeter un coup d'œil sur nos notes. Pour ceux qui s'intéressent à l'escalade, sachez qu'il existe au Népal une association reconnue par l'ENSA (École nationale de ski alpin) de Chamonix, le *Kathmandu Climbing Club,* regroupant des guides et destinée à la formation des Népalais.

■ ***Syndicat national des accompagnateurs en montagne :*** *256, rue de la République, 73000 Chambéry Cedex.* ☎ *04-79-70-20-42.* ● *lesaem.org* ● Outre l'encadrement de circuits, les accompagnateurs peuvent fournir des conseils pratiques sur les treks.

Permis de trek

Pour les treks classiques, il faut un permis TIMS *(Trekkers' Information Management System)* délivré aux individuels par le *Nepal Tourism Board* de Kathmandu et Pokhara (voir les « Adresses utiles » de ces villes). Compter l'équivalent de 20 $

Distances en kilomètres	KATHMANDU (DURBAR SQUARE)	PATAN	BODNATH	BHAKTAPUR	NAGARKOT	DHULIKHEL	POKHARA	SAURAHA (CHITWAN)	LUMBINI
KATHMANDU (DURBAR SQUARE)		4,5	6,5	13	27	30	200	165	301
PATAN	4,5		10	13	26	28	204	168	305
BODNATH	6,5	10		12	29	31	213	177	314
BHAKTAPUR	13	13	12		13	17,5	215	180	316
NAGARKOT	27	26	29	13		28	228	192	330
DHULIKHEL	30	28	31	17,5	28		230	195	332
POKHARA	200	204	213	215	228	230		148	198
SAURAHA (CHITWAN)	165	168	177	180	192	195	148		176
LUMBINI	301	305	314	316	330	332	198	176	

par personne (***payable en roupies,*** soit environ 2 000 Rps) si vous partez en individuel, et 10 $ par personne en passant par une agence de trekking qui s'occupera des formalités (à régler en roupies ou en dollars). Apporter son passeport et deux photos. Plus d'infos sur • *timsnepal.com* •

Pour les treks moins classiques (voir ci-dessous), le permis coûte généralement beaucoup plus cher. L'agence de trekking par laquelle vous passez (obligatoire) se charge de vous l'obtenir. Notez tout de même que les tarifs indiqués ci-dessous changent régulièrement, alors faites-vous confirmer ces informations par votre agence juste avant d'y aller...

Régions nécessitant un permis de trek spécial :

- le Kangchenjunga (à l'extrême est du pays) : compter 10 $ par personne par semaine.
- La vallée de la Tsum : 35 $ par personne par semaine en haute saison (20 $ hors saison).
- Le Manaslu : 70 $ par personne par semaine en haute saison (50 $ en basse). Ajouter à cela l'entrée au parc : environ 2 000 Rps. Compter 15 jours de marche, plus 2 jours de transport.
- Le haut Mustang : 50 $ par personne et par jour. Et comme le trek dure minimum 10 jours, ça fait 500 $!

Enfin, pour les grimpeurs, il existe ce que le ministère du Tourisme appelle « sommets de trek ». Il faudra verser une *royalty* très élevée. À titre purement anecdotique, sachez que le permis individuel pour accéder au toit du monde coûte la modeste somme de 25 000 $. Plutôt dissuasif, non ? Mais le gouvernement a décidé d'accorder une ristourne de 75 % en basse saison...

Par ailleurs, un trek traversant deux régions requiert deux permis différents. On ne peut dépasser un mois et demi de trek, sauf autorisation spéciale.

Se balader sans permis n'est pas conseillé. Au mieux, vous serez renvoyé à Kathmandu et vous devrez prendre un permis comme tout le monde. Au pire, vous serez expulsé du pays et parfois même interdit de séjour.

Accès aux parcs nationaux

Le pays compte une vingtaine d'espaces protégés (*National Parks, Wildlife Reserves* et *Conservation Areas*) dont l'entrée est payante. La plupart des treks se situent dans ces zones, ou du moins les traversent. Compter environ 3 500 Rps pour le *Sagarmatha* (nom de l'Everest en népali) *National Park* ; même prix pour le *Makalu Barun National Park* (à l'est de l'Everest), et 2 000 Rps pour *l'Annapurna Conservation Area* ou le *Manaslu Conservation Area* (en plus du permis pour ce dernier). S'adresser au *Nepal Tourism Board* de Kathmandu ou à l'*Annapurna Conservation Area* à Pokhara (voir les « Adresses utiles » de ces deux villes). Si vous passez par une agence de trekking, celle-ci se charge pour vous de cette formalité.

Assurance

Vérifiez avant de partir en trek que votre assurance couvre bien le risque « montagne », avec, absolument, une assurance évacuation par hélicoptère (et pas seulement limitée à la haute montagne, sinon ça risque de vous coûter un bras !). Les assurances, en effet, sauf clause spéciale, ne couvrent pas les évacuations de ce type. N'oubliez pas non plus de souscrire l'option « secours et recherche », en cas de disparition (certaines agences de trek refusent les clients qui ne possèdent pas cette option). Cela dit, les agences de voyages françaises incluent parfois ces services d'assistance dans leur contrat, renseignez-vous absolument avant de signer (et de payer deux fois). Attention, sachez que seules les vraies expéditions professionnelles sont équipées d'un téléphone satellite. Et encore, le coût de location d'un tel appareil est très élevé. Pour ceux qui ne partent pas en trek organisé depuis la France, on vous conseille de vous inscrire sur le portail *Ariane* (enregistrement en ligne sur le site ● *pastel.diplomatie.gouv.fr/fildariane* ●) et/ou à la *Himalayan Rescue Association* (voir plus bas dans la sous-rubrique « Mal d'altitude »). On ne vous répétera jamais assez que la meilleure garantie pour une assistance efficace est de passer par une agence sérieuse et reconnue, qui est en relation avec les agents locaux et internationaux des compagnies d'assurance, ceci afin d'améliorer la prise en charge et d'assurer l'évacuation dans les plus brefs délais si la question se pose. Être enregistré auprès du TIMS ne suffit pas (voir plus haut « Permis de trek »).

Documentation et cartes

On peut se procurer en France des ouvrages consacrés aux grands treks du Népal, région par région. On les achète notamment dans des librairies de voyages. Ces guides sont précis et on y trouve toute la cartographie nécessaire à l'organisation et au choix de son trek. Cela dit, question cartes, c'est désormais au Népal, dans les nombreuses librairies de Thamel (Kathmandu) et de Lakeside (Pokhara), qu'on trouve le plus grand choix. En plus, elles sont moins chères que chez nous. On vous conseille les éditeurs *Himalayan Map House, Nepal Maps* ou *Shangri-la,* qui proposent tous types de cartes, de randonnées (avec *lodges,* aires de camping, sentiers, altitude, etc.) ou non, allant du 1/400 000 au 1/40 000. Le mieux, pour faire son choix, est d'entrer dans une des librairies de Kathmandu ou Pokhara et de comparer l'offre.
Une fois sur place, ne pas hésiter à demander son chemin, les cartes ne suivent pas toujours la rapidité des changements.

Vêtements et matériel

Une évidence absolue : prévoir léger pour le portage, mais ne rien oublier d'essentiel. Indispensables, de bonnes chaussures de marche : légères, imperméables *(Gore-Tex, Sympatex...),* résistantes, avec semelle en Vibram antichoc et déjà « rodées », jamais neuves... Emportez de nombreuses chaussettes de marche, plus des sous-vêtements et collants en polypropylène. Pour éviter les ampoules, un truc : s'enduire les pieds avec une solution à base de formol. À demander en pharmacie. Assez efficace.
Si c'est en hiver : gants pour la neige (les gants polaires ne suffisent pas), bonnet, crème solaire haute protection, lunettes de glacier, un bon duvet cloisonné, un sac à viande en polaire et plus de vêtements chauds. Prévoir aussi plus léger : il peut faire chaud sur le coup de midi.
En été : un parapluie, des vêtements et chaussures (bien fermées, à cause des sangsues !) bien imperméables, un couvre-sac. Bref, prévoir tout contre l'humidité. Un simple K-Way s'avère insuffisant.
Une paire de tongs, pour poser le pied dans des sanitaires pas toujours reluisants, et une lampe frontale, pour toutes les situations nocturnes (coins déserts et coupures d'électricité, entre autres) se révéleront utiles.
Petite remarque : les Népalais que vous croiserez sur les sentiers de trek apprécient une tenue soignée et non provocante surtout pour vous, mesdames. Respectez-les, c'est le seul moyen de vous en faire des amis.
Les bâtons télescopiques se révèlent indispensables pour la majorité des treks au Népal en raison des très nombreux escaliers. Vu la quantité d'eau qu'il est recommandé de boire, une gourde avec pipette *(camel bag)* est bien pratique.
Ceux qui veulent emporter une tente ne pourront éviter le recours à un porteur (pour la tente et la cuisine). Néanmoins, sur certains itinéraires classiques, comme le fameux tour des Annapurnas, il est très facile de trouver des *lodges.* À vous de savoir ce qui vous conviendra le mieux. D'octobre à mars, risque de neige en route. Après novembre, *lodges* en altitude fermés. Renseignez-vous aussi à Kathmandu pour savoir si une tente est indispensable dans la région où vous comptez vous rendre.

Entraînez-vous un peu avant le trek, ne serait-ce que pour « faire » vos chaussures. Si vous n'avez pas envie de trimbaler tout votre matériel depuis l'Europe, sachez qu'on trouve absolument tout à Kathmandu et Pokhara, dans des dizaines de boutiques, et à des prix plus bas que chez nous (mais gare aux nombreuses contrefaçons). Certaines louent aussi du matériel, comme les sacs de couchage, ce qui peut s'avérer bien pratique (même si, avec les sacs de couchage justement, on sent parfois – avec le nez ! – qu'on n'est pas le premier utilisateur...). Bref, à vous de voir. Choisissez en tout cas des boutiques ayant pignon sur rue et comparez les prix.
Enfin, même si ce n'est pas très courant, des vols se produisent au cours des treks. Ne jamais se séparer de son argent, ni de son appareil photo (même la nuit). Surveillez toujours vos affaires et n'étalez ni votre fortune ni vos gadgets. À ce propos d'ailleurs, sachez que vous pouvez, avant le trek, laisser vos passeports (après en avoir fait une photocopie) et valeurs à l'hôtel, au *safe deposit,* en exigeant bien sûr un reçu. Cela peut être une sécurité. Quoi qu'il en soit, prévoyez suffisamment de roupies pour toute la durée du trek, plutôt en petites coupures.

Nourriture

Le long des treks les plus connus, on trouve à manger dans les *lodges* (sauf en hiver, les *lodges* d'altitude étant alors fermés). La nourriture est en général à base de féculents et de légumes, auxquels s'ajoute parfois de la viande (sur les treks du camp de base de l'Everest et du tour des Annapurnas). Beaucoup de plats frits et donc assez gras... En cas de problème de digestion, faire une cure de *boiled potatoes* (pommes de terre cuites à l'eau) et de *plain rice* (riz nature). Pensez aussi à apporter quelques provisions, de type fruits secs et barres de céréales.
La distance de marche entre deux villages est de 1h à 5h ; il suffit donc de prévoir une réserve de biscuits ou autre pour un éventuel coup de pompe, si vous voulez à tout prix emporter de la nourriture.
On trouve de l'eau en bouteille dans les *lodges* mais ce n'est pas très écolo et, de plus, elle est bien plus chère qu'à Kathmandu, vu la difficulté d'acheminement... Purifiez plutôt l'eau vous-même, avec des comprimés, ou, si vous randonnez du côté des Annapurnas, servez-vous aux citernes d'eau potable qui ont été installées dans de nombreux villages (environ 50 Rps le litre).
Là où il n'y a pas de *lodges* (sur les treks les moins fréquentés), il faut bien sûr emporter sa nourriture, bien que dans ces cas-là, comme il s'agit généralement de treks pour lesquels il faut passer par une agence, c'est celle-ci qui se charge de tout prévoir. Sinon, faire ses courses dans les petits supermarchés bien approvisionnés de Kathmandu (Thamel) ou Pokhara (Lakeside) avant le départ. D'Europe, vous pouvez aussi emporter foie de morue, confiture de marrons, pâtes précuites, poudre d'œuf, fromage et saucisson.

Médicaments

Bien sûr, prévoir dans sa trousse des remèdes en cas de gastro (genre *Smecta*) ou de fièvre (un antibiotique), marcher malade étant une très mauvaise idée... Voir la trousse médicale conseillée plus haut dans la rubrique « Santé ». On peut aussi prévoir un truc gras style baume du tigre pour se masser les mollets et une protection pour les lèvres desséchées. Attention aux caries non soignées, l'altitude les réveille souvent.
La grande souffrance du trekkeur, c'est le mal aux genoux, provoqué à la longue par les descentes. Donc quand on descend, le faire POSÉMENT, sans précipitation. Sinon, c'est comme on dit ici, l'apparition du *sahib knee,* c'est-à-dire une douleur vive qui ne disparaît que lorsque ça monte (on finit par ne plus espérer que des montées !). Si cela vous arrive, il n'y a pas de remède miracle, seul le repos viendra à bout du mal, mais en attendant, on peut quand même se masser les

genoux avec du baume du tigre et, lorsqu'on reprend la marche, le faire avec un foulard ou tout autre morceau de tissu bien serré autour du genou, pour le soutenir.

Prévention et précautions

Partir en bonne condition physique. Une préparation avant le départ n'est pas superflue, et devient même indispensable si vous prévoyez un trek exigeant sur le plan physique. L'entraînement, alors, ne doit jamais être intense mais régulier.
Choisissez un programme adapté à vos possibilités. Si vous êtes un routard de plus de 45 ans, un examen médical avec épreuve d'effort est aussi à prévoir avant le départ.
Sur les sentiers népalais, on rencontre en effet régulièrement des marcheurs qui, après 2 jours de marche, ont du sparadrap plein les pieds, 39 °C de fièvre ; bref, ils se demandent ce qu'ils sont venus faire dans cette galère ! Car beaucoup oublient qu'on ne se balade pas à 4 000 m d'altitude comme sur la Croisette !
Si vous avez le moindre doute sur vos capacités, il est essentiel, avant de démarrer un trek, de vous tester : marcher en montagne pendant une demi-journée ou deux avec le matériel que vous projetez d'emporter. Commencez par de petites étapes.
Pas besoin de vous faire un dessin, mais ne négligez pas cette préparation : vous ne vous êtes peut-être jamais baladé aussi haut que dans ce pays, et vos réactions peuvent être imprévues, voire suffisamment pénibles pour tout gâcher. La montagne est l'un des endroits où il faut prendre son temps et être humble ! N'allez pas plus loin si vous vous souvenez tout à coup que vous êtes cardiaque ou sujet à un problème articulaire au genou.
À partir de 3 000 m, on conseille de ne pas monter plus de 300 à 500 m par jour, même si beaucoup négligent cette recommandation. Idéalement, tous les 1 000 m, il faut passer 2 nuits à la même altitude. De plus, depuis l'avalanche de 2014, toutes les agences recommandent de franchir les cols en se regroupant avec d'autres groupes de trekkeurs. Au cas où, on peut alors s'entraider. Surtout, ne pas partir seul, sauf peut-être sur les chemins les plus fréquentés au plus haut de la saison touristique. Si vous n'avez pas pris de guide, ni de porteur, il est essentiel de partir avec la carte la plus précise qui soit, et de demander (s'il y a quelqu'un...) son chemin à chaque bifurcation de sentier. C'est la règle au Népal, en l'absence de panneaux indicateurs. Les distances s'évaluent en jours, en heures de marche ou en *kos* (temps que met un mouchoir mouillé à sécher !) mais jamais en kilomètres.
Si vous êtes malade ou blessé, il faudra vous porter jusqu'à un aérodrome, sauf si vous possédez l'assurance évacuation par hélicoptère (indispensable). Voir plus haut le paragraphe sur « l'assurance » des trekkeurs.
Avant de partir en trek, n'oubliez pas de laisser à votre agence une photocopie de votre passeport ainsi que les références de votre assurance. Sans vouloir vous faire peur, on peut mourir du mal d'altitude au Népal, c'est rare, mais ça arrive. Et comme on tient à conserver nos lecteurs, lisez encore le chapitre qui suit.

Mal d'altitude

LE MAL D'ALTITUDE EST DANGEREUX... on peut même en mourir ! Il faut bien en être convaincu. Ce n'est pas être alarmiste que de le marteler. Il est dû à une carence en oxygène (diminution de la pression atmosphérique en altitude et donc baisse de la quantité d'oxygène inhalé à chaque inspiration). Tout le monde peut être concerné. Il n'y a aucune corrélation avec l'entraînement physique et le style de vie. Les montagnards les plus aguerris peuvent en souffrir. Il apparaît à n'importe quelle altitude et à n'importe quel moment au-dessus de 2 000 m. En voici quelques effets : maux de tête, souffle court, nausées, perte d'appétit, insomnie, fatigue anormale. Attention, ces signes sont parfois assimilés à d'autres facteurs que l'altitude (mauvaise alimentation, *lodges* inconfortables...).
Dans la plupart des cas, ils disparaissent au bout de quelques jours SI L'ON OBSERVE SCRUPULEUSEMENT LES RÈGLES QUI SUIVENT : pour absorber plus d'oxygène, le corps doit aussi produire plus de globules rouges ; donc, règle

d'or, éviter tout effort inutile, mesurer ses gestes, marcher très lentement, respirer doucement à pleins poumons. NE JAMAIS COURIR, même pour prendre la photo de votre vie ! Les fumeurs devront réduire considérablement, voire arrêter, leur consommation. De même, il ne faut pas prendre de somnifères ni boire d'alcool, mais beaucoup d'eau, de thé ou de soupes. On parle d'environ 3 litres de liquide par jour (5 litres si l'on prend du *Diamox* – voir plus bas).

Si les symptômes s'aggravent (maux de tête de plus en plus violents, vomissements, perte d'équilibre, respiration de plus en plus difficile et bruyante – râles –, perte totale d'appétit, rétention d'urine, toux avec crachat rose – très grave –, fatigue extrême, lèvres bleutées, altération de l'humeur, etc.), une seule solution : REDESCENDRE IMMÉDIATEMENT AU MOINS DE 500 MÈTRES À UNE ALLURE CALME.

Les conséquences les plus sérieuses sont l'œdème pulmonaire (les poumons se remplissent d'eau) et l'œdème cérébral, qui peuvent être fatals en quelques heures. Si les signes du mal des montagnes sont aujourd'hui connus, ils demeurent encore trop souvent négligés. Il est conseillé de prendre du *Diamox* à titre préventif à partir de 4 000 m : voir impérativement avec votre médecin. Cela dit, ce n'est pas un remède miracle et il ne peut être pris que sous prescription et conseil médicaux. Le seul véritable traitement du MAM (mal aigu des montagnes) bénin est la réoxygénation, donc la descente (d'au moins 500 m).

En cas de malaise grave, un seul remède : le caisson hyperbare. Ceux qui partent à plusieurs ont tout intérêt à en louer un gonflable et portable (ne pesant que 5 kg, pompe comprise). Vous en trouverez en vous adressant à *CERTEC* *(257, route du Bourg, 69210 Sourcieux-les-Mines ; ☎ 04-74-70-39-82 ; • certec.eu.com • ; fermé du ven ap-m au dim, mais joignable par tél ; résa préférable 1 mois à l'avance, selon saison et possibilité d'envoi par transporteur express).* Sachez que le caisson hyperbare est le seul procédé connu qui vous permette de descendre artificiellement de 2 000 à 1 500 m en quelques minutes. Il est également possible d'en louer à Kathmandu, mais en le réservant longtemps à l'avance, auprès de l'agence *Glacier Safari Treks* (voir les « Adresses utiles » à Kathmandu) pour environ 15 € par jour.

IMPORTANT : une bouteille d'oxygène est d'un grand secours, mais ne guérit pas le mal. Voilà !

Bien sûr, on regrette d'avoir gâché un peu votre plaisir, mais s'il n'y avait qu'un chapitre essentiel à écrire, c'était bien celui-ci. Et puis, si vous ne faites pas le fou, ou la folle, tout ira bien !

■ ***The Himalayan Rescue Association :*** *Dhobichaur, Lazimpat, à Kathmandu (plan couleur d'ensemble, C1). ☎ 444-02-92 et 93. • himalayanrescue.org • Accès par la porte nord du palais royal. Tlj sf sam 10h-17h.* Association de bénévoles. On peut y laisser son itinéraire de trek avant le départ. Ils tiennent également un poste de santé à Pheriche (Everest) et à Manang (Annapurna) où ils organisent des briefings. Attention, ces postes ne sont ouverts qu'en mars, avril, octobre et novembre. Leurs conseils sur le mal d'altitude sont très précieux. Brochure en français.

La composition d'une équipe de trek

Deux cas de figure : soit le groupe a prévu d'avoir son propre campement avec sa cuisine, soit il prend ses repas dans les *lodges.*

➢ Dans le premier cas, l'équipe est très hiérarchisée :

– À sa tête, le *sirdar.* Il gère le budget, choisit les membres de son équipe, les itinéraires et les campements. Il a la mainmise sur l'organisation du trek, en accord préalable avec l'agence et bien sûr le client.

– Vient ensuite le *cuisinier.* Il achète les produits en cours de chemin et compose les repas. Pour les groupes de plus de cinq personnes, il y a des *aides (helpers)* qui portent les ustensiles de cuisine et les denrées et font eux-mêmes les repas. Leurs charges doivent être légères, car ils sont les derniers à quitter le campement le matin (après la vaisselle) et les premiers à arriver au prochain pour tout préparer.

– Passons maintenant aux *sherpas,* en précisant que, dans une équipe de trek, il s'agit d'une fonction et pas d'une identité culturelle. On peut être d'origine tamang ou chettri ou d'un autre groupe ethnique et cependant être sherpa dans l'organisation. Son rôle est d'aider en cours de chemin et au campement, un peu à la façon d'un assistant guide ou cuistot, voire de donner un coup de main aux porteurs.
– Enfin, à la base de la hiérarchie on trouve les *porteurs*. Leur nombre est défini en fonction du poids à porter en sachant qu'au Népal la norme est de 30 kg plus leurs affaires personnelles !
➢ Dans le second cas, avec hébergement et nourriture dans les *lodges,* l'équipe est constituée du *sirdar* aidé éventuellement de *sherpas* mais forcément avec des porteurs qui acheminent les sacs.

Le trek et l'éthique

Depuis quelque temps des articles fleurissent dans la presse pour dénoncer les abus dont les trekkeurs se rendent coupables par ignorance ou par lâcheté. Il n'y a pas de tradition comme on pourrait vous le faire croire, à ce que les Népalais se rendent « esclaves ».
Pourquoi continuer à faire travailler les enfants ? Pourquoi laisser les porteurs acheminer des charges parfois largement supérieures à 50 kg ? Souvent les arguments avancés par les responsables des agences et par des *sirdars* peu scrupuleux reviennent sur le fait que, plus le porteur soulève de poids, plus il gagne d'argent. Un tel argument est impossible à vérifier car les porteurs soumis au *sirdar* mentent de peur de perdre leur job. Un autre argument consiste à dire que, à cause de telle ou telle fête (nombreuses en période de treks), les *sirdars* ne peuvent pas trouver de porteurs et qu'ils en prendront en chemin, ce qui n'arrive jamais... mais ensuite, comment faire demi-tour ?
La *Trekking Agencies' Association of Nepal* (TAAN) impose une grille de salaire pour les porteurs (par exemple, environ 1 100 à 1 250 Rps par jour pour un trek dans l'Everest), mais aussi pour tous les membres de l'équipe. Vérifiez également qu'ils soient traités convenablement. En dehors de leur charge, il est impératif qu'ils aient un hébergement et un équipement personnel suffisant. C'est à l'agence de leur fournir l'équipement nécessaire ; au minimum des chaussures pour un trek court et en basse altitude. En revanche, pour un trek long en haute altitude, ils doivent porter des chaussures de marche, une veste, des pantalons en Gore-Tex, des gants, un bonnet et des guêtres selon la saison. Encore faut-il QU'ILS LES UTILISENT ! Ce qui ne va pas de soi, car dans leur situation souvent d'extrême pauvreté, ils gardent l'équipement au fond du sac pour ensuite le revendre. On voit parfois des porteurs en tongs aux pieds gelés ; leurs chaussures ayant été mises de côté pour être revendues au retour ! Une initiative intéressante, celle de KEEP, à Kathmandu (voir les « Adresses utiles »), qui prête des vêtements et du matériel aux porteurs et membres d'équipe qui n'en disposent pas.
Si certaines agences surfent sur la mauvaise conscience des trekkeurs dès lors que des hommes portent nos affaires, sachez que la seule et véritable éthique en matière de trek est que le travail de votre équipe soit réalisé dans des conditions humainement respectables et qu'elle soit rémunérée normalement. En tant que client, vous pouvez exiger que ces conditions soient respectées. Infos (en anglais) sur • *ippg.net* •

Choix du trek

On vous rappelle que la meilleure saison pour faire un trek se situe aux mois d'octobre, novembre, mars et avril, quatre mois où le ciel est bien dégagé et où les températures sont douces. En hiver, la neige rend certains cols inaccessibles et les *lodges* d'altitude sont fermés. Mais ça reste la meilleure période pour les treks en basse altitude. On peut alors profiter des sommets complètement dégagés. Enfin, si vous voulez partir entre juin et mi-septembre, vous aurez peu de chance de voir les sommets. Vous pataugerez dans la boue et vous vous ferez des amies très encombrantes : les sangsues. Pour réduire les inconvénients et les éloigner, voir plus haut la rubrique « Santé ». Parfois, avec un peu de chance, il pleut surtout la nuit et on profite de belles éclaircies le jour, permettant d'apercevoir les sommets. De plus, à cette époque, les paysages sont verdoyants.

Dans les *lodges,* vous ne devrez payer qu'une somme modique pour la nuit, mais on s'attendra alors à ce que vous preniez vos repas sur place (c'est comme ça qu'ils s'y retrouvent).

Pour les non encore initiés, sachez que le trekking impose beaucoup de contraintes d'organisation, mais que ça en vaut la peine et qu'on les oublie vite. Les paysages sont superbes, les gens avenants et le dépaysement garanti. Pourtant, n'allez pas imaginer que vous serez un pionnier. Ce n'est pas encore tout à fait l'autoroute du Soleil une veille de 14 juillet, mais ce n'est pas le désert non plus !

Les principaux treks

Les classiques

• Carte les treks des Annapurnas *p. 247*

➢ ***Le tour des Annapurnas :*** *compter 10-12 j. de Besisahar à Muktinath. Accès à l'Annapurna Conservation Area : 2 000 Rps.*

Jusqu'à récemment il était courant de faire le tour complet à pied, ce qui prenait 16-18 jours, mais une large piste, empruntée par des camions, minibus et jeeps, a été ouverte entre Tatopani et Muktinath, rendant désormais ce tronçon-là impropre à la randonnée. Mais ce tronçon est parfois bloqué par des éboulements. Il faut alors marcher plusieurs heures avant de retrouver un autre véhicule. La plupart des touristes se contentent de marcher de Besisahar à Muktinath, ce qui prend quand même une petite dizaine de jours, et de faire la seconde partie de la boucle en véhicule, de Muktinath à Pokhara en passant par Jomsom. Ou encore en prenant l'avion de Jomsom à Pokhara. C'est certes un peu dommage car cette seconde moitié du circuit valait aussi la peine, mais il reste malgré tout la première moitié, merveilleuse pour la variété des paysages : on passe de vallées tropicales à un paysage désertique tout en profitant de magnifiques cascades et de vues splendides sur les montagnes. Attention, même si on les voit bien, on n'est pas cerné par les montagnes, comme c'est le cas pour d'autres treks. La balade est aussi intéressante culturellement puisqu'on traverse de nombreux villages pittoresques. Il s'agit d'un trek sans grandes difficultés techniques, avec montées et descentes progressives. Mais il exige une bonne acclimatation à cause du col du Thorong La, qui atteint 5 416 m d'altitude. Pour éviter le mal des montagnes, marcher doucement et faire de courtes étapes au-delà de 3 000 m. Attention, en hiver, le col est fermé en raison de la neige.

Ce trek étant l'un des plus courus du pays, on trouve des *lodges* (qui plus est de bonne qualité) tout au long du parcours. En fait, on ne marche jamais longtemps sans en croiser un, sauf au col de Thorong La. En toute logique, leurs prix grimpent avec l'altitude.

Variante pour éviter la piste Jomsom-Tatopani : il est possible de descendre depuis Jomsom par la rive gauche de la Kali Gandaki en passant par Lupra, Thinigaon, Dumpha, Sauru, Titilake, Kunja et rejoindre la piste à Lete, à un jour de marche avant Tatopani (ou jeep). Ce sentier magnifique jouit d'une vue extraordinaire sur les Nilgiri et le Dhaulagiri. Traversée d'authentiques villages takalis.

À Manang, on conseille de dormir à la ***Tilicho Guesthouse.*** *Lodge* chaleureux, tout en bois. Bons plats variés et surtout très copieux.

À Marpha (après Jomsom, si vous devez passer une nuit de ce côté-là), s'arrêter soit à la ***Paradise Guesthouse*** pour ses pommiers et sa vue

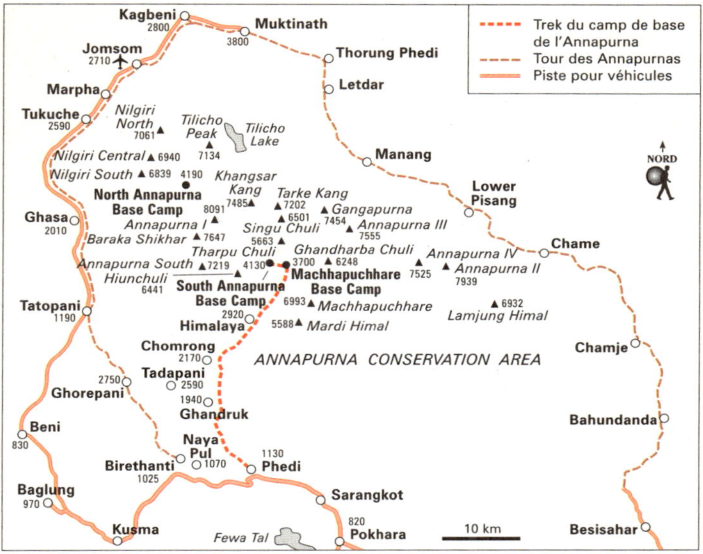

LES TREKS DES ANNAPURNAS

magnifique sur les Nilgiri, soit au ***Dhaulagiri Guesthouse and Roof Top Restaurant,*** charmant petit hôtel dans le centre du village. Goûter au cidre, la spécialité du village. C'est aussi l'occasion de prendre une douche bien chaude.

➢ ***Le camp de base de l'Annapurna :*** *compter environ 10 j. pour réaliser ce trek qui débute à Phedi (environ 30 mn en bus de Pokhara) et se termine à Nayapul (d'où l'on reprend le bus pour Pokhara). Accès à l'Annapurna Conservation Area : env 2 000 Rps.*
Trek superbe pour la vue sur les montagnes. Au bout de 2 jours de marche, on emprunte un sentier cul-de-sac qui aboutit, 4 jours plus tard, au camp de base (4 130 m) de l'Annapurna I, où l'on se trouve véritablement entouré par les géants himalayens tels que l'Annapurna I et le Machhapuchhare. En revanche, d'un point de vue culturel, l'intérêt est beaucoup plus limité, puisque les villages rencontrés se composent tous presque exclusivement de *lodges*. Attention, les dortoirs et chambres de 4 personnes, en altitude, se remplissent vite en saison. Périple assez facile avec néanmoins des montées et descentes longues et raides : gare aux genoux ! Éviter la saison hivernale en raison d'importants risques d'avalanche dans la zone où passe le sentier.

À Jhinu Danda, on recommande de poser son sac au ***Namaste Hotel.*** Cadre agréable avec sources d'eau chaude à proximité et jardin pour déjeuner. Bonne cuisine.

➢ ***Les treks de l'Everest :*** *accès au parc national de Sagarmatha (nom de l'Everest en népali) env 3 500 Rps.* Le must pour ceux qui veulent se retrouver au cœur des montagnes et, bien sûr, admirer de près le mythique mont Everest ; la vue sur les géants himalayens y est vraiment impressionnante. Et puis, on traverse de nombreux villages sherpas. Les possibilités de randonnées sont nombreuses. Voici un petit topo :

– *De Lukla au camp de base de l'Everest :* *le trek dure 14 j. en tout, mais en réalité, mieux vaut prévoir plus car les problèmes d'altitude peuvent freiner la cadence. Sans compter les fréquentes annulations de vols pour mauvais temps qui peuvent vous immobiliser à Lukla...* C'est le trek le plus pratiqué. On se rend à Lukla par avion depuis Kathmandu (compter environ 170 $ l'aller), et de là, on marche vers le camp de base de l'Everest, qu'on atteint en 7 jours. Même si ce parcours est le plus fréquenté, il constitue un bon choix pour ceux qui veulent contempler de près l'Everest mais qui n'ont pas tout le temps du monde. En revanche, faire très attention au mal des montagnes puisque par avion on arrive tout de suite à une altitude élevée. De plus, le trek se termine par une nuit à près de 5 000 m (et même plus si vous choisissez de dormir à Gorakshep !), ce qui ne doit pas être pris à la légère. Cela dit, il est fortement déconseillé de passer la nuit à Gorakshep en raison de l'altitude, mieux vaut faire un aller-retour jusqu'au Kala Pattar depuis Lobuche et dormir à Lobuche. C'est une longue journée, mais en dormant à 5 000 m, le risque de souffrir du mal d'altitude est beaucoup trop grand, même si l'on paraît bien acclimaté. Donc, si vous optez pour ce trek, veillez à bien modérer votre effort physique (marchez doucement !) et, surtout, n'hésitez pas à consacrer une ou deux journées à l'acclimatation.

HILLARY, VAINQUEUR PAR ABANDON

Evans était le premier de cordée qui devait vaincre l'Everest. À une centaine de mètres du sommet, il dut renoncer à cause d'une panne de la machine respiratoire qu'il avait lui-même conçue. Edmund Hillary, chef de l'équipe de secours, réussit l'exploit 3 jours plus tard. C'est son nom que l'histoire a retenu, depuis le 29 mai 1953. À son retour en Nouvelle-Zélande, il reprit son métier d'apiculteur.

– *Le Solu (de Jiri à Lukla) et de Lukla au camp de base de l'Everest :* *min 3 sem en tout (avec retour en avion de Lukla).* C'est le même trek que le précédent, à part qu'il débute à Jiri, accessible en bus depuis Kathmandu (en une journée), et situé à 7 jours de marche de Lukla. L'avantage de ce trek plus long est qu'on bénéficie d'une meilleure acclimatation pour la partie qui sépare Lukla du camp de base de l'Everest car, entre Jiri et Lukla, on passe plusieurs cols à plus de 3 000 m. En revanche, il est particulièrement difficile, à cause justement de cette succession de montées et de descentes assez raides. Être en bonne condition physique et, surtout, bien ménager ses genoux ! Mais on traverse de magnifiques villages, quoique environ la moitié d'entre eux ont été endommagés par les séismes de 2015. De plus, en se rapprochant petit à petit de la chaîne montagneuse on apprécie encore plus la beauté du paysage. Et puis, beaucoup de touristes arrivent directement à Lukla par avion, ce qui fait que cette partie du trek est moins fréquentée.

– *De Phaplu à Lukla puis de Lukla au camp de base de l'Everest :* *prévoir 17-18 j. (avec retour en avion de Lukla).* Ici, au lieu de relier Kathmandu à Jiri en bus, on prend l'avion pour Phaplu, à 3 ou 4 jours de marche de Lukla. C'est une bonne alternative au trek précédent : moins long qu'au départ de Jiri et meilleure acclimatation à l'altitude que l'arrivée directe à Lukla.

– *De Lukla aux lacs de Gokyo :* *compter 10-12 j. de marche A/R. Sinon, on peut le combiner avec celui du camp de base de l'Everest. Prévoir dans ce cas 21 j. en tout.* Malgré la haute altitude, ce trek est plus court et plus facile que celui qui rejoint directement le camp de base de l'Everest depuis Lukla. Il est aussi moins fréquenté et, osons le dire, peut-être plus beau car, vraiment, les lacs de Gokyo sont splendides. De plus, la vue du Gokyo Ri, un sommet à 5 483 m facile à grimper, est très étendue, et même si l'Everest est plus loin, on le voit mieux.

Arrivé aux lacs, on conseille le ***Gokyo Namaste Lodge.*** Nourriture copieuse et excellente. Le proprio est cuisinier lors d'expéditions. Enfin un qui a compris que les randonneurs sont prêts à dévorer des montagnes ! Salle à manger agréable et chaude (un feu à la crotte de yack y étant toujours allumé !). Accueil sympa.

➢ ***Le trek du Manaslu :*** *compter 18 j., avec le passage d'un col à plus de 5 200 m. Obligation de passer par une agence. Renseignez-vous sur la sécurisation du parcours avt d'y aller.* Situé à l'est de la chaîne des Annapurnas, le Manaslu est un sommet de 8 163 m, ce qui le place en huitième position dans la liste des plus hautes montagnes du monde. Un trek magnifique qui fait le tour du géant en passant par des rizières en terrasses dans une région de culture tibétaine. Un trek à faire sous tente (en attendant la réparation de certains lodges endommagés par les séismes de 2015).

➢ ***Le trek de la vallée de la Tsum :*** *compter 14 j. ou 20 j. en y associant le tour du Manaslu. Permis de 20-35 $/sem selon saison. Obligation de passer par une agence.* Cette vallée au sud-est du Manaslu est sacrée pour les bouddhistes. Elle a conservé une culture tibétaine authentique. Pas de hauts cols ; en peu de jours on se retrouve en terre tibétaine au pied des Ganesh Himal. Là encore, un trek à faire sous tente.

➢ ***Le trek de Langtang :*** ***ATTENTION,*** *cette région a particulièrement souffert des séismes de 2015. Le village de Langtang lui-même a été rayé de la carte... Il devrait être reconstruit ailleurs, un jour, dans un site plus favorable. De nombreux éboulements se sont produits et les chemins sont en cours de réfection. Les treks reprendront probablement à l'automne 2016, mais il faut* ***absolument se renseigner avant d'y aller.*** *En principe, compter 8 j. (transport inclus) de Syabru Bensi, début du trek, jusqu'à Kyanjin Gompa et retour, plus si vous passez par les lacs de Gosaikund puis le sentier d'Helambu pour rentrer à Kathmandu (environ 14 j. dans ce cas). Ajouter une journée de marche en commençant le trek à Dunche. Accès au parc national de Langtang : env 3 500 Rps.*

➢ ***Le trek d'Helambu :*** ***ATTENTION*** *là encore, les villages du secteur ont été fortement endommagés par les séismes de 2015. Les treks devraient reprendre, en principe, à l'automne 2016... au minimum.* ***Renseignez-vous.*** *Compter 7 ou 8 j. entre Sundarijal (à peine 15 km de Kathmandu) et Melamchi Bazaar (à 4h de bus de Kathmandu). Droit d'accès aux parcs nationaux de Langtang et Shivapuri : 4 000 Rps.*

Treks plus courts et plus faciles

➢ Dans la vallée de Kathmandu, par exemple ***de Chisapani*** (sur le trek d'Helambu) ***à Nagarkot,*** puis vers ***Dhulikhel*** et, enfin, ***Phulchaki Mai temple.*** On découvre ainsi, tout à son rythme, la vallée, ses villages et ses points de vue sur l'Himalaya, notamment de Nagarkot. Pas vraiment besoin d'un guide car la vallée est suffisamment peuplée pour qu'on puisse demander son chemin partout, mais se procurer une bonne carte.

➢ Citons encore le minitrek ***de Dhulikhel au monastère de Namo Bouddha*** (compter 4h de marche). Prolongation conseillée jusqu'à ***Panauti*** (se reporter, dans les environs de Panauti, à « La balade du Namo Buddha »).

➢ Voir aussi les treks décrits « Dans les environs de Pokhara ».

Treks moins fréquentés (car dans des zones retirées)

➢ ***Le Mustang :*** *prévoir 12-16 j. Permis de trek : 50 $/j. par pers, avec obligation de passer par une agence et d'acheter au minimum un permis de 10 j...* Au nord du trek des Annapurnas, le départ se fait de Jomsom, que l'on gagne en avion depuis Pokhara. Possible en été car la mousson ne touche pas le Mustang ; en hiver, froid et vent très éprouvants. On marche jusqu'à la capitale de cet ancien royaume bouddhique, Lo Manthang. On dort en lodge.

➢ ***Le Dolpo :*** *pour le Bas-Dolpo, compter 13 j. de marche (plus 3 j. de voyage A/R avec un vol entre Kathmandu et Juphal via Nepalgunj). Coût du permis : 10 $/sem par pers. Pour le Haut-Dolpo, prévoir 18 à 24 j. de marche selon l'itinéraire et un permis de 50 $/j. par pers. Obligation de passer par une agence. Cher, car en* *plus du permis, il faut partir avec guides, porteurs et tout le matos de camping.* Ancien royaume de culture tibétaine situé à l'ouest de la chaîne du Dhaulagiri, cette région, assez difficile d'accès, est encore préservée du monde moderne (et du tourisme de masse !). Les gens y vivent de façon très traditionnelle et on y voit encore des caravanes de yacks se déplacer pour les besoins du troc. La plupart des trekkeurs se rendent dans le Bas-Dolpo, moins cher, moins long et plus facile que le nord... enfin tout est relatif car il compte tout de même deux cols à 5 200 m, mais ils sont moins ardus et moins exposés aux chutes de neige que le col du Haut-Dolpo à 5 100 m.

➢ ***Le Lumbasumba :*** *prévoir 19 j. Permis de trek à 10 $, plus 10 $/sem pour l'accès au Kangchenjunga.* C'est l'idéal si vous cherchez un trek en altitude, hors des sentiers battus, à la découverte de villages multi-ethniques. À l'est du pays, entre les massifs du Kangchenjunga et du Makalu, le trek débute à Taplejung avant de remonter au nord par des villages tibétains. On passe le col du Lumbasumba, à 5 200 m, puis on rejoint de beaux villages *magar* et *rai,* très isolés. Ce trek fait partie du *Great Himalaya Trail* (infos sur ● *greathimalayatrail.com* ●).

➢ ***Le parc national de Kangchenjunga :*** *prévoir 18 j. de marche, plus 4 j. de transport ou prendre un avion jusqu'à Suketar-Taplejung. Permis à 10 $/sem.* Pour les trekkeurs chevronnés, dans une région à l'extrémité est du pays, à cheval avec le Sikkim. On remonte une vallée encaissée pour atteindre le camp de base du Kangchenjunga. Itinéraire de haute montagne avec des cols à plus de 4 000 m. Pas grand monde et paysage sauvage comme on les aime. Bonne condition physique requise. On dort en *lodge* ou chez l'habitant.

➢ ***De Simikot à Jumla, le long de la rivière Karnali :*** *dans l'ouest du pays. Accès par avion à l'aller comme au retour. Prévoir 19 j.* Pas de difficulté majeure. Le trek suit la rivière Karnali qui vient du Tibet. On traverse des villages *bothia,* d'origine tibétaine, et *takuri.* Les femmes portent de magnifiques colliers de perles qui rappellent leur splendeur d'antan et leur origine : le Rajasthan. Ici, pas de files de trekkeurs, mais des petites chèvres himalayennes qui assurent l'approvisionnement des *tea-shops...* Passage au bord du lac Rara, dans lequel se reflètent les sommets enneigés.

les ROUTARDS sur la FRANCE 2016-2017

(dates de parution sur • *routard.com* •)

Découpage de la FRANCE par le ROUTARD

Autres guides nationaux

- La Loire à Vélo
- La Vélodyssée (Roscoff-Hendaye ; mai 2016)
- Nos meilleurs campings en France
- Nos meilleures chambres d'hôtes en France
- Nos meilleurs restos en France
- Nos meilleurs sites pour observer les oiseaux en France
- Tourisme responsable

Autres guides sur Paris

- Paris
- Paris à vélo
- Paris balades
- Restos et bistrots de Paris
- Le Routard des amoureux à Paris
- Week-ends autour de Paris

les ROUTARDS sur l'ÉTRANGER 2016-2017

(dates de parution sur • ***routard.com*** •)

Découpage de l'ESPAGNE par le ROUTARD

Découpage de l'ITALIE par le ROUTARD

Autres pays européens

- Allemagne
- Angleterre, Pays de Galles
- Autriche
- Belgique
- Budapest, Hongrie
- Crète
- Croatie
- Danemark, Suède
- Écosse
- Finlande
- Grèce continentale
- Îles grecques et Athènes
- Irlande
- Islande
- Madère
- Malte
- Norvège
- Pologne
- Portugal
- République tchèque, Slovaquie
- Roumanie, Bulgarie
- Suisse

Villes européennes

- Amsterdam et ses environs
- Berlin
- Bruxelles
- Copenhague
- Dublin
- Lisbonne
- Londres
- Moscou
- Prague
- Saint-Pétersbourg
- Stockholm
- Vienne

les ROUTARDS sur l'ÉTRANGER 2016-2017

(dates de parution sur • routard.com •)

Découpage des ÉTATS-UNIS par le ROUTARD

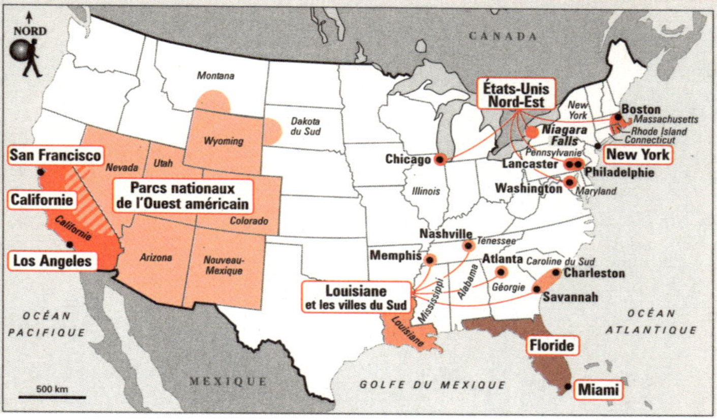

Autres pays d'Amérique

- Argentine
- Brésil
- Canada Ouest
- Chili et île de Pâques
- Équateur et les îles Galápagos
- Guatemala, Yucatán et Chiapas
- Mexique
- Montréal
- Pérou, Bolivie
- Québec, Ontario et Provinces maritimes

Asie et Océanie

- Australie côte est + Ayers Rock (mai 2016)
- Bali, Lombok
- Bangkok
- Birmanie (Myanmar)
- Cambodge, Laos
- Chine
- Hong-Kong, Macao, Canton
- Inde du Nord
- Inde du Sud
- Israël et Palestine
- Istanbul
- Jordanie
- Malaisie, Singapour
- Népal
- Shanghai
- Sri Lanka (Ceylan)
- Thaïlande
- Tokyo, Kyoto et environs
- Turquie
- Vietnam

Afrique

- Afrique de l'Ouest
- Afrique du Sud
- Égypte
- Kenya, Tanzanie et Zanzibar
- Maroc
- Marrakech
- Sénégal
- Tunisie

Îles Caraïbes et océan Indien

- Cuba
- Guadeloupe, Saint-Martin, Saint-Barth
- Île Maurice, Rodrigues
- Madagascar
- Martinique
- République dominicaine (Saint-Domingue)
- Réunion

Guides de conversation

- Allemand
- Anglais
- Arabe du Maghreb
- Arabe du Proche-Orient
- Chinois
- Croate
- Espagnol
- Grec
- Italien
- Japonais
- Portugais
- Russe
- G'palémo (conversation par l'image)

Les Routards Express

Amsterdam, Barcelone, Berlin, Bruxelles, Budapest (nouveauté), Dublin (nouveauté), Florence, Istanbul, Lisbonne, Londres, Madrid, Marrakech, New York, Prague, Rome, Venise.

Nos coups de cœur

- Nos 52 week-ends dans les plus belles villes d'Europe (nouveauté)
- France
- Monde

INDEX GÉNÉRAL

A-B

ABC du Népal 33
Achats 178
Actions humanitaires 180
Argent, banques, change 217
ASTAM 130
Australian Camp 139
Avant le départ 214
Balade du Namo Buddha 112
BANDIPUR 117
BANEPA (temple de Chandeswori) 114
BARDIA (parc national de) 159
BAUDA (BODHNATH) 76
Begnas (lac de) 139
BHADAURE 139
BHAKTAPUR (BHADGAON) 93
BHANJYANG (PANCHASE) 139
BHATTIDANDA-KAVRE 114
BHUMDI 139
BODHNATH (BAUDA) 76
Boissons 183
BUDDHA NILKANTHA 80
Budget 218

C

Camp de base de l'Annapurna (le) 247
Calendrier 219
CHANGU NARAYAN 106
CHITWAN (parc national de) 142
Climat 220
Coups de cœur (nos) 12
Cuisine 183

D

DAKSHIN KALI 92
Dangers et enquiquinements 220
Décalage horaire 223
DHAMPU 139
DHULIKHEL 113
Dolpo (le) 249
Drogue 223
Droits de l'homme 184

E-F-G

Économie 185
Environnement 187
Faune et flore 188
Fêtes et jours fériés 223
Géographie 189
GHACHOK 130
GHANDRUK 139
GHOREPANI 139
GODAWARI 85
GORKHA 115

H-I-J

Histoire 192
Itinéraires conseillés 28
JARSINGPAWA 110
JHINUDANDA 139

K

Kali Khola (vallée de la rivière).. 139
KANGCHENJUNGA (parc national de)... 250
KANODADA... 112
KASARA... 152
KATHMANDU... 36
- Asan Tole... 60
- Ashok Vinayak (ou Maru-Ganesh)... 64
- Asta Yogini, temple de Shiva et Parvati... 64
- Baber Mahal (quartier de)... 54
- Bangemuda Tole... 66
- Bhagwati Temple... 64
- Bhedasing Tole... 66
- Chusya Bahal... 66
- Durbar Marg (quartier de)... 52, 57
- Durbar Square... 62
- Fenêtres d'ivoire (les)... 64
- Freak Street (quartier de)... 52, 56
- Garden of Dreams... 67
- Garuda du temple de Narayan... 64
- Gros tambours (les)... 65
- Indra Chowk... 60
- Jagannath Temple... 65
- Kala Bhairava (statue noire de)... 65
- Katheshimbu... 66
- Kilagal Tole... 67
- Kumari Ghar... 63
- Lazimpat (quartier de)... 52, 57, 60
- Machendranath Bahal... 66
- Makhan Tole... 66
- Maru-Ganesh (ou Ashok Vinayak)... 64
- Narayanhiti Palace Museum... 67
- Nasal Devta Temple (ou Nasal Devata)... 64
- Pashupatinath (quartier de)... 53, 58
- Ratna Park... 67
- Royal Palace et Hanuman Dhoka Durbar Museum... 65
- Seto Bhairav... 64
- Singha Satal... 64
- Swayambunath (sur la route de)... 53
- Tāgo Gan (la grande cloche).. 64
- Taleju Temple... 65
- Thahity Tole... 66
- Thamel (quartier de)... 49, 54, 58, 59
- Yetkha Bahal... 67
- Yitym Bahal... 67

KATHMANDU (vallée de)... 69
KHOKHANA... 89
KIRTIPUR... 90

L-M

Lac de Begnas... 139
Lac de Rupa... 139
LALITPUR (PATAN)... 81
LANDRUK... 139
Langues... 225
Lexique... 227
Livres de route... 227
Lumbasumba (le)... 250
LUMBINI... 153
Lu sur routard.com... 27
Manakamana (temple de)... 117
MAULA... 138
Médias... 199
MEGHAULI... 152
Mustang (le)... 249

N

NAGARKOT... 108
Namo Buddha (balade du)... 112
NAUDANDA... 138
NAYAPUL (NEW BRIDGE)... 139
NEW BRIDGE (NAYAPUL)... 139
NIRMAL POKHARI... 139

P

PANAUTI... 111
PANCHASE (BHANJYANG)... 139
PARC NATIONAL DE BARDIA... 159

PARC NATIONAL
DE CHITWAN 142
PARC NATIONAL
DE KANGCHENJUNGA...... 250
PASHUPATINATH 71
PATAN (LALITPUR) 81
PHARPING 92
PHEDI 139
POKHARA 119
Poon Hill 139
Population 201
Poste 229
Pourboire et taxes 229

R

Rafting et canyoning 230
Religions et croyances 204
Rupa (lac de) 139

S

Santé 231
SARANGKOT.......................... 138
SAURAHA............................... 144
Savoir-vivre et coutumes....... 212
Sites inscrits au patrimoine
mondial de l'Unesco 213
Sites internet 234
SWAYAMBUNATH
(SWAYAMBU) 70

T-U-V

TADAPANI.............................. 139
TARSHI PALKHIEL................. 138
Téléphone et télécoms 235
TÉRAÏ (le) 141
THIMI 106
TOLKA 139
Tour des Annapurnas (le)....... 246
Transports intérieurs.............. 237
Trekking 238
Trek de Langtang (le) 249
Trek de la vallée
de la Tsum (le)..................... 249
Trek d'Helambu (le)................ 249
Trek du Manaslu (le)............... 249
Treks de l'Everest (les)........... 247
ULLERI 139
Vallée de Kathmandu 69
Vallée de la rivière
Kali Khola 139

LISTE DES CARTES ET DES PLANS

- Annapurnas (les treks des).................... 247
- Bardia (le parc national de) 161
- Bhaktapur 96-97
- Chitwan (le parc national de) 143
- Distances par la route............ 2
- Itinéraires 1 semaine............ 28
- Itinéraires 13 jours et 3 semaines 30
- Kathmandu – plan d'ensemble..................... 38-39
- Kathmandu – Thamel (zoom I)............................... 41
- Kathmandu – Durbar Square (zoom II).................. 63
- Kathmandu (la vallée de).................... 72-73
- Lumbini...................... 154-155
- Népal (le)............................ 8-9
- Coups de cœur...................... 12

• Parc national de Chitwan (le)................... 143
• Parc national de Bardia (le)...................... 161
• Patan 83
• Pokhara – plan d'ensemble........................ 121
• Pokhara – Lakeside (zoom)................................ 123
• Sauraha 145
• Treks des Annapurnas (les)......... 247
• Vallée de Kathmandu (la) 72-73

Nous tenons à remercier tout particulièrement Loup-Maëlle Besançon, Thierry Bessou, Gérard Bouchu, François Chauvin, Grégory Dalex, Fabrice Doumergue, Cédric Fischer, Carole Fouque, Michelle Georget, David Giason, Claude Hervé-Bazin, Emmanuel Juste, Dimitri Lefèvre, Fabrice de Lestang, Romain Meynier, Éric Milet, Pierre Mitrano, Jean-Sébastien Petitdemange et Thomas Rivallain pour leur collaboration régulière.

Perrine Attout
Emmanuelle Bauquis
Jean-Jacques Bordier-Chêne
Michèle Boucher
Sophie Cachard
Caroline Cauwe
Lucie Colombo
Agnès Debiage
Jérôme Denoix
Tovi et Ahmet Diler
Clélie Dudon
Sophie Duval
Perrine Eymauzy
Alain Fisch
Cécile Gastaldo
Bérénice Glanger
Adrien et Clément Gloaguen
Bernard Hilaire
Sébastien Jauffret
Jacques Lemoine
Jacques Muller
Caroline Ollion
Justine Oury
Martine Partrat
Odile Paugam et Didier Jehanno
Émilie Pujol
Prakit Saiporn
Jean-Luc et Antigone Schilling
Alice Sionneau
Caroline Vallano
Camille Zecchinati

Direction : Nathalie Bloch-Pujo
Contrôle de gestion : Jérôme Boulingre et Alexis Bonnefond
Secrétariat : Catherine Maîtrepierre
Direction éditoriale : Catherine Julhe
Édition : Matthieu Devaux, Géraldine Péron, Olga Krokhina, Gia-Quy Tran, Julie Dupré, Jeanne Cochin, Sarah Favaron, Emmanuelle Michon, Flora Sallot, Quentin Tenneson, Clémence Toublanc et Sandra Vavdin
Préparation-lecture : Catherine Hidé
Cartographie : Frédéric Clémençon et Aurélie Huot
Fabrication : Nathalie Lautout et Audrey Detournay
Relations presse France : COM'PROD, Fred Papet. ☎ 01-70-69-04-69.
● *info@comprod.fr* ●
Illustration : Anne-Sophie de Précourt
Direction marketing : Adrien de Bizemont, Lydie Firmin et Clémence de Boisfleury
Contacts partenariats : André Magniez (EMD). ● *andremagniez@gmail.com* ●
Édition des partenariats : Élise Ernest
Informatique éditoriale : Lionel Barth
Couverture : Clément Gloaguen et Seenk
Maquette intérieure : le-bureau-des-affaires-graphiques.com, Thibault Reumaux et npeg.fr
Relations presse : Martine Levens (Belgique) et Maureen Browne (Suisse)
Régie publicitaire : Florence Brunel-Jars

Remarque importante aux hôteliers et restaurateurs

Les enquêteurs du *Routard* travaillent dans le plus strict anonymat. Aucune réduction, aucun avantage quelconque, aucune rétribution n'est jamais demandé en contrepartie. Face aux aigrefins, la loi autorise les hôteliers et restaurateurs à porter plainte.

Avis aux lecteurs

Le Routard, ce n'est pas comme le bon vin, il vieillit mal. On ne veut pas pousser à la consommation, mais évitez de partir avec une édition ancienne. Les modifications sont souvent importantes.
Les réductions accordées à nos lecteurs ne sont jamais demandées par nos rédacteurs afin de préserver leur indépendance. Les hôteliers et restaurateurs sont sollicités par une société de mailing, totalement indépendante de la rédaction, qui reste donc libre de ses choix. De même pour les autocollants et plaques émaillées.

Les **Routards** *parlent aux* **Routards**

Faites-nous part de vos expériences, de vos découvertes, de vos tuyaux. Indiquez-nous les renseignements périmés. Aidez-nous à remettre l'ouvrage à jour. Faites profiter les autres de vos adresses nouvelles, combines géniales... On adresse un exemplaire gratuit de la prochaine édition à ceux qui nous envoient les lettres les meilleures, pour la qualité et la pertinence des informations. Quelques conseils cependant :

– Envoyez-nous votre courrier le plus tôt possible afin que l'on puisse insérer vos tuyaux sur la prochaine édition.
– N'oubliez pas de préciser l'ouvrage que vous désirez recevoir, ainsi que votre adresse postale.
– Vérifiez que vos remarques concernent l'édition en cours et notez les pages du guide concernées par vos observations.
– Quand vous indiquez des hôtels ou des restaurants, pensez à signaler leur adresse précise et, pour les grandes villes, les moyens de transport pour y aller. Si vous le pouvez, joignez la carte de visite de l'hôtel ou du resto décrit.
– N'écrivez si possible que d'un côté de la lettre (et non recto verso).
– Bien sûr, on s'arrache moins les yeux sur les lettres dactylographiées ou correctement écrites !

En tout état de cause, merci pour vos nombreuses lettres.

122, rue du Moulin-des-Prés, 75013 Paris

• *guide@routard.com* • *routard.com* •

Édité par Hachette Livre (58, rue Jean-Bleuzen, CS 70007, 92178 Vanves Cedex, France)
Photocomposé par Jouve (rue de Monbary, 45140 Ormes)
Imprimé par Jouve 2 (Quai n° 2, 733, rue Saint-Léonard, BP 3, 53101 Mayenne Cedex, France)
Achevé d'imprimer le 15 septembre 2017
Collection n° 13 - Édition n° 02
89/1542/0
I.S.B.N. 978-2-01-912409-0
Dépôt légal : septembre 2017

PAPIER À BASE DE FIBRES CERTIFIÉES